JN268981

# 里中李生の
SATONAKA RISHOU'S
# 競馬塾
KEIBAJUKU

アールズ出版

# 序章▼勝負とは何か？

## 忘れてはいけない〝基本〟

実は私は、競馬の予想が好きではない。

予想を公開するのが嫌いだ。

予想とは常に〝前日予想〟である。うちのクラブのエッセイもそうなっている。

だが、私の本当の馬券は、当日のパドックや馬場状態からも判断されるのだ。しかし、いざ予想を公開してしまうと、違う馬券を買えない。

平成十五年『ダイヤモンドＳ』の日。ＳＲＣ（里中李生レーシングクラブ）のエッセイでは、『ダイヤモンドＳ』も『きさらぎ賞』も外した（正確に言うと、ダイヤモンドＳは本命馬を書かなかった）。

だが、雨が降り続き、中山の馬場がぬかるんできたのを見た私は、10R『立春賞』のソウゴンとチュウシングラの万馬券を取ってしまった。「行ったきり」で決まると思ったからだ。単複、馬単、ワイドと取った。

それだけで私の主催するホームページは荒らされてしまった。予想したレースを外して、自分は勝手に的中させている、と犯人が思ったからかもしれない。

「今日は何も予想しなければよかった。万馬券を取らなければよかった」と、私は落ち込んだ。

当日の馬場状態やパドックを見て、本命を変えることを私は正当だと思っている。大事なお金がかかっている。負けると分かった馬にお金は賭けられない。

だが、これまでにも、私が本命を変えたり、勝手に取ったりすると、酷い仕打ちを受けてきた。だから、私は自分の予想（正確には買い目）を公開してないし、名が売れてからは予想記事をどこにも書いていない。

もっとも私に予想コラムを頼む新聞社はないと思うが、それが唯一の安心である。私は予想記事は書かない。

本書は、私が一部のファンの人たちに配っていたエッセイを集めたものだ。平成十四年の上半期の予想が入っている。

馬券セオリーが満載の一種の〝玉手箱〟である。

私は馬券の〝基本〟を数え切れないほど持っていて、それに忠実に馬券を買っているだけだ。

親馬鹿な厩舎情報には惑わされない。厩舎情報満載のスポーツ新聞は面白いが、馬券の基本は書かれていない。元騎手の予想は手堅いが、馬券の基本は書かれていない。ある新聞はよく的中するが、三連複の買い目は十点以上だ。


基本で買う。

単複を買う。

連を買う時は五点以内でまとめる。

パドックまで待ってから勝負をする。


そういう話をまとめた本だ。

この本を出すことで、私に何のメリットがあるのか不明だが、メリットがあったら第二弾もあるかもしれない。

## 狩猟なくして勝利なし

日本人がラスベガスに行くと、完全なカモになるように、日本人はギャンブルが下手だ。

競馬は、大衆を欺（あざむ）くことで勝利が近くなってくる。

「大衆ではなく胴元ではないか」と言われると思うが、競馬に関して言えば、ＪＲＡとマスコミの情報に大衆が動かされているから、ここでは大衆という。

大衆の意志によって、オッズが動く。人気馬は百円台になり、人気のない馬は何十倍にもなる。

そこで日本人はビビッてしまう。

なぜか。

農耕民族だからだ。

人と同じ道具を持って群れていないと不安になるのだ。

違う行動に出たり、違う獲物を隠していたりはしない。

競馬で言うと、オッズを見ずに、自分の本命を貫き、買う度胸がない。オッズを見て、自分の本命が大衆に支持されていないと萎縮する。

獲物も、大衆と同じ『馬連』にしか目が行かない。単複やワイドで攻めると笑われるから、それができない。笑っている友達は本当は敵なのに、それさえも気づかない。お金という重要な財産がかかっている勝負事で、勝てる確率の高い方法の選択を止めさせようとする友達は、あなたを破産に追い込もうとする敵なのだ。その証拠に、自分が万馬券を取ったら、一週間は自慢し続け、あなたが馬券を外れたことを侮蔑する。あなたが信じて買った馬のことを「あんな弱い馬」と馬鹿にし、信じて買った騎手のことを「あんな下手な騎手を買って馬鹿だ」と詰（なじ）る。


人はなぜ競馬に勝てないのか。正確には、「日本人はなぜ競馬に弱いのか」という。

他人に依存し、自分で考え、行動しないからだ。他に答えはない。

予想家に依存し、オッズに依存し、高配当に依存する。

平成十四年『安田記念』の時。

「里中さんの本命のアドマイヤコジーンは人気がないけど、勝負するんですか」

というメールが会員から届いた。

「人気がない？　みんな馬鹿だな」

私はそう答える。


里中李生はどうして競馬に強いのか――。

そんなことは簡単だ。作家だからだ。作家なんか犯罪者と同じ。懐に獲物を隠し、常に大衆（俗論）を否定する。道徳も制度もぶち破る。農耕民族とは違いすぎる。

競馬に勝つためには農耕民族をやめるほかない。

## オッズとは「伝言ゲーム」である

競馬には、サークル人気と呼ばれる馬が出現する。

突然、何の前触れもなく、八歳馬が人気になったり、前走大敗している馬が人気になったりする。また、同じ人気馬の記事がいっせいに同じ日に新聞に掲載される。

この現象は狩猟的とは言えない。農耕的だ。

言うまでもなく、トラックマン（予想家）は農耕民族なのだ。

だから、彼らに縋る競馬ファンは農耕的作業に同意し、共感していることになる。それでは勝てない。

胴元（ＪＲＡ）は農林水産省だ。狩猟的な組織ではない。つまり、胴元、トラックマン、マスコミ、それら農耕的な集団が集まって作ったもの。それが、あなたが見ているオッズなのだ。

オッズは正確ではないのである。

分かるだろうか。オッズは〝伝言ゲーム〟の寄せ集めなのだ。

その証拠に、「強い」と言われた馬（サークル内でだ）がコロッと負ける。あなたの馬券は紙くずになる。しかし、皆が負けていると思うと、あなたは怒らない。

大万馬券が出ると、テレビの司会者は笑う。女の司会者は満面に笑顔を作る。

大万馬券が出ると、馬券を買っている人たちはほとんど負けている。だから、司会者は神妙な面持ちにならないとだめだ。だが、「すごい馬券が出ましたね」と笑う。ひどく農耕的だ。皆が負けているから、何を言っても責められないのだ。

日本人が狩猟民族ならテレビ局は放火される。

海外で悲惨な事件が起こると、「邦人はいない模様です」と、日本人のアナウンサーは言い、笑みを浮かべる。自分たちの仲間が無事なら安心なのだ。

## 反大衆発想のすすめ

あなたが競馬に強くなれない理由が分かっただろうか。

皆と同じ馬を何の信念もなく買い、皆と一緒に負け、皆と一緒に笑っているからだ。

平成十五年『共同通信杯』でのこと。後藤騎手騎乗のマイネルモルゲンが、ゴール前で追うのを止めた。結果はハナ差で四着。必死に追っていたら三着だったかもしれない。

だが、誰も怒らない。複勝もワイドも買っている人が少ないから、つまり周囲が怒ってないから黙殺される。

しかし、私は断言する。

こういう怠慢なＪＲＡ騎手の騎乗を怒らないから、競馬ファンはいつまで経っても農耕的で、負け組だ、と。下手な騎手しかいないＪＲＡのレースを買い続け、負け続ける。岡部、武豊、外国人騎手、地方騎手。この四人だけでは馬券は買ってられない。

後藤騎手の幸運は、このレースの時に、私が中山競馬場にいなかったことだ。

私は競馬場に狩猟に行っている。単複という獲物を持って、私の財産を奪おうとする攻撃には反発する。この時、私が中山にいたら、クラブの仲間を引き連れ、ＪＲＡに抗議に行っただろう。

怠慢な騎乗で財産を奪われたのだ。当然だ。

私のことをヒステリックだという輩がいる。ヤクザみたいという女もいる。だが私はとても大人しい男だし、冷静な男だ。欧米なら、抗議ではすまされない。日本人が変なのだ。

競馬に強くなるにはどうすればいいのか。

作家になるか、狩猟民族になるしかないのだ。

今から紹介する私の予想エッセイをじっくり読んでほしい。

99パーセントが二番人気以下の馬を本命にしている。

「里中は単複党の固いやつ」と思われているかもしれない。だが、私の信念はこうだ。

――俺の本命が一番人気だ。大衆が間違っている。

大衆にビビッていたら勝てない。

里中李生の競馬塾　もくじ

## 序章　勝負とは何か？



## 第1章　勉強レースとは何か？

## 第2章 信念なくして勝負なし

## 第3章 この本命馬、買わないといけない

## 第4章 馬券の神髄は単複にあり

## 第5章 セオリー制す者は競馬を制す

## 第6章 年間トータルで勝利せよ！

## 最終章 変わりゆく競馬に勝つために

カバー写真／牧野浩司
装丁／中山デザイン事務所
出馬表／ホースニュース馬
組版／字打屋
協力／ＳＲＣ（里中李生レーシングクラブ）

※本書第一章〜第六章は、競馬の勉強を目的としたクラブ・ＳＲＣにて、著者が会員向けに綴ったエッセイ（平成十四年一月五日〜六月二十四日）をもとに、構成されております。各文末に記した年月日は、それぞれのレース開催日を表しています（実際のエッセイは、レース前日に公表）。
また、序章・最終章は本書のための書き下ろしです。

第1章

# 勉強レースとは何か？

●好走の瞬間を見極めよ！
●なぜ連闘馬を狙うのか？
●厩舎の思惑を読め
●追い込み馬を狙う理由

Theory

# 攻めの姿勢を貫け！

## ▼「東西重賞」攻略法

新年おめでとうございます。

ちょうど三重県の実家から車で帰る途中、東海地方を襲った大雪に遭遇し、二十四時間車に乗っていた。

金杯の枠順もさっき見たばかりだ。いちおう本命馬は決めていたが、金杯は苦手なレースなだけに、ついてないなという感じだ。

とはいえ、今年は中山ではなく、東は東京競馬場での金杯。私の得意なコースだから、期待している。

**●東京11R中山金杯**

明け四歳馬が強い傾向があるが、**東西両方とも本命にするのは、引き分け狙いのようで、弱気だ。**

両方の金杯が四歳で決まる可能性も十分あるが、「古馬の意地」がどちらかのレースで発揮されるのも競馬の自然な流れだ。

特に東京の金杯は、四歳のビッグゴールドが、名前で余計に人気になり、単勝を買う気になれな

**東京 11** 発走 15.30

第51回 日刊スポーツ賞 中山金杯（GⅢ）
4歳上オープン・(混)・ハンデ

芝2000 Cコース

推定タイム 良 1.58.9 重 2.00.9

連対決め手

上位拮抗 ◎信頼75%度

| 枠番 | 馬番 | 馬名 | 斤量 | 騎手 | 性齢 | 賞金 | 総賞金 |
|---|---|---|---|---|---|---|---|
| 1 | 1 | ニッポーアトラス | 55 | 村田 | 牡8 | 6520 | 17660 |
| 1 | 2 | エアスマップ | 57.5 | ファロン | 牡7 | 8570 | 23495 |
| 2 | 3 | ビッグゴールド | 54 | 柴田善 | 牡4 | 2100 | 8430 |
| 2 | 4 | ウインマーベラス | 55 | 蛯名 | 牡5 | 3600 | 12980 |
| 3 | 5 | トウカイポイント | 54 | 北村 | 騸6 | 4050 | 12115 |
| 3 | 6 | カリスマサンオペラ | 53 | 中舘 | 牝5 | 4000 | 9650 |
| 4 | 7 | クラフトマンシップ | 55 | 勝浦 | 牡7 | 5770 | 17386 |
| 4 | 8 | トラストファイヤー | 55 | 小野 | 牡4 | 4000 | 8190 |
| 5 | 9 | アッミラーレ | 56 | 横山典 | 牡5 | 4700 | 9940 |
| 5 | 10 | ゴーステディ | 53 | 吉田 | 牡5 | 2400 | 6025 |
| 6 | 11 | ミヤギロドリゴ | 54 | 大西 | 牡8 | 5870 | 18574 |
| 6 | 12 | イーグルカフェ | 57 | 田中勝 | 牡5 | 8750 | 23300 |
| 7 | 13 | サイレントセイバー | 55 | 加藤 | 牡7 | 6140 | 19136 |
| 7 | 14 | タフグレイス | 51 | 江田照 | 牝6 | 3020 | 9125 |
| 8 | 15 | メジロスティード | 52 | 横山賀 | 牡9 | 5120 | 14745 |
| 8 | 16 | トーヨーデヘア | 55 | 後藤 | 牡5 | 4050 | 13310 |

**京都 11** 発走 15.40

第40回 スポーツニッポン賞 京都金杯（GⅢ）
4歳上オープン・(混)・ハンデ

芝1600 外回り・B

推定タイム 良 1.33.7 重 1.35.2

連対決め手

波乱含み ◎信頼75%度

| 枠番 | 馬番 | 馬名 | 斤量 | 騎手 | 性齢 | 賞金 | 総賞金 |
|---|---|---|---|---|---|---|---|
| 1 | 1 | タイキプライドル | 56 | 郷原 | 牡7 | 6470 | 17990 |
| 2 | 2 | ダイタクリーヴァ | 58.5 | 武豊 | 牡5 | 15750 | 34400 |
| 2 | 3 | キタサンチャンネル | 55 | 高橋亮 | 牡4 | 4300 | 9350 |
| 3 | 4 | ヴィエントシチー | 51 | 福永 | 牡6 | 3320 | 8587 |
| 3 | 5 | ミレニアムバイオ | 53 | 松永幹 | 牡4 | 1400 | 3750 |
| 4 | 6 | タマモヒビキ | 53 | 小原 | 牡6 | 4340 | 12445 |
| 4 | 7 | エイシンルーデンス | 54 | 野元 | 牝6 | 8550 | 20800 |
| 5 | 8 | ダービーレグノ | 55 | 幸 | 牡4 | 2400 | 5630 |
| 5 | 9 | トーホウドリーム | 57 | 四位 | 牡5 | 5600 | 13410 |
| 6 | 10 | オースミブライト | 55 | 村本 | 牡6 | 8700 | 21590 |
| 6 | 11 | トッププロテクター | 55 | 和田 | 牡5 | 4600 | 14430 |
| 7 | 12 | コンタクト | 54 | 小牧太 | 牡6 | 3720 | 10325 |
| 7 | 13 | タイキポーラ | 54 | 武幸 | 牝6 | 6820 | 15685 |
| 8 | 14 | ゴッドオブチャンス | 54 | 藤田 | 牡4 | 2300 | 7940 |
| 8 | 15 | ノボリユキオー | 55 | 石橋 | 牡6 | 3825 | 12665 |

い。

そう、名前に「金（ゴールド）」が入っているからだ。東京コースは得意の馬だが、馬体が小さい。府中の2000メートルは馬格のある馬が強い。本命にしづらい。

展開を考えたら、ゴーステディの単機逃げが予想される。前走ウェルカムSは、ビッグゴールドの三着に惜敗したが、展開不利。今回、もし展開が向けば、ビッグゴールドには負けないと考える。これが自然だ。何かが競ってくると困るが、それでも前走はよく粘っていた。東京得意のトニービン産駒。期待して単複を買う。

他の馬については、真ん中から内枠の馬に印を付けた。**府中の2000メートルは外枠が不利である**。

ビッグゴールド、芝でも走る血統のアッミラーレ、本格化トウカイポイント、東京得意中の得意エアスマップ。

また、12Rに出てくるブルーフレンチを狙っている。左回りが得意の馬だ。

**●京都11R京都金杯**

本命は松永幹のミレニアムバイオ。強い明け四歳馬が勝つのは、こちらのレースだ。

前走条件戦勝ちで重賞挑戦。軽ハンデ。**クラシックで重賞経験があり、しかも好走している**（スプリングS三着）。**こういう馬が軽ハンデをもらえるのは今だけだ**。このパターンの馬は**狙わない**

**といけない**。他の馬は眼中にない。単複で勝負する。

ＰＡＴの残高を百万円に調整した。今年は競馬も仕事も勝負するつもりだ。競馬の方は苦手なテイエムオペラオーが引退し（苦笑）、ストレスなく勝負できる。仕事の方は、写真と他の本の制作に力を入れる。競馬本の売り上げでは断然一人勝ちで、話題性でも細江純子写真集が競馬以外の雑誌にも登場した。

だが面白いことに、私に仕事の話を持ちかけてくる競馬マスコミは皆無。「単複で勝負しろ」とか「競馬記者は才能がない」とか、言っているからだろうか。

（平成14年1月5日★土曜日）

## 好走の瞬間を見極めよ！

### ▼「実績馬」攻略法

昨日は、三着（中山金杯ゴーステディ）、三着（京都金杯ミレニアムバイオ）、二着（東京12Ｒブルーフレンチ）という結果だった。

ブルーフレンチは「これをお年玉に」というくらいの気構えだったが、ハナ差で二着。複勝が260円ついたとはいえ、悔しい。だが、昨年暮れのラジオたんぱ杯からの**連続複勝圏内記録がハレ**

**ースに更新された**。

その記録はそろそろ終わるかもしれない。なぜなら、今日はちょっと穴狙い。前から「狙っている馬」が一頭も出ていないからだ。考えに考えての本命だと思ってほしい。

感覚ではなく、理屈っぽい本命だと我ながら感じる。だから自信はない。しかし本命にする以上、期待はしている。

**●東京11Rガーネットステークス**

ワシントンカラーを狙う。高齢になって凡走続きで、一度見切った馬。三〜四歳の頃は稼がせてもらった馬なので、**この馬の走り頃はよく知っている**。最近、調教を見ていると、復調しているようだ。松山師もびっくりしていた。岡部は今、療養中のため、代役はいつものように田中勝。昨日のブルーフレンチはゴール前で差されたが、あの乗り方は嫌いではない。消極的に乗って負ける奴が多いから、田中勝や四位のように積極的に乗る騎手の方が私は好きだ。

**ワシントンカラーは、完全なスプリンター**。**それもダートがいい**。芝の高松宮記念で二着の実績があるが、重馬場だった。東京1200ダートは三〜四歳時に根岸ステークスを連覇している。その頃より強くなっているはずはないが、**相手も高齢馬ばかりだから、チャンスはある**。

特に追い込んで二着の多い一番人気ブロードアピールには負けたくないな。例によって「連軸鉄板」とスポーツ新聞が煽(あお)っているからだ。

## 東京11 発走15.30 第6回 ガーネットS(GⅢ)

4歳上オープン・(混)・別定・(指) ダ1200

| 枠 | 馬番 | 馬名 | 斤量 | 騎手 | 性齢 |
|---|---|---|---|---|---|
| 白1 | 1 | サウスヴィグラス | 56 | 柴田善 | 牡6栗 |
| 白1 | 2 | グレイイーグリット | 55 | 北村 | 牡7鹿 |
| 黒2 | 3 | ナイキアフリート | 56 | 横山典 | 牡6栗 |
| 黒2 | 4 | セレクトグリーン | 57 | 後藤 | 牡7鹿 |
| 赤3 | 5 | ノボサンシャイン | 53 | 江田照 | 牝4栗 |
| 赤3 | 6 | ゴールドティアラ | 57 | 蛯名 | 牝6栗 |
| 青4 | 7 | テンパイ | 57 | 中舘 | 牡9黒鹿 |
| 青4 | 8 | ブロードアピール | 55 | 武豊 | 牝8黒鹿 |
| 黄5 | 9 | ワシントンカラー | 57 | 田中勝 | 牡8芦 |
| 黄5 | 10 | クールネージュ | 54 | 村田 | 牝6芦 |
| 緑6 | 11 | マイネルエーレ | 55 | [illegible] | 牡4鹿 |
| 緑6 | 12 | タマモスオード | 56 | 小野 | 牡8鹿 |
| 橙7 | 13 | スタンドオンエンド | 54 | 池添 | 牝5鹿 |
| 橙7 | 14 | レタセモア | 55 | 川原 | 牡4鹿 |
| 桃8 | 15 | ショウナンカンプ | 55 | 吉田 | 牡4鹿 |
| 桃8 | 16 | ビーマイナカヤマ | 57 | 鹿戸 | 牡8鹿 |

## 京都11 発走15.40 新春(しんしゅん)ステークス

4歳(1600万下)・5歳上(1600万下)・別定(混) 芝1600 外回り・B

| 枠 | 馬番 | 馬名 | 斤量 | 騎手 | 性齢 |
|---|---|---|---|---|---|
| 白1 | 1 | オカノスピカ | 54 | 幸 | 牝7鹿 |
| 白1 | 2 | テイエムサンデー | 56 | 秋山 | 牡6青鹿 |
| 黒2 | 3 | サンライズマーチ | 56 | 芹沢 | 牡6黒鹿 |
| 黒2 | 4 | トウカイパンチ | 56 | 和田 | 牡7鹿 |
| 赤3 | 5 | マヤノトライミー | 56 | 福永 | 牡6鹿 |
| 赤3 | 6 | メジロバーバラ | 55 | 松永幹 | 牝5栗 |
| 青4 | 7 | ネームヴァリュー | 54 | 藤田 | 牝4鹿 |
| 青4 | 8 | エイシンワンシャン | 54 | 熊沢 | 牝6鹿 |
| 黄5 | 9 | マイネルビンテージ | 57 | 小林徹 | 騸5鹿 |
| 黄5 | 10 | アグネスストーム | 56 | 石山 | 牡4鹿 |
| 緑6 | 11 | ゴールデンレリーフ | 56 | 安田 | 騸8栗 |
| 緑6 | 12 | ハギノスプレンダー | 54 | 四位 | 牝6栗 |
| 橙7 | 13 | ユノピエロ | 56 | 河内 | 牡4鹿 |
| 橙7 | 14 | フサイチユーキャン | 55 | 武幸 | 牝5鹿 |
| 桃8 | 15 | エイスワンダー | 54 | 渡辺 | 牝6鹿 |
| 桃8 | 16 | キョウワダイキチ | 56 | 佐藤哲 | 牡7栗 |

## 京都10 発走15.00 紅梅(こうばい)ステークス

3歳オープン (牝)(混) 別定・(特指) 芝1400 外回り・B

賞金 1900 760 480 290 190

| 枠 | 馬番 | 馬名 | 斤量 | 騎手 | 性齢 |
|---|---|---|---|---|---|
| 白1 | 1 | ディアレストハニー | 53 | 福永 | 牝3鹿 |
| 白1 | 2 | ミスイロンデル | 54 | 秋山 | 牝3鹿 |
| 黒2 | 3 | ツルマルグラマー | 53 | 高橋亮 | 牝3鹿 |
| 黒2 | 4 | スイートルーム | 53 | 和田 | 牝3栗 |
| 赤3 | 5 | サクセスビューティ | 53 | 藤田 | 牝3黒鹿 |
| 赤3 | 6 | タガノチャーリーズ | 53 | 熊沢 | 牝3黒鹿 |
| 青4 | 7 | フォルクローレ | 53 | 四位 | 牝3栗 |
| 青4 | 8 | ホクセツクイーン | 53 | 白坂 | 牝3鹿 |
| 黄5 | 9 | ナイトファンタジー | 53 | 武幸 | 牝3鹿 |
| 黄5 | 10 | カネトシディザイア | 53 | 河内 | 牝3青鹿 |
| 緑6 | 11 | キタサンオウシャン | 53 | 安田 | 牝3黒鹿 |
| 緑6 | 12 | マチカネテマリウタ | 53 | 幸 | 牝3栗 |
| 橙7 | 13 | オリーブシチー | 53 | 芹沢 | 牝3青 |
| 橙7 | 14 | トーセンエール | 53 | 石橋 | 牝3栗 |
| 桃8 | 15 | テイエムハーバー | 53 | 宝来 | 牝3鹿 |
| 桃8 | 16 | キョウワノコイビト | 53 | 松永幹 | 牝3黒鹿 |

印は、東京得意のセレクトグリーン、サウスヴィグラス、ブロードアピール、スタンドオンエンド、四歳のショウナンカンプに付けた。馬連&ワイドを買ってもいい。みなさんの自由だ。

ただし、単複を主力にして、馬連とワイドは押さえに回してほしい。このことだけは強制したいくらい厳しく言う。

単複が80%、馬連&ワイドは20%だ。

●**京都11R新春S**

ここも狙っている馬がいない。考えに考えてネームヴァリューを本命にした。

前走の休み明けで体重が大幅に増えていたからだ。**つまり明け四歳のこの馬は〝成長した〟ということだ**。前走は久々で走らなかったが、叩いて今回は走るはず。**走らなければ、もう買わなくていい。単に弱い馬ということだ**。このレースのメンバーには、前走連対している馬がいない。荒れる。

●**京都10R紅梅S**

キョウワノコイビトはトニービン×カーリアンという好配合。新馬の時計もよく、外枠に入ったのも、プラスだと思う。キャリア不足だが、もまれる心配はない。

京都の二レース、私は単複しか買わない。

＊

昨日、ＰＡＴに入れた百万円を有効に使い、プラス十万円。単勝の二倍以上複勝を買って、ずいぶん儲かった。苦手な馬が引退して、こんなに買いやすい年はない。だから無理をして、ＰＡＴを百万円から始めたのだ。

昨年の年度代表馬ジャングルポケットは、阪神大賞典から始動するという。よかった。ＡＪＣＣならば、楽勝されてお金にならない。しかし、阪神大賞典なら付け入る隙がある。

正月、私はゴルフに行った。寒くて死ぬかと思ったが、ドライバーが２７０ヤード飛んだ。キャディさんが「そんなに痩せてるのに」と絶句していた。私自身もなぜ飛ぶのか分からない。

タイキの馬を追加で買った。アドマイヤコジーンの妹が売れ残っていたので、無理して何口か買った。私にとっては初めての良血馬となる。

（平成14年1月6日★日曜日）

## なぜ連闘馬を狙うのか？

### ▼「変則開催」攻略法

三日間の変則開催が続くと、「え、もう競馬の日」と時が過ぎゆくのが早い。

七万年以上前に絵が描かれた石が発見された。七万ですよ、七万年！　そんなに前から人間は絵を描いていたのか。太古の時代は何をして楽しんでいたのだろうか。娯楽も無く、楽しみは食べる事だけか。ギャンブルに対する欲求など微々たるもの、我慢しようと思えばできる。できない人は精神的に病んでいるのだ。

変則開催初日。二レースくらい購入でゆっくり始めたい。

**●東京11Rジャニュアリ―S**

今のダートコースは馬場が重いようで、追い込みが決まる。ケイアイシャインやバイオマスターなど前に行く馬が止まりそうな気配がする。追い込み馬を買いたい。

前走体重が増え、連闘で東上してきたバンブーユキヒメ。今回は輸送も手伝い、絞れるはずだ。騎手は後藤。**実力の関西馬に関東の有力騎手で狙い目だ。**

**変則開催で狙うべき馬は、調教のいい馬と連闘の馬。**フリーウエイハート、シンボリスナイパー、トウショウトリガー、バーガンディレッドに印を付けた。どの馬に流してワイドを買うかはパドックを見て決めたい。

**体重の増加が激しい季節。勝負する人はパドックを見てからがいい。**

**●京都11R淀短距離S～勉強レース～**

このレースは勉強レースだ（里中の本命馬を書かない。自分で決断して馬券を購入してほしい）。

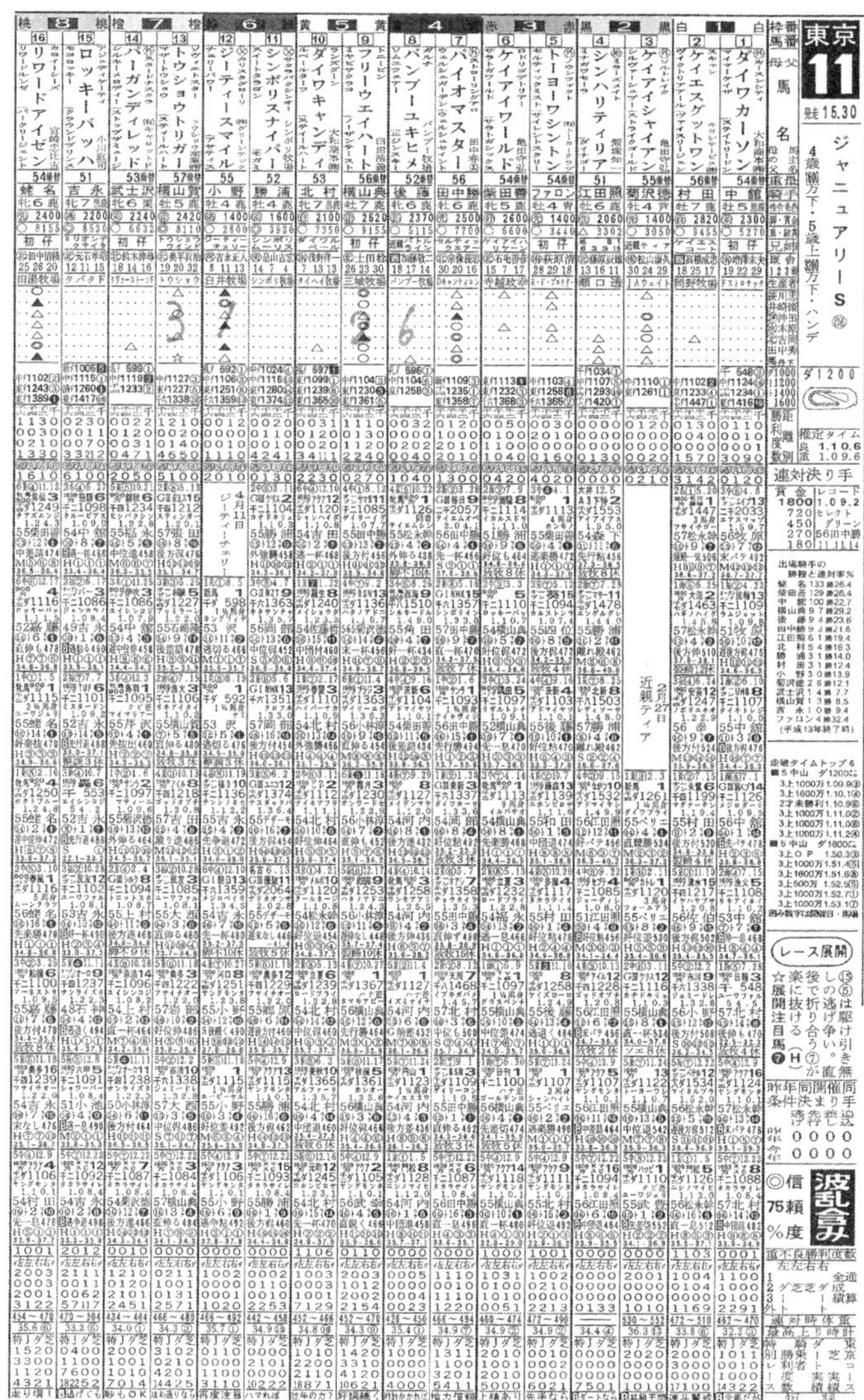

東京 11 発走15.30 ジャニュアリーS (混)

4歳1600万下・5歳上1600万下・ハンデ ダ1200

| 枠番 | 馬番 | 馬名 | 斤量 | 騎手 |
|---|---|---|---|---|
| 1 | 1 | ダイワカーソン | 54 | 中舘 |
| 2 | 2 | ケイエスグッドワン | 56 | 村田 |
| 2 | 3 | ケイアイシャイアン | 55 | 菊沢徳 |
| 3 | 4 | シンハリティリア | 51 | 江田照 |
| 3 | 5 | トーヨーワシントン | 54 | ファロン |
| 4 | 6 | ケイアイワールド | 54 | 柴田善 |
| 4 | 7 | バイオマスター | 56 | 田中勝 |
| 5 | 8 | パンプーユキヒメ | 52 | 後藤 |
| 5 | 9 | フリーウエイハート | 56 | 横山典 |
| 6 | 10 | ダイワキャンディ | 53 | 北村 |
| 6 | 11 | シンボリスナイパー | 52 | 勝浦 |
| 7 | 12 | ジーティースマイル | 55 | 小野 |
| 7 | 13 | トウショウトリガー | 57 | 横山賀 |
| 8 | 14 | バーガンディレッド | 53 | 武士沢 |
| 8 | 15 | ロッキーバッハ | 51 | 吉永 |
| 8 | 16 | リワードアイゼン | 54 | 蛯名 |

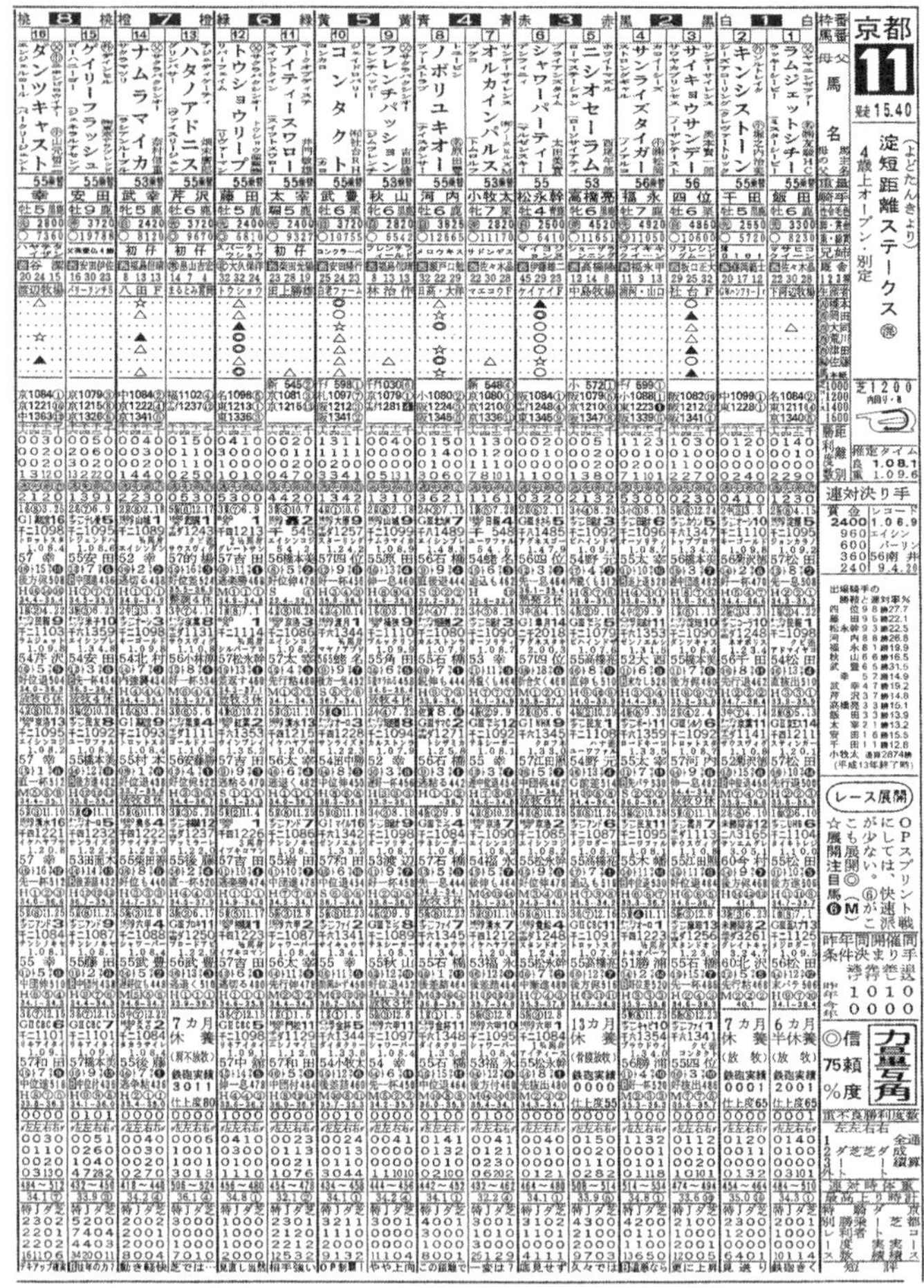

京都 11

発走 15.40

(よどたんきょり)

淀短距離ステークス (混)

4歳上オープン・別定

芝1200 内回り・B

推定タイム 良 1.08.1 重 1.09.6

| 枠番 | 馬番 | 馬名 | 斤量 | 騎手 | 性齢 |
|---|---|---|---|---|---|
| 1 白 | 1 | ラムジェットシチー | 55 | 飯田 | 牡6 |
| 1 白 | 2 | キンシストーン | 55 | 千田 | 牡5 |
| 2 黒 | 3 | サイキョウサンデー | 56 | 四位 | 牡6 |
| 2 黒 | 4 | サンライズタイガー | 56 | 福永 | 牡7 |
| 3 赤 | 5 | ニシオセーラム | 53 | 高橋亮 | 牝6 |
| 3 赤 | 6 | シャワーパーティー | 55 | 松永幹 | 牡4 |
| 4 青 | 7 | オルカインパルス | 53 | 小牧太 | 牝7 |
| 4 青 | 8 | ノボリユキオー | 55 | 河内 | 牡6 |
| 5 黄 | 9 | フレンチパッション | 53 | 秋山 | 牝6 |
| 5 黄 | 10 | コンタクト | 55 | 武豊 | 牡6 |
| 6 緑 | 11 | アイティースワロー | 55 | 太宰 | 騸5 |
| 6 緑 | 12 | トウショウリープ | 55 | 藤田 | 牡5 |
| 7 橙 | 13 | ハタノアドニス | 55 | 芹沢 | 牡6 |
| 7 橙 | 14 | ナムラマイカ | 53 | 武幸 | 牝5 |
| 8 桃 | 15 | ゲイリーフラッシュ | 55 | 安田 | 牡9 |
| 8 桃 | 16 | ダンツキャスト | 55 | 幸 | 牡5 |

連対決め手

レース展開

OPスプリント戦にしては、快速派が少ない。⑥がこも展開◎(M)

☆展開注目馬 ⑥

信頼度 75%

**私が本命にした馬は、変則開催に強そうな馬。**

ちなみに消した馬は、オープンの1200でこけることが多いサンデーサイレンス産駒。さらに、オープンクラスにも関わらず、昇級戦で一番人気になりそうな馬。オープンに入ると一息のサクラバクシンオー産駒。半年以上メインレースで勝ってない騎手が乗る馬。重賞四着の実績はあるが、血統に魅力を感じない人気の一頭。

残った有力馬は一頭になる。人気薄が来て、波乱になることが多いレースだが、今年は魅力的な穴馬はいない。今回は荒れない。単複だけを買って観戦する。

今週月曜の『万葉S』、有力馬はみんな太って出てきた。直線で止まったところを、例によって後方待機の武豊が差し切った。最近、「武様、どうぞ、差し切ってください」というレースが多すぎるよ。

サッカーでは、スター選手のマークはきつくなるが、競馬はそういう傾向がない。特に人気がない時の武豊は外したらだめだ。ますますマークが緩くなり、自由奔放に乗ってくる。

私はまだ正月の疲れが取れない。体重もえらく減ってしまった。疲れて寝ると食べる回数が減る。また疲れて睡眠時間が長くなる。また食べる回数が減る。悪循環だ

（1月12日★土）

# 東京得意の馬、阪神得意の馬

## ▼「二強模様」攻略法

昨日は久しぶりに二戦二敗。負けた時の美学を思い出すのに苦労した。「負けても平静。人にあたらず、じっくりレース分析。リラックスするために好きなことをする」

私はおよそ十五年ぶりに、ジョンメレンキャンプという歌手のＣＤを買ってきた。それを聴きながら寝た。「ジャック&ダイアン」という名曲を知っていますか。感動するアレンジの曲だ。

東京も京都も単勝オッズが異様だったよね。

あんなに人気がないなら、もう一度サイキョウサンデー（淀短距離Ｓ一着）を買ってもよかった。前走はマイルで折り合いに苦労したが、１２００でぴったり折り合っているように見えた。千二を好走するサンデーサイレンス産駒は少ないが、この馬は特に気性が悪いタイプだから、例外なのだろう。

勉強レース・淀短距離Ｓの本命は、八着のコンタクトだった。

なぜこんなに武豊と相性が悪いのか。腹立たしいというより、悲しくなってきた。実は、彼とは趣味が一緒なのである。車、ゴルフ……たぶん女性の好みも一緒だ（昔、私は佐野量子さんのファンだった）。栗東トレーニングセンターで一度すれ違っただけだが、機会あれば、彼と話がしたい

## 東京11R 発走15.30 第42回 京成杯（けいせい）（GⅢ）

3歳オープン・混・別定・特指　芝2000 Cコース

推定タイム　良 2.01.1　重 2.03.1

| 枠 | 馬番 | 馬名 | 父 | 母 | 母の父 | 馬主名 | 重量 | 騎手 | 性齢毛色 | 厩舎 | 生産者 |
|---|---|---|---|---|---|---|---|---|---|---|---|
| 白1 | 1 | マイネルアムンゼン | ペンタイア | ダイナマッケンジー | ノーザンテースト | ㈱ラフィアン | 55乗替 | 村田 | 牡3鹿 | 田中清隆 | ビッグレッド |
| 黒2 | 2 | サンデーサンサン | サンデーサイレンス | ルプロムナード | シアトリカル | 高崎貞次 | 55乗替 | 柴田善 | 牡3青鹿 | 森秀行 | 矢野牧場 |
| 赤3 | 3 | ヤマニンセラフィム | サンデーサイレンス | ヤマニンパラダイス | ダンチヒ | 土井肇 | 55 | 蛯名 | 牡3栗 | 浅見秀一 | 錦岡牧場 |
| 青4 | 4 | ブリガドーン | サンデーサイレンス | メインスルー | スルーオゴールド | 吉田勝己 | 53 | 木幡 | 牝3黒鹿 | 小西一男 | ノーザンF |
| 青4 | 5 | ダディーズドリーム | トニービン | ダディーズシューズ | サクラユタカオー | ㈲サンデーRC | 55乗替 | 橋本美 | 牡3鹿 | 松田博資 | 白老ファーム |
| 黄5 | 6 | サスガ | サンデーサイレンス | ダボナアンビション | シアトルスルー | 市川義美 | 55 | 横山典 | 牡3黒鹿 | 藤澤和雄 | 千代田牧場 |
| 黄5 | 7 | ゲンパチミラクル | ウォーニング | ダイナクレアー | ノーザンテースト | 平野武志 | 55乗替 | ファロン | 牡3青鹿 | 加藤修甫 | 上島牧場 |
| 緑6 | 8 | カゼニフカレテ | サニーブライアン | マナーリー | ラグビーボール | 小田切有一 | 55乗替 | 後藤 | 牡3鹿 | 佐々木晶三 | 中地康弘 |
| 緑6 | 9 | シルキーゲイル | マーベラスサンデー | オークピクニーティー | シアトルスルー | ㈲シルク | 55乗替 | 大西 | 牡3鹿 | 高市圭二 | クドウF |
| 橙7 | 10 | トーセンサクシード | ジェイドロバリー | ミスアウェニー | リヴリア | 島川隆哉 | 55乗替 | 江田照 | 牡3鹿 | 稗田研二 | 川上牧場 |
| 橙7 | 11 | ローマンエンパイア | サクラローレル | ローマステーション | ローソサイアティ | ㈲ターフ・スポート | 55 | 武幸 | 牡3黒鹿 | 古川平 | 中島牧場 |
| 桃8 | 12 | ビッグスマッシュ | レオンブライド | ノーブルセイコ | リンパアダンサー | ㈱グリーンジャック | 55乗替 | 小野 | 牡3黒鹿 | 池上昌弘 | 橋本牧場 |
| 桃8 | 13 | サクラエクセレント | サンデーサイレンス | セダンフォーエバー | マルゼンスキー | ㈱さくらコマース | 55乗替 | 田中勝 | 牡3黒鹿 | 小島太 | 谷岡牧場 |

連対決り手

◎信頼度75%　上位拮抗

## 京都11R 発走15.40 第49回 日経新春杯（GⅡ）

4歳上オープン・混・ハンデ　芝2400 外回り・B

推定タイム　良 2.26.0　重 2.28.5

| 枠 | 馬番 | 馬名 | 父 | 母 | 母の父 | 馬主名 | 重量 | 騎手 | 性齢毛色 | 厩舎 | 生産者 |
|---|---|---|---|---|---|---|---|---|---|---|---|
| 白1 | 1 | ノブレスオブリッジ | サンデーサイレンス | スイートダイナ | ギャラ | ㈲社台RH | 50乗替 | 池添 | 牝4栗 | 浅見秀一 | 社台F |
| 黒2 | 2 | トウカイオーザ | サンデーサイレンス | トウカイナチュラル | ナイスダンサー | 内村正則 | 57乗替 | 藤田 | 牡5黒鹿 | 松元省一 | 長浜牧場 |
| 赤3 | 3 | タップダンスシチー | プレザントタップ | オールダンス | ノーザンダンサー | ㈱友駿HC | 52乗替 | 川原 | 牡5鹿 | 佐々木晶三 | エコーVHF |
| 青4 | 4 | トップコマンダー | コマンダーインチーフ | ファーストセーラ | ミルジョージ | ジョイRH㈱ | 55 | 四位 | 牡5鹿 | 崎山博樹 | 鎌田正嗣 |
| 黄5 | 5 | ヘッドシップ | アンバーシャダイ | ヒダクロス | ファバージ | ㈱テンジン | 52 | 高山 | 牡8栗 | 佐藤全弘 | 稗田牧場 |
| 黄5 | 6 | オースミブライト | ラストタイクーン | タイセイカグラ | ギーニングフロー | 山路秀則 | 55乗替 | 河内 | 牡6黒鹿 | 中尾正 | 岡本牧場 |
| 緑6 | 7 | ラスカルスズカ | コマンダーインチーフ | ワキア | ミスワキ | 永井啓弍 | 57乗替 | 武豊 | 牡6鹿 | 橋田満 | 稲原牧場 |
| 緑6 | 8 | プレジオ | カーリアン | アイリッシュカンパ | アイリッシュリヴァー | 横山秀男 | 52 | 北村 | 牡4鹿 | 藤澤和雄 | エクリプスBS |
| 橙7 | 9 | シャープキック | メジロマックイーン | ペッパーキャロル | ニチドウアラシ | 吉田勝己 | 50乗替 | 常石 | 牝6鹿 | 田中章博 | ノーザンF |
| 橙7 | 10 | ブリリアントロード | ブライアンズタイム | マリーナイスティ | ノーザンテースト | 大沢毅 | 56.5 | 山田和 | 牡7鹿 | 坪正直 | 大栄牧場 |
| 桃8 | 11 | ホットシークレット | ハンティングホーク | スダナデシコ | ダイテエム | 金子真人 | 58乗替 | 福永 | 騸6鹿 | 後藤由之 | 畠山牧場 |
| 桃8 | 12 | ヒシマジェスティ | サンデーサイレンス | ユーワジュエル | マルゼンスキー | 阿部雅一郎 | 54 | 安田 | 牡5鹿 | 佐山優 | 大北牧場 |

連対決り手

◎信頼度65%　荒れ模様

な。

**●東京11R京成杯**

ヤマニンセラフィム本命。単複で勝負する。

ローマンエンパイアの方が、これまでの勝ちっぷりがよく人気になるだろう。

だが、向こうは**一瞬の決め手を生かすマイラータイプ**。実際に阪神の短い直線で爆発してきた。

こちらの方は**追ってしぶとい東京コース向き**。昨年で言うと、アグネスタキオンがローマンエンパイア、ジャングルポケットがヤマニンセラフィムだ。

私は当然、**東京コース向きの馬を狙う**。

血統も、ヤマニンセラフィムの方に長がある。サンデーサイレンスとヤマニンパラダイス（九四年阪神三歳牝馬S優勝）の配合は、超良血といっても過言ではない。バランスが取れた好馬体でもあり、ここを勝つようなら、この馬がダービーの有力候補になる。ダービーの２４００は多少長いかもしれないが、朝日杯馬アドマイヤドンには負けない。

今回の鞍上は蛯名。ローマンの武幸四郎とは腕が違いすぎる。

単勝ヤマニンセラフィム。他の馬とは差がある。馬連は買わない。

**●京都11R日経新春杯**

ホットシークレットで儲けると、去年の宝塚記念（三着）以来、決めていた。

つかみどころがない馬だが、要はスタートを失敗せずハナに立てればいいのだろう。**距離が長ければ斤量は関係ない馬**。**トップハンデになったが、他の人気馬が差し馬だから、粘れると思う**。

トウカイオーザも本命候補に考えたが、体が太いままのようだ。陣営は「成長分」とコメントしているが、そうは思わないな。470キロ台の時が好調期間だからだ。

本命はホットシークレット。武豊ラスカルスズカとの馬連・ワイドだけ押さえる。これ以上、武豊赤字は嫌だよ。

今日も新聞の予想オッズが信用できない。変則開催でファンも悩んでいるんじゃないかな。


（1月13日★日）

# 厩舎の思惑を読め

## ▼「乗り替わり」攻略法

今月から岡部騎手が調教に復帰する。

引退する気がまったくなくて、ほっとしました。

今日、東京メイン（初富士S）にシンボリスナイパーが出走してくる。しばらく低迷しているが、勝浦から郷原に乗り替わったところで買う気になれないが、岡部なら違う。ザカリヤ、シンボリインディなど、多くの馬が岡部ならば走ったものだ。今日は騎手の乗り替わりにも注目したい。

**●東京11R初富士S**

一番人気ミデオンビットなんか、誰でも乗れる馬だ。なぜ柴田善がツルマルイソノツルの方に乗ってくるのか分からない。何か断れない理由でもあるのか。吉田は得した気分だろう。

後藤がリワードアンセルじゃなく、関西馬キングオブサンデーに乗ってきた。それで、蛯名にリワードアンセルが回ってきた。牝馬クラシックで善戦したが、牡馬相手では苦戦だ。ライバルだったダイワルージュも凡走続きである。

注目は、横山典に乗り替わったイカルスドリーム。奥平厩舎の主戦は当然、所属の横山典。だが、彼に乗せるほどの実力馬が少なく、最近は横山賀など他の騎手を使うことが多い。実際、イカルスドリームにも一回しか乗っていない。

馬自身は、善戦はするが勝ち切れない。**だが、トップジョッキーが乗ったらどうなのか。考え直す余地はある。**三回叩いて状態は上昇している。このレースは、吉田が逃げて勝ちに行く。差し馬イカルスドリームにはいい展開になるはずだ。横山典は差し馬が得意な騎手だ。

また、**父アフリートはこのクラス**（**1600万下**）**でよく穴をあける。**追い切りも意欲的で、勝負気配も感じられる。

ただ、マイルでは若干距離が長いので、大きく購入するのはやめたい。私は単勝三千円、複勝六千円買う。

## 東京 11 R　発走 15.35

### 初富士（はつふじ）ステークス　4歳900万下・5歳上1000万下・別定　芝1600 A コース

| 枠番 | 馬番 | 馬名 | 斤量 | 騎手 | 性齢毛色 | 厩舎 | 生産者 |
|---|---|---|---|---|---|---|---|
| 1 | 1 | リワードアンセル | 54 | 蛯名 | 牝4鹿 | 田中清隆 | 鎌田牧場 |
| 1 | 2 | ナリタダイドウ | 57 | 田中勝 | 牡5栗 | 中尾謙太 | マークリ牧場 |
| 2 | 3 | イカルスドリーム | 56 | 横山典 | 牡6栗 | 奥平真治 | グランド牧場 |
| 2 | 4 | ラヴィエベル | 55 | 小野 | 牝5栗 | 高松邦男 | H・ダテ |
| 3 | 5 | スプリングブルック | 56 | 村田 | 牡8鹿 | 上原博之 | 折手牧場 |
| 3 | 6 | トーセンダンディ | 56 | 江田照 | 牡4鹿 | 森秀行 | 小倉光博 |
| 4 | 7 | ミデオンビット | 57 | 吉田 | 牡5鹿 | 河野通文 | ムラカミF |
| 4 | 8 | ゲイリーセイヴァー | 56 | ファロン | 騸7栗 | 菊川正達 | ヒカンデイルF |
| 5 | 9 | キングオブサンデー | 56 | 後藤 | 牡6黒鹿 | 森秀行 | 三城牧場 |
| 5 | 10 | サンフレア | 56 | 菊沢徳 | 牡7鹿 | 松山康久 | 追分ファーム |
| 6 | 11 | ツルマルイソノツル | 56 | 柴田善 | 牡6鹿 | 坂口正則 | 本桐牧場 |
| 6 | 12 | ニシノギンガ | 56 | 木幡 | 牡4鹿 | 松永昇 | 西山牧場 |
| 7 | 13 | バイラリーナ | 55 | 小林淳 | 牝5栗 | 後藤由之 | カヤノ牧場 |
| 7 | 14 | シンボリスナイパー | 56 | 郷原 | 牡4鹿 | 畠山吉宏 | シンボリ牧場 |
| 8 | 15 | メジロバーバラ | 55 | 勝浦 | 牝5栗 | 高橋裕 | メジロ牧場 |
| 8 | 16 | スリーローマン | 55 | 石崎隆 | 牝5青 | 武宏平 | 大典牧場 |

推定タイム　良 1.34.7　重 1.36.1

連対決り手

| 賞金 | レコード |
|---|---|
| 1800 | 1.32.4 |
| 720 | オグリ |
| 450 | キャップ |
| 270 | 57武豊 |
| 180 | 2.5.13 |

出場騎手の勝鞍と連対率%

| 騎手 | 勝鞍 | 連対率 |
|---|---|---|
| 蛯名 | 133 | 26.4 |
| 柴田善 | 129 | 26.4 |
| 横山典 | 97 | 29.2 |
| 後藤 | 94 | 23.6 |
| 田中勝 | 93 | 21.6 |
| 江田照 | 61 | 19.4 |
| 吉田 | 42 | 15.7 |
| 勝浦 | 31 | 14.0 |
| 村田 | 31 | 12.4 |
| 小野 | 30 | 13.9 |
| 木幡 | 29 | 13.5 |
| 菊沢徳 | 26 | 12.1 |
| 小林淳 | 22 | 9.2 |
| 郷原 | 21 | 8.3 |
| ファロン | 4 | 32.4 |
| 石崎隆 | 通算4647勝（平成13年終了時） | |

走破タイムトップ3

| 条件 | タイム |
|---|---|
| 5中山 芝1200 | |
| 3上OP | 1.07.8⑥ |
| 3上1000万 | 1.07.9① |
| 3上1600万 | 1.08.4② |
| 5中山 芝1600 | |
| 3上1600万 | 1.32.8② |
| 3上1000万 | 1.33.4⑥ |
| 3上1600万 | 1.33.8④ |
| 6中山 芝1800 | |
| 3上OP | 1.47.1⑧ |
| 3上OP | 1.47.2⑧ |
| 3上1000万 | 1.48.3⑧ |
| 5中山 芝2000 | |
| 3上1000万 | 2.00.0⑧ |
| 2才500万 | 2.01.1③ |
| 2才未勝利 | 2.01.7⑦ |

囲み数字は開催日・馬場

### レース展開

再B、この鞍上で⑧が強気に行く。好位⑦②もケイバはしやすい（M）

☆展開注目馬❼❷

| | 同手退 | 催まり逃し | 開決先行 | 同年条件差 |
|---|---|---|---|---|
| 昨年 | 0 | 0 | 0 | 0 |
| 今年 | 0 | 0 | 0 | 0 |

◎信頼度 80%

5月14日 リワードフォコン

## ●東京9R若竹賞

今から三歳戦の二つのレースについて解説する。買う買わないは、自分で決断してほしい。

この時期、三歳のことなど、まだ誰にも分からないのだ。新聞には分かったようなことが書いてあるが、**未知の部分が多い二歳、三歳など神様でもわからない領域。力関係が明らかになる皐月賞くらいまで、大きく勝負しないのが賢明だ。**

東京9R若竹賞にタイキリオンという良血馬が出ている。私は二歳を含めて、大樹の馬を四頭持っている。タイキリオンは高額で手が出なかった馬だが、タイキは特に高額馬が走るから腹が立つ。この馬もデビュー戦を勝った後、追い切りで急上昇している。初芝、初距離で人気はないが、もしここを突破するようなら、一気に重賞も手にすることだろう。

## ●京都9R若駒S

武豊モノポライザーが一本かぶりの人気になっている。エアグルーヴの弟だから当然かもしれない。この馬もここを突破するようだと、血統通りの評価をせざるをえなくなる。

だが、藤田のタガノマイバッハという馬に注目。京都だと狂ったように走ると思わないか？　七頭立てというのが残念だが（複勝の的中は二着まで）、今後のクラシック戦線を占うためにも見ておかないといけないレースだ。

| 枠番 | 白 1 | 白 1 | 黒 2 | 黒 2 | 赤 3 | 赤 3 | 青 4 | 青 4 | 黄 5 | 黄 5 | 緑 6 | 緑 6 | 橙 7 | 橙 7 | 桃 8 | 桃 8 |
|---|---|---|---|---|---|---|---|---|---|---|---|---|---|---|---|---|
| 馬番 | 1 | 2 | 3 | 4 | 5 | 6 | 7 | 8 | 9 | 10 | 11 | 12 | 13 | 14 | 15 | 16 |
| 馬名 | ユウコウローレル | ミスターライオン | カノヤバトルクロス | トウカイアロー | トニーディアマンテ | タイキリオン | モンテブライアン | マイネルスタード | マーベラスショット | ウエスタンメジャー | ジョリーズジョー | テレグノシス | ナリタキセキボーイ | ヤマノペガサス | ライブインザムーン | ヤマノピクシー |
| 斤量 | 53乗替 | 55 | 55乗替 | 55乗替 | 55乗替 | 55 | 55乗替 | 55乗替 | 55乗替 | 55 | 55乗替 | 55乗替 | 55乗替 | 55乗替 | 55乗替 | 53乗替 |
| 騎手 | 石崎隆 | 後藤 | 横山典 | 小林淳 | ファロン | 蛯名 | 柴田善 | 梶 | 江田照 | 菊沢徳 | 北村 | 勝浦 | 小野 | 村田 | 田中勝 | 吉田 |
| 性齢毛色 | 牡3鹿 | 牡3鹿 | 牡3芦 | 牡3鹿 | 牡3鹿 | 牡3鹿 | 牡3鹿 | 牡3鹿 | 牡3鹿 | 牡3鹿 | 牡3鹿 | 牡3鹿 | 牡3栗 | 牡3鹿 | 牡3栗 | 牡3鹿 |
| 賞金 | — | 400 | 400 | 300 | 400 | 400 | 400 | 400 | 400 | 400 | 400 | 400 | 400 | 400 | 400 | 400 |
| 総賞金 | 341 | 660 | 900 | 369 | 600 | 600 | 840 | 880 | 662 | 1000 | 1240 | 850 | 690 | 600 | 840 | 690 |
| 厩舎 | 渋谷信隆 | 武宮男光 | 坂口正則 | 後藤由之 | 二ノ宮敬 | 田中清隆 | 松山康久 | 稲葉隆一 | 矢野照正 | 尾形充弘 | 高市圭二 | 杉浦宏昭 | 菅野 | 畠山吉宏 | 小島太 | 土田稔 |
| 馬体重 | 1 1 0 | 13 14 14 | 33 31 13 | 20 19 20 | 20 30 28 | 25 26 20 | 30 24 29 | 14 17 19 | 10 16 8 | 23 30 32 | 22 30 18 | 25 16 18 | 8 8 15 | 14 7 4 | 32 26 24 | 26 23 30 |
| 生産者 | 鮫川啓一 | ハーバー牧場 | 小泉牧場 | 青藍牧場 | 下河辺牧場 | 大樹F | タイヘイ牧場 | ビッグレッド | ベルモントF | 北西牧場 | 日の出牧場 | 社台F | 本桐牧場 | 長谷川牧場 | 社台F | 岡田S |
| 持ち時計 | 京1331 | 1098 | 1098 | 千591 | 中1531 | | 東1231 | 1126 東1361 函1502 中2013 | 東1242 中1357 札1534 中2020 | 東1234 | 中1346 東1510 | 東1221 1419 | 東1240 | 中1368 中2040 | 1121 東1366 1559 | 1104 東1370 |

東京 9 発走14.30

若竹賞（わかたけ）

3歳500万下・(混)・馬齢・特指

芝1600 Aコース

| 枠番 | 白 1 | 黒 2 | 赤 3 | 青 4 | 黄 5 | 緑 6 | 橙 7 |
|---|---|---|---|---|---|---|---|
| 馬番 | 1 | 2 | 3 | 4 | 5 | 6 | 7 |
| 父 | (父)テイエムジャンボ | (父)(市)アンバーシャダイ | (父)(市)ダンスインザダーク | サンデーサイレンス | (外)パラシア | (父)サクラチトセオー | (父)ジェニュイン |
| 馬名 | トップジャンボ | マイネルアンブル | タガノマイバッハ | モノポライザー | フィールドラッキー | チトセサクセス | シロキタゴッドラン |
| 馬主 | (有)宮内牧場 | (株)ラフィアン | 八木良司 | (有)サンデーRC | 地田勝三 | 原口輝昭 | 小西勇 |
| 母 | トップデボネア | タカイロドリゴ | アフターザサン | ダイナカール | ウィーヴジャストビ | アトラスボンバー | シクレノンメモリー |
| 母の父 | (プラウドデボネア) | (ロドリゴデトリアーノ) | (ストームバード) | (ノーザンテースト) | (ヒューグノット) | (サウスアトランティ) | (トニービン) |
| 斤量 | 55乗替 | 55乗替 | 55 | 55 | 55乗替 | 55乗替 | 55乗替 |
| 騎手 | 和田 | 渡辺 | 藤田 | 武豊 | 河内 | 熊沢 | 福永 |
| 性齢毛色 | 牡3鹿 | 牡3栗 | 牡3青鹿 | 牡3鹿 | 牡3鹿 | 牡3鹿 | 牡3黒鹿 |
| 賞金 | 目 400 | 400 | 400 | 800 | 好 400 | 道 800 | 400 |
| 総賞金 | ○ 1589 | ○ 840 | ○ 1250 | ○ 1300 | ○ 760 | ○ 1510 | ○ 600 |
| 兄姉 | 近親 ファンドリオボッコ | 姉 ウツミクランプリ | トキオエクセレント | エアグルーヴ | 近親 ウィリーウィリー | ザグレブ マイヒメ | トウジン セピア |
| 厩舎 | 西 岩元市三 | 西 中村均 | 西 松田博資 | 西 橋口弘次 | 西 山内研二 | 西 古川平 | 西 中尾謙太 |
| 馬体重 | 20 19 18 | 28 28 25 | 21 31 18 | 31 36 27 | 30 33 23 | 23 22 22 | 21 17 17 |
| 生産者 | 宮内牧場 | 中本牧場 | ノーザンF | ノーザンF | Aチューニンガム | 三石F | 細道牧場 |
| 予想 | △ | ▲ △ ○ ○ ☆ △ ☆ | ○ ☆ ☆ ▲ ▲ ▲ ▲ | ◎ ◎ ◎ ◎ ◎ ◎ ◎ | △ ◎ ▲ △ △ △ | ☆ ▲ ○ ○ ○ | ☆ △ ☆ △ |

京都 9 発走 14.35

若駒ステークス（わかごま）

3歳オープン (混)（別定・特指）

京都のメイン石清水Sは、**ハンデ戦の上に狙っている馬もいないので買わない**。

逆に、東京12レースに再びブルーフレンチが出ている。前走（1／5）より人気になろうが、馬体重が安定していれば買ってみてもいい。

PATに百万円を入れて、今年は勝負するつもりだった。

だが、残高が増えても、勝負している実感が一向にわいてこない。変則開催がしっくり来ないからだろうか。そのため、PATの百万円は降ろすことにした。

やっぱりPATは緊急&押さえ用。今までと買い方を変えるのはよくない。勝負の場は競馬場かウインズだ。

明日は久しぶりに新宿場外に行こう。

紀伊国屋書店の横に、化石や水晶を売っている小さな店があり、古い石を見ていると不思議な気分になる。行ってみたい。

（1月19日★土）

# 一番勝つ可能性のある馬

## ▼「同厩舎三頭出し」攻略法

今年になり、本命の二着と四着が多い（初富士Sイカルスドリーム四着、若駒Sタガノマイバッハ四着、東京12Rブルーフレンチ二着)。

騎手の乗り方も「え、なんでそんなことするの?」と首をかしげたくなるものが多い。今日気づいたことだが、藤田があまり乗れていないようだ。

先週月曜、京都メインのアイアムツヨシ、勝浦の乗り方は「逃げる展開にはなりそうもないので、シンザン記念に行ったのに、なぜか逃げている」と雑誌にも書かれていた。勝浦はしばらく買わない。

まあ、そのうちツキも戻ってくるだろう。だが、僅差四着だけは本当につらいね。

**●東京11RAJCC杯**

藤沢厩舎の馬が三頭出ている。

本命は関西馬ボーンキングか、ファロンが乗る藤沢厩舎の馬と決めていた。

**藤沢厩舎の主戦は外国人騎手である**。藤沢が「どの馬が勝っても不思議はない」とか言うのはマスコミ向けの台詞。建て前だ。

外国人騎手は勝つために日本に来ている。調教に乗りに来ているわけではない。**外国人騎手引受人の調教師は当然勝てると思う馬に乗せる**。**いや、乗せないといけないのだ**。だから、もし、他の騎手に乗せたマチカネキンノホシが勝ったら、藤沢はファロンに頭を下げるだろう。

よって、本命はファロンの乗るエアスマップ。ボーンキングは、叩いた方がいい馬だから、休養

# 東京 11

発走 15.35

第43回 アメリカＪＣＣ（ＧⅡ）

4歳上オープン・(混)・別定

芝2200 A1コース

推定タイム 良 2.12.4 重 2.14.4

| 枠番 | 馬番 | 馬名 | 馬主 | 重量 | 騎手 | 性齢毛色 | 本賞金 | 総賞金 | 厩舎 | 生産者 | 芝1800 | 芝2000 | 芝2200 | 芝2400 |
|---|---|---|---|---|---|---|---|---|---|---|---|---|---|---|
| 白1 | 1 | ティコティコタック | バンブー牧場 | 55乗替 | 勝浦 | 牝5栗 | 6820 | 19441 | 松田正弘 | バンブー牧場 | 東1456② | 京1599① | 京2112③ | |
| 黒2 | 2 | ロードアックス | ㈱ロードHC | 57乗替 | 北村 | 騸7栗 | 3300 | 7950 | 藤沢和雄 | ホワイトフォックスF | 東1469① | 東2017⑧ | 阪2174⑧ | 二五2335③ |
| 赤3 | 3 | スパークホーク | ジョイRH㈱ | 57 | 後藤 | 牡5鹿 | 2900 | 8205 | 河野通文 | Pガーディン | 名1499⑬ | 札2032⑤ | 中2148① | 東2270① |
| 青4 | 4 | ペインテドブラック | 池谷誠一 | 57乗替 | 二本柳 | 牡6栗 | 6000 | 13010 | 鈴木康弘 | 社台F | 中1501⑦ | | 阪2153② | 京2249⑥ |
| 黄5 | 5 | フサイチランハート | ㈱関口房朗 | 57乗替 | 江田照 | 牡5黒鹿 | 2120 | 5152 | 河野通文 | ノーザンF | 京1482④ | 中2000① | | 二五2369④ |
| 黄5 | 6 | ジーティーボス | ㈱グリーンテック | 57乗替 | 小野 | 牡5鹿 | 2850 | 8050 | 吉永正人 | グランド牧場 | 東1471⑭ | 東2007⑧ | 中2165⑪ | 東2280⑩ |
| 緑6 | 7 | エアスマップ | ㈱ラッキーフィールド | 57 | ファロン | 牡7鹿 | 8570 | 24145 | 藤沢和雄 | [illegible] | 京1462⑨ | 新1572② | 中2139① | |
| 緑6 | 8 | マチカネキンノホシ | 細川益男 | 58乗替 | 横山典 | 牡6鹿 | 10500 | 23380 | 藤沢和雄 | [illegible] | 東1469④ | 阪2042② | 中2134① | 東2266⑥ |
| 橙7 | 9 | ロードフォレスター | ㈱ロードHC | 56乗替 | 柴田善 | 牡4黒鹿 | 1400 | 5490 | 大江原哲 | Nウェルシュ | 東1484⑥ | 福2019① | 中2134⑪ | |
| 橙7 | 10 | ミスキャスト | ㈲ノースヒルズM | 56乗替 | 田中勝 | 牡4鹿 | 1620 | 4450 | 加藤敬二 | 大北牧場 | 大1370① | 中2012⑥ | 東2129① | |
| 桃8 | 11 | ボーンキング | 金子真人 | 56乗替 | 蛯名 | 牡4鹿 | 3500 | 9700 | 松田国英 | ノーザンF | | 京2008⑤ | | 東2277④ |
| 桃8 | 12 | メジロロンザン | ㈲メジロ牧場 | 57 | 吉田 | 牡6鹿 | 3390 | 15080 | 大久保洋吉 | メジロ牧場 | 新1470① | 新1587④ | 京2125③ | 京2268⑩ |

## 連対決り手

| 騎手 | 1着 | 2着 | 勝率 |
|---|---|---|---|
| 蛯名 | 13 | 3 | 26.4 |
| 柴田善 | 12 | 9 | 26.4 |
| 横山典 | 9 | 7 | 29.2 |
| 後藤 | 9 | 4 | 23.6 |
| 田中勝 | 9 | 3 | 21.6 |
| 江田照 | 6 | 1 | 19.4 |
| 北村 | 5 | 4 | 16.3 |
| 吉田 | 4 | 2 | 15.7 |
| 二本柳 | 3 | 8 | 12.0 |
| 勝浦 | 3 | 1 | 14.0 |
| 小野 | 3 | 0 | 13.9 |
| ファロン | 4 | | 32.4 |

(平成13年終了時)

## 走破タイムトップ3

■5中山 芝1200m
- 3上ＯＰ 1.07.8⑥
- 3上1000万 1.07.9①
- 3上1600万 1.08.4⑦

■5中山 芝1600m
- 3上1600万 1.32.8③
- 3上1000万 1.33.4⑥
- 3上1600万 1.33.8④

■5中山 芝1800m
- 3上ＯＰ 1.47.1②
- 3上ＯＰ 1.47.2⑤
- 3上1000万 1.48.3④

■5中山 芝2000m
- 3上1000万 2.00.0⑥
- 2才500万 2.01.1①
- 2才未勝利2.01.7⑦

囲み数字は開催日・順位

## レース展開

並びは⑥⑫の順でスロー。好位⑦、⑧③⑨も早めの仕掛けで直線（Ｓ）

☆展開注目馬 ❼❽

## 同レース過去の決まり手

| | 逃げ | 先行 | 差し | 追込 |
|---|---|---|---|---|
| 1着 | 3 | 1 | 4 | 2 |

明けのここは見送りたい。

エアスマップは、以前はマイラーで、元々東京コースが得意な馬だ。歳をとって、距離をこなせるようになり、距離2200はぴったりだ。しかも今回は得意の東京。金杯も強い負け方だった。単複で勝負したい。馬連は買わない。

スポーツ紙に出ていた、人気の一角ミスキャストの記事にはあきれた。『実力馬復活、勝ち負けか』とかいう見出しで、記者は「仕上がり万全」という主張で押し通していた。だが、調教師のコメントは「まだ体が出来上がってない」という慎重なものだった。昨年、札幌記念で凡走したジャングルポケットの記事とまったく同じだ。

こういうのをやめろ、と言えば言うほど、競馬マスコミから嫌われていく里中である。

## ●京都11R平安S～勉強レース～

武豊の重賞勝利数記録？　そんなこと、どうでもいい。

ここの狙いは絶対に明け四歳だ。強い四歳がいるじゃないか。最近、単勝オッズがおかしいからな。あんまりふざけたオッズだったら笑ってやる。私の本命馬は単勝250円くらいだろう。それくらいの価値がある馬だ。300円つくようなら、大きく勝負してやる。

こういう強気な里中がいい？　だが、私よりも武豊の方が強いんだ（苦笑）。本命にした馬は強いよ。はっきり言うと、ダートならGI級。騎手がちょっと運のない人だけどね。

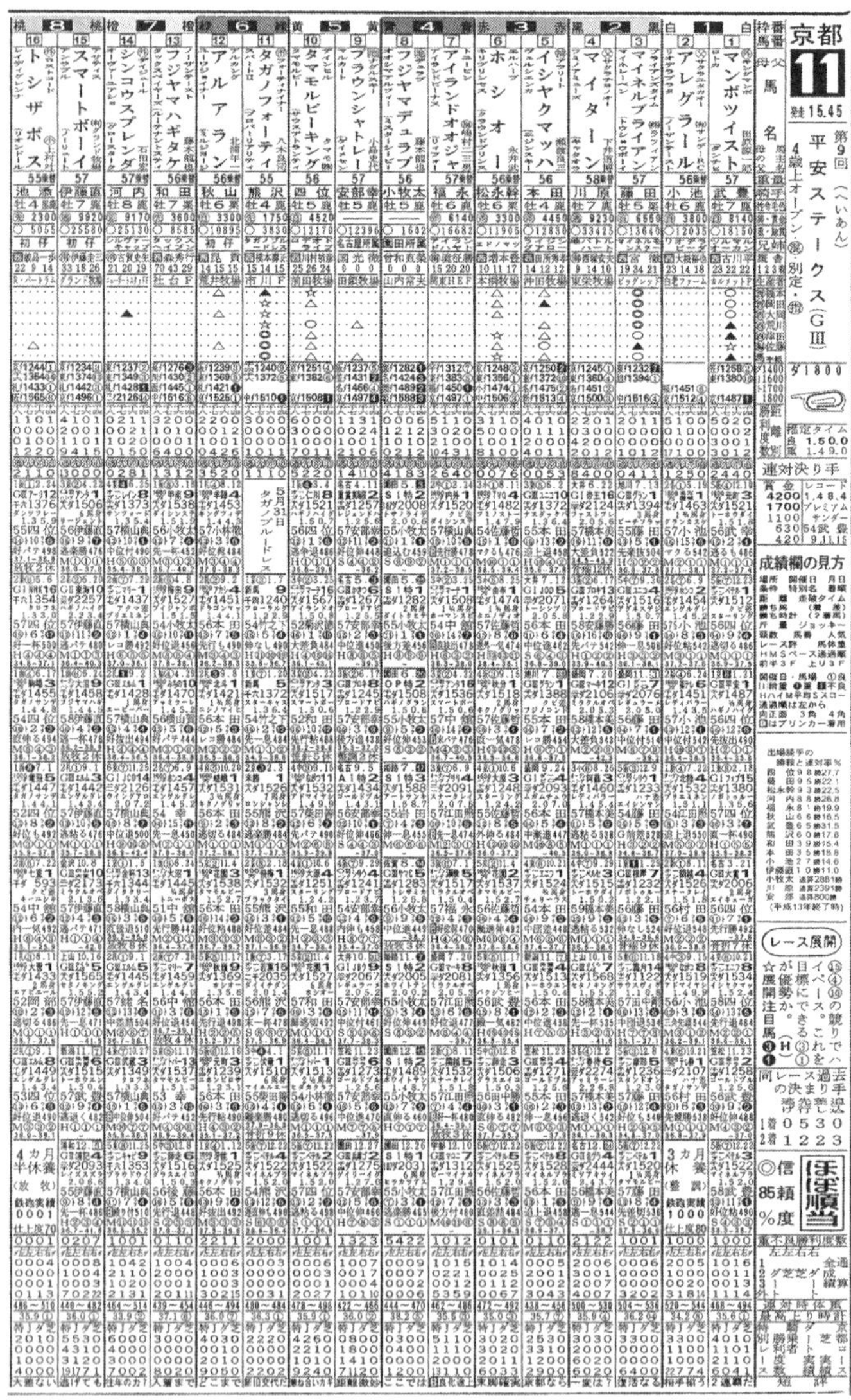

# 京都 11 発走15.45

## 第9回 平安ステークス（へいあん）(GⅢ)

4歳上オープン・(混)・別定・(指)

ダ1800

| 馬番 | 枠 | 馬名 | 重量 | 騎手 | 性齢 | 本賞金 | 総賞金 | 厩舎 | 騎乗数 | 生産者 | 短評 | 連対時体重 | 最高上り |
|---|---|---|---|---|---|---|---|---|---|---|---|---|---|
| 1 | 1 白 | マンボツイスト | 57 | 武豊 | 牡7 | 8140 | 18150 | 古川平 | 23 22 22 | セルメットF | 2連覇だ | 468～494 | 35.6① |
| 2 | 1 白 | アレグラール | 56 | 小池 | 牡6 | 3800 | 12035 | 大根田裕也 | 23 14 18 | 白老ファーム | 相手揃う | 520～544 | 34.2⑧ |
| 3 | 2 黒 | マイネルブライアン | 57 | 藤田 | 牡5 | 6550 | 13640 | 宮徹 | 19 34 21 | ビッグレッド | 復活なる | 504～536 | 36.2⑭ |
| 4 | 2 黒 | マイターン | 58 | 川原 | 牡7 | 9230 | 33425 | 西塚安夫 | 9 14 10 | 東栄牧場 | 一変は? | 500～530 | 35.9④ |
| 5 | 3 赤 | イシヤクマッハ | 56 | 本田 | 牡4 | 4450 | 12830 | 田所秀孝 | 14 12 12 | 沖田牧場 | 京都なら | 438～456 | 35.7⑦ |
| 6 | 3 赤 | ホシオー | 56 | 松永幹 | 牡6 | 3300 | 11905 | 増本豊 | 10 11 17 | 本桐牧場 | 末脚確実 | 472～492 | 35.0③ |
| 7 | 4 青 | アイランドオオジャ | 57 | 福永 | 牡6 | 6140 | 16682 | 瀬戸口勉 | 15 20 20 | 関東HEF | 良化途上 | 462～486 | 35.5① |
| 8 | 4 青 | フジヤマデュラブ | 56 | 小牧太 | 牡5 | — | 1602 | 谷和直 | 0 0 0 | 山内常夫 | ここでは | 444～470 | 38.2⑤ |
| 9 | 5 黄 | ブラウンシャトレー | 57 | 安部幸 | 牡5 | — | 12396 | 光 | 0 0 0 | 田鎖牧場 | 距離微妙 | 422～466 | 36.0② |
| 10 | 5 黄 | タマモルビーキング | 56 | 四位 | 牡5 | 4520 | 12170 | 川村禎彦 | 25 26 24 | 前田牧場 | 噛み合いか? | 478～498 | 35.9① |
| 11 | 6 緑 | タガノフォーティ | 55 | 熊沢 | 牡4 | 1750 | 3830 | 橋本寿正 | 15 14 15 | 市川F | 新旧交代だ | 480～484 | 36.3① |
| 12 | 6 緑 | アルアラン | 56 | 秋山 | 牡6 | 3300 | 10895 | 昆貢 | 14 15 15 | 荒井牧場 | どこまで | 446～494 | 36.0⑦ |
| 13 | 7 橙 | フジヤマハギタケ | 56 | 和田 | 牡7 | 3600 | 8585 | 森秀行 | 70 43 29 | 社台F | 人気まで | 439～454 | 37.1⑥ |
| 14 | 7 橙 | シンコウスプレンダ | 57 | 河内 | 牡8 | 9170 | 25130 | 古賀史生 | 21 20 19 | ニューイングランドスタッド | 往年の力? | 464～514 | 33.9② |
| 15 | 8 桃 | スマートボーイ | 57 | 伊藤直 | 牡7 | 9920 | 25580 | 伊藤圭三 | 33 18 26 | グランド牧場 | 逃げても | 440～482 | 36.0① |
| 16 | 8 桃 | トシザボス | 55 | 池添 | 牡4 | 2300 | 5055 | 飯田一歩 | 22 9 14 | パートナー | 大差ない | 486～510 | 35.9① |

推定タイム 良 1.50.0 重 1.49.0

### 連対決り手

| 賞金 | レコード |
|---|---|
| 4200 | 1.48.4 |
| 1700 | プレミアム |
| 1100 | サンダー |
| 630 | 54武豊 |
| 420 | 9.11.15 |

### 成績欄の見方

場所 開催日 月日
条件 特別名 着順
距離 走破タイム
勝ち馬（着差）
勝ち時計（2着馬）
斤量 ジョッキー
頭数 馬番 人気
レース評 馬体重
HMSペース通過順
前半3F 上り3F

開催日・馬場 ①良
①稍重 ❶重 ■不良
Hハイ M平均 Sスロー
通過順は左から
向正面 3角 4角
Ⓑはブリンカー着用

### 出場騎手の勝鞍と連対率%

| 騎手 | 勝 | 鞍 | 連対率 |
|---|---|---|---|
| 四位 | 9 | 8 | 27.7 |
| 藤田 | 9 | 5 | 22.1 |
| 松永幹 | 9 | 3 | 22.5 |
| 河内 | 8 | 8 | 28.8 |
| 福永 | 8 | 1 | 19.9 |
| 秋山 | 6 | 6 | 16.5 |
| 武豊 | 6 | 5 | 31.5 |
| 熊沢 | 6 | 0 | 17.8 |
| 和田 | 3 | 9 | 15.4 |
| 本田 | 3 | 5 | 18.8 |
| 小池 | 2 | 7 | 14.6 |
| 伊藤直 | 1 | 0 | 11.0 |
| 小牧太 | 通算288勝 | | |
| 川原 | 通算239勝 | | |
| 安部 | 通算800勝 | | |

（平成13年終了時）

### レース展開

⑮④⑩の競りでハイペース。これを目標にできる③①が優勢か。（H）

☆展開注目馬 ❸❶

### 同レース過去の決まり手

| | 逃げ | 先行 | 差し | 追込 |
|---|---|---|---|---|
| 1着 | 0 | 5 | 3 | 0 |
| 2着 | 1 | 2 | 2 | 3 |

◎信頼度 85%

ほぼ順当

四月に中山でぶっちぎって勝った馬ですよ。**芝で大敗。ダートで圧勝。ダート馬はこうじゃなくちゃいけません**。単複で勝負。

今日はこの二レースだけだ。他は私は絶対に買わない。

（1月20日★日）

## 追い込み馬を狙う理由

### ▼「京都長距離」攻略法

今週は初心に返る。先週の勉強レースの答えは、十四着のタガノフォーティ（単勝2・2倍）だったが、自分でも「まぬけ」と思うくらい、馬鹿な予想だった。

緊張感のない一月の競馬開催と、緊張感で力を出す私の予想が合わないのだろう。毎年一月は調子が悪いのだ。

**●東京11R根岸S**

今日も単勝人気との戦いだ。新聞を見ると、根岸S本命候補のグラスエイコウオーの単勝オッズが10倍前後。「そんなについていいの?」と頭を抱えている。

前走オープン一着で、東京コースも実績がある。展開が厳しいと判断されたのか。最近は、楽に逃がしてくれる競馬が流行りだ。きっと逃げられる。一番人気はノボジャックか、アッミラーレか。

どの新聞を見てもはっきりしない。今開催の特徴だ。

**人気がなければないほど、逃げ馬に乗った騎手は楽になる。勝てる確率は高くなる。**クロフネと同じフレンチデピュティ産駒、グラスエイコウオーには重賞くらい勝ってもらわないと困る。単複だけ買う。

### ●東京9Rクロッカス S

フジサクラオーがとても気になる。新馬戦の着差は三馬身半。勝ち方が見事なので「これはサクラバクシンオーの傑作か」と思った。しかし、それから尻すぼみ。**結局、サクラバクシンオー産駒には限界があるんだと考えるに至ったが、**今回は新馬戦と同じ東京1400メートル。あまりお勧めできないが、人気も急落しているので、少しだけ買いたい。人気の二頭、武豊カフェボストニアンは坂が苦手かもしれないし、横山典オメガグレイスは牝馬だ。なんとか勝負にならないか。単複を買う。

八頭立てなので、ワイドは発売されない。1枠のオサメールが好馬体と評判だが、この馬との枠連を買うしかないのか。8枠に入ったもう一頭のサクラバクシンオー産駒（バクシンスペシャル）と、三角買いをしてみようとも思っている。

### ●京都11R松籟S

## 東京 11 発走15.35

第16回 根岸ステークス（ねぎし）（GⅢ）

4歳上オープン・混・別定・指　ダ1400

| 枠番 | 馬番 | 父 | 馬名 | 母 | 母の父 | 馬主名 | 重量 | 騎手 | 性令毛色 | 賞金 | 総賞金 | 兄姉 | 厩舎 | 1・2・3着 | 生産者 | 印 | 持ち時計 | 成績 |
|---|---|---|---|---|---|---|---|---|---|---|---|---|---|---|---|---|---|---|
| 白1 | 1 | (外)エンドスウィープ | サウスヴィグラス | ダーケストスター | スタードナスクラ | (外)南波壽 | 56 | 柴田善 | 牡6栗 | 7600 | 21060 | 近親スコールディング | 高橋祥泰 | 28 30 25 | SHロジャース | △ △ △ △ △ △ | 東ダ1093③ 阪ダ1226② 東ダ1377⑭ | 0008 |
| 黒2 | 2 | (外)カポウティ | セレクトグリーン | デイムウッド | マジェスティーズプ | (株)グリーンF | 57乗替 | 北村 | 牡7鹿 | 7020 | 19740 | 初仔 | 音無秀孝 | 17 21 20 | グロースモントF | △ | 東ダ1092① 阪ダ1243① 東ダ1359⑤ | 0014 |
| 赤3 | 3 | (持)アフリート | イシヤクマッハ | ヴェルシエンカ | ニジンスキー | 瀬渡良三 | 56乗替 | 江田照 | 牡4鹿 | 4450 | 12830 | ライジングアロー | 田所秀孝 | 14 12 12 | 沖田牧場 | | 三1130⑥ 京ダ1250② 東ダ1372⑩ 新ダ1513④ | 4100 |
| 赤3 | 4 | (外)シーキングザゴールド | ゴールドティアラ | ブライトティアラ | チーフズクラウン | 吉田和子 | 57乗替 | 武豊 | 牝6栗 | 15300 | 38590 | 近親エイシンヒューロン | 松田国英 | 27 31 25 | エヴェンストS | △ ▲ ◎ ▲ △ △ | 東ダ1110④ 阪ダ1219❶ 東ダ1357② 京ダ1502③ | 1142 |
| 青4 | 5 | (地)ラムタラ | ロイヤルエンデバー | ジェフォリー | デリガー | 脇山久美子 | 55 | 繁田 | 牡4栗 | —— | 4507 | 浦和所属 | 川島和美 | 0 0 0 | 服部和則 | | 2/ 646① 大ダ1362① 川ダ1426② 大ダ1545① | 1000 |
| 青4 | 6 | (外)デヒア | トーヨーデヘア | カスードリング | サイナン | (株)トーヨークラブ | 56 | ファロン | 牡5栗 | 4050 | 14270 | シーキングロイヤル | 萩原清 | 28 29 18 | ヒルンデイルF | △ ○ △ △ | 東ダ1113⑤ 盛1242④ 東ダ1363⑧ 京ダ2074⑩ | 0101 |
| 黄5 | 7 | サンデーサイレンス | アッミラーレ | ダジルミージョリエ | カードナスクラ | (株)ターフ・スポート | 56 | 横山典 | 牡5黒鹿 | 4700 | 9940 | ブリストマジック | 鈴木康弘 | 29 24 21 | 酒井牧場 | ▲ ▲ △ ▲ ◎ △ ▲ | 東ダ1220① こダ1445④ 芝2268① | 0010 |
| 黄5 | 8 | (外)フレンチデピュティ | ノボジャック | フライトオブエンジ | デフリート | (有)池ばた | 59 | 蛯名 | 牡5栗 | 16120 | 34310 | 初仔 | 森秀行 | 70 43 29 | I.C.レッドヤード | ◎ ○ ◎ △ ○ △ ◎ | 東ダ1104③ 京ダ1236① 東ダ1364① 中ダ1549⑤ | 0124 |
| 緑6 | 9 | (外)フレンチデピュティ | グラスエイコウオー | イクスプロージヴ | イクスプロードデント | (有)半沢 | 55 | 村田 | 牡4栗 | 3850 | 9180 | ヘイアンシラインザー | 尾形充弘 | 23 30 32 | JRウェルズ | ○ △ ○ △ ▲ ○ △ | 三1105③ 東ダ1269① 東ダ1387① 中ダ1503① | 1110 |
| 緑6 | 10 | (外)ブロードブラッシュ | ノボトゥルー | ナスティーク | ナスクラ | (有)池ばた | 59乗替 | 後藤 | 牡6鹿 | 10320 | 28010 | サンダーキトゥン | 森秀行 | 70 43 29 | モス夫妻 | △ ◎ △ ◎ ▲ ○ | 中ダ1099① 東ダ1221❶ 東ダ1356① 新ダ1524④ | 0321 |
| 橙7 | 11 | (外)ブラックタイアフェアー | ワシントンカラー | ジャンプウィズジョイ | リンケージ | (株)テンジン | 57 | 田中勝 | 牡8芦 | 14620 | 38102 | 父米国十八勝 | 松山康久 | 30 24 29 | パリッシュヒルF | △ △ | 中ダ1098⑧ 東ダ1228⑥ 東ダ1355⑥ | 0016 |
| 橙7 | 12 | ポリッシュネイビー | トシザミカ | サツマノンリー | マイニング | 上村叶 | 55 | 河内 | 牝7鹿 | 8770 | 22880 | 初仔 | 音無秀孝 | 17 21 20 | 浦河・小林 | △ | 東ダ1114⑬ 東ダ1236⑩ 東ダ1358⑥ 東ダ1511⑩ | 2110 |
| 桃8 | 13 | アフリート | ナイキアフリート | ブレイブウーマン | ブレイヴェストロー | 小野誠治 | 56乗替 | 小林淳 | 牡6栗 | 3300 | 8990 | ユクトシエリアン | 古賀史生 | 21 20 19 | 千代田牧場 | | 中ダ1111① 東ダ1230⑥ | 0015 |
| 桃8 | 14 | (外)コジーネスタドール | ネオポリス | マタサ | デヴィルズバッグ | 前田幸治 | 56乗替 | 菊沢徳 | 牡5鹿 | 3620 | 9900 | 近親グレイトドリーマー | 古賀史生 | 21 20 19 | カルメットF | △ △ ◎ | 中ダ1109① 阪ダ1231② 東ダ1356③ | 0041 |

## 東京 9 発走14.30

クロッカス

3歳オープン・別定・特

| 枠番 | 馬番 | 父 | 馬名 | 母 | 母の父 | 馬主名 | 重量 | 騎手 | 性令毛色 | 賞金 | 総賞金 | 兄姉 | 厩舎 | 1・2・3着 | 生産者 |
|---|---|---|---|---|---|---|---|---|---|---|---|---|---|---|---|
| 白1 | 1 | (地)カコイーシーズ | オサメール | レディフィールド | スリルショー | 古川渉 | 55 | 小野 | 牡3鹿 | (先)300 | 580 | 地 1000 | (北)斎藤宏 | 12 9 14 | 厚賀古川牧場 |
| 黒2 | 2 | (地)(父)サクラバクシンオー | ユタカバクシンオー | テレビショップ | ディクタス | 堂上外茂義 | 55 | 藤川 | 牡3栗 | —— | 204 | 金沢所属 | 田嶋弘幸 | 0 0 0 | 藤川牧場 |
| 赤3 | 3 | タイキブリザード | オートゼウス | ノースハーミット | トウショウボーイ | 大戸秀次 | 55乗替 | 蛯名 | 牡3黒鹿 | (先)400 | 840 | マイネルノルデン | (北)土田稔 | 26 23 30 | 土田和男 |
| 青4 | 4 | (父)(市)サクラバクシンオー | フジサクラオー | メイショウダッシュ | カツラギエース | 荒木栄一 | 55 | 柴田善 | 牡3鹿 | (先)400 | 750 | 地イクスパンション | (南)伊藤伸一 | 13 15 6 | 高柳隆男 |
| 黄5 | 5 | (外)ボストンハーバー | カフェボストニアン | リビーリー | サッターズプロスペ | 西川清 | 56乗替 | 武豊 | 牡3鹿 | (自)1200 | 2200 | 近親ハイハット | (南)松山康久 | 30 24 29 | RSカスター |
| 緑6 | 6 | サンデーサイレンス | オメガグレイス | エリンバード | ブルーバード | 原禮子 | 53乗替 | 横山典 | 牝3鹿 | (逃)400 | 790 | オメガフォーチュン | (西)森秀行 | 70 43 29 | 社台F |
| 橙7 | 7 | レオンブライド | ビッグスマッシュ | ノーブルセイコ | リンバブダンサー | (株)グリーンテック | 55乗替 | 北村 | 牡3黒鹿 | (差)800 | 2450 | 地ノーブルヤマト | (南)池上昌弘 | 16 18 14 | 橋本牧場 |
| 桃8 | 8 | (父)サクラバクシンオー | バクシンスペシャル | ナイスグリンベル | クリスタルグリッタ | 細谷典幸 | 55 | 後藤 | 牡3鹿 | (差)400 | 600 | 初仔 | (南)高橋裕 | 18 24 23 | ダイヤモンドF |

## 京都 11 発走15.45

松籟ステークス（しょうらい）

4歳1600万下・5歳上3200万下・ハンデ・混

| 枠番 | 馬番 | 父 | 馬名 | 母 | 母の父 | 馬主名 | 重量 | 騎手 | 性令毛色 | 賞金 | 総賞金 | 兄姉 | 厩舎 | 1・2・3着 | 生産者 | 印 |
|---|---|---|---|---|---|---|---|---|---|---|---|---|---|---|---|---|
| 白1 | 1 | サンデーサイレンス | ノブレスオブリッジ | スイートダイアナ | モガミ | (有)社台RH | 53 | 池添 | 牝4栗 | (先)1400 | 8710 | ルブランシャトー | (西)浅見秀一 | 23 15 25 | 社台F | ▲ ◎ ○ ▲ ◎ ◎ ◎ |
| 黒2 | 2 | トニービン | エイシンワンシャン | エイシンテネシー | ヴァイスリージェント | 平井豊光 | 53 | 熊沢 | 牝6鹿 | (差)2120 | ◎8710 | 初仔 | (西)坂口正則 | 33 31 13 | 栄進牧場 | ☆ △ ☆ △ ▲ △ |
| 赤3 | 3 | クタープロテクタ | タガノビジョン | ドリームビジョン | ノーザンテースト | 八木昌晋 | 54 | 高田 | 牡7栗 | (差)2240 | 5990 | アロハドリーム | (西)松田博資 | 21 31 18 | ノーザンF | △ |
| 青4 | 4 | (市)ダンシングブレーヴ | ロードブレーブ | ユートジェーン | マルゼンスキー | (株)ロードHC | 56乗替 | 藤田 | 牡7鹿 | (差)2240 | 9219 | 地ユートカイザー | (西)山内研二 | 30 33 23 | 桑原牧場 | △ △ △ △ △ |
| 黄5 | 5 | リドヘイム | シーズマン | ミルダンス | ミルリーフ | 高橋秀昌 | 54 | 小池 | 牡7青鹿 | (好)2400 | 9181 | ランニングゲイル | (西)大根田裕也 | 23 14 18 | 高橋農場 | |
| 緑6 | 6 | リアルシャダイ | サンライズジェガー | ヤマノトウショウ | トウショウボーイ | (小)(株)松岡 | 54 | 福永 | 牡4青鹿 | (差)1400 | 3870 | ドラマチッククアーツ | (西)福永甲 | 11 9 13 | 浦河・山口 | ☆ ☆ △ ☆ |
| 緑6 | 7 | ラムタラ | アデレードシチー | ヤングストシチー | ミルジョージ | (名)(株)友駿HC | 53乗替 | 松永幹 | 牝4栗 | (先)1400 | ◎2540 | ニュースターシチー | (西)清水出美 | 14 14 12 | 富川田中牧場 | ◎ △ ○ △ ○ |
| 橙7 | 8 | (父)(市)タマモクロス | ホワイトハピネス | カーフィリィ | カーリアン | 長谷川光司 | 56 | 小原 | 牡5芦 | (自)2120 | 9340 | 初仔 | (西)小原伊佐美 | 9 11 18 | 岡田牧場 | ○ ◎ ◎ ◎ △ △ △ |
| 橙7 | 9 | (父)サクラトウコウ | ケイエムチェーサー | フライトフェザー | モガミ | (株)グリーンテック | 53乗替 | 本田 | 牡6鹿 | (差)2370 | ◎7273 | ケイエムブライト | 吉永正人 | 8 11 13 | 三澤牧場 | △ |
| 桃8 | 10 | サンデーサイレンス | ヒシマジェスティ | ユーワジェニル | マルゼンスキー | 阿部雅一郎 | 57 | 安田 | 牡5鹿 | (自)2420 | 7461 | ユーワマーブル | (西)佐山優 | 12 23 23 | 大北牧場 | ▲ △ ○ |
| 桃8 | 11 | (父)メジロマックイーン | シャープキック | ペッパーキャロル | ニチドウアラシ | 吉田勝己 | 53乗替 | 四位 | 牝6鹿 | (差)2400 | 7795 | キャロルウインド | (西)田中章博 | 19 18 22 | ノーザンF | △ ☆ ▲ ◎ ▲ ☆ ▲ |

芝2400メートルで行われるレースだ。**京都コースをいっぱいに使う距離だから、追い込みが決まることが多い**。ならば、なぜ日経新春杯で逃げ馬を買ったのかと思われるだろうが、ホットシークレットは前から狙っていた馬だからだ。京都芝2400は牝馬には苦しいが、ここのメンバーには牝馬が多い。格下の馬でも付け入る隙はある。

前走1000万下一着の四歳牡馬サンライズジェガーを本命にした。**リアルシャダイの仔はこの距離が得意だ**。

岡部が、フェブラリーSの週から復帰して、ウイングアローに乗る。ジャパンCダートの横山典の乗り方に不満があったので、私にとって朗報である。

（1月26日★土）

## 成績・人気のバランスを見よ

### ▼「牝馬重賞」攻略法

グラスエイコウオーは厳しい展開になった。ぴったりマークした勝ち馬サウスヴィグラスの方が強かったわけで、あの馬と一緒に走るうちは苦しいレースが続くだろう。根岸Sも終わり、フェブラリーSのメンバーが出そろったが、こんなに小粒なメンバーでは昨年の再戦になるかもしれない。

京都の方は人気薄と思って狙ったサンライズジェガー（三着）だが、複勝230円にとどまった。

## 東京11　発走15.35

**第52回 東京新聞杯（GⅢ）**　4歳上オープン・(混)・別定　芝1600 Cコース

推定タイム　良 1.33.6　重 1.35.1

| 枠 | 馬番 | 馬名 | 父 | 母 | 母の父 | 馬主名 | 重量 | 騎手 | 性令毛色 | 厩・賞金 | 総賞金 | 兄姉 | 厩舎 | 騎手1 2 3着 | 生産者 | 持ち時計 | 距離別成績 | 脚質 | 前走 |
|---|---|---|---|---|---|---|---|---|---|---|---|---|---|---|---|---|---|---|---|
| 白1 | 1 | ビッグゴールド | ブライアンズタイム | ビューティフルゴー | ミスタープロスペクター | ㈲ビッグ | 55乗替 | 河内 | 牡4鹿 | 4250 | ○12730 | ビッグサイレンス | 中尾正 | 18 20 31 | 下河辺牧場 | 阪1227② 京1354④ 京1484③ 東1590① | 2000 1011 0100 3210 | 0134 | 1東①1.5 金杯1 二千1590 ハナ差 タフグレイス 54柴田善 ⑬ト3?❶ 内一気456 M⑪⑪⑧ 37.5-34.7 |
| 黒2 | 2 | ニッポーアトラス | マークオブディスチ | グリーンヒルケイ | サクラユタカオー | ㈱N・R・U | 56乗替 | 木幡 | 牡8黒鹿 | 6520 | ○17660 | 初仔 | 久保田敏 | 10 9 8 | 野島牧場 | 京1336⑥ 京1460⑨ 新2002⑨ | 2310 1120 2100 8960 | 0254 | 1東①1.5 金杯取消 二千―― ビッグゴールド 1.59.0 55村田 ⑬ト1?― 感冒 |
| 赤3 | 3 | ディヴァインライト | サンデーサイレンス | メルドスポート | ノーザンテースト | ㈲社台RH | 56乗替 | 横山典 | 牡7鹿 | 6020 | ○15490 | カッティングエッジ | 伊藤正徳 | 21 15 18 | 社台F | 東1216⑧ 中1345③ 福1465⑧ 福2002③ | 0121 1000 0010 3111 | 0512 | 2カ月余休養（放牧） 鉄砲実績 0012 仕上度75 |
| 青4 | 4 | イーグルカフェ | ㊇ガルチ | ネットダンサー | ヌレイエフ | 西川清 | 59乗替 | 蛯名 | 牡5鹿 | 8750 | ○22730 | ハセノガルチ | 小島太 | 32 26 24 | WSキルロイ | 1234 中1323③ 東1455⑤ 東1592⑤ | 0120 1020 0010 3341 | 0024 | 1東①1.5 金杯5 二千1592 ビッグゴールド 1.59.0 57田中勝 ⑬ト12?❷ 逃後変節472 M⑬⑬⑪ 37.7-34.7 |
| 黄5 | 5 | スティンガー | サンデーサイレンス | レガシーオブストレングス | アファームド | 吉田照哉 | 59 | 田中勝 | 牝6鹿 | 14150 | ○37190 | レガシーオブゼルダ | 藤沢和雄 | 67 53 23 | 社台F | 東1201① 新1323⑥ 東1460④ 東1583④ | 1132 0000 0020 2150 | 0061 | 5阪⑥12.16 阪神牝S 3 千六1337 エアトゥーレ 1.33.5 56田中勝 ⑯ト9?❹ 外鋭く474 H⑮⑬⑬ 37.0-34.7 |
| 黄5 | 6 | ザカリヤ | ㊇ザフォニック | ジューンムーン | サドラーズウェルズ | 伊達秀和 | 56 | 柴田善 | 牡6鹿 | 5750 | ◎14280 | 父凄仏5勝 | 二ノ宮敬 | 20 30 28 | ブルーブラッド1 | 東1234❶ 中1325④ 京1462⑩ | 0021 0110 0010 0361 | 0140 | 1東⑥1.14 オープン 7 千六1344 エイシンエー 1.33.4 56柴田善 ⑫ト5?❹ 直線詰まる470 H⑥⑦⑥ 35.4-35.9 |
| 緑6 | 7 | ゴッドオブチャンス | コジーン | チームカラーズ | ミスタープロスペクター | ㈲ノースヒルズM | 54 | 藤田 | 牡4鹿 | 3150 | ○9640 | デザル― | 和田正道 | 24 24 29 | 三石・川上 | 新1204① 京1338③ 東1498⑪ 中2042② | 0022 1010 0022 1110 | 1212 | 1京①1.5 金杯2 千六1339 ダイタクリー 1.33.8 54藤田 ⑬ト14?❸ 直鋭く516 M⑦⑬⑬ 35.8-34.6 |
| 緑6 | 8 | トラストファイヤー | サンデーサイレンス | イージームービング | ファーリアン | 菅波満 | 55乗替 | 江田照 | 牡4鹿 | 4000 | ○8190 | 姉ルイボスジョオー | 河野通文 | 33 20 26 | 北島・村田 | 東1346⑥ 福1494① 東2008⑬ | 0130 0000 0010 1110 | 0121 | 1東①1.5 金杯13 二千2008 ビッグゴールド 1.59.0 55小野 ⑬ト8?❽ 後方付536 M⑫⑪⑪ 37.6-36.3 |
| 橙7 | 9 | アドマイヤコジーン | コジーン | アドマイヤマカディ | ノーザンテースト | 近藤利一 | 55乗替 | 後藤 | 牡6芦 | 4650 | ◎11670 | 近親アーチイカス | 橋田満 | 22 12 16 | 大樹F | 京1269❸ 東1345⑧ 京1458⑧ 札2010⑪ | 0120 0000 0001 2221 | 0130 | 7カ月休養（放牧） 鉄砲実績 0011 仕上度75 |
| 橙7 | 10 | タイキブライドル | スリルショー | サブミッション | ダルシャーン | ㈲大樹F | 56 | 郷原 | 牡7鹿 | 6470 | ◎18590 | タイキニーナ | 伊藤正徳 | 21 15 18 | 大樹F | 東1204④ 中1331③ 東1477① 函2044⑬ | 0120 0040 0031 1053 | 0171 | 1東⑥1.14 オープン 3 千六1340 エイシンエー 1.33.4 57郷原 ⑫ト2?❼ 中位伸486 H⑧⑦⑥ 35.4-35.6 |
| 桃8 | 11 | ダービーレグノ | トニービン | ダービーキングダム | ロイヤルアカデミー | ㈱ダービー社 | 54 | 幸 | 牡4栗 | 2400 | ○6280 | 初仔 | 高橋成忠 | 18 25 17 | 社台牧場 | 三1100① 京1337⑥ 京1488⑥ 阪2000⑦ | 0010 0000 0010 2230 | 0110 | 1京①1.5 金杯4 千六1344 ダイタクリー 1.33.8 55幸 ⑬ト8?❹ 直追上468 M⑤④⑧ 35.5-35.5 |
| 桃8 | 12 | トッププロテクター | ヘクタープロテクター | デスターレディー | ミゾン | ㈲宮内牧場 | 56乗替 | 田中剛 | 牡5栗 | 4500 | ○14430 | グランドハヤブサ | 岩元市三 | 20 19 18 | 宮内牧場 | 東1209⑬ 阪1334⑥ 京1457⑤ 福2040⑨ | 0040 0011 0130 3382 | 0152 | 1京①1.5 金杯9 千六1346 ダイタクリー 1.33.8 55和田 ⑬ト11?⓬ 先一息478 M⑤②② 35.3-35.8 |

連対決め手　4 1 1 / 1

◎信頼度80%　**上位拮抗**

## 京都11　発走15.45

**第37回 京都牝馬ステークス（GⅢ）**　4歳上オープン・(牝)(混)・別定　芝1600 外回り・B

推定タイム　良 1.33.9　重 1.35.4

| 枠 | 馬番 | 馬名 | 父 | 母 | 母の父 | 馬主名 | 重量 | 騎手 | 性令毛色 | 厩・賞金 | 総賞金 | 兄姉 | 厩舎 | 騎手1 2 3着 | 生産者 | 持ち時計 | 距離別成績 | 脚質 | 前走 |
|---|---|---|---|---|---|---|---|---|---|---|---|---|---|---|---|---|---|---|---|
| 白1 | 1 | タイキポーラ | ㊇トウカイテイオー | スターオブザノース | デープシンガー | ㈲大樹F | 55乗替 | 秋山 | 牝6栃栗 | 5820 | ○15685 | タイキドルフ | 松元茂樹 | 24 22 19 | 大樹F | 阪1264❶ 阪1337④ 東1472⑩ 阪1592① | 3020 2110 1100 3441 | 2432 | 1京①1.5 金杯15 千六1357 ダイタクリー 1.33.8 54武幸 ⑬ト13?❼ 四角外不利492 M⑫④⑥ 35.6-36.9 |
| 黒2 | 2 | クルーピアスター | サンデーサイレンス | クルーピアレディー | ワットラック | 吉田照哉 | 54乗替 | 角田 | 牝6栗 | 4040 | ○13490 | ジェニュイン | 橋口弘次 | 31 36 27 | 社台F | 京1206② 京1338④ 名1506⑦ 二2163⑦ | 0111 0103 0010 0122 | 1380 | 4カ月半休養（放牧） 鉄砲実績 0003 仕上度65 |
| 赤3 | 3 | ピンクプルメリア | カーリアン | ティグレスダムール | ステージドアジョニー | 金子真人 | 53 | 熊沢 | 牝5栗 | 2600 | ○7227 | スウィングスズカ | 池江泰郎 | 32 32 22 | ノーザンF | 阪1207① 阪1341⑨ 札1487② 阪2020① | 1012 0200 0000 0121 | 0152 | 5阪⑧12.23 ファイナルS 5 千六1344 サイキョウサ 1.34.1 53熊沢 ⑯ト16?❼ 好位も468 M⑦④③ 35.8-36.3 |
| 青4 | 4 | ビハインドザマスク | ホワイトマズル | ヴァインゴールド | ミスタープロスペクター | ㈲サンデーRC | 58乗替 | 福永 | 牝6鹿 | 11220 | ○27455 | ファントムジェット | 北橋修二 | 33 25 24 | 社台F | 新1199⑧ 京1321① | 0021 0000 0020 0041 | 0119 | 5阪⑧12.16 阪神牝S 5 千六1338 エアトゥーレ 1.33.5 56松永幹 ⑯ト1?❶ 中差詰472 H⑧⑦⑥ 36.1-35.4 |
| 黄5 | 5 | ジェミードレス | トニービン | ブリリアントカット | ノーザンテースト | 吉田照哉 | 54乗替 | 松永幹 | 牝5黒鹿 | 3320 | ○11170 | エアカボッション | 坂本勝美 | 17 13 11 | 社台F | 東1224④ 中1328① 東1460⑤ 京2009⑥ | 0040 0200 0020 1301 | 0250 | 5中②12.2 市川1 千六1328 ハナ差 ツジノワンダ 55横山典 ⑬ト4?❷ 直一気440 S⑫⑧⑦ 36.3-33.9 |
| 黄5 | 6 | エイシンルーデンス | サンデーサイレンス | エイシングレシャス | トウショウボーイ | 平井豊光 | 57 | 野元 | 牝6青鹿 | 8550 | ◎20600 | キタサンサイレンス | 野元昭 | 7 12 13 | 栄進牧場 | 京1214⑥ 阪1338② 中1472④ 京2001⑪ | 0113 0020 0101 31114 | 7100 | 1京①1.5 金杯14 千六1354 ダイタクリー 1.33.8 54野元 ⑬ト7?❾ 逃一杯476 M①①① 35.1-36.7 |
| 緑6 | 7 | ネームヴァリュー | オナーアンドグローリー | マジンシカウンティ | シアトルスルー | 深見富朗 | 52乗替 | 小林徹 | 牝4鹿 | 1200 | ○2760 | マジンシアベニュー | 山内研二 | 30 33 23 | 飛野牧場 | 京1348⑧ 札1510① 二2272⑩ | 0200 0000 0000 0060 | 2000 | 1京②1.6 新春 8 千六1348 フサイチユー 1.34.1 54藤田 ⑯ト7?❽ 中団付458 H⑪⑪⑩ 36.2-35.2 |
| 緑6 | 8 | フューチャサンデー | サンデーサイレンス | アスクローザ | リアルシャダイ | 廣崎利洋 | 53乗替 | 和田 | 牝5青鹿 | 2400 | ○5560 | アスクマジェスティ | 伊藤正徳 | 21 15 18 | 川上牧場 | 東1230⑧ 東1360❺ 東1461⑥ 京2015⑭ | 0110 0000 0000 2721 | 0020 | 3カ月休養（放牧） 鉄砲実績 0003 仕上度70 |
| 橙7 | 9 | タイキトゥインクル | リアルシャダイ | サブミッション | ダルシャーン | ㈲大樹F | 53 | 梶 | 牝6鹿 | 2400 | ○5365 | タイキブライドル | 伊藤正徳 | 21 15 18 | 大樹F | 東1236③ 中1333① 中1471① | 0310 0000 0211 0311 | 0220 | 5中②12.2 ターコイズ 1 千八1471 1/2馬身 ノブレスオブ 48梶 ⑩ト4?❺ 一気差472 M④④④ 38.3-33.9 |
| 橙7 | 10 | エアトゥーレ | トニービン | スキーパラダイス | リファール | ㈱ラッキーフィールド | 55乗替 | 武豊 | 牝5芦 | 5400 | ○14115 | アグネスショコラ | 森秀行 | 70 43 29 | 社台F | 阪1212① 阪1335① | 0033 0001 0011 0021 | 1331 | 5阪⑥12.16 阪神牝S 1 千六1335 1/2馬身 ムーンライト 55デムーロ ⑯ト8?❺ 先抜出470 H③③③ 35.0-35.6 |
| 桃8 | 11 | ダイヤモンドビコー | ㊇サンデーサイレンス | ステラマドリッド | アリダー | 小林大追忍 | 55 | ファロン | 牝4鹿 | 4850 | ○10420 | 米アイルドフランス | 藤沢和雄 | 67 53 23 | 社台F | 東1216① 阪1339⑥ 札1479② 阪2019① | 1021 0101 0000 0021 | 0411 | 5阪⑥12.16 阪神牝S 6 千六1339 エアトゥーレ 1.33.5 54ファロン ⑯ト5?❷ 好位も470 H③③③ 35.0-36.1 |
| 桃8 | 12 | フサイチユーキャン | サンデーサイレンス | ロイヤルコスマー | ロイヤルスキー | 関口房朗 | 54乗替 | 四位 | 牝5鹿 | 3000 | ○9850 | ロイヤルティアラ | 谷潔 | 20 24 15 | 下河辺牧場 | 京1214⑨ 京1341① 小1468③ 阪2005⑦ | 1220 0300 1200 4232 | 0332 | 1京②1.6 新春 1 千六1341 1/2馬身 タイエムサン 55武幸 ⑮ト14?❸ 中団差480 H⑭⑪⑤ 36.3-34.7 |

連対決め手　2 4 0 1

◎信頼度80%　**ほぼ順当**

## ●東京11R東京新聞杯

ゴッドオブチャンスは、**一番人気になってもおかしくない**。前走マイルの京都金杯二着で、スワンS三着の実績もある。東京コースも岡部が乗って楽勝している。今回、斤量は54キロ。勝てる条件はそろっている。

ところが、ここにきて問題が浮上。そう、雨だ。**ゴッドオブチャンスは重が未経験だから、「大丈夫」と楽観視できない**。出走メンバーの中で重が得意で、状態も良さそうな馬は、ザカリヤ、タイキブライドル、ニッポーアトラス。

以上の四頭の馬連&ワイドをボックスで買う。むろん、主力はゴッドオブチャンスの単複だ。

私が無印にした有力馬の話をする。

ビッグゴールドはマイラーではない。重を走りきるパワーもないだろう。金杯の時計（1分59秒0）を見れば、軽い馬場が向いている。

イーグルカフェ、スティンガーは59キロ。斤量のある馬は重だと来ない。非力なダービーレグノ、重だと一気に成績が落ちるサンデーサイレンス産駒のトラストファイヤーも消した。

これだけ重対策をして、良馬場で行われたらどうするか。ゴッドオブチャンスの単複だけを買えばいい。

●**京都11R京都牝馬S**

武豊エアトゥーレが一番人気になれば、ダイヤモンドビコーの単複がいい。

このレースは、阪神牝馬Sから連勝できない。**冬の牝馬は、体調管理が難しいからだ。冬毛が伸びてきたり、フケ（発情）が始まったりして、競走馬ではなく、繁殖牝馬の体になろうとするからだ。**

ダイヤモンドビコーも夏馬っぽいから、大きな勝負はしたくない。だが前走は休み明けで体調不十分だったが、今回は万全。少なくともエアトゥーレは逆転できるはずだ。ファロンも、せっかく藤沢のいい馬に乗るのだから、もっと結果を出してほしい。

今日は府中に行く。第8R（四歳上500万下）に一口持っているタイキウィスパーが出走するからだ。唯一まともに走っている私の愛馬であり、休み明けのわりに人気になりそうだ。

新馬勝ちした後の中山で、後藤が変な乗り方をして惨敗。その後、東京開催が雪で延期になり、体重が20キロも減った。この頃から、おかしくなってしまった。

その後、少しずつ体重を戻し、休養前の前走は464キロで四着。理想は470～480キロだから、今回増えていてほしい。東京と新潟しか走らないと思うので、この開催でなんとか勝ち上がってほしいものだ。

タイキウィスパーで勝負すると言ってくれる人もいるが、休み明けで人気なので、配当的妙味もない。あまり勧められない。単勝7倍くらいになりそうだが、これまでの成績、八カ月の休み明けを考慮すれば、15〜20倍が妥当だ。

**このように、競馬というのは成績と人気のバランスで、来るか来ないか分かる。**

成績がよくて、人気もあれば、その馬はきちんと走る。逆に成績が悪いのに人気だと来ない。AJCCのエアスマップが典型的な例だった。

また、成績がいいのに、人気がないと来る。平安Sのスマートボーイ（七番人気一着）は、京都に実績のある馬だった。

東京新聞杯では、前走三着に好走しているのに、人気がないニッポーアトラスとタイキブライドルが臭い。だがタイキブライドルは、郷原が何の工夫もしないで、回ってくるだけの競馬を続けているうちは一着はない。「大樹は一流の騎手を乗せる」と一口のカタログに書いてあるが、ブライドルの一口馬主は可哀想だな。思い切って、前々での競馬を一度してみろと言いたい。

（1月27日★日）

SATONAKA RISHOU'S KEIBAJUKU

## 第2章

# 信念なくして勝負なし

●サンデーサイレンス産駒の牙
●十点買いは愚の骨頂
●京都コースの落とし穴
●乗り役の意気込みを買え！

Theory

# サンデーサイレンス産駒の牙

## ▼「準OP」攻略法

**●東京11R白富士S**

このレースは、長期休養明けの実績馬が使ってくることが多い。この時期にオープン特別を使って春のGIに間に合わせたいのだろうが、私が馬主なら真冬にスタートさせない。最初はコイントスを本命にしようと思っていたが、**骨折明けは、馬に走る気があるのか不安だ。**今回は様子を見る。

東京も二開催目の三日目。そろそろ馬場が荒れてきた。勝つのは逃げ・先行か、外を回ってくる差し馬だ。

浮上してくるのはゴーステディとトウカイポイント。ゴーステディは一番人気になりそうな気配だ。**一番人気の逃げ馬は、他馬の標的にされるから危険だ。**本命はトウカイポイントだ。

左回りの新潟で行われたカブトヤマ記念を大外を回って二着。その時と同じ騎手だから、同じような乗り方をしてほしい。トウカイテイオー産駒で、母の父がリアルシャダイなら、重い馬場の方がいいはず。内の馬場が荒れているから、なんといっても外枠に入ったのがいい。日本の競馬は外が伸びるから、外から来る馬を見ていると気持ちが楽だ。

## 東京11 発走15.40 白富士(しらふじ)ステークス 4歳上オープン・別定 芝2000 Cコース

| 枠番 | 馬番 | 馬名 | 重量 | 騎手 | 性令毛色 | 賞金 | 総賞金 |
|---|---|---|---|---|---|---|---|
| 白1 | 1 | ヘッドシップ | 56 | 高山 | 牡8栗 | 4070 | 12961 |
| 黒2 | 2 | ゴーステディ | 56 | 吉田 | 牡5鹿 | 2400 | 7125 |
| 赤3 | 3 | ハヤカゼジョー | 55 | 坂井 | 牡7鹿 | 2240 | 9349 |
| 赤3 | 4 | カリスマサンオペラ | 54 | 柴田善 | 牝5黒鹿 | 4000 | 9650 |
| 青4 | 5 | サイレントセイバー | 57 | 江田照 | 牡7黒鹿 | 6140 | 19136 |
| 青4 | 6 | コイントス | 54 | ファロン | 牡4黒鹿 | 1650 | 3540 |
| 黄5 | 7 | トーホウスパーク | 56 | 後藤 | 牡7鹿 | 2400 | 9242 |
| 黄5 | 8 | リトルダンサー | 56 | 吉永 | 牡6鹿 | 2820 | 8595 |
| 緑6 | 9 | グリーンブリッツ | 56 | 北村 | 牡8黒鹿 | 3320 | 11699 |
| 緑6 | 10 | メジロベイリー | 55 | 横山典 | 牡4黒鹿 | 3050 | 6150 |
| 橙7 | 11 | エアギャングスター | 57 | 蛯名 | 騸6鹿 | 4650 | 13350 |
| 橙7 | 12 | サクラナミキオー | 57 | 郷原 | 牡7鹿 | 5820 | 15230 |
| 桃8 | 13 | エイシンルバーン | 57 | 田中勝 | 牡6栗 | 5700 | 15640 |
| 桃8 | 14 | トウカイポイント | 56 | 小林淳 | 騸6栗 | 4060 | 12115 |

推定タイム 良1.59.1 重2.01.1

◎信頼度75% 伏兵多し

## 京都11 発走15.45 斑鳩(いかるが)ステークス 4歳1600万下・5歳上1600万下・別定 芝1600 外回り・B

| 枠番 | 馬番 | 馬名 | 重量 | 騎手 | 性令毛色 | 賞金 | 総賞金 |
|---|---|---|---|---|---|---|---|
| 白1 | 1 | サイドワインダー | 56 | 福永 | 牡4栗 | 1400 | 3050 |
| 黒2 | 2 | ミレニアムバイオ | 56 | 武豊 | 牡4栗 | 1400 | 4850 |
| 赤3 | 3 | キンシストーン | 57 | 松本 | 牡5黒鹿 | 2550 | 5720 |
| 青4 | 4 | ナリタダイドウ | 57 | 河内 | 牡5栗 | 2420 | 9820 |
| 黄5 | 5 | メイショウタツジン | 57 | 安田 | 牡5鹿 | 2420 | 8080 |
| 黄5 | 6 | オカノスピカ | 54 | 四位 | 牝7鹿 | 2820 | 14895 |
| 緑6 | 7 | ツルマルイソノツル | 56 | 熊沢 | 牡6鹿 | 2420 | 6290 |
| 緑6 | 8 | テイエムサンデー | 56 | 秋山 | 牡6青鹿 | 2120 | 9410 |
| 橙7 | 9 | ミヤビリージェント | 56 | 藤田 | 牡4芦 | 1400 | 5597 |
| 橙7 | 10 | ニホンピロハーレー | 56 | 和田 | 牡6黒鹿 | 2400 | 8527 |
| 桃8 | 11 | エルウェーサージュ | 56 | 石橋 | 牡7鹿 | 2240 | 9072 |
| 桃8 | 12 | マイネルビンテージ | 57 | 飯田 | 騸5鹿 | 2400 | 6650 |

推定タイム 良1.34.1 重1.35.6

◎信頼度75% 上位拮抗

単勝を三千円。複勝を六千円。馬連は買わない。柴田善のカリスマサンオペラ、江田のサイレントセイバー、そして後藤のカーリアン産駒トーホウスパークなど重い馬場が得意そうだ。

**●京都11R斑鳩S**

穴だが、エルウェーサージュを狙う。

**一回叩いて、体調が上向き。冬場はそういう馬の方がいい。**逃げ馬がもう一頭いるのが不安だが、京都のマイルは外枠の方が、内を見ながらハナに立つことが多い。逃げられるはずだ。人気が本当にないならば（20倍ぐらいか）、勝負しようかな。最近、新聞の予想オッズが信用できないんだ。

怖いのは一番人気の武豊だろう。本命にしないときは邪魔をしてくれるからだ。いちおう、ワイドで押さえるかもしれない。

対抗にした馬はミヤビリージェント。これも人気がない？　この血統（父パークリージェント）は冬に走る。単複二頭買いしたくなるくらいだ。

武豊のミレニアムバイオはサンデーサイレンス産駒。トニービン、サンデーサイレンスは、準オープンで人気になると、負けることが多い。東京11Rに出ているサイレントセイバーもオープンに入るのに、ずいぶん時間がかかった。サンデーは格上挑戦した時の方が狙い目だ。

なぜなら、**サンデーサイレンス産駒は、厳しい流れのレースになると牙をむく馬。重賞の厳しいペースだと全力で走る。**だから、GⅠで**大活躍する。**

ところが、オープン以下のレースになると、折り合いも欠いて力を発揮しない。サンデーサイレンス産駒は、新馬勝ちしたら、すぐに格上挑戦させるのがいい。早いうちに、オープンに入れておくのがいいんだ。「じっくり育てよう」なんて思っていたら、かえって走らなくなる。

（2月2日★土）

## サンデーサイレンス産駒の買い時、消し時

### ▼「東西三場重賞」攻略法

東京のトウカイポイントは、片側ブリンカーが大失敗で、全然追えなかった。京都のエルウェーサージュは暴走気味にスタート。もっとじわっと出られないのか。サンデーは準オープンで壁にぶつかると書いたが、ペースが緩くて折り合いを欠くからだ。しかし石橋エルウェーサージュがハイペースで飛ばしてくれたおかげで、一着も二着もサンデー。騎手が競馬を大局的に見ていないんだな。調教師の指示通り乗って、相手の有力馬なんかどうでもいいというのが、日本の騎手の乗り方だ。

馬券の調子が悪い時はこんなものか。東京は見送ったコイントスに勝たれたのもショックだ。ファロンはつかみどころが難しい。だんだん買う気が失せてきた。いつまで日本にいるのか。

**●京都11RシルクロードS**

「続けては来ない」と思っていたサイキョウサンデーが前走、末脚爆発で快勝。完全に本格化したようだ（今ごろになって？）。騎手は相性抜群の四位であり、このレースで負けているようでは高松宮記念は見えてこない。

サンデーサイレンス産駒は1200のレースで取りこぼしが多い。だが、**母の父がノーザンテーストの場合、特に気性が悪い馬が多く、かえって短い距離を突っ走る方がいいのかもしれない**。単複で勝負する。

一月は、ずっと控えめに買っていた。昨年暮れは絶好調で、単複合わせて常に六万円から十万円買っていたが、一月開催は毎年難しい。一着同着などツキがないレースも続き、単複合わせて六千円から九千円で我慢してきた。昨日も一万円にとどめたが、今日は久しぶりに勝負したい。

**本格化したサンデーサイレンス産駒には壁がない。このままGIまで行ってほしい**。

**●東京11R共同通信杯**

東京コース得意のサンヴァレーが本命。**ウイニングチケット産駒ということはトニービンの孫ということだ。東京コースがいいのは当然だろう**。鞍上・田中剛が気になるが、馬との相性はいいので、信頼して単複を買う。逃げ切れるはずだ。

また、アイアムツヨシは、逃げなくてもいいように、江田に乗り替わったはずだ。この二頭の行ったきりのレースになるかもしれない。

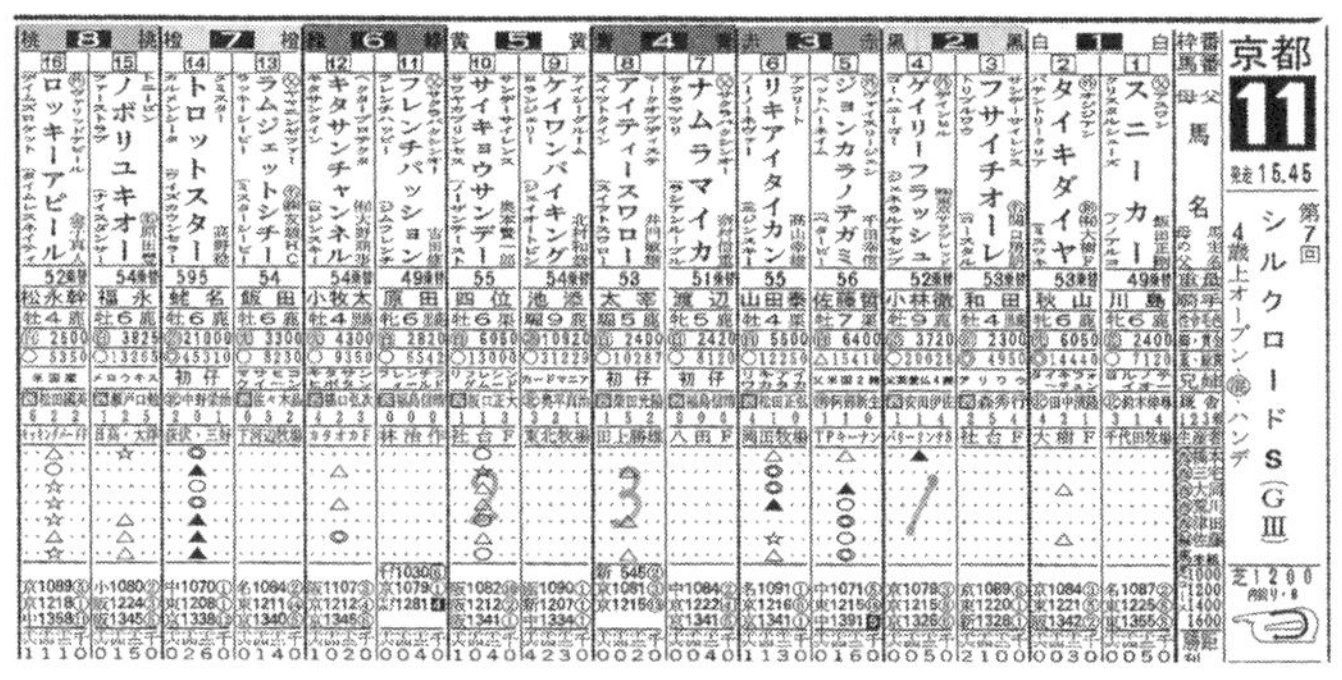

京都 11 発走15.45 第7回 シルクロードS(GⅢ) 4歳上オープン・(国際)・ハンデ 芝1200

| 枠 | 馬番 | 馬名 | 斤量 | 騎手 | 性齢 |
|---|---|---|---|---|---|
| 1 | 1 | スニーカー | 49 | 川島 | 牝6 |
| 1 | 2 | タイキダイヤ | 53 | 秋山 | 牡6 |
| 2 | 3 | フサイチオーレ | 53 | 和田 | 牡4 |
| 2 | 4 | ゲイリーフラッシュ | 52 | 小林徹 | 牡9 |
| 3 | 5 | ジョンカラノテガミ | 56 | 佐藤哲 | 牡7 |
| 3 | 6 | リキアイタイカン | 55 | 山田泰 | 牡4 |
| 4 | 7 | ナムラマイカ | 51 | 渡辺 | 牝5 |
| 4 | 8 | アイティースワロー | 53 | 太宰 | 騸5 |
| 5 | 9 | ケイワンバイキング | 54 | 池添 | 騸9 |
| 5 | 10 | サイキョウサンデー | 55 | 四位 | 牡6 |
| 6 | 11 | フレンチパッション | 49 | 原田 | 牝6 |
| 6 | 12 | キタサンチャンネル | 54 | 小牧太 | 牡4 |
| 7 | 13 | ラムジェットシチー | 54 | 飯田 | 牡6 |
| 7 | 14 | トロットスター | 595 | 蛯名 | 牡6 |
| 8 | 15 | ノボリユキオー | 54 | 福永 | 牡6 |
| 8 | 16 | ロッキーアピール | 52 | 松永幹 | 牡4 |

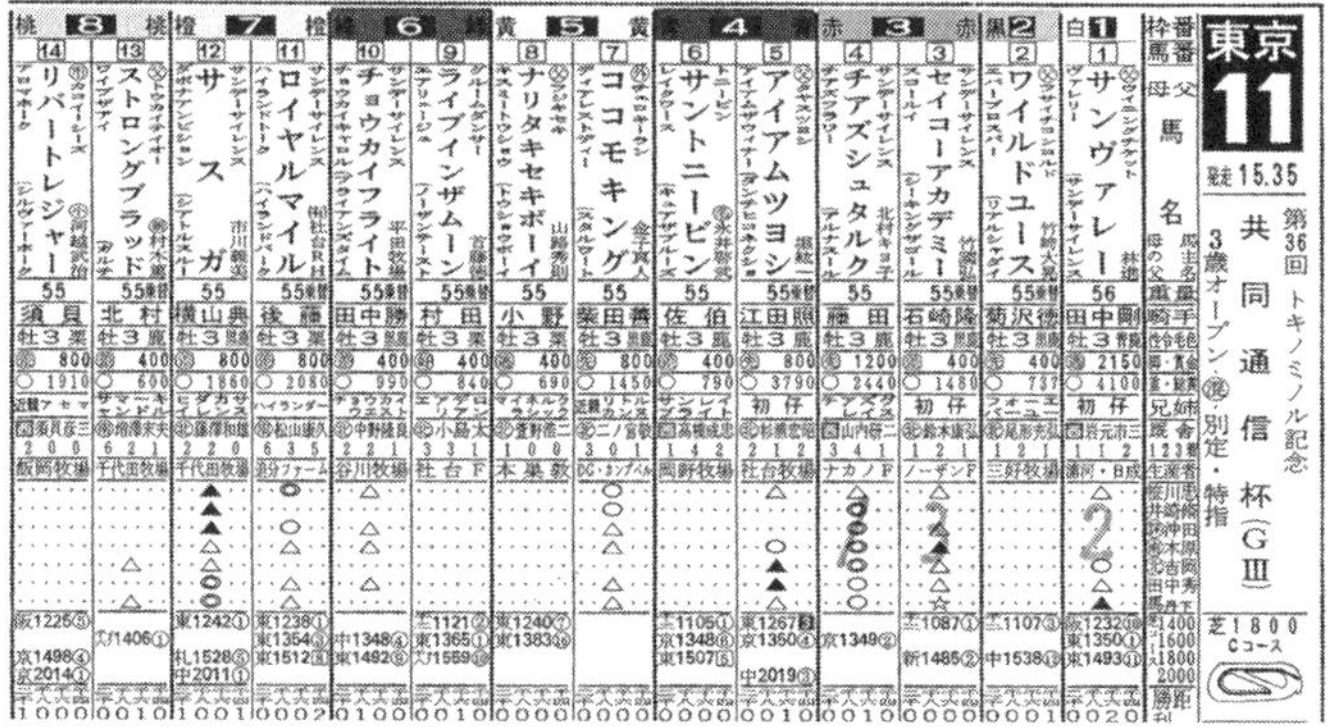

東京 11 発走15.35 第36回 トキノミノル記念 共同通信杯(GⅢ) 3歳オープン・(混)・別定・特指 芝1800 Cコース

| 枠 | 馬番 | 馬名 | 斤量 | 騎手 | 性齢 |
|---|---|---|---|---|---|
| 1 | 1 | サンヴァレー | 56 | 田中剛 | 牡3 |
| 2 | 2 | ワイルドユース | 55 | 菊沢徳 | 牡3 |
| 3 | 3 | セイコーアカデミー | 55 | 石崎隆 | 牡3 |
| 3 | 4 | チアズシュタルク | 55 | 藤田 | 牡3 |
| 4 | 5 | アイアムツヨシ | 55 | 江田照 | 牡3 |
| 4 | 6 | サントニービン | 55 | 佐伯 | 牡3 |
| 5 | 7 | ココモキング | 55 | 柴田善 | 牡3 |
| 5 | 8 | ナリタキセキボーイ | 55 | 小野 | 牡3 |
| 6 | 9 | ライブインザムーン | 55 | 村田 | 牡3 |
| 6 | 10 | チョウカイフライト | 55 | 田中勝 | 牡3 |
| 7 | 11 | ロイヤルマイル | 55 | 後藤 | 牡3 |
| 7 | 12 | サスガ | 55 | 横山典 | 牡3 |
| 8 | 13 | ストロングブラッド | 55 | 北村 | 牡3 |
| 8 | 14 | リバートレジャー | 55 | 須貝 | 牡3 |

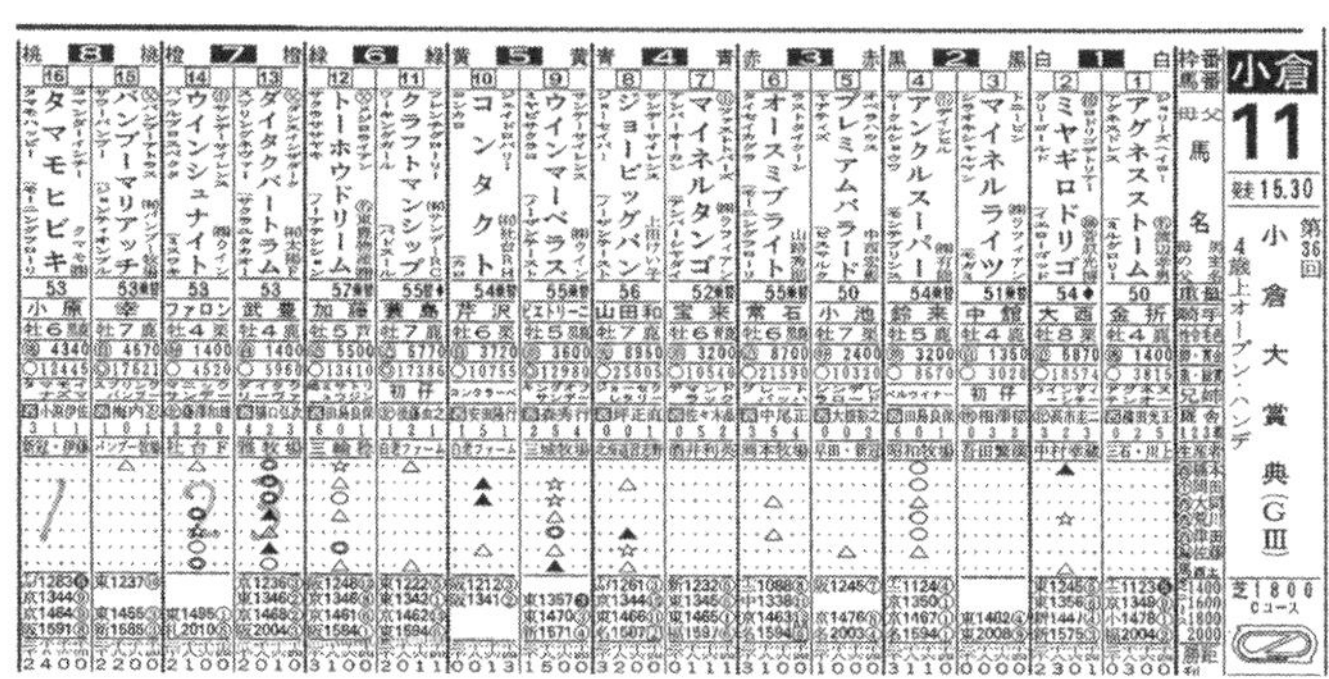

小倉 11 発走15.30 第36回 小倉大賞典(GⅢ) 4歳上オープン・ハンデ 芝1800 Cコース

| 枠 | 馬番 | 馬名 | 斤量 | 騎手 | 性齢 |
|---|---|---|---|---|---|
| 1 | 1 | アグネスストーム | 50 | 金折 | 牡4 |
| 1 | 2 | ミヤギロドリゴ | 54 | 大西 | 牡8 |
| 2 | 3 | マイネルライツ | 51 | 中舘 | 牡4 |
| 2 | 4 | アンクルスーパー | 54 | 鈴来 | 牡5 |
| 3 | 5 | プレミアムパラード | 50 | 小池 | 牡7 |
| 3 | 6 | オースミブライト | 55 | 常石 | 牡6 |
| 4 | 7 | マイネルタンゴ | 52 | 宝来 | 牡6 |
| 4 | 8 | ジョービッグバン | 56 | 山田和 | 牡7 |
| 5 | 9 | ウインマーベラス | 55 | ビストリーニ | 牡5 |
| 5 | 10 | コンタクト | 54 | 芹沢 | 牡6 |
| 6 | 11 | クラフトマンシップ | 55 | [illegible] | 牡7 |
| 6 | 12 | トーホウドリーム | 57 | 加藤 | 牡5 |
| 7 | 13 | ダイタクバートラム | 53 | 武豊 | 牡4 |
| 7 | 14 | ウインシュナイト | 53 | ファロン | 牡4 |
| 8 | 15 | バンブーマリアッチ | 53 | 幸 | 牡7 |
| 8 | 16 | タマモヒビキ | 53 | 小原 | 牡6 |

一番人気チアズシュタルクは、この時期に強い血統だ。陣営が出走を迷っていたので印は下げたが、怖い一頭。以上の三頭のワイドボックスも買う。

**●小倉11R小倉大賞典**

ファロンのウインシュナイトが本命。

さきほど書いた通り、騎手のことは分からない。ただ**馬自身は完全に平坦コース向きだ。坂があれば、早めに先頭に立ち、粘って粘って最後差される。平坦では粘って粘ってそのままゴール**。サンデーの仔だから、牙をむくように思いきり追ってほしい。ペースが厳しくなると、サンデーは強い。

（2月3日★日）

# 騎手か、コースか、ハンデか

## ▼「冬競馬」攻略法

先週の小倉大賞典、シルクロードS。せいぜい二着が精一杯の穴馬が一着まで取ってしまったという、マレなケースが二レース続けて飛び出した。

こういうことが起こるのは、冬や夏の競馬の特色だと思う。なぜなら、GIを目標としている実力馬がそっと仕上げられている季節だからだ。

シルクロードSのトロットスターは、鉄砲走るタイプだけに負けすぎだな。

小倉のファロンは上手く乗った。後ろから来た武豊よりも早めに動いて二着なら責められない。

東京を勝ったチアズシュタルクは強い。完全にサンヴァレーの逃げ切り態勢だったのに、あれで差されたんじゃ仕方ない。

藤田はアドマイヤドンに乗ると思うが、私が騎手なら将来性を重視してチアズに乗る。

しかしチアズに乗れる騎手が関西にいない。来週から復帰する岡部の動向が気になる。

**●東京11RバレンタインS〜勉強レース〜**

馬場もだいぶ荒れ、中間雨も降った。重が得意な馬を狙い続けていい。

このレースは本命馬を書かない。**重が得意な血統で**（**父は得意。母の父は重に強い牧場の馬**）、**軽ハンデ**。騎手は一流ではない。うまく外を回ってほしい。

先週は単勝二万円、複勝四万円購入し、大きく勝負した。だが、今日のレースは、すべて単勝三千円、複勝六千円買う。

**●東京9Rゆりかもめ賞**

三歳の2400メートル戦。**いつかこのレースから、ダービー馬が出るかもしれない**。注目だ。

当然、前走2000メートル以上を使っている馬が本命。重の新馬2000メートルを勝ったギャロップサンダーを狙う。血統的に長い距離に疑問符は付くが、陣営は長めの距離を選択している。大人しい気性で折り合いが抜群なのだろう。

他に印を付けたのは、シンボリクリスエス、蛯名のマイネルアムンゼン。ビワハヤヒデ産駒の関西馬シアトルリーダーは前走後、短期放牧。藤沢師もよくやることだが、こういう馬は強くなる。

以上の四頭ボックスも押さえたい。

**●京都11Rすばる S**

スタンドオンエンド、ニシノマイヒメ、ニホンピロサート。この三頭に注目する。

騎手で買うなら池添（スタンドオンエンド）か福永（ニシノマイヒメ）。

馬で買うならニホンピロサート。

ハンデで買うならニシノマイヒメ。

京都コースで買うなら、スタンドオンエンドとニホンピロサート。

スタンドオンエンドは体重が戻っていないと減点だ。パドックまで待ちたい。

この三頭の中から本命を選んで単複を買う。

オッズにも気をつかいたい。**一番人気の馬は前走連対していて、単勝350円以下が理想だ。**

（2月9日★土）

## 東京 11　発走15.35　バレンタインS (混)

4歳1000万下・5歳上2000万下・ハンデ　芝1400 Aコース

| 枠番 | 馬番 | 馬名 | 重量 | 騎手 | 性齢毛色 | 厩舎 | 生産者 | 勝利度数 |
|---|---|---|---|---|---|---|---|---|
| 1 | 1 | イカルスドリーム | 56 | 石崎隆 | 牡6栗 | 奥平真治 | グランド牧場 | 0013 |
| 2 | 2 | セレブ | 53 | ファロン | 牡4 | 藤澤和雄 | 千代田牧場 | 0110 |
| 3 | 3 | ダイワカーソン | 54 | 木幡 | 牡5 | 増沢末夫 | ドストロナック | 0011 |
| 3 | 4 | リワードアンセル | 53 | 蛯名 | 牝4鹿 | 田中清隆 | 越湖牧場 | 0001 |
| 4 | 5 | フォーレルアゲイン | 55 | 柴田善 | 牡4鹿 | 尾形 | 濱田牧場 | 0110 |
| 4 | 6 | ポンデローザ | 55 | 田面木 | 牝5鹿 | 山本正司 | マエコウF | 0023 |
| 5 | 7 | ツルマルイソノツル | 56 | 田中剛 | 牡6鹿 | 坂口正則 | 木村牧場 | 0220 |
| 5 | 8 | タック | 52 | 青木 | 騸7鹿 | 作田誠二 | 野口牧場 | 0004 |
| 6 | 9 | キングオブサンデー | 57 | 江田照 | 牡6 | 森秀行 | 三城牧場 | 1020 |
| 6 | 10 | マイネルウォリアー | 54 | 吉永 | 牡4鹿 | 伊藤伸一 | ビッグレッド | 1011 |
| 7 | 11 | ユノピエロ | 56 | 田中勝 | 牡4鹿 | 浅見秀一 | KSステイブル | 1110 |
| 7 | 12 | トウショウリープ | 57 | 吉田 | 牡5鹿 | 大久保洋吉 | トウショウ | 0041 |
| 8 | 13 | アーネストリーラン | 54 | 小林淳 | 牡7 | 坂本勝美 | サンシャイン | 0014 |
| 8 | 14 | ラヴィエベル | 51 | 小野 | 牝5栗 | 高松邦男 | H・ダグ | 0002 |

## 東京 9　発走14.30　ゆりかもめ賞

3歳500万下・(混)・馬齢・特指　芝2400 Aコース

| 枠番 | 馬番 | 馬名 | 重量 | 騎手 | 性齢毛色 | 厩舎 | 生産者 |
|---|---|---|---|---|---|---|---|
| 1 | 1 | アルジャーノン | 55 | 吉田 | 牡3栗 | 小島太 | ベッカー夫妻 |
| 1 | 2 | メジロフリーマン | 53 | 郷原 | 牝3鹿 | 柴田政人 | メジロ牧場 |
| 2 | 3 | マイネルジェム | 55 | 後藤 | 牡3栗 | 高橋裕 | コスモビューF |
| 2 | 4 | トウカイアロー | 55 | 小林淳 | 牡3鹿 | 後藤由之 | 青藍牧場 |
| 3 | 5 | ヤマノペガサス | 55 | ファロン | 牡3 | 畠山吉宏 | 長谷川牧場 |
| 3 | 6 | カワキタノーブル | 55 | 江田照 | 牡3鹿 | 大和田稔 | 飛野牧場 |
| 4 | 7 | ゴールドバリア | 53 | 石崎隆 | 牝3鹿 | 及川 [illegible] | 田端牧場 |
| 4 | 8 | タイガーエスプリア | 55 | 繁田 | 牡3 | [illegible]沢 | 前川正美 |
| 5 | 9 | マイネルアムンゼン | 55 | 蛯名 | 牡3鹿 | 田中清隆 | ビッグレッド |
| 5 | 10 | ミヤマガリバー | 55 | 北村 | 牡3栗 | 増沢末夫 | 尾崎常雄 |
| 6 | 11 | コスモパトリック | 55 | 村田 | 牡3芦 | 根本康広 | 高木 |
| 6 | 12 | アンカレッジシチー | 55 | 高山 | 牡3栗 | 奥平真治 | 富川田中牧場 |
| 7 | 13 | エフテージェニー | 53 | 田中勝 | 牝3鹿 | 西塚安夫 | 三木田明仁 |
| 7 | 14 | シアトルリーダー | 55 | 勝浦 | 牡3鹿 | 土門一美 | 新井昭二 |
| 8 | 15 | ギャロップサンダー | 55 | 柴田善 | 牡3鹿 | 中野栄治 | イワミ牧場 |
| 8 | 16 | シンボリクリスエス | 55 | 横山典 | 牡3 | 藤澤和雄 | T・ワダ |

## 京都 11　発走15.45　すばるステークス (混)

4歳上オープン・ハンデ　ダ1400

| 枠番 | 馬番 | 馬名 | 重量 | 騎手 | 性齢毛色 | 厩舎 | 生産者 | 勝利度数 |
|---|---|---|---|---|---|---|---|---|
| 1 | 1 | マイネルエーレ | 53 | 梶 | 牡4鹿 | [illegible] | ダービーダンS | 0020 |
| 1 | 2 | シルヴァコクピット | 55 | 岩田 | 牡5鹿 | 安田隆行 | ファールズF | 1000 |
| 2 | 3 | ナイキアフリート | 54 | 幸 | 牡6栗 | 古賀史生 | 千代田牧場 | 0015 |
| 2 | 4 | ネオポリス | 56 | 松永幹 | 牡5 | 古賀史生 | [illegible]F | 0041 |
| 3 | 5 | エーピーバースト | 54 | 安田 | 牡6芦 | 安田伊佐夫 | 秋田牧場 | 3000 |
| 3 | 6 | シンコウスプレンダ | 57 | 河内 | 牡8鹿 | 古賀史生 | [illegible] | 0112 |
| 4 | 7 | タマモスオード | 52 | 和田 | 牡8鹿 | 川村禎彦 | グランド牧場 | 0025 |
| 4 | 8 | スタンドオンエンド | 54 | 池添 | 牝5鹿 | 長浜博之 | [illegible] | 0031 |
| 5 | 9 | フジヤマハギタケ | 53 | 藤田 | 牡7栗 | 森秀行 | 社台F | 3000 |
| 5 | 10 | ニシノマイヒメ | 51 | 福永 | 牝4栗 | 松田正弘 | 西山牧場 | 0004 |
| 6 | 11 | ハタノアドニス | 55 | 渡辺 | 牡6鹿 | [illegible] | まるとみ冨岡 | 0015 |
| 6 | 12 | トシザボス | 52 | 四位 | 牡4 | [illegible] | [illegible] | 1010 |
| 7 | 13 | ホシオー | 54 | 武豊 | 牡6栗 | 増本豊 | 本桐牧場 | 3100 |
| 7 | 14 | ニホンピロサート | 55 | 小林徹 | 牡4 | 目野哲也 | 橋爪松夫 | 0013 |
| 8 | 15 | ホクセツキング | 56 | 秋山 | 騸6鹿 | 坂口正行 | タニグチ牧場 | 3000 |
| 8 | 16 | セレクトグリーン | 56 | 小牧太 | 牡7鹿 | 音無秀孝 | グロースモントF | 0014 |

# 十点買いは愚の骨頂

## ▼「ハンデ重賞」攻略法

勉強レース・バレンタインSの答えは、マイネルウォリアーだった。十着に惨敗したが、今の馬場状態で前に行った馬が有利になるとはびっくりだ。今日は馬場状態を確かめて、買った方がいい。

また、年が明けて高齢馬の活躍が目立つ。四歳馬なんか大したことない。やはりマスコミの言うことはアテにならないじゃないか。確かに、ジャングルポケット、マンハッタンカフェなどのGⅠクラスはハイレベルだが、他は信頼性がない。旧年齢で九歳、十歳の馬に勝たれるとは、人間で言えばどういうことだろう。ゴルフでシニアの人が勝つようなものじゃないか。

昨日も少額購入だったとはいえ、負けは負け。気分は悪い。今日はなんとか勝ちたい。しかし、**死角の多い人気馬を本命にするような守りに入った予想は里中は絶対しない。**

**●東京11RダイヤモンドS**

メジロロンザン本命。この馬を本命にするのは初めてだと思う。

昔、この時期にGⅡハンデ・目黒記念（2500メートル）があった。その時、狙う馬はAJCCから斤量の減っている馬で問題なかった。これは現在になっても応用できる。**別定ハイレベルの**

## 東京 11 発走15.35 第52回 ダイヤモンドS(GⅢ) 4歳上オープン・(混)・ハンデ 芝3200 A1コース

推定タイム 良 3.18.0 重 3.20.5

| 枠番 | 馬番 | 馬名 | 父 | 母 | 母の父 | 馬主名 | 重量 | 騎手 | 性令毛色 | 脚・賞金 | 重・総賞 | 兄姉 | 厩舎 | 123着 | 生産者 | 予想印 | 持ち時計 |
|---|---|---|---|---|---|---|---|---|---|---|---|---|---|---|---|---|---|
| 白1 | 1 | メジロロンザン | ㊉メジロライアン | メジロリスク | リーガルステップ | (有)メジロ牧場 | 52 | 吉田 | 牡6鹿 | 3390 | △15080 | メジロプロス | 大久保洋 | 942 | メジロ牧場 | △ (10) | 京2268 中2334 阪3050 東3188 |
| 黒2 | 2 | ケイエムチェーサー | ㊉サクラトウコウ | ブライトフェザー | モガミ | (株)グリーンテック | 50乗替 | 吉永 | 牡6鹿 | 2370 | ◎7273 | ケイエムブライト | 吉永正人 | 210 | 三澤牧場 | | 東2284 東2351 宗2430 東3216 |
| 赤3 | 3 | シンボリオレゴン | ダンスホール | メロディアン | マリナッチ | シンボリ牧場 | 54 | 田中勝 | 牡5鹿 | 3020 | ○8635 | マーベラスシンボリ | 高橋祥泰 | 623 | シンボリ牧場 | ▲△△△ | 東2331 中2319 宗2435 |
| 青4 | 4 | トシザブイ | ヴィジョン | ノルザンプリマー | プレイヴェストローマン | 上村叶 | 55乗替 | ファロン | 牡6鹿 | 2720 | ○10665 | トンヴォイス | 菅原泰夫 | 401 | 瀬河・小林 | △○▲△◎▲ (3) | 京2272 東2316 阪3061 東3186 |
| 青4 | 5 | ロードブレーブ | ㊉ダンシングブレーヴ | ニートジェーン | マルゼンスキー | (株)ロードHC | 53乗替 | 石崎隆 | 牡7鹿 | 2240 | ○9219 | 半ユートカイザー | 山内研二 | 451 | 桑原牧場 | △ | 東2263 東2333 宗2460 |
| 黄5 | 6 | フサイチランハート | サンデーサイレンス | アンシャンテ | リアルシャダイ | 関口房朗 | 575 | 江田照 | 牡5鹿 | 6320 | ○11562 | パピーラブ | 河野通文 | 343 | ノーザンF | ▲△△△▲○△ (2) | 三2137 中2369 |
| 黄5 | 7 | セイコーサンデー | サンデーサイレンス | ビューチフルドラマ | ヘクタープロテクター | 竹園正繼 | 53 | 柴田善 | 牡4鹿 | 1400 | ○3970 | 初仔 | 鈴木康弘 | 122 | 笠松牧場 | △△○○◎▲○ | 東2278 |
| 緑6 | 8 | ペインテドブラック | サンデーサイレンス | オークツリー | リアルシャダイ | 池谷誠一 | 56乗替 | 蛯名 | 牡6栗 | 6000 | ○13010 | 半リワードカリヨン | 鈴木康弘 | 122 | 社台F | ◎△△▲○△☆ | 京2249 京3084 宗3462 |
| 緑6 | 9 | ロットシュナイダー | ㊉トウカイテイオー | ローズムーン | モガミ | (有)大東牧場 | 49乗替 | 田面木 | 牡4鹿 | 800 | ○2630 | 初仔 | 土田稔 | 130 | 大東牧場 | | 東2331 中2347 |
| 橙7 | 10 | キングザファクト | ㊉ノウンファクト | コラクトゥーヌロビ | ヨルクトゥーベイ | 西岡和明 | 53乗替 | 後藤 | 牡5青鹿 | 2000 | ○9810 | 近親ミスキャリーエイダ | 谷潔 | 414 | [illegible] | △△△△ (1) | 京2255 中2331 京3103 |
| 橙7 | 11 | ゴールドレジェンド | ゴールデンフェザント | ダイナチャイナ | ノーザンテースト | (有)社台RH | 49◆ | 北村 | 騸6芦 | 1200 | ◎4703 | アグネスカミカゼ | 久保勝彦 | 212 | ノーザンF | ◎△△△ | 京2307 名2350 宗2436 宗3444 |
| 桃8 | 12 | アドマイヤロード | サンデーサイレンス | ランシアーボネス | デーボネメント | 近藤利一 | 55 | 武豊 | 牡4鹿 | 2600 | ○6370 | フランクガイ | 橋田満 | 302 | ノーザンF | ○△◎◎△△◎ | 三2143 京3083 |
| 桃8 | 13 | タガノビジョン | ヘクタープロテクター | ドリームビジョン | ノーザンテースト | 八木良司 | 51 | 高田 | 牡7栗 | 2240 | ○6170 | アロハドリーム | 松田博資 | 124 | ノーザンF | | 京2270 東2328 京3105 |

| 馬番 | 距離別成績 (2400/2500/3000/3200) | 連対決り手 | 前走 |
|---|---|---|---|
| 1 | 0010 0010 0020 1311 | 1410 | 1京①1.20 GⅢAJC6 ニ二2142 アサイチラン 2.13.7 57吉田 ⑪12①① 逃退く492 S①①① 36.7-35.9 |
| 2 | 0001 0000 0010 1042 | 5100 | 2京①1.26 松籟10 二四2284 ホワイトハピ 2.27.5 53本田 ⑪9⑨ 好位退492 H④⑦⑤ 36.3-36.0 |
| 3 | 0010 0000 0010 0001 | 4100 | 1京⑤1.13 ー1 二五2332 ラバイテシナ 57田中勝 ⑥9⑨ 直抜出486 H①②② 36.3-37.1 |
| 4 | 0101 0100 1100 1232 | 0042 | 1京③1.7 ダン万葉3 三千3101 アドマイヤロ 3.09.9 56河内 ⑧3⑦ 中団伸494 S⑤④③ 39.9-34.6 |
| 5 | 0002 0000 0021 0034 | 6010 | 2京①1.26 松籟8 二四2281 ホワイトハピ 2.27.5 56藤田 ①4④ 逃退く502 H①①① 35.4-37.9 |
| 6 | 0000 0000 0000 0010 | 0032 | 1京⑧1.20 GⅢAJC1 ニ二2137 タビ益 スパークホー 57江田照 ⑫5⑧ 好一気492 S⑪⑩① 39.0-34.4 |
| 7 | 0001 0000 0000 0000 | 0022 | 2カ月半休養(挫跖) 鉄砲実績 1000 仕上度80 |
| 8 | 0001 0000 0001 0103 | 0212 | 1京⑧1.20 GⅢAJC7 ニ二2143 アサイチラン 2.13.7 57蛯沢徹 ⑫4⑨ 後方進492 S⑧⑧⑧ 38.1-35.2 |
| 9 | 0000 0000 0000 0012 | 1120 | 二京 立川4 二千2012 マイネルレグ 2.01.0 56蛯沢徹 ⑪11① 一旦先486 M⑧⑦④ 37.2-35.9 |
| 10 | 0010 0010 0000 0111 | 0441 | 1京③1.7 ダン万葉6 三千3103 アドマイヤロ 3.09.9 55幸 ⑧5⑤ 出遅かず480 S⑧⑨⑥ 39.9-34.5 |
| 11 | 0000 0010 0000 0022 | 0330 | 2カ月休養(放牧) 鉄砲実績 0100 仕上度75 |
| 12 | 0100 0000 0000 0100 | 0122 | 1京③1.7 ダン万葉1 三千3099 ゾ馬身 フェリシタル 54武豊 ⑨9⑦ 外一気460 S⑦⑥⑨ 39.7-34.0 |
| 13 | 0010 0100 0000 0212 | 5000 | 2京①1.26 松籟5 二四2278 ホワイトハピ 2.27.5 54高田 ①3⑩ 先一息488 H②②② 36.3-36.4 |

◎信頼度 75%

力量

## 京都 11 発走15.45 第42回 NHK賞 きさらぎ賞(GⅢ) 3歳オープン・(混)・別定・特指 芝1800 外回り・C

推定タイム 良 1.47.6 重 1.49.1

| 枠番 | 馬番 | 馬名 | 父 | 母 | 母の父 | 馬主名 | 重量 | 騎手 | 性令毛色 | 脚・賞金 | 重・総賞 | 兄姉 | 厩舎 | 123着 | 生産者 | 予想印 | 持ち時計 | 距離別成績 (1400/1600/1800/2000) |
|---|---|---|---|---|---|---|---|---|---|---|---|---|---|---|---|---|---|---|
| 白1 | 1 | メジロマイヤー | ㊇サクラバクシンオー | メジロエルナス | サッカーボーイ | (有)メジロ牧場 | 55 | 飯田 | 牡3栗 | 800 | ○2190 | メジロステビア | 田島良保 | 601 | メジロ牧場 | ○▲△△△ (1) | 函1273② 京1351① | 0020 0011 0000 0000 |
| 黒2 | 2 | メガスターダム | ㊇㊉ニホンピロウイナー | フミノスキー | マルゼンスキー | (有)ノースヒルズM | 56乗替 | 松永幹 | 牡3黒鹿 | 2000 | ○4557 | ケイエスペガサス | 山本正司 | 324 | 高橋修 | ◎◎◎○◎△◎ | 京1214① 京1354② 札1528④ 阪2034① | 1001 0021 0000 0200 |
| 赤3 | 3 | メンタルシャウト | ㊉アフタヌーンディー | ケルベイ | ガルチ | 前田幸治 | 55 | 太宰 | 牡3鹿 | 400 | ○800 | 近親ブレーブテンダー | 太宰義人 | 411 | HSファーグレン | | 京1245⑧ 京1366④ | 0001 0000 0000 0012 |
| 青4 | 4 | メジロアービン | ㊇ダンスインザダーク | メジロファンタジー | ダイメセン | (有)メジロ牧場 | 55乗替 | 川原 | 牡3鹿 | 800 | ○1651 | メジロハーマー | 大久保正陽 | 213 | メジロ牧場 | ▲ | 新1485① 阪2050⑬ | 0200 0000 0000 1400 |
| 黄5 | 5 | セイウンマグマラシ | ㊉シルヴァーホーク | インカダウ | ミスタープロスペクター | 西山牧場 | 55乗替 | 河内 | 牡3栗 | 800 | ○1950 | 初仔 | 浅見秀一 | 521 | Aグローヴズ | ▲△ | 三1093① 京1345③ 名1509⑤ | 0000 0000 0010 0100 |
| 緑6 | 6 | アグネスソニック | ㊉アンブライドルズソン | シェリアダクレ | ヌレイエフ | 渡辺孝男 | 56 | 横山典 | 牡3鹿 | 2750 | ○6300 | スズカコールド | 森秀行 | 254 | Bクリトン | ▲△◎◎△ (2) | 東1233① 中1341⑤ | 0001 0001 0000 0010 |
| 緑6 | 7 | オースミエルスト | ㊉ウォーニング | ホッコーオウカ | リンドシェーバー | 山路秀則 | 55 | 秋山 | 牡3黒鹿 | 1050 | ○3540 | トーアコマンダー | 安藤正敏 | 102 | 鮫川啓一 | ☆☆△☆○○○ | 三1107② 中1349⑮ 京1481② | 0000 0100 0010 0010 |
| 橙7 | 8 | マイネルアンブル | ㊇㊉アンバーシャダイ | タカイロドリゴ | ロドリゴデトリアーノ | (株)ラフィアン | 55 | 渡辺 | 牡3栗 | 400 | ○1320 | 半ウツミクランプリ | 中村均 | 112 | 中本牧場 | △△▲◎▲△▲ | 函1273① 阪1361④ 京2032③ | 0001 0000 1000 0010 |
| 橙7 | 9 | フィールドラッキー | ㊉パラシア | ウィーヴジャストビ | ヒューグノット | 地田勝三 | 55乗替 | 藤田 | 牡3鹿 | 400 | ○1520 | 近親ウィリーウィリー | 山内研二 | 451 | Aチェーニンガム | △○△△△△ | 京2016⑥ | 1000 1000 0000 2000 |
| 桃8 | 10 | カゼニフカレテ | ㊇サニーブライアン | マナーリー | ラグビーボール | 小田切有一 | 55乗替 | 四位 | 牡3鹿 | 400 | ○1840 | マチゾセ | 佐々木晶三 | 153 | 中地康弘 | △☆☆☆☆ (3) | 阪1358② 東1493⑩ 東2009④ | 0010 0010 0000 1200 |
| 桃8 | 11 | テイエムマズルカ | ホワイトマズル | テイエムテンポー | サクラロータリー | 竹園正繼 | 55乗替 | 池添 | 牡3鹿 | 1200 | ○2830 | テイエムキララ | 鹿戸明 | 201 | テイエム牧場 | | 東1268④ 京1354⑨ | 0000 0000 0000 0011 |

**GⅡから、レベルダウンするハンデ重賞に出てきた場合**（さらに斤量が軽くなったら）、**馬はとても楽だ**。

今回は、メジロロンザンの他にペインテドブラックがいる。こちらを本命にしようかとも迷ったが、**脚部不安で休んでいた馬は、ゴール前で力を抜くことが多い**。**単勝は買いづらい**。メジロの方は、「最近ではいちばんいい出来」という陣営のコメントがある。先行馬有利な展開だとも考え、本命にした。逃げるのはロードブレーブで、大きく引き離して逃げるだろう。３２００は逃げ切れる距離ではない。早めにバテて、離れた二番手のメジロが直線入り口から先頭に立つ。そのまま馬場のいい内を通ってゴールする。

**ただ難解なレースのため、もう一頭、前走オープン特別より斤量が減っているトシザブイをくわえたボックスを押さえる**。ファロンは、ウインシュナイトでは上手く乗った。さすがに日本人騎手よりは上手いようで、ここも怖い。

フサイチランハート、アドマイヤロードは前走よりも斤量増。二頭とも前走は追い込みがはまったレースだった。キングザファクトは東京コース初、他の馬では力は足りないと判断した。

本命はメジロロンザン。ペインテドブラック、トシザブイを合わせた三頭ボックスも買う。これだけ少ない点数で、難解なレースが的中すれば大幅プラスだ。私の持論は「**十点買いも三点買いも的中率は大差ない**」だ。高速道路を１５０キロで飛ばしても、80キロで走っても到着時間に大差がないのと同じだ。強引な比喩だが、わかってもらえると思う。

**●京都11Rきさらぎ賞**

初めてアグネスソニックを本命にする。今まで少頭数立てなどに助けられ好走している感もある。だが、ここまでメンバー落ちすれば、朝日杯の結果（五着）を見ても負けられまい。ハイペースになりそうだが、距離も問題ない。こちらは、単複だけを買う。

今日はリズムがいい予想ができたと思う。負けたくない。

（2月10日★日）

# 京都コースの落とし穴

## ▼「別定GⅡ」攻略法

**●京都11R京都記念**

ポイントは京都コース得意の馬。

実績上位のナリタトップロードは京都コースが得意の馬。だが斤量60キロじゃ、単勝は買えない。

他の京都得意の馬で勝負する。もしナリタに負けたら、よほど弱いと判断される。

一番人気が予想されるボーンキングは、京都で一度不器用な競馬をして惨敗している。**京都というのは東京のように広々としたコースで、苦手の馬は少ないように思われる。**だが**坂を下ったり上**

**ったりする特有の形状で、苦手と得意がはっきりする**。ここに出走しているテンザンセイザは例外かもしれないが、東京得意のトニービン産駒は京都は苦手だ。

マチカネキンノホシは京都コース初。気性が悪い馬なので初コースで走る気をなくすこともある。**複勝にも絡まず惨敗か、逆に思いのほか走りやすいコースで、激走すると思う**。▲だ。

本命はトウカイオーザ。京都芝長距離が得意で、前走はまだ体が絞れていなかった。だが、差のない競馬をしており、今回の調教は動いていた。しかも、人気がない。こういう馬は買うべし。

逆に前走負けているのに、今回人気になるボーンキングやミスキャストは危険だ。

トウカイオーザの単勝は6倍はつきそうだから、単複で勝負。

**●東京11Rクイーン C**

シャイニンルビーで岡部復帰馬券ともいきたいが、江田照のサクラヴィクトリアが、芝替わりで人気がない。だが、ダートでの圧勝ぶりには目を見張るものがある。また、完全に東京芝コース向きの血統。ここで買わないと、来られた日には私はショックで寝込んでしまう。もしこの馬がここで連対したら、オークスでも単勝を買える。

今日は以上の二レースだけを買う。ちなみに、東京6R新馬戦に出るタイキコジャックは、私が一口持っている馬だ。

京都 11 発走15.45

第95回 農林水産省賞典 京都記念(GII)

4歳上オープン・混・別定

芝2200 外回り・C

推定タイム 良 2.12.8 重 2.12.8

| 枠番 | 馬番 | 馬名 | 父 | 母 | 母の父 | 馬主名 | 重量 | 騎手 | 性令毛色 | 賞金 | 総賞金 | 兄姉 | 厩舎 | 123着 | 生産者 |
|---|---|---|---|---|---|---|---|---|---|---|---|---|---|---|---|
| 白1 | 1 | トウカイオーザ | サンデーサイレンス | トウカイナチュラル | (ナイスダンサー) | 内村正則 | 57 | 藤田 | 牡5黒鹿 | 6770 | 16650 | トウカイテイオー | 松元省一 | 3 1 1 | 長浜牧場 |
| 黒2 | 2 | マチカネキンノホシ | (外)シアトルスルー | アリスベル | (テリダー) | 細川益男 | 58 | 横山典 | 牡6鹿 | 10500 | 24020 | 近親ライブリーラーク | 藤澤和雄 | 3 4 1 | Cシャーベクアー |
| 赤3 | 3 | テンザンセイザ | (市)トニービン | ケイシー | (カーリアン) | (小)平野三郎 | 56 | 四位 | 牡4栗 | 5250 | 10800 | サイレントクルーズ | 藤原英昭 | 5 0 0 | 大北牧場 |
| 青4 | 4 | ボーンキング | サンデーサイレンス | パレークイーン | (サドラーズウェルズ) | 金子真人 | 56乗替 | 武豊 | 牡4鹿 | 3500 | 11300 | フサイチコンコルド | 松田國英 | 6 3 2 | ノーザンF |
| 黄5 | 5 | チェリーブラスト | (市)ホワイトマズル | ヒカルビジョン | (グランディ) | チェリー商事 | 56 | 池添 | 牡4鹿 | 1400 | 4005 | ヒゼンホクショー | 鹿戸明 | 2 0 1 | 坂本智広 |
| 緑6 | 6 | ミスキャスト | サンデーサイレンス | ノースフライト | (トニービン) | (有)ノースヒルズM | 56乗替 | 松永幹 | 牡4鹿 | 1620 | 5410 | フェルメールブルー | 加藤敬二 | 2 2 2 | 大北牧場 |
| 橙7 | 7 | サクラナミキオー | リズム | セダンフォーエバー | (マルゼンスキー) | (株)さくらコマース | 57乗替 | 武幸 | 牡7鹿 | 5820 | 15230 | サクラキコウシ | 小島太 | 4 3 1 | 谷岡牧場 |
| 橙7 | 8 | ビッグゴールド | ブライアンズタイム | ビューティフルゴー | (ミスタープロスペクター) | (有)ビッグ | 56 | 河内 | 牡4鹿 | 4250 | 12730 | ビッグサイレンス | 中尾正 | 4 7 4 | 下河辺牧場 |
| 桃8 | 9 | ナリタトッププロード | (父)サッカーボーイ | フローラルマジック | (アファームド) | 山路秀則 | 60 | 渡辺 | 牡6栗 | 20350 | 61770 | ホウシュウサルーン | 沖芳夫 | 4 4 0 | 佐々木牧場 |
| 桃8 | 10 | グロリアスドータ | フレンチグローリー | インパチェンス | (コントライト) | 安達允彦 | 55乗替 | 上村 | 牝7鹿 | 3300 | 12250 | ドルフィンキック | 小西一男 | 3 4 3 | 坂英樹 |

| 馬番 | 予想(橋本・三宅・大同・荒川・津田・佐藤・本紙) | 1800 | 2000 | 2200 | 2400 | 勝利度数 | 連対決り手 |
|---|---|---|---|---|---|---|---|
| 1 | △ ▲ ▲ △ △ △ | 京1455⑦ | 阪1590④ | | 京2256① | 2030 / 0020 / 0000 / 1031 | 0035 |
| 2 | ☆ △ △ ☆ ○ ☆ | 東1469④ | 阪2042② | 中2134① | 東2266⑥ | 0102 / 0010 / 0000 / 1204 | 0151 |
| 3 | ☆ △ ☆ △ ▲ ☆ ▲ | 京1456① | 京1598① | | 東2281⑧ | 0011 / 0000 / 0000 / 1010 | 0112 |
| 4 | ○ ◎ ◎ ○ ◎ ▲ ◎ | | 京2008⑤ | 東2138③ | 東2277④ | 0020 / 0010 / 0100 / 1030 | 0120 |
| 5 | △ | 京1466③ | 名2026④ | | 京2273② | 2001 / 1000 / 1001 / 0011 | 0211 |
| 6 | ◎ ○ ○ ◎ ○ ◎ ○ | 大1370① | 中2012⑥ | 東2129① | | 0100 / 0000 / 0010 / 0110 | 0011 |
| 7 | △ | 東1465① | 東1599⑰ | 中2161② | | 0023 / 0101 / 0022 / 0284 | 6210 |
| 8 | △ △ △ | 京1484③ | 東1590① | 東2130② | 東2285⑨ | 0020 / 0210 / 0001 / 1032 | 0134 |
| 9 | ▲ ▲ ☆ △ △ △ | 京1491① | 東2005⑤ | 京2123② | 東2244③ | 0021 / 2210 / 1120 / 1010 | 0271 |
| 10 | | 東1491⑥ | 福2002[1] | | 東2275④ | 0021 / 0033 / 0010 / 1013 | 1273 |

東京 11 発走15.35

第37回 デイリー杯 クイーンカップ(GIII)

3歳オープン・牝・混・別定・特指

芝1600 Aコース

推定タイム 良 1.34.8 重 1.36.3

| 枠番 | 馬番 | 馬名 | 重量 | 騎手 | 性令 | 距離別タイム | 勝利度数 | 連対決り手 |
|---|---|---|---|---|---|---|---|---|
| 白1 | 1 | オースミベーディー | 53 | 坂井 | 牝3 | 京1364① | 0010 / 0000 / 0000 / 0010 | 0010 |
| 白1 | 2 | シャイニンルビー | 53 | 岡部 | 牝3 | 東1234⑤ 中1358① | 0010 / 0000 / 0000 / 0001 | 0010 |
| 黒2 | 3 | オメガスターライト | 53 | 二本柳 | 牝3 | 東1231② 札1534① | 0000 / 0001 / 0000 / 0100 | 0110 |
| 黒2 | 4 | ブルーリッジリバー | 53 | 田中勝 | 牝3 | 京1216① 中1372⑧ | 0001 / 0000 / 0000 / 0010 | 0021 |
| 赤3 | 5 | ロングアイラッシュ | 53 | 村田 | 牝3 | 1116⑧ 1427⑧ | 0000 / 0000 / 0000 / 0010 | 1000 |
| 赤3 | 6 | ウィルビーゼア | 53 | 福永 | 牝3 | 京1358① 京1509⑧ | 0010 / 0000 / 0000 / 0100 | 0010 |
| 青4 | 7 | トーセンエール | 53 | 大西 | 牝3 | 京1231⑤ 京1361⑥ | 0000 / 0000 / 0000 / 0012 | 0100 |
| 青4 | 8 | ラヴァリーフリッグ | 53 | 石崎隆 | 牝3 | 1581⑧ | 0000 / 0000 / 0100 / 0200 | 1200 |
| 黄5 | 9 | ストロベリードール | 53 | 加藤 | 牝3 | 東1235⑧ | 0000 / 0000 / 0000 / 0001 | 0010 |
| 黄5 | 10 | マイネヴィータ | 53 | 蛯名 | 牝3 | 阪1353⑤ 札1509② | 0100 / 0100 / 0000 / 0010 | 1100 |
| 緑6 | 11 | オルキデア | 53 | 中舘 | 牝3 | 1111① 京1360⑤ | 0000 / 0000 / 0000 / 0010 | 0010 |
| 緑6 | 12 | スズカアンゼラ | 53 | 菊沢徳 | 牝3 | 京1220① | 0001 / 0001 / 0000 / 0002 | 1100 |
| 橙7 | 13 | サクラヴィクトリア | 53 | 江田照 | 牝3 | 1271① | 0002 / 0000 / 0000 / 0000 | 0011 |
| 橙7 | 14 | ブライアンズイブ | 53 | 北村 | 牝3 | 京1218③ 阪1357⑧ | 0001 / 0000 / 0002 / 0010 | 0020 |
| 桃8 | 15 | サクセスビューティ | 53 | 柴田善 | 牝3 | 京1227① | 0002 / 0001 / 0000 / 0001 | 2010 |
| 桃8 | 16 | レディーシップ | 53 | 小野 | 牝3 | 1407② | 0010 / 0010 / 0000 / 0000 | 0101 |

◎ 信頼度 85%

他の馬は二戦目だが、コジャックだけはデビュー戦。厳しい戦いになるだろう。母のタイキヴィーナスが好きだったため、そしてマイルに強い血統がほしくて買ったのである。

（2月16日★土）

# 乗り役の意気込みを買え！

## ▼「東京ダート」攻略法

京都記念のトウカイオーザはつまずいて競馬にならず、クイーンCは復帰した岡部に勝たれてしまった。

このスランプはいったいいつまで続くのだろうか。

昨日は府中に、第6レースの前に到着して、愛馬タイキコジャックの単複を購入。まさかの大駆けで、一着。その後、二レースパスして、第9レース（春菜賞）でペリエの単勝をゲットした。第10レースはパスして、「メインも当たる」と意気揚揚だったが、サクラヴィクトリアは五着。返り討ちにあった気分だ。どうしてSRCで予想したレースだけが外れるのか。今日こそは当てたい。

**●東京11Rフェブラリーs**

岡部のウイングアローを買う。

馬ではなく岡部にポイントを置く。この馬に乗るため、全快するまで復帰を遅らせていたのだ。

## 東京 11 発走15.40 第19回 フェブラリーS（GⅠ） 4歳上オープン・(混)・定量・(指) ダ1600

| 枠 | 馬番 | 馬名 | 斤量 | 騎手 | 性齢毛色 | 本賞金 | 総賞金 | 厩舎 | 生産者 | 成績 |
|---|---|---|---|---|---|---|---|---|---|---|
| 1 | 1 | イシヤクマッハ | 57乗替 | 本田 | 牡4鹿 | 4450 | 12830 | 田所秀孝 | 沖田牧場 | 4010 |
| 1 | 2 | ノボトゥルー | 57乗替 | ペリエ | 牡6鹿 | 11170 | 29719 | 森秀行 | モス夫妻 | 0132 |
| 2 | 3 | トゥザヴィクトリー | 55 | 武豊 | 牝6鹿 | 22750 | 58320 | 池江泰郎 | ノーザンF | 2020 |
| 2 | 4 | ゲイリーイグリット | 55乗替 | 松永幹 | 牝7鹿 | 7970 | 21061 | 増本豊 | グリーンダイク | 0124 |
| 3 | 5 | サウスヴィグラス | 57乗替 | 横山典 | 牡6栗 | 9700 | 25260 | 高橋祥泰 | SHジャース | 0001 |
| 3 | 6 | イーグルカフェ | 57乗替 | 田中勝 | 牡5鹿 | 8750 | 23388 | 小島太 | WSキルロイ | 1020 |
| 4 | 7 | ウイングアロー | 57乗替 | 岡部 | 牡7鹿 | 35180 | 75255 | 南井克巳 | フジワラF | 2031 |
| 4 | 8 | トーホウエンペラー | 57 | 菅原勲 | 牡6青 | — | 23588 | 千葉四美 | 千葉・飯田 | 1072 |
| 5 | 9 | アグネスデジタル | 57 | 四位 | 牡5栗 | 30640 | 65600 | 白井寿昭 | CWクレイ | 2040 |
| 5 | 10 | スノーエンデバー | 57乗替 | 村田 | 牡8鹿 | 14500 | 35378 | 森秀行 | 飯泉・福本 | 5000 |
| 6 | 11 | ゴールドティアラ | 55乗替 | 江田照 | 牝6栗 | 15300 | 38590 | 松田国英 | エヴェレストS | 1014 |
| 6 | 12 | トーシンブリザード | 57 | 石崎隆 | 牡4鹿 | — | 27350 | 佐藤賢二 | 村中一英 | 1120 |
| 7 | 13 | ワシントンカラー | 57乗替 | 後藤 | 牡8芦 | 14620 | 39292 | 松山康久 | パリッシュヒルF | 0001 |
| 7 | 14 | リージェントブラフ | 57 | 吉田 | 牡6鹿 | 12940 | 30890 | 大久保洋 | 吉田隆 | 2111 |
| 8 | 15 | プリエミネンス | 55 | 柴田善 | 牝5鹿 | 9720 | 28360 | 伊藤正徳 | グランド牧場 | 2040 |
| 8 | 16 | ノボジャック | 57 | 蛯名 | 牡5栗 | 16120 | 34310 | 森秀行 | レッドマウンテンF | 0012 |

## 東京 9 発走14.20 ヒヤシンスS (混) 3歳オープン・別定・特指 ダ1600

| 枠 | 馬番 | 馬名 | 斤量 | 騎手 | 性齢毛色 | 本賞金 | 総賞金 | 厩舎 | 生産者 | 成績 |
|---|---|---|---|---|---|---|---|---|---|---|
| 1 | 1 | クリノリージェント | 55乗替 | 本田 | 牡3鹿 | 400 | 647 | 田所秀孝 | 高村伸一 | 1000 |
| 2 | 2 | マチカネオトニキケ | 55乗替 | 横山典 | 牡3黒鹿 | 800 | 1890 | 浅見秀一 | | 0002 |
| 2 | 3 | ナノテクノロジー | 55乗替 | 菅原勲 | 牡3栗 | — | 1122 | 千葉四美 | 本間牧場 | 0111 |
| 3 | 4 | カイトヒルウインド | 55 | 蛯名 | 牡3栗 | 800 | 2640 | 国枝栄 | | 0100 |
| 3 | 5 | オサメール | 55乗替 | ペリエ | 牡3鹿 | 300 | 1060 | 斎藤宏 | | 0000 |
| 4 | 6 | オートゼウス | 55乗替 | 四位 | 牡3黒鹿 | 400 | 1030 | 土田稔 | 土田和男 | 0100 |
| 4 | 7 | ダイタクフラッグ | 55 | 松永幹 | 牡3鹿 | 800 | 1510 | 鹿戸明 | 雅牧場 | 2000 |
| 5 | 8 | ウイングブライアン | 55乗替 | 岡部 | 牡3黒鹿 | 800 | 1540 | 南井克巳 | フジワラF | 1100 |
| 5 | 9 | インタータイヨウ | 57 | 秋山 | 牡3栗 | 2550 | 5410 | 野村彰彦 | インターN | 0030 |
| 6 | 10 | クロウト | 55 | 二本柳 | 牡3黒鹿 | 400 | 660 | 奥平真治 | ハイランド | 1000 |
| 6 | 11 | グランドサン | 55乗替 | 梶 | 牡3栗 | 800 | 2490 | 安田伊佐夫 | | 0000 |
| 7 | 12 | インターコウキ | 55 | 後藤 | 牡3芦 | 800 | 1280 | 池上昌弘 | インターN | 1100 |
| 7 | 13 | チュードサンデー | 55乗替 | 阿部英 | 牡3黒鹿 | — | 902 | 佐々木修 | 日東牧場 | 0011 |
| 8 | 14 | ソウルミュージック | 53 | 小林淳 | 牝3鹿 | 400 | 1373 | 斎藤宏 | 大島牧場 | 0100 |
| 8 | 15 | エストレーノ | 55 | 武豊 | 牡3鹿 | 400 | 600 | 池江泰郎 | | 1000 |

## 京都 11 発走15.30 山城（やましろ）ステーク 4歳1600万下・5歳上3200万下

| 枠 | 馬番 | 馬名 | 父 | 母（母の父） | 馬主名 | 斤量 | 騎手 | 性齢毛色 | 本賞金 | 総賞金 | 兄姉 | 厩舎 | 着 | 生産者 |
|---|---|---|---|---|---|---|---|---|---|---|---|---|---|---|
| 白1 | 1 | ショウナンカンプ | サクラバクシンオー | ショウナングレイス（ラッキーソブリン） | 国本哲秀 | 56乗替 | 藤田 | 牡4鹿 | 1400 | 3610 | ショウナンサンデー | 大久保洋 | 11 5 2 | 大柳F |
| 黒2 | 2 | ビリーヴ | サンデーサイレンス | グレートクリスティ（ダンチヒ） | 前田幸治 | 54乗替 | 福永 | 牝4鹿 | 1400 | 3600 | ログキャビン | 松元茂樹 | 0 2 3 | 上水牧場 |
| 赤3 | 3 | ナリタダイドウ | タマモクロス | ワッキープリンセス（ミスワキ） | 山路秀則 | 57 | 河内 | 牡5栗 | 2420 | 10000 | 近親ファニーリーフ | 中尾謙太 | 0 2 5 | マークリ牧場 |
| 青4 | 4 | メイショウタツジン | コマンダーインチーフ | メイショウサンサン（ウインドストース） | 松本好雄 | 57 | 安田 | 牡5鹿 | 2420 | 8080 | ワールドストーム | 武田博 | 2 3 3 | 三嶋牧場 |
| 黄5 | 5 | タック | キャロルハウス | ナイスショット（サーペンフロ） | 菅藤宗一 | 56乗替 | 宝来 | 騸7鹿 | 2520 | 8580 | サッカータイカン | 作田誠二 | 1 4 3 | 野口牧場 |
| 緑6 | 6 | チェックザラック | アフリート | ベシミエン（サドラーズウェルズ） | 前田晋二 | 56 | 熊沢 | 牡4栗 | 1400 | 5790 | ヒャッカリョウラン | 沖芳夫 | 4 4 0 | ノースヒルズM |
| 橙7 | 7 | ダンツキャスト | ホリスキー | エンジェルコール（パークリージェント） | 山元哲二 | 57乗替 | 幸 | 牡5黒鹿 | 2800 | 7360 | ハヤテダイザン | 谷潔 | 6 2 4 | 渡辺牧場 |
| 橙7 | 8 | ナムラマイカ | サクラバクシンオー | サクラマツリ（ラシアンルーブル） | 奈村信重 | 55 | 渡辺 | 牝5鹿 | 2420 | 8770 | 初仔 | 福島信晴 | 1 0 1 | 八田F |
| 桃8 | 9 | マキハタエルドラド | ティッカネン | マキハタスペシャル（マースケイ） | 槇本牧場 | 56乗替 | 和田 | 牡4鹿 | 1400 | 3430 | マキハタマックイン | 新川恵 | 3 2 1 | 槇本牧場 |
| 桃8 | 10 | ダイワカーソン | カーネギー | マイマーケイザ（ステイトリードン） | 大和商事 | 57乗替 | 佐藤哲 | 牡5黒鹿 | 2300 | 5270 | 初仔 | 増澤末夫 | 7 2 2 | Fストロナック |

ウイングアローは引退レースだが、追い切りは万全。**前走・東京大賞典の惨敗は、大井では絶対に不利な大外枠で競馬にならなかっただけだ。**

ジャパンCダートでクロフネにちぎられたが、この時は、横山典が「乗り方ひとつで着差も変わっていた」と言うくらい、二着狙いのような乗り方だった。クロフネは引退したが、今回はアグネスデジタルがいる。だが、ドバイ遠征前で、八分の仕上がりだと思う。

前走芝の馬も軽視したい。イーグルカフェとトゥザヴィクトリーだ。

ノボトゥルーはフェブラリーS二連覇がかかり、東京マイルが得意。しかし**この馬は馬群に包まれると惨敗が多く、今回は内枠に入ったので、単勝から外した。**

怖いのは根岸S快勝のサウスヴィグラスと東京大賞典三着のトーシンブリザード。ウイングアローからこれらへ流すワイドも買うかもしれない。今日も府中へ行くつもりだったが、昨日のメインを外したショックで、このまま都内のホテルで執筆の予定だ。

**●東京9RヒヤシンスS**

ウイングアローの単複よりも、このレースのウイングブライアンの方がいい。

前走の時計が破格で、ダートの鬼になる予感がある。こちらも岡部が乗るが、ウイングアローの弟で南井厩舎の馬だから当然のこと。

岡部なら奇跡を起こしてくれよう。昨日のクイーンSの直線の抜け出し方も芸術的だった。**他の**

**騎手なら焦って終わっているのに、冷静に進路を探しているんだよなあ。**

**●京都11R山城S**

前走準オープンのハンデ戦を使っている馬が多く、人気になりそうだ。前回は軽ハンデで出走していたが、今回は別定準オープンで、一気に斤量が増える。こういう時は同斤量の馬を狙う方がいい。昇級戦となるマキハタエルドラド本命。単複で勝負。その他、タックンは距離短縮で走るし、メイショウタツジンの追い込みが決まるかもしれない。以上の三頭の馬連ワイドの三角買いもする。

タイキコジャックの単勝は28・6倍つきました。ただ一頭だけ初出走。人気がないのは当然だが、経験馬にぶつけてきたのは自信の表れなのだろう。高橋祥厩舎絶好調で、今日のサウスヴィグラスも怖い。

（2月17日★日）

【GI後記①〜フェブラリーS〜】

# 馬齢と距離について

ウイングアローはパドックでの気合い乗りもよく、状態は抜群だったが、最後はまったく伸びなかった。ベストの距離はジャパンCダートの2100メートルで、マイルの忙しい流れにはついていけない年齢になったということだろう。

アグネスデジタルは強い。仕上がり八分で快勝。二着が万全の状態ではなかったトーシンブリザードで、相手に恵まれた感はあるが、ドバイ出走の後、日本のレースに出てきたら、しっかり注目したい。

今年に入ってから、単勝の的中がたったの二回。競馬を始めて十五年、このようなことはめったにない。

結局、昨日は府中に行って、悪運試しに東京の午後のレースはすべて買った。

結果は、二レース的中したものの、SRCで予想したレースは外れ。外れた後は、会員さんのがっくりしている顔が脳裏に浮かんでくる。本当に疲れたGI開催日だった。

いくらSRCが予想会社ではないとはいえ、こういう原稿を書いている以上、当てないと話にならない。

しかし、今年はまだ始まったばかりだ。これから頑張るしかない。

（2月18日★月）

# 中山は騎手で買え

## ▼「開催替わり」攻略法

中山と阪神に舞台が移って、開幕週の今日は逃げ・先行馬がくる。

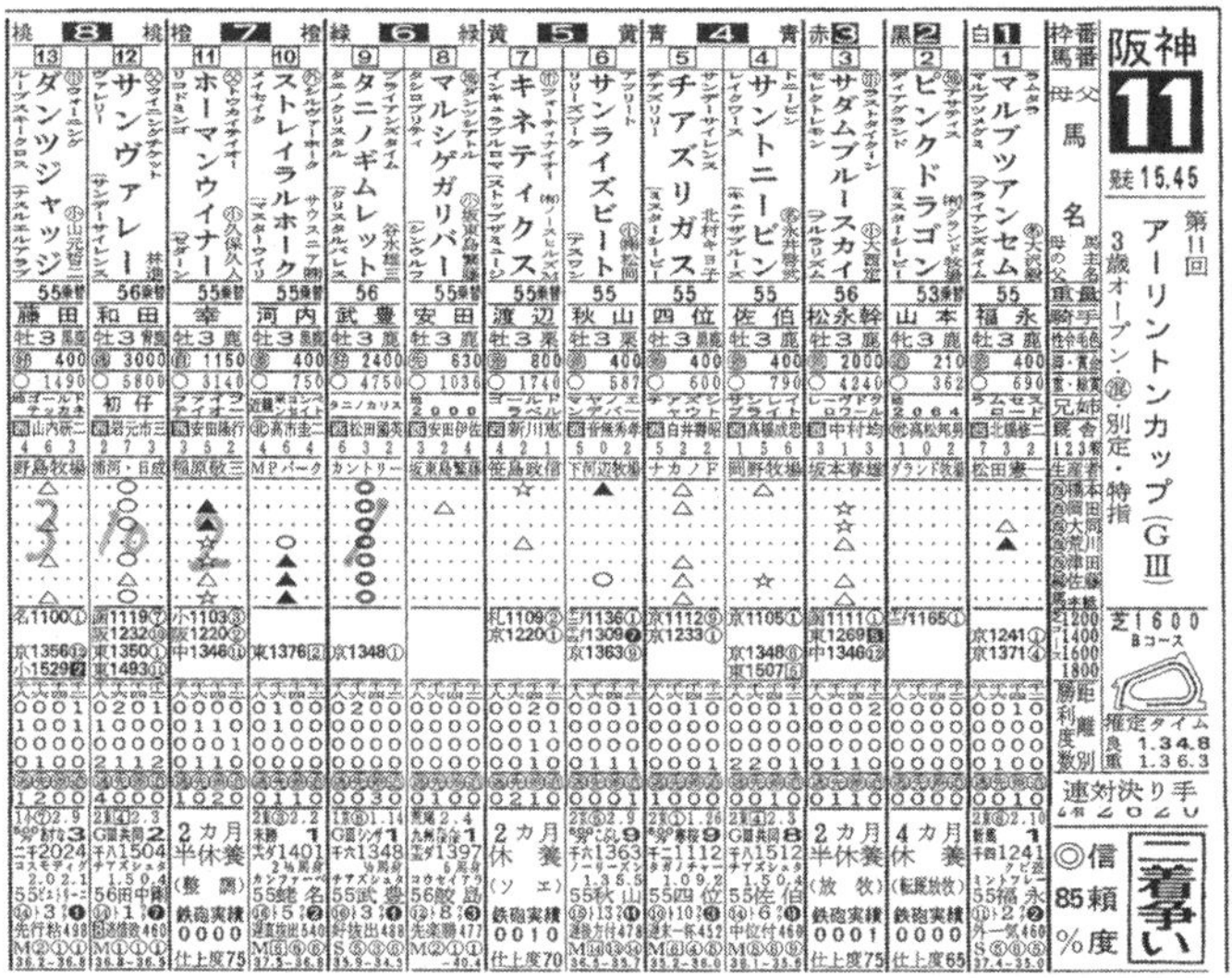

## 阪神 11

発走 15.45

第11回 アーリントンカップ（GⅢ）

3歳オープン・(混)・別定・特指

芝1600 Bコース　推定タイム 良 1.34.8　重 1.36.3

◎信頼度 85％　二着争い

| 枠 | 馬番 | 馬名 | 父 | 母 | 母の父 | 馬主 | 重量 | 騎手 | 性齢毛色 | 賞金 | 総賞金 | 兄姉 | 厩舎 | 生産者 | 持ち時計 | 前走 |
|---|---|---|---|---|---|---|---|---|---|---|---|---|---|---|---|---|
| 8 桃 | 13 | ダンツジャッジ | ウォーニング | ループスキークロス | テスルエルテラ | 山元哲二 | 55乗替 | 藤田 | 牡3 | 400 | 1490 | ゴールドアッカ | 山内研二 | 野島牧場 | 名1100① 京1356⑬ 小1529⑫ | 1小⑦2.9 3着 二千2024 |
| 8 桃 | 12 | サンヴァレー | ウイニングチケット | ヴァレリー | サンデーサイレンス | 林達 | 56乗替 | 和田 | 牡3 | 3000 | 5800 | 初仔 | 岩元市三 | 浦河・日成 | 新1119⑦ 阪1232⑬ 東1350① 東1493⑪ | 2東④2.3 G3共同 2着 千八1504 |
| 7 橙 | 11 | ホーマンウイナー | トウカイテイオー | リコドミンゴ | セダーン | 久保久人 | 55乗替 | 幸 | 牡3鹿 | 1150 | 3140 | ファイブデイオー | 安田隆行 | 稲原敏三 | 小1103③ 阪1220② 中1346⑪ | 2カ月半休養 |
| 7 橙 | 10 | ストレイラルホーク | シルヴァーホーク | メイガイナ | マスターウイリー | サウスニア(株) | 55乗替 | 河内 | 牡3 | 400 | 750 |  | 高市圭二 | MPパーク | 東1376⑫ | 2東③2.2 未勝 1着 ダ1401 |
| 6 緑 | 9 | タニノギムレット | ブライアンズタイム | タニノクリスタル | クリスタルパレス | 谷水雄三 | 56 | 武豊 | 牡3鹿 | 2400 | 4750 | タニノカリス | 松田国英 | カントリー | 京1348① | 1京⑧1.14 G3シンザン 1着 千六1348 |
| 6 緑 | 8 | マルシゲガリバー | ダンシングアトル | タシロプリティ | シンウルフ | 坂東島繁藤 | 55乗替 | 安田 | 牡3鹿 | 630 | 1036 | 2000 | 安田伊佐夫 | 坂東島繁藤 |  | 黒尾2.4 1着 ダ1397 |
| 5 黄 | 7 | キネティクス | フォーティナイナー | インキュラブルロマ | ストップザミュージック | (有)ノースヒルズM | 55乗替 | 渡辺 | 牡3栗 | 800 | 1740 | ゴールドラベル | 新川恵 | 笹島政信 | 札1109② 京1220① | 2カ月休養 |
| 5 黄 | 6 | サンライズビート | アフリート | リリーズブーケ | デスワン | (株)松岡 | 55 | 秋山 | 牡3栗 | 400 | 587 | マヤノエンデバー | 音無秀孝 | 下河辺牧場 | 三1136① 1309⑦ 京1363⑨ | 2京⑤2.9 9着 千六1363 |
| 4 青 | 5 | チアズリガス | サンデーサイレンス | チアズリリー | ミスターシービー | 北村キヨ子 | 55 | 四位 | 牡3 | 400 | 600 | チアズシャウト | 白井寿昭 | ナカノF | 京1112⑨ 京1233① | 2京①1.26 9着 千二1112 |
| 4 青 | 4 | サントニービン | トニービン | レイクワース | ホーテザブルース | 永井啓弐 | 55 | 佐伯 | 牡3鹿 | 400 | 790 | サンレイブライト | 高橋成忠 | 岡野牧場 | 京1105① 京1348⑥ 東1507⑥ | 2東④2.3 G3共同 8着 千八1512 |
| 3 赤 | 3 | サダムブルースカイ | ラストタイクーン | セレクトレキシ | ラルウリズム | 大西定 | 56 | 松永幹 | 牡3鹿 | 2000 | 4240 | レーヴドクロワール | 中村均 | 坂本春雄 | 新1111① 東1269⑧ 中1346⑫ | 2カ月半休養 |
| 2 黒 | 2 | ピンクドラゴン | デサティス | ディアグランド | ミスターシービー | (有)グランド牧場 | 53乗替 | 山本 | 牝3鹿 | 210 | 362 | 2084 | 高松邦男 | グランド牧場 | 三1165① | 4カ月休養 |
| 1 白 | 1 | マルブツアンセム | ラムタラ | マルブツスクエア | ブライアンズタイム | 大沢毅 | 55 | 福永 | 牡3鹿 | 400 | 690 | ラムセスロード | 北橋修二 | 松田康一 | 京1241① 京1371④ | 2京⑤2.10 新馬 1着 千四1241 |

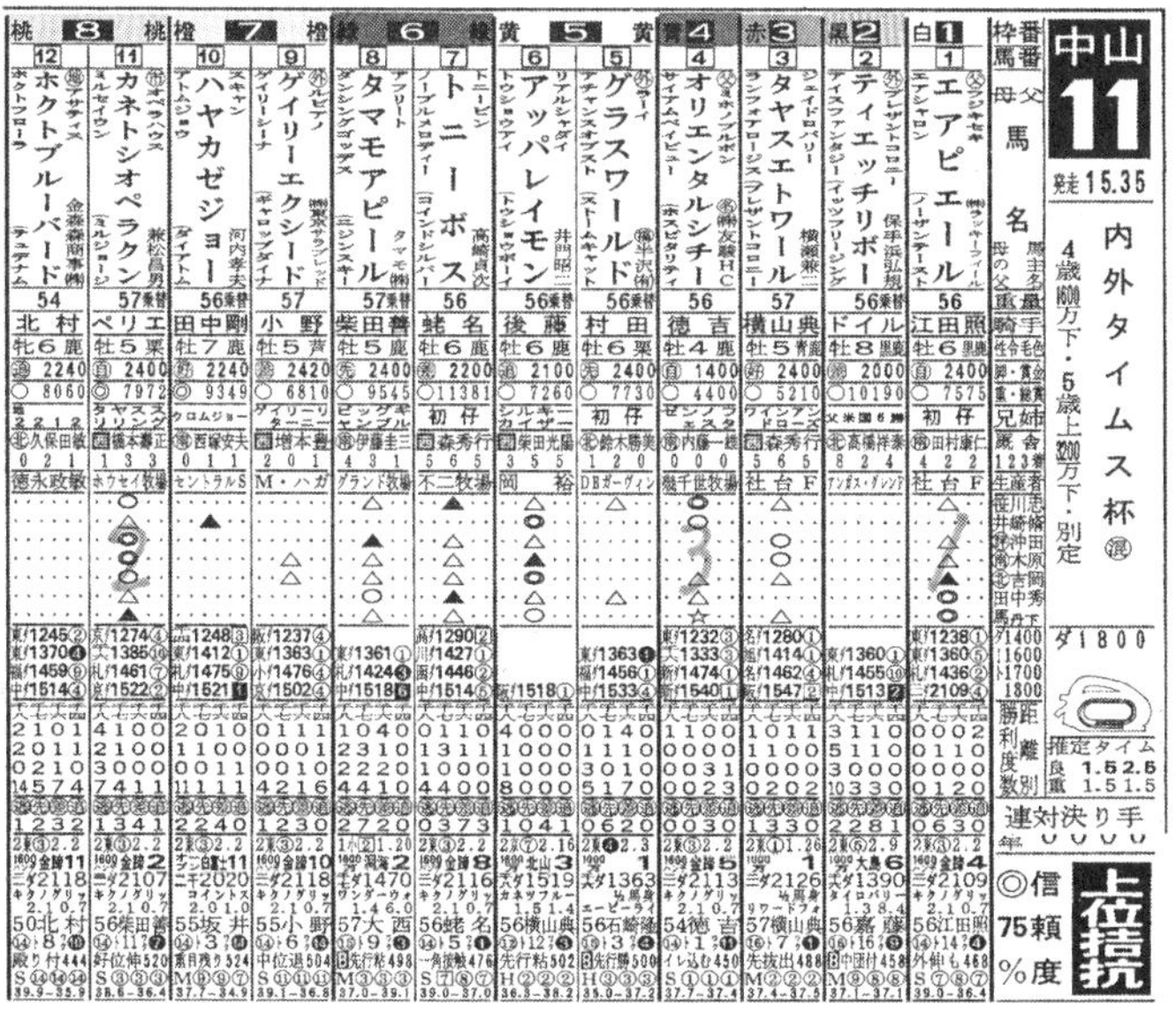

## 中山 11

発走 15.35

内外タイムス杯 (混)

4歳1600万下・5歳上3200万下・別定

ダ1800　推定タイム 良 1.52.6　重 1.51.5

◎信頼度 75％　上位拮抗

| 枠 | 馬番 | 馬名 | 父 | 母 | 母の父 | 馬主 | 重量 | 騎手 | 性齢毛色 | 賞金 | 総賞金 | 兄姉 | 厩舎 | 生産者 | 持ち時計 | 前走 |
|---|---|---|---|---|---|---|---|---|---|---|---|---|---|---|---|---|
| 8 桃 | 12 | ホクトブルーバード | デサティス | ホクトフローラ | テュデナム | 金森森商事(株) | 54 | 北村 | 牝6鹿 | 2240 | 8060 | 2212 | 久保田敏夫 | 徳永政敏 | 東ダ1245② 東ダ1370④ 福ダ1459⑨ 中ダ1514④ | 2東③2.2 金蹄 11着 三ダ2118 |
| 8 桃 | 11 | カネトシオペラクン | オペラハウス | ヌルセイウン | ミルジョージ | 兼松昌男 | 57乗替 | ペリエ | 牡5栗 | 2400 | 7972 | タヤスストリング | 橋本寿正 | ホウセイ牧場 | 京ダ1274④ 大1385⑩ 札ダ1461⑦ 京ダ1522② | 2東③2.2 金蹄 2着 三ダ2107 |
| 7 橙 | 10 | ハヤカゼジョー | スキャン | アトムジョウ | ダイアトム | 河内孝夫 | 56乗替 | 田中剛 | 牡7鹿 | 2240 | 9349 | クロムジョー | 西塚安夫 | セントラルS | 1248③ 東ダ1412① 札ダ1475⑨ 中ダ1521⑪ | 2東③2.2 白富士 11着 二千2020 |
| 7 橙 | 9 | ゲイリーエクシード | ルビアノ | ゲイリーシーナ | ギャロップダイナ | (有)東京サラブレッド | 57 | 小野 | 牡5芦 | 2420 | 6810 | ゲイリーリターニー | 増本豊 | M・ハガ | 阪ダ1237④ 東ダ1363① 小ダ1476④ 京ダ1502④ | 2東③2.2 金蹄 10着 三ダ2118 |
| 6 緑 | 8 | タマモアピール | アフリート | ダンシングゴッデス | ニジンスキー | タマモ(株) | 57乗替 | 柴田善 | 牡5鹿 | 2400 | 9545 | ビッグギャンブル | 伊藤圭三 | グランド牧場 | 東ダ1361① 札ダ1424③ 中ダ1518⑥ | 1小②1.20 洞海 2着 ダ1470 |
| 6 緑 | 7 | トニーボス | トニービン | ノーブルメロディー | コインドシルバー | 高崎貞次 | 56 | 蛯名 | 牡6鹿 | 2200 | 11381 | 初仔 | 森秀行 | 不二牧場 | 1290② 1427① 函ダ1446② 中ダ1514⑤ | 2東③2.2 金蹄 8着 三ダ2116 |
| 5 黄 | 6 | アッパレイモン | リアルシャダイ | トウショウウアイ | トウショウボーイ | 井門昭二 | 56乗替 | 後藤 | 牡6鹿 | 2100 | 7260 | シルキーカイザー | 柴田光陽 | 岡裕 | 阪ダ1518① | 2京⑦2.16 北山 3着 ダ1519 |
| 5 黄 | 5 | グラスワールド | サーイ | アチャンスオブスト | ストームキャット | 半沢(有) | 56乗替 | 村田 | 牡6栗 | 2400 | 7730 | 初仔 | 鈴木勝美 | DBガーヴィン | 東ダ1363① 福ダ1456① 中ダ1533④ | 2東❸2.3 1着 ダ1363 |
| 4 青 | 4 | オリエンタルシチー | ミホノブルボン | サイナムベイビー | ホスピタリティ | (株)友駿HC | 56 | 徳吉 | 牡4鹿 | 1400 | 4400 | ゼンノフェスタ | 内藤一雄 | 幾千世牧場 | 東ダ1232③ 大1333③ 新ダ1474① 新ダ1540① | 2東③2.2 金蹄 5着 三ダ2113 |
| 3 赤 | 3 | タヤスエトワール | ジェイドロバリー | ランフォアローゼス | プレザントコロニー | 横瀬兼二 | 57 | 横山典 | 牡5青鹿 | 2400 | 5210 | ウインアンドローズ | 森秀行 | 社台F | 名ダ1280① 1414① 名ダ1462④ 阪ダ1547② | 2東①1.26 1着 三ダ2126 |
| 2 黒 | 2 | ティエッチリボー | プレザントコロニー | ティスファンタジー | イッツフリージング | 保手浜弘規 | 56乗替 | ドイル | 牡8黒鹿 | 2000 | 10190 | 父米国6勝 | 高橋祥泰 | アンガス・グレンF | 東ダ1360① 札ダ1455⑩ 中ダ1513② | 2東⑥2.9 大島 6着 ダ1390 |
| 1 白 | 1 | エアピエール | ラジキセキ | エアシャロン | ノーザンテースト | (株)ラッキーフィールド | 56 | 江田照 | 牡6黒鹿 | 2400 | 7575 | 初仔 | 田村康仁 | 社台F | 東ダ1238① 東ダ1360⑤ 札ダ1436② 三ダ2109④ | 2東③2.2 金蹄 4着 三ダ2109 |

**中山は、関西の実力馬に乗る騎手に気を配りたい。関東の上手い騎手であるのがいい。阪神は河内が上手い。**

**中山も阪神も、前走小倉の馬は、苦しいはずだ。**中山・阪神に実績がある馬は問題ないが、小倉の平坦は馬にとってかなり楽なコースだから、坂のあるコースに変わると一気に苦しくなる。

## ●阪神11Rアーリントン C

武豊のタニノギムレットが強く、単勝は100円台になるだろう。抵抗できる他の馬もいないだろう。

強いて、サンヴァレーの逃げ残りに注目する。開幕週の馬場ということに期待しているが、騎手が和田に乗り替わったのはマイナスだ。田中剛なら強気にバンバン行くが、関西の騎手は遠慮するからね。

サンヴァレーの単複を少々と、タニノギムレットとの馬連ワイドを押さえる。

## ●中山11R内外タイムス杯

ペリエの馬、カネトシオペラクンを狙う。人気になるかもしれないが、単勝250円はつくだろう。逆に、前走四着に負けて人気になりそうなエアピエールは敬遠したい。

関西から連闘のアッパレイモン。前走平坦の小倉で二着だが、中山も走るタマモアピール。

以上の三角買いもする。

つまり、**本命は逃げ馬の直後にいる先行馬。押さえは、ダートの準オープンに強いアフリート産駒、関東の騎手が乗っている関西の実力馬。**

騎手は一流のペリエ、後藤、柴田善。しかも今、この三人は好調だ。

中山8レース（四歳上500万下・ダート1800メートル）に愛馬タイキウィスパーが出走する。一、二番人気になりそうだが、この馬はマイラーだろう。中山にも実績がなく、本当に勝てるか半信半疑だ。だが、自分の馬だから、単勝一万円は買う。

もし、このメンバーで負けたら中山は走らないと結論を下す。新潟か中京に出てくるのを待つしかない。

（2月23日★土）

# 勝負レースはこう見極めよ！

## ▼「別定重賞」攻略法

昨日は最悪の日だった。ひとりの馬連ファンのせいで。

事情があって中山に行けず（タイキウィスパーのレースもタイマー録画）、仕事に追われていた時、知人から電話が入った。

「今、中山にいるの？　タイキ応援してたんでしょ。いやあ、よかった、よかった。銀座で奢ってよ。ちなみに俺は万馬券取ったから」

てっきり、タイキウィスパーが勝ったのだと思い、意気揚々と帰宅すると、なんと三着。

結局、あの電話は、自分が万馬券を取ったという自慢話がしたかっただけなのだ。

おまけに、アーリントンCの和田の乗り方は何なんだ。

積極的に行ったのはいいが、あれでは〝玉砕〟じゃないか。息を入れないといけない向こう上面でガンガン押しているのを見て、「わざとやってるのか」と怒りがこみあげてきたよ。あんなめちゃくちゃな〝逃げ〟を見たのは久しぶりだ。関西の若手は全員、武豊の子分なんですよ。あれだけハイペースになったら、私が乗っていてもタニノギムレットで勝てる。「アーリントンCは買わない」と英断する器量が私にはなかった。少額投資でも負けは負け。今の自分はどうかしている。

**●中山11R中山記念**

勝つのはミレニアムバイオ。二着にエアギャングスターが突っ込んでくる。この青写真が浮かんでくる。

一番人気のエイシンプレストンは凡走はしないと思うが、先週、ナリタトップロードが60キロを背負って勝ったばかりだ。**年に何回も60キロの馬が勝ったらびっくりだよ。**

印はエアギャングスター、前走一着のエイシンエーケン、単機逃げが見込めるゴーステディ、岡

中山11 発走15.35

第76回 中山記念（GⅡ）4歳上オープン・(混)・別定

芝1800 内回り・A

| 枠番 | 馬番 | 馬名 | 重量 | 騎手 | 性齢毛色 |
|---|---|---|---|---|---|
| 1 | 1 | ザカリヤ | 57 | ドイル | 牡6鹿 |
| 2 | 2 | エイシンエーケン | 57 | 野元 | 牡6芦 |
| 3 | 3 | エアギャングスター | 57 | 蛯名 | 騸6鹿 |
| 3 | 4 | ジョービッグバン | 57 | 山田和 | 牡7鹿 |
| 4 | 5 | ジョウテンブレーヴ | 58 | 武幸 | 牡5鹿 |
| 4 | 6 | タケデンジュリアス | 56 | 吉永 | 牡4栗 |
| 5 | 7 | ラスカルスズカ | 57 | 武豊 | 牡6鹿 |
| 5 | 8 | ゴーステディ | 57 | 吉田 | 牡5鹿 |
| 6 | 9 | エイシンプレストン | 60 | 福永 | 牡5鹿 |
| 6 | 10 | トウカイパルサー | 57 | 横山典 | 牡6鹿 |
| 7 | 11 | トウカイポイント | 57 | 岡部 | 騸6栗 |
| 7 | 12 | ウインマーベラス | 57 | 北村 | 牡5黒鹿 |
| 8 | 13 | ミレニアムバイオ | 56 | 柴田善 | 牡4栗 |
| 8 | 14 | トラストファイヤー | 56 | 江田照 | 牡4鹿 |

チョイ荒れ ◎信頼度85%

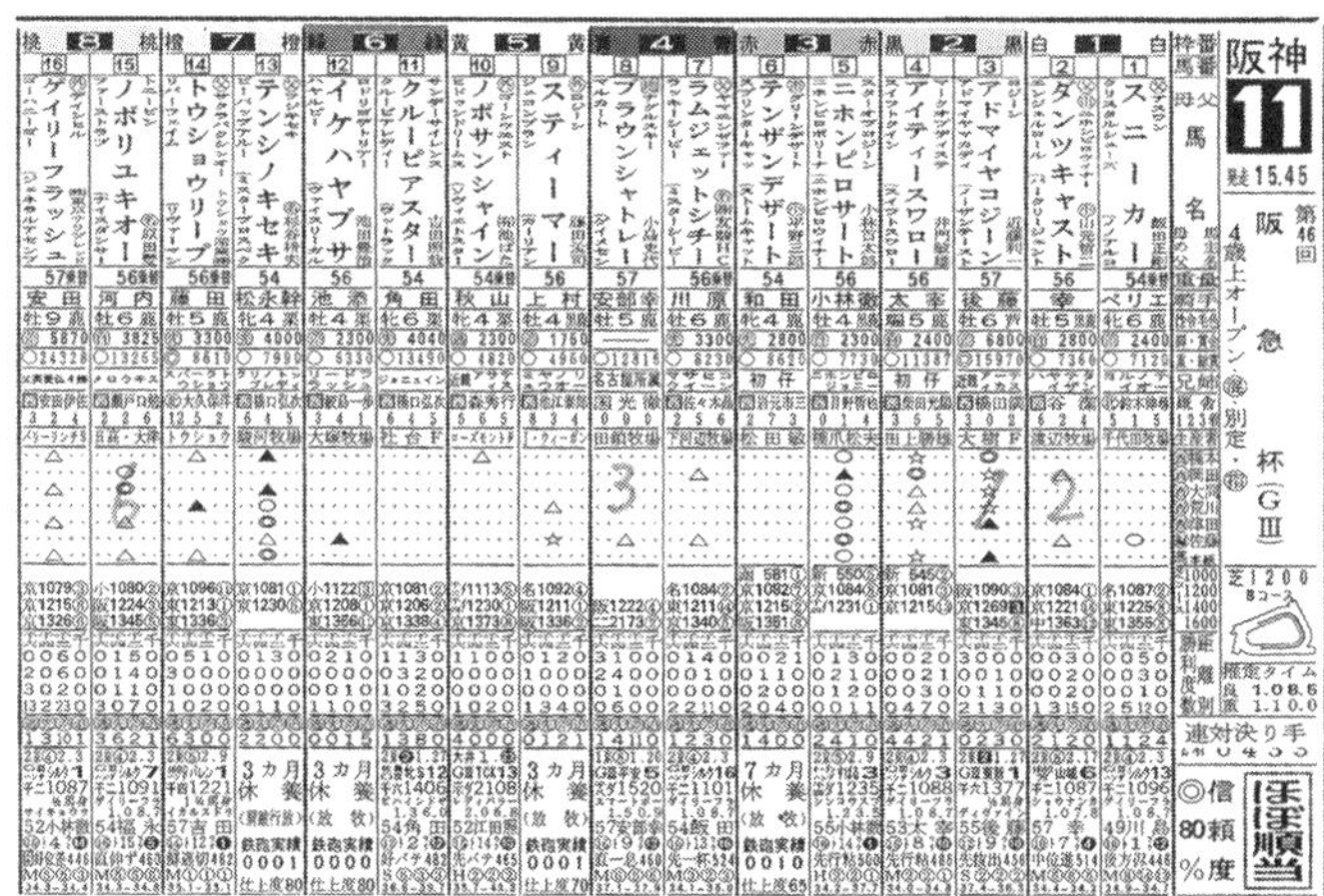

阪神11 発走15.45

第46回 阪急杯（GⅢ）4歳上オープン・(混)・別定・(指)

芝1200 Bコース

| 枠番 | 馬番 | 馬名 | 重量 | 騎手 | 性齢毛色 |
|---|---|---|---|---|---|
| 1 | 1 | スニーカー | 54 | ペリエ | 牡6鹿 |
| 1 | 2 | ダンツキャスト | 56 | 幸 | 牡5鹿 |
| 2 | 3 | アドマイヤコジーン | 57 | 後藤 | 牡6芦 |
| 2 | 4 | アイティースワロー | 56 | 太宰 | 騸5鹿 |
| 3 | 5 | ニホンピロサート | 56 | 小林徹 | 牡4鹿 |
| 3 | 6 | テンザンデザート | 54 | 和田 | 牡4鹿 |
| 4 | 7 | ラムジェットシチー | 56 | 川原 | 牡6鹿 |
| 4 | 8 | ブラウンシャトレー | 57 | 安部 | 牡5鹿 |
| 5 | 9 | スティーマー | 56 | 上村 | 牡6鹿 |
| 5 | 10 | ノボサンシャイン | 54 | 秋山 | 牡4栗 |
| 6 | 11 | クルーピアスター | 54 | 角田 | 牡6鹿 |
| 6 | 12 | イケハヤブサ | 56 | 池添 | 牡4黒 |
| 7 | 13 | テンシノキセキ | 54 | 松永幹 | 牝4栗 |
| 7 | 14 | トウショウリープ | 56 | 藤田 | 牡5鹿 |
| 8 | 15 | ノボリユキオー | 56 | 河内 | 牡6鹿 |
| 8 | 16 | ゲイリーフラッシュ | 57 | 安田 | 牡9鹿 |

ほぼ順当 ◎信頼度80%

部のトウカイポイントに付けた。

ミレニアムバイオの単勝二万円、複勝四万円を買う。今回はあえて購入金額まで言う。

SRCの会員から「自信度とか、いくら買うかを毎回教えてほしい」と言われるが、それは予想会社のやり方だ。勝負レースの見極め方は自分で磨くしかない。予想会社の言うとおりに買っていたら、決して競馬に強くならない。ここで、購入金額を教えても一緒だ。今回、購入金額まで言及したのは特別だと思ってほしい。

ミレニアムバイオは前走条件戦一着でも、スプリングSで差のない三着がある。金杯も好走している。**重賞になると力を発揮するサンデーサイレンス産駒だ。**しかも柴田善は、芝2000メートル以下の先行差し馬が得意。**中山では関西の実力馬に関東の騎手が乗った時が狙い目だ。**以上のように、好走条件がそろっている。だから勝負する。馬連とワイドも少し買う。

**●阪神11R阪急杯**

河内のノボリユキオーが本命。阪神が一番上手い騎手が河内だ。しかも短めの距離がいい。

この馬は前走は馬場を気にして凡走したが、今回は開幕週で期待できる。前走恵まれた展開のアドマイヤコジーンや、休み明けのテンシノキセキが人気になれば、勝負してもいい。ここは馬連もワイドも買わない。

（2月24日★日）

# 第3章

# この本命馬、買わないといけない

●距離適性が問われるレース
●一番人気が飛ぶパターン
●展開推理を駆使せよ！
●枠順が勝敗を決するレース

Theory

## 買える調教師、買えない調教師

### ▼「牝馬TR」攻略法

弥生賞のモノポライザー回避は残念だ。なぜなら単勝から外そうと思っていたからだ。あの馬は多頭数では大外を回るしかない。武豊は大外を回って、届かせる天才だ。だが彼の負傷で乗り替わった後藤はそういうタイプじゃない。このあおりをうけて、狙っている馬の人気が上がるのが残念だ。

**●阪神11Rチューリップ賞**

楽しみなレースだ。今年はなんとしても桜花賞を取りたい。自分が見込んだ馬もいる。オースミコスモだ。阪神JFで本命にして三着。勝ったタムロチェリーはペリエが200パーセントの騎乗をしたから仕方ない。だが、逃げたアローキャリーを捕まえられなかったのは、追えない騎手だからだろう。

重の府中マイルを楽勝。追い込んで豪快に勝って、大物の片鱗は見せている。あとは血統的な背景から、成長力と馬体の問題か。フジキセキ×モーニングフローリックならば、マイルがぴったりだし、実際この距離しか使っていない。**この調教師は出来る男だと思う**。

**阪神 11** 発走15.45　第9回 チューリップ賞（GⅢ）（桜花賞トライアル）　3歳オープン・(牝)・54キロ・(指)　芝1600 Bコース

| | 16 | 15 | 14 | 13 | 12 | 11 | 10 | 9 | 8 | 7 | 6 | 5 | 4 | 3 | 2 | 1 |
|---|---|---|---|---|---|---|---|---|---|---|---|---|---|---|---|---|
| 枠 | 桃8 | 桃8 | 橙7 | 橙7 | 緑6 | 緑6 | 黄5 | 黄5 | 青4 | 青4 | 赤3 | 赤3 | 黒2 | 黒2 | 白1 | 白1 |
| 馬名 | ジョーフュージョン | シェーンクライト | オカノブレイヤー | メイショウフクヒメ | オメガグレイス | ステキプレゼント | トーセンエール | チャペルコンサート | オースミコスモ | ヤマシロ | スズカアンゼラ | ヘルスウォール | クラッシードレス | タムロチェリー | トーセンフェアー | ミスイロンデル |
| 馬主 | 上田けい子 | ㈲サンデーRC | [illegible] | 松本好雄 | 原禮子 | 小田切有一 | 島川隆哉 | ㈲サンデーRC | 山路秀則 | [illegible] | 永井啓弐 | 鈴木照雄 | 飯田正 | 谷口正 | 島川隆哉 | [illegible] |
| 重量 | 54 | 54乗替 | 54 | 54 | 54乗替 | 54 | 54乗替 | 54 | 54乗替 | 54乗替 | 54乗替 | 54乗替 | 54乗替 | 54 | 54乗替 | 54乗替 |
| 騎手 | 松永幹 | 福永 | 須貝 | 安田 | 藤田 | 河内 | 石橋 | 熊沢 | 後藤 | 小池 | 吉田稔 | デムーロ | 四位 | ペリエ | 安藤勝 | 小牧太 |
| 性齢毛色 | 牝3鹿 | 牝3鹿 | 牝3栗 | 牝3黒鹿 | 牝3鹿 | 牝3青鹿 | 牝3栗 | 牝3青鹿 | 牝3黒鹿 | 牝3黒鹿 | 牝3栗 | 牝3鹿 | 牝3鹿 | 牝3栗 | 牝3黒鹿 | 牝3鹿 |
| 賞金 | 400 | 1200 | 800 | 400 | 400 | 400 | 400 | 1350 | 800 | 400 | 400 | 1200 | 400 | 5000 | 400 | 1900 |
| 総賞金 | 1060 | 2830 | 1461 | 510 | 1080 | 996 | 940 | 3830 | 3100 | 750 | 840 | 3450 | 840 | 9860 | 510 | 4150 |
| 兄姉 | [illegible] | [illegible] | [illegible] | [illegible] | [illegible] | [illegible] | [illegible] | 初仔 | [illegible] | [illegible] | [illegible] | [illegible] | [illegible] | [illegible] | [illegible] | [illegible] |
| 厩舎 | [illegible] | [illegible] | [illegible] | [illegible] | 森秀行 | [illegible] | [illegible] | [illegible] | 中尾正 | [illegible] | 武宏平 | 森秀行 | 白井寿昭 | 西園正都 | [illegible] | [illegible] |
| 123着 | 4 5 5 | 2 1 3 | 3 9 1 | 3 2 4 | 6 7 5 | 6 1 3 | 7 3 2 | 9 3 4 | 4 9 5 | 3 1 4 | 6 1 1 | 6 7 5 | 5 3 3 | 5 5 8 | 3 0 0 | 1 1 0 |
| 生産者 | 橋爪松夫 | ノーザンF | 瀬河・山口 | 吉田又治 | 社台F | 吉田隆 | 笠松牧場 | 白老ファーム | 岡本牧場 | 岡崎牧場 | 新井牧場 | 社台F | 千代田牧場 | [illegible] | [illegible] | [illegible] |
| 予想 | △△△△ | △△△△△ | | ☆☆☆ | △ | △△△ | △ | ○▲○▲▲▲▲ | ◎◎◎◎◎○◎ | | | ☆☆○△△ | △◎△ | ▲○▲○☆○ | △ | ☆ |
| 持時計 | ダ1273① 2043① | 小1101① 京1358③ | 小1129⑥ ダ1292⑤ | ダ1273① | 阪1122① 東1232④ 東1366③ | 京1230⑥ 京1361② | 名1109① 京1231⑥ 京1352⑥ | 京1094③ 京1228① 阪1354① | 京1351① | 小1107① | 中1090⑦ 阪1220① 京1361⑭ | 新1096① 京1229④ 阪1366⑧ | 小1107① | 小1106① 京1235⑩ 阪1351① 小1511① | 小1516① | 千887⑥ 京1233⑥ 京1364⑥ |
| 距離別成績 | 0001 0200 1000 1000 | 0000 0000 0010 0010 | 0000 0000 0000 0001 | 0001 0000 0000 0001 | 0000 0000 0000 0031 | 0001 0011 0000 0001 | 0000 0000 0000 0022 | 0011 0001 0000 0010 | 0020 0000 0010 0000 | 0000 0000 0000 0000 | 0001 0001 0000 0012 | 0000 0000 0000 0021 | 0000 0000 0000 0000 | 0110 0000 0000 0001 | 0100 0000 0000 0300 | 0002 0000 0000 0012 |
| 脚質 | 0021 | 1010 | 1200 | 0010 | 0001 | 3000 | 0100 | 1030 | 0101 | 0010 | 1100 | 0110 | 0200 | 0012 | 0010 | 1400 |
| 前走 | 53松永幹 1 ダ1273 | 54四位 3 芝1358 | 53須貝 1 ダ1129 | 53安田 1 ダ1273 | 53横山典 4 芝1232 | 53河内 1 ダ1269 | 53大西 6 芝1352 | 53熊沢 1 芝1356 | 3カ月休養（整調） 鉄砲実績 0000 仕上度75 | 53大西 1 芝1107 | 53熊沢 14 芝1361 | 2カ月休養（放牧） 鉄砲実績 0001 仕上度70 | 53 1 芝1107 | 3カ月休養（放牧） 鉄砲実績 0001 仕上度65 | 53松田 1 芝1516 | 54武豊 9 芝1364 |

推定タイム 良 1.34.8 重 1.36.3

連対決り手

◎信頼度75%　上位拮抗

**中山 10** 発走15.00　サンシャインS (混)　4歳1600万下・5歳上3200万下・ハンデ　芝2500 内回り・A

| | 10 | 9 | 8 | 7 | 6 | 5 | 4 | 3 | 2 | 1 |
|---|---|---|---|---|---|---|---|---|---|---|
| 枠 | 桃8 | 桃8 | 橙7 | 橙7 | 緑6 | 黄5 | 青4 | 赤3 | 黒2 | 白1 |
| 父 | ダンスホール | サンデーサイレンス | ブライアンズタイム | (地)サンシャインフォー | (市)ダンシングブレーヴ | (父)サクラトウコウ | ヘクタープロテクタ | (父)トウカイテイオー | トニービン | (外)チャーンウッドフォ |
| 馬名 | シンボリオレゴン | ダークウィザード | ファンドリマヤサン | メイクマイデイ | ロードブレーヴ | ケイエムチェーサー | ミスタードン | マイネルレグナム | ライクリーラッド | ロードフォレスター |
| 母 | メロディアン | ファームキャット | バルチックチル | メイショウユキカゼ | ユートジエーン | フライトフェザー | ハートフルスピーチ | ブライトステージ | ヘバ | ラヴィジ |
| 母の父 | (マリテッチ) | (ストームキャット) | (ダンチヒ) | (ダイナガリバー) | (マルゼンスキー) | (モガミ) | (リアルシャダイ) | (ラッキーソブリン) | (ヌレイエフ) | (キングオブクラブス) |
| 馬主 | シンボリ牧場 | ㈲社台RH | 水戸富雄 | 草野仁 | ㈱ロードHC | ㈱グリーンテック | 高崎貞次 | ㈱ラフィアン | ㈲社台RH | ㈱ロードHC |
| 重量 | 57 | 55乗替 | 53乗替 | 55乗替 | 55乗替 | 52 | 54乗替 | 53乗替 | 55 | 56 |
| 騎手 | 田中勝 | 武幸 | 岡部 | 蛯名 | 江田照 | 吉永 | ドイル | 北村 | 柴田善 | 横山典 |
| 性齢毛色 | 牡5鹿 | 牡4青鹿 | 牡4鹿 | 牡4鹿 | 牡7鹿 | 牡6鹿 | 牡5栗 | 牡6鹿 | 牡4鹿 | 牡4黒鹿 |
| 脚・賞金 | (先) 3020 | (好) 1400 | (先) 1400 | (自) 1200 | (逃) 2240 | (逃) 2370 | (差) 2300 | (差) 2520 | (差) 1400 | (追) 1400 |
| 重・総賞 | ○ 8635 | ○ 4990 | ○ 3361 | ◎ 3574 | ○ 9219 | ◎ 7273 | ○ 6226 | ○ 9265 | ○ 3530 | ○ 5670 |
| 兄姉 | マーベラスシンボリ | ラスベガスツアー | ビサンマッカラン | 地 1126 | 地ユートカイザー | ケイエムフライト | アウウエディング | カブートフリリアン | ライクリーティナ | 近親アドマイヤシーザー |
| 厩舎 | (北)高橋祥泰 | (西)古川平 | (西)南井克巳 | (北)勢司和浩 | (西)山内研二 | (南)吉永正人 | (南)堀井雅廣 | (北)清水利章 | (北)後藤由之 | (南)大江原哲 |
| 123着 | 8 2 4 | 4 2 9 | 5 3 3 | 4 5 3 | 4 6 4 | 3 1 0 | 4 4 4 | 2 6 2 | 3 4 1 | 2 2 4 |
| 生産者 | シンボリ牧場 | 白老ファーム | 千代田牧場 | 野表春雄 | 桑原牧場 | 三澤牧場 | 矢野牧場 | 藤本牧場 | 白老ファーム | Nウェルシュ |
| 笹川忠 | ○ | | ◎ | △ | △ | | | △ | ▲ | △ |
| 井崎脩 | △ | | ▲ | ○ | △ | | | △ | △ | ◎ |
| (評)沖田 | △ | △ | ○ | △ | △ | | | | ▲ | ◎ |
| (南)木原 | △ | △ | △ | △ | ◎ | | | | ▲ | ○ |
| (北)吉岡 | △ | △ | △ | ▲ | | | | | ◎ | ○ |
| 田中秀 | | △ | △ | ◎ | △ | | | △ | ▲ | ○ |
| 馬丹下 | ☆ | △ | ○ | △ | △ | | | | ▲ | ◎ |
| 芝2000・2200・2400・2500 | 新2002① 新2155⑨ 東2331⑥ 中2319③ | 阪2011③ | 京2022④ 三2404① | 東2015① 中2141⑥ 中2321④ | 新1564② 三2204⑥ 東2263① 東2333⑤ | 東2001⑫ 東2284⑦ 東2351⑤ | 福2021⑦ 中2201⑬ | 東2001⑩ 中2175② 東2316② | 名2022① 新2136① 東2305② 中2335③ | 京2012⑤ 中2134③ |
| 勝利度数（距離別） | 1002 0000 1011 0122 | 0002 0000 0002 0003 | 0000 0000 0000 0002 | 1001 0001 0000 1010 | 0200 0002 2102 3403 | 0101 0001 1001 4207 | 0000 0000 0000 0011 | 0002 0110 0011 0007 | 0011 0100 1000 0011 | 0011 0001 0010 0012 |
| 逃先差追 | 4100 | 0213 | 1210 | 1011 | 6010 | 5100 | 0230 | 0254 | 0140 | 0032 |

推定タイム 良 2.35.1 重 2.37.1

連対決り手

うちのタイキウィスパーなんか、千八の距離を使っては負けている。デビューは芝千四勝ち。しかしこの距離を使わない。もう、ここの厩舎の一口は買わない。

オースミコスモの騎手は後藤だが、以前は武豊が調教をつけていた馬だ。武豊が落馬負傷し、後藤が乗ることになったが、武豊だと人気をかぶるので狙いづらい。しかし後藤でも心強い。いくら相手がペリエでも、タムロチェリーには負けないと思う。

オースミコスモの単複だけを買って、じっくり見る。馬体重はかなり増えていると思うが、心配しなくていい。むしろ増えてないとだめだ。本番のことを考えると、20キロくらい増えていてほしい。

## ●中山9〜11R

今日は岡部の乗り馬を中心に解説していく。

サンシャインS（10R）のファンドリマヤサンがいい。出走メンバーに、人気をかぶって三着というような勝ち切れない馬が多い。こういう場合、連勝してきた上がり馬は狙い目だ。

オーシャンS（11R）のトキオパーフェクトは、新聞によって、「いい調子」「中間、休ませたからだめ」と、コメントがバラバラだ。単勝は買いづらい。**中山1200は最内か大外か極端な枠がいい**。1枠に入った横山典のディヴァインライトが無難か。逃げ先行馬が多く、ハイペースの追い込み馬タカラサイレンスにも注目。騎手の加藤和も短距離が得意だ。ディヴァインライトから、タ

## 中山11 発走15.35

オーシャンステークス ㊥
4歳上オープン・別定・㊙
芝1200 外回り・A

| 馬番 | 馬名 | 重量 | 騎手 | 性齢 |
|---|---|---|---|---|
| 1 | ディヴァインライト | 57 | 横山典 | 牡7鹿 |
| 2 | ナムラマイカ | 53 | 武幸 | 牝5鹿 |
| 3 | タマルファイター | 55 | 丸山侯 | 牡7鹿 |
| 4 | タカラサイレンス | 54 | 加藤 | 牡4鹿 |
| 5 | ネイティヴハート | 57 | 石崎隆 | 牡4鹿 |
| 6 | ロッキーアピール | 56 | 村山 | 牡4鹿 |
| 7 | キーゴールド | 56 | 蛯名 | 牡7鹿 |
| 8 | トシザボス | 56 | 柴田善 | 牡4鹿 |
| 9 | ラムジェットシチー | 55 | 田中剛 | 牡6鹿 |
| 10 | ダイワルージュ | 55 | 北村 | 牝4鹿 |
| 11 | トキオパーフェクト | 58 | 岡部 | 牡7鹿 |
| 12 | ロッキーバッハ | 53 | 吉永 | 牝7鹿 |
| 13 | キタサンチャンネル | 57 | 江田照 | 牡4鹿 |
| 14 | ショウナンカンプ | 56 | 吉田 | 牡4鹿 |

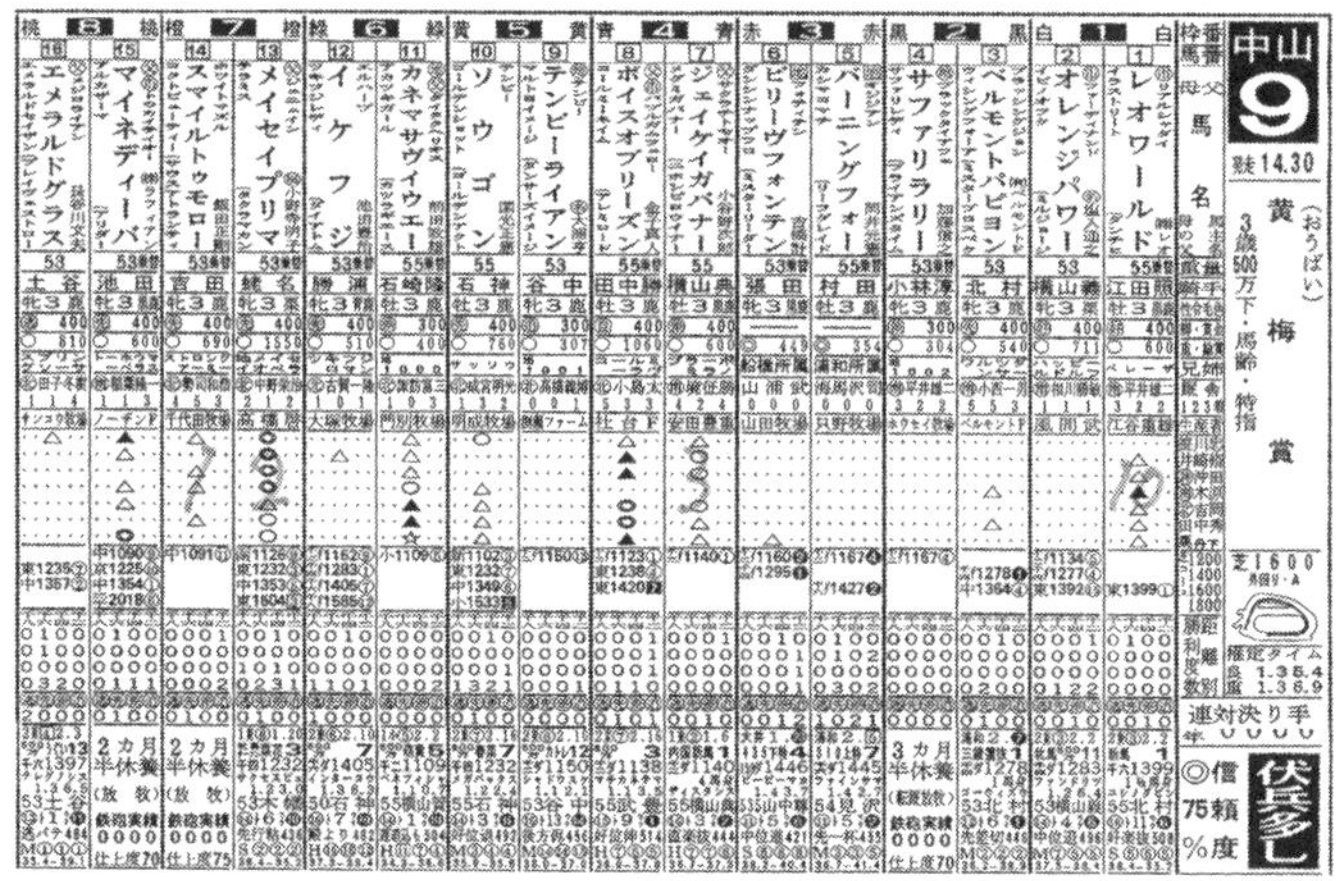

## 中山9 発走14.30

黄梅賞（おうばい）
3歳500万下・馬齢・特指
芝1600 外回り・A

| 馬番 | 馬名 | 重量 | 騎手 | 性齢 |
|---|---|---|---|---|
| 1 | レオワールド | 55 | 江田照 | 牡3 |
| 2 | オレンジパワー | 53 | 横山義 | 牝3 |
| 3 | ベルモントパピヨン | 53 | 北村 | 牝3 |
| 4 | サファリラリー | 53 | 小林淳 | 牝3 |
| 5 | バーニングフォー | 55 | 村田 | 牡3 |
| 6 | ビリーヴフォンテン | 53 | 張田 | 牝3 |
| 7 | ジェイケイガバナー | 55 | 横山典 | 牡3 |
| 8 | ボイスオブリーズン | 55 | 田中勝 | 牡3 |
| 9 | テンピーライアン | 53 | 谷中 | 牝3 |
| 10 | ソウゴン | 55 | 石神 | 牡3 |
| 11 | カネマサヴウエー | 55 | 石崎隆 | 牡3 |
| 12 | イケフジ | 53 | 勝浦 | 牝3 |
| 13 | メイセイプリマ | 53 | 蛯名 | 牝3 |
| 14 | スマイルトゥモロー | 53 | 吉田 | 牝3 |
| 15 | マイネディーバ | 53 | 池田 | 牝3 |
| 16 | エメラルドグラス | 53 | 土谷 | 牝3 |

カラサイレンス、トキオパーフェクトへのワイドも押さえる。

9レース（黄梅賞）のレオワールドにも注目したい。**中山マイルの下級条件は1枠がよく来る。ポンと飛び出せば好位を取れるからだ。**騎手も中山得意の江田照なので、期待したい。

昨日、ＢＭＷの新型Ｍ3を目撃した。私の愛車と多少形状が違うだけだが、向こうのＢＭＷの方が断然カッコイイ!! 欲しくなってしまった（苦笑）。競馬に勝ち続けて、新型ＢＭＷに買い換えたい。実はこのように、高い目標を設定して、競馬で勝負することはとても大切なことなのである。

（3月2日★土）

## 競馬の基本に立ち返れ

### ▼「牡馬ＴＲ」攻略法

私の予想とは裏腹に、オーシャンSは前々で決まった。一番人気の逃げ馬（ショウナンカンプ）を他の騎手が黙って行かせるとは思いもよらなかった。

チューリップ賞のオースミコスモは、単勝二万円、複勝四万円、と勝負をした。結果は二着。こちらは逃げたヘルスウォールを捕えられなくて、まったく期待外れだった。ペリエには負けなかったが、今度はデムーロがいたか、という問題ではない。

もっと積極的に乗るか、デビュー戦のように思い切って後方待機するしか、勝てない馬なのだ。

## 中山 11 発走15.35 第39回 報知杯 弥生賞(GⅡ)(皐月賞トライアル)

3歳オープン・(混)・牡56キロ牝54キロ・(指)

芝2000 内回り・A　推定タイム 良 2.00.1 重 2.02.1

| 枠番 馬番 | 白1 1 | 黒2 2 | 赤3 3 | 青4 4 | 黄5 5 | 緑6 6 | 緑6 7 | 橙7 8 | 橙7 9 | 桃8 10 | 桃8 11 |
|---|---|---|---|---|---|---|---|---|---|---|---|
| 父 | 外スピニングワールド | サンデーサイレンス | トニービン | 父 フサイチコンコルド | ブライアンズタイム | サンデーサイレンス | 地タイキブリザード | サンデーサイレンス | トニービン | ブライアンズタイム | 父 サクラローレル |
| 馬名 | マルターズワールド | ヤマニンセラフィム | トニーディアマンテ | バランスオブゲーム | タイムレスワールド | ローズキング | ヤマノブリザード | タイガーカフェ | セヴンスバード | モンテブライアン | ローマンエンパイア |
| 母 | テファームドヘイロ | ヤマニンパラダイス | ケイウーマン | ホールオブフェーム | サンクレール | ベリーローズ | モガミオージー | セトフローリアン | ホワットケイティー | パーフェクトサーク | ローマンステーション |
| 母の父 | (テファームド) | (ダンチヒ) | (ラストタイクーン) | (アレミロード) | (サドラーズウェルズ) | (ダンシングブリー) | (ファルコン) | (ペロット) | (ヌレイエフ) | (カーリアン) | (ローソサイアティ) |
| 馬主名 | 藤田与志男 | 土井肇 | 松岡勲 | 薗部博之 | 臼田浩義 | 池谷誠一 | 山泉恵宥 | 西川清 | 臼田浩義 | 毛利喜昭 | ㈱ターフ・スポート |
| 重量 | 56乗替 | 56 | 56乗替 | 56乗替 | 56乗替 | 56乗替 | 56乗替 | 56 | 56 | 56 | 56 |
| 騎手 | 岡部 | 蛯名 | ドイル | 田中勝 | 横山典 | 福永 | ペリエ | デムーロ | 吉田 | 柴田善 | 武幸 |
| 性令毛色 | 牡3鹿 | 牡3栗 | 牡3黒鹿 | 牡3鹿 | 牡3鹿 | 牡3栗 | 牡3青鹿 | 牡3黒鹿 | 牡3鹿 | 牡3黒鹿 | 牡3黒鹿 |
| 脚・賞金 | 400 | 2200 | 400 | 2000 | 800 | 400 | 3900 | 1200 | 400 | 800 | 2200 |
| 重・総賞 | ○ 1512 | ○ 4400 | ○ 700 | ○ 4700 | ◎ 1600 | ○ 1400 | ○ 7538 | ○ 2450 | ○ 840 | ○ 1840 | ○ 4400 |
| 兄姉 | モダンガールダンス | 初仔 | ケイウェイ | フジギガン | テディベア | イサオドリーム | 3120 | セトアフロディーテ | ベビーグランド | クリスタルシオン | ショーザランニング |
| 厩舎 | 美堀井雅廣 | 美浅見秀一 | 北二ノ宮敬 | 北宗像義忠 | 北鈴木伸尋 | 北鈴木康弘 | 北藤澤和雄 | 北小島太 | 北大久保洋 | 美松山康久 | 関古川平 |
| 123着 | 4 4 4 | 5 2 2 | 5 3 2 | 2 1 1 | 5 1 5 | 2 2 2 | 7 6 1 | 5 3 3 | 12 5 2 | 7 6 7 | 4 2 9 |
| 生産者 | ヨシオ・フジタ | 錦岡牧場 | 下河辺牧場 | ヤマダF | 千代田牧場 | ノーザンF | 松浦牧場 | 社台F | ノーザンF | タイヘイ牧場 | 中島牧場 |
| 印 | | ○○○▲▲▲○ | | △△△△△ | △△△△ | | ▲▲○○○○▲ | △△△△△ | | △△△△△△ | ◎◎▲○◎○◎ |
| 芝1400・1600・1800・2000 | 東1371⑤ 大/1546② 中2031② | 京1482① 東2004① | 京1359⑤ 中1531① | 新1217① 中1341④ | 東1532❶ 中2043① | 三1108① 中1352③ | 三1301① 中1339② 札1509① | 三1115④ 札1522① 中2012③ | 東1509① 東2101❷ | 東1231① 東1360① | 阪1212① 阪1372① 東2004① |
| 勝利度数別 | 0010 | 2100 | 0100 | 0001 | 1100 | 0000 | 0100 | 1100 | 0100 | 0011 | 1011 |
| | 2110 | 0000 | 0000 | 0000 | 0000 | 0000 | 0010 | 0000 | 1000 | 0001 | 0000 |
| | 0000 | 0000 | 0000 | 0000 | 0000 | 0010 | 0000 | 1000 | 0000 | 0000 | 0000 |
| | 0030 | 0000 | 0020 | 0010 | 0000 | 0010 | 0000 | 0100 | 0000 | 0000 | 0000 |
| 連対決り手 逃先差追 | 0122 | 0021 | 0100 | 0200 | 0002 | 0020 | 0003 | 0110 | 0002 | 0120 | 0012 |

## 中山 10 発走15.00 アクアマリンS (混)

4歳900万下・5歳上900万下・別定

芝1600 外回り・A　推定タイム 良 1.35.2 重 1.37.1

| 枠番 馬番 | 白1 1 | 黒2 2 | 赤3 3 | 赤3 4 | 青4 5 | 青4 6 | 黄5 7 |
|---|---|---|---|---|---|---|---|
| 父 | ラストタイクーン | メジロライアン | サクラバクシンオー | サクラユタカオー | 外カーネギー | パークリージェント | ザ・ジダー |
| 馬名 | カオリジョバンニ | ドリームカムカム | シンボリスナイパー | トウカイダンディー | ダイワカーソン | ミヤビリージェント | セレブ |
| 母 | カオリローン | ドリームシングガール | スイートドラゴン | トウカイジェニー | マイヤーケイサ | ミスペ | シジームサン |
| 母の父 | (ブレイヴェストロー) | (ロギンド) | (ボーダ) | (サティンゴ) | (ステイトリードン) | (ノーザンテースト) | (サンデーサイレンス) |
| 馬主名 | 川畑隆 | 飯田正剛 | シンボリ牧場 | 内村正則 | 大和商事㈱ | 村上義勝 | 市川義美 |
| 重量 | 56 | 54乗替 | 56 | 56 | 57乗替 | 56乗替 | 56乗替 |
| 騎手 | 田面木 | 江田照 | 郷原 | 後藤 | 北村 | 坂井 | ペリエ |
| 性令毛色 | 牡4黒鹿 | 牝4栗 | 牡4鹿 | 騸6栗 | 牡5黒鹿 | 牡4芦 | 牡4黒鹿 |
| 脚・賞金 | 1400 | 1400 | 1600 | 3000 | 2300 | 1400 | 1400 |
| 重・総賞 | ◎ 4350 | ○ 4551 | ◎ 3930 | ○ 9030 | ○ 5270 | ◎ 5597 | ○ 2910 |
| 兄姉 | カオリマイニーグル | パストノスタルジア | シンボリムーリス | 姉トウカイシグナル | 初仔 | 初仔 | 初仔 |
| 厩舎 | 美吉永正人 | 北国枝栄 | 美畠山吉宏 | 美後藤由之 | 美増沢末夫 | 美稲葉隆一 | 北藤澤和雄 |
| 123着 | 3 1 0 | 4 5 1 | 1 0 1 | 3 4 1 | 8 3 3 | 1 1 3 | 7 6 1 |
| 生産者 | 大須賀牧場 | 千代田牧場 | シンボリ牧場 | 長浜牧場 | Fストロナック | 谷牧場 | 千代田牧場 |
| 印 | △△▲▲△ | △△△○ | | △△△△△△ | | △△○△ | △△○△△ |
| 芝1400・1600・1800・2000 | 東1266① 中1338① 東1483⑧ 中2013⑦ | 東1253③ 新1321① 中1474② 京2007⑬ | 東1229⑫ 東1346⑦ 東1480⑬ | 東1202④ 東1331⑤ 東1470④ 中2005⑤ | 東1234① 東1350③ 東1516⑨ 中2033③ | 東1225④ 京1347⑥ 京1470④ 中2014⑥ | 東1225③ 大/1377① 函1515⑧ |
| 勝利度数別 | 0021 | 0010 | 0000 | 2020 | 0001 | 0110 | 0011 |
| | 0010 | 0130 | 0001 | 0100 | 0000 | 0001 | 0001 |
| | 0101 | 0001 | 0000 | 0030 | 0000 | 0000 | 0000 |
| | 3610 | 1210 | 0152 | 4251 | 1131 | 1243 | 0202 |
| 連対決り手 逃先差追 | 0050 | 0160 | 0130 | 0131 | 0120 | 0131 | 1030 |
| 前走 | 1中① 2.23 発1 千六1336 インターサク 56田面木 ⑯ト14ト❶ 漸進抜556 H③⑥② 35.3-36.5 | 4カ月 半休養 (放牧) 鉄砲実績 0000 仕上度75 | 2東⑧2.17 13 千八1480 ダイターセイ 1.46.8 56郷原 ⑯ト10ト⑬ 中団退468 M⑪⑩⑩ | 2東⑦2.16 16 ダ1152 シャンハイダ 1.10.2 56後藤 ⑯ト5ト⑯ 逃大差負480 M⑯⑮⑬ | 2東⑥2.17 山城10 千二1092 ショウナンカ 1.07.8 57佐藤哲 ⑮ト10ト⑩ 図後方儘470 M⑧⑧⑨ 34.7-34.5 | 2東③2.2 6 千六1347 ミレニアムバ 1.34.4 56藤田 ⑬ト9ト⑥ 直一息480 S⑦④④ 36.3-34.8 | 2東⑤2.9 パレン5 千四1225 トウショウリ 1.22.1 53ファロン ⑭ト2ト❻ 中差詰528 M⑥⑤⑦ 36.1-34.7 |

| 枠番 馬番 | 黄5 8 | 緑6 9 | 緑6 10 | 橙7 11 | 橙7 12 | 桃8 13 | 桃8 14 |
|---|---|---|---|---|---|---|---|
| 父 | 外サンシャインフォーエヴァー | トニービン | 父 ダンスインザダーク | アフリート | リファーズウィッシュ | ヘクタープロテクター | 父 カーリアン |
| 馬名 | ユノピエロ | ショウナンマインド | ダイタクバートラム | イカルスドリーム | ブルーハイウェイ | ニシノコマンド | アーサーズフェイム |
| 母 | スウィッチウォルスン | トレジャーマイン | スプリングネヴァー | プライ | ブルーハイブリッジ | グランドアート | ザ・ダンスビューティ |
| 母の父 | (ノーザンダンサー) | (ノーザンテースト) | (サクラユタカオー) | (ラジャババ) | (リーファーマッドネス) | (ミルジョージ) | (グレイソヴリン) |
| 馬主名 | 細川益男 | 国本哲秀 | ㈲太陽F | ㈱ビッグカBU | 桜井欣吾 | 西山牧場 | ㈱ターフ・スポート |
| 重量 | 56乗替 | 56 | 56乗替 | 56乗替 | 56乗替 | 56 | 56 |
| 騎手 | 福永 | 吉田 | デムーロ | 横山賀 | 蛯名 | 柴田善 | 田中勝 |
| 性令毛色 | 牡4鹿 | 牡6鹿 | 牡4鹿 | 牡6栗 | 牡7鹿 | 牡4鹿 | 牡7鹿 |
| 脚・賞金 | 1400 | 2400 | 1400 | 2240 | 2240 | 1350 | 2820 |
| 重・総賞 | ○ 6074 | ◎ 7575 | ○ 7068 | ○ 11550 | ◎ 5100 | ○ 2600 | ◎ 7685 |
| 兄姉 | 近親 エスメラルダ | 初仔 | ダイタクリーヴァ | リズムオースズカ | 近親 オオミシャダイ | 初仔 | マックスジョリー |
| 厩舎 | 関浅見秀一 | 北大久保洋 | 関橋口弘次 | 北奥平真治 | 北山田要一 | 北石毛善彦 | 北中野隆良 |
| 123着 | 5 2 2 | 12 5 2 | 6 6 5 | 5 5 4 | 2 0 0 | 1 2 0 | 2 2 1 |
| 生産者 | Kステイブル | ノーザンF | 雅牧場 | グランド牧場 | 飛野牧場 | 西山牧場 | K・サカイ |
| 印 | △ | ○▲△△○▲△ | △◎◎◎▲◎◎ | ◎◎◎△◎△▲ | | | ▲△△ |
| 芝1400・1600・1800・2000 | 京1212④ 京1344③ 京1491① 阪2005⑤ | 新1329② 東1479② 三2132④ | 京1236① 東1346③ 京1468② 阪2004① | 新1197③ 東1329③ 札1489⑤ 中2051④ | 東1362⑥ 新1462⑩ 中2011⑬ | 東1245① 中1360① 中1515③ | 東1334④ 小1485① 中2009④ |
| 勝利度数別 | 0111 | 0140 | 2010 | 0001 | 4000 | 0010 | 1130 |
| | 0000 | 0140 | 1110 | 0111 | 0000 | 0000 | 0010 |
| | 0010 | 0020 | 1101 | 0022 | 0200 | 0000 | 1010 |
| | 2134 | 0330 | 1100 | 2154 | 1810 | 0111 | 2250 |
| 連対決り手 逃先差追 | 1021 | 0271 | 0214 | 2221 | 0022 | 0011 | 0330 |
| 前走 | 2東⑤2.9 パレン7 千四1226 トウショウリ 1.22.1 56田中勝 ⑭ト11ト⑧ 後方遠478 M⑪⑪⑫ 36.5-34.4 | 2東⑭2.3 テレビ1 千六1363 1馬身 カオリジョバ 57吉田 ⑬ト7ト❷ 直楽抜438 H⑧④④ 35.9-36.3 | 1小⑥2.3 13 千八1483 タマモヒビキ 1.48.0 53武豊 ⑯ト13ト❶ 追込も490 H⑭⑬⑦ 37.3-36.4 | 2東⑤2.9 パレン2 千四1223 トウショウリ 1.22.1 56石崎隆 ⑭ト1ト❺ 図先行粘504 M②①③ 35.4-35.9 | 5カ月 休養 (放牧) 鉄砲実績 1002 仕上度75 | 11カ月 半休養 (放牧) 鉄砲実績 0001 仕上度70 | 9カ月 休養 (脚不安放牧) 鉄砲実績 0011 仕上度70 |

◎信頼度90%　連軸不動

こんな馬を桜花賞ではとても本命にできない。だが、他に本命にできる馬がいるのか、今の時点では見当がつかない。今年は牝馬クラシックは不作の年のようだ。

しかし、牡馬クラシックは大豊作。実力、将来性のある馬がそろい、逆の意味で頭が痛い。

**●中山11R弥生賞**

ヤマニンセラフィム、ヤマノブリザード、どちらかの単複で勝負だ。気持ち、ヤマニンセラフィムに傾いている。

**十一頭という小頭数立てで、スローペースになれば、先行馬が有利だ。**ヤマニンセラフィムには自在性がある。一方、ヤマノブリザード、そして人気の一角ローマンエンパイアは後方一気の馬。

仮にヤマニンが上がり34秒台でまとめると、ヤマノとローマンは33秒台で来ないと届かない計算になる。

**ローマンの鞍上、武幸四郎も不安。人気が落ちないと来ない騎手だ。**また、馬は前走後、熱発があった。最近は熱発後も走る馬は多いが、不安材料に変わりない。ローマンにはマイナス材料が多い。これで勝ったら、器が違うということだ。今後は皐月賞になるが、牡馬クラシックで武幸四郎が勝つシーンも想像できないな。

ヤマノブリザードはペリエが怖い。馬連とワイドで押さえる。その他、前走・中山二千を勝って

中山 12 発走16.15

4歳以上 4歳900万下・5歳上1000万下・別定B2 芝1200 外回り・A

| 枠番 | 馬番 | 馬名 | 斤量 | 騎手 | 性齢 |
|---|---|---|---|---|---|
| 白1 | 1 | アサクサムゲン | 57 | 岡部 | 牡5 |
| 白1 | 2 | ヌーヴァレジェンダ | 54 | 柴田善 | 牝4 |
| 黒2 | 3 | サニーシェーバー | ▲53 | 柄崎 | 牡6 |
| 黒2 | 4 | キャッツプライド | 54 | 二本柳 | 牝4 |
| 赤3 | 5 | ワイヤーカット | ▲53 | 石神 | 牡8 |
| 赤3 | 6 | マイネルレガリア | 56 | 宗像 | 牡4 |
| 青4 | 7 | マルターズホーク | 57 | ペリエ | 牡5 |
| 青4 | 8 | バーニングウッド | 55 | 武幸 | 牝5 |
| 黄5 | 9 | フジヤマシンゲキ | 57 | デムーロ | 牡5 |
| 黄5 | 10 | モルフェジン | 56 | 田中勝 | 牡7 |
| 緑6 | 11 | タツショウワ | 56 | 江田照 | 牡4 |
| 緑6 | 12 | マチカネイサリビ | 56 | ドイル | 騸4 |
| 橙7 | 13 | フリーエンジェル | 54 | 穂苅 | 牝4 |
| 橙7 | 14 | タヤスアストレア | ▲52 | 金子 | 牝5 |
| 桃8 | 16 | ミュウミュウ | 54 | 郷原 | 牝6 |
| 桃8 | 16 | ヨイチキナコ | ▲52 | 五十嵐 | 牝5 |

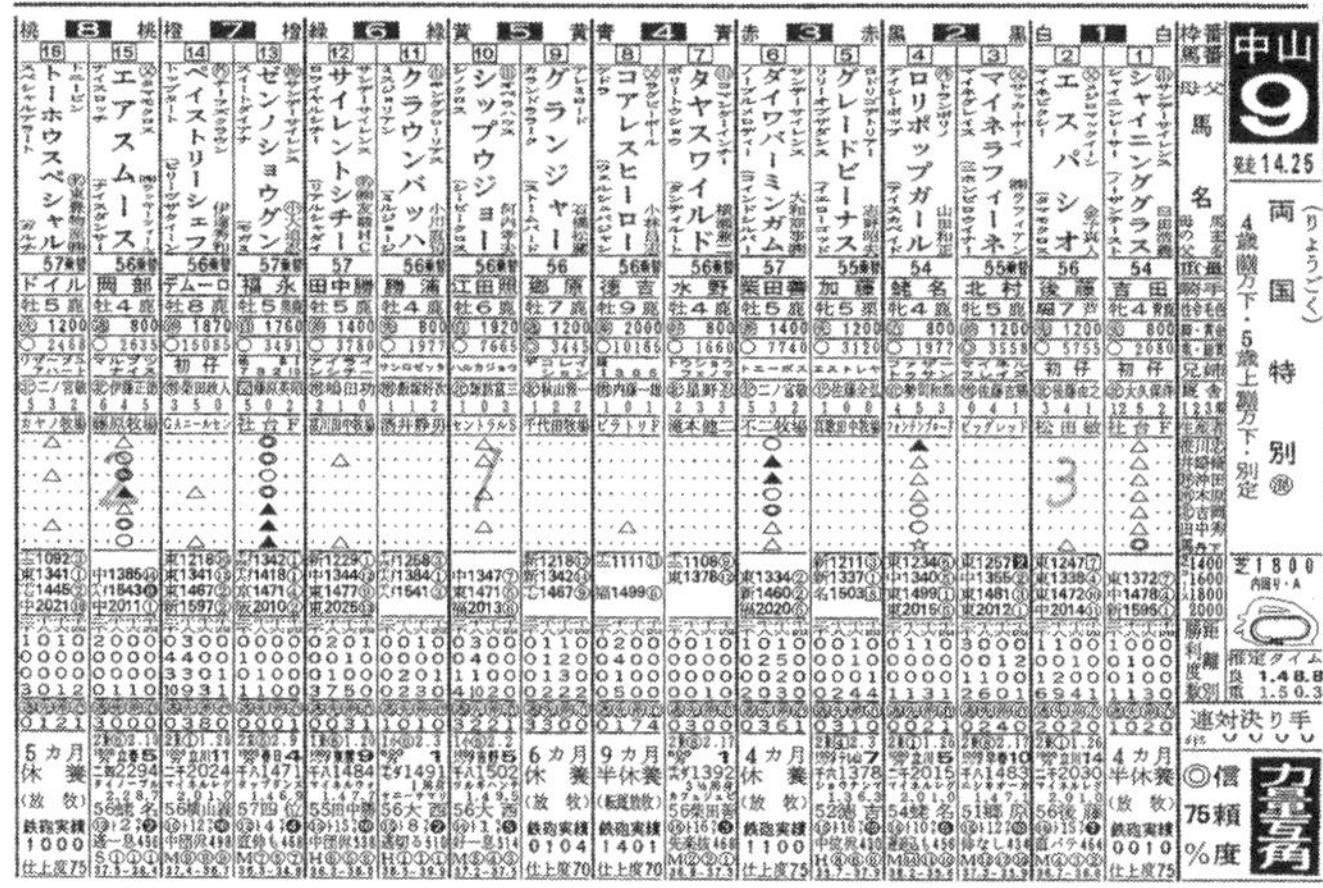

中山 9 発走14.25

両国特別（りょうごく） 4歳900万下・5歳上1000万下・別定 芝1800 内回り・A

| 枠番 | 馬番 | 馬名 | 斤量 | 騎手 | 性齢 |
|---|---|---|---|---|---|
| 白1 | 1 | シャイニンググラス | 54 | 吉田 | 牝4 |
| 白1 | 2 | エスパシオ | 56 | 後藤 | 騸7 |
| 黒2 | 3 | マイネラフィーネ | 55 | 北村 | 牝5 |
| 黒2 | 4 | ロリポップガール | 54 | 蛯名 | 牝4 |
| 赤3 | 5 | グレードビーナス | 55 | 加藤 | 牝5 |
| 赤3 | 6 | ダイワバーミンガム | 57 | 柴田善 | 牡5 |
| 青4 | 7 | タヤスワイルド | 56 | 水野 | 牡4 |
| 青4 | 8 | コアレスヒーロー | 56 | [illegible] | 牡9 |
| 黄5 | 9 | グランジャー | 56 | 郷原 | 牡7 |
| 黄5 | 10 | シップウジョー | 56 | 江田照 | 牡6 |
| 緑6 | 11 | クラウンバッハ | 56 | 勝浦 | 牡4 |
| 緑6 | 12 | サイレントシチー | 57 | 田中勝 | 牡5 |
| 橙7 | 13 | ゼンノショウグン | 57 | 福永 | 牡5 |
| 橙7 | 14 | ペイストリーシェフ | 56 | デムーロ | 牡8 |
| 桃8 | 15 | エアスムース | 56 | 岡部 | 牡4 |
| 桃8 | 16 | トーホウスペシャル | 57 | ドイル | 牡5 |

いるタイガーカフェ、実力の割には人気になっていないバランスオブゲームにも印を付けた。馬連ワイドを買っても、人気サイドで決まると当たってマイナスになる。ヤマニンセラフィムの単複だけで勝負しようとも思っている。

だが、パドックでは目移りしそうな豪華メンバーだ（苦笑）。皐月賞では、ここにアドマイヤドン、モノポライザー、タニノギムレットもくわわる。先のことを考えても頭が痛い。

**●中山9・10・12R**

10Rアクアマリンは芝マイル戦。**中山芝マイルは内枠が有利なコースだ。**狙いはドリームカムカム。中山には実績があり（紫苑S二着）、マイルも得意な馬だ。秋華賞（十二着）は距離が長かったのだ。**「前走GⅠ出走、前々走で連対、自己条件に戻って人気薄」というのは来るパターンだ。**

また、岡部の乗り馬の中で、12R（四歳上1000万下）のアサクサムゲンに注目したい。使い減りのする牝馬だから、今回、鉄砲駆けに期待する。

**松山厩舎は、勝負がかりの時だけ岡部を乗せる。この馬は岡部が乗った時だけ連対している。**こういう事を覚えておくと岡部を取りやすくなる。

9R両国特別のエアスムースもいい。**中山の芝1800は、前に行く馬が有利。**追い込みで決まった先週の中山記念は珍しいくらい、先行馬に有利なコースである。三番手くらいに控えて、抜け出せば、ほとんど勝てる。

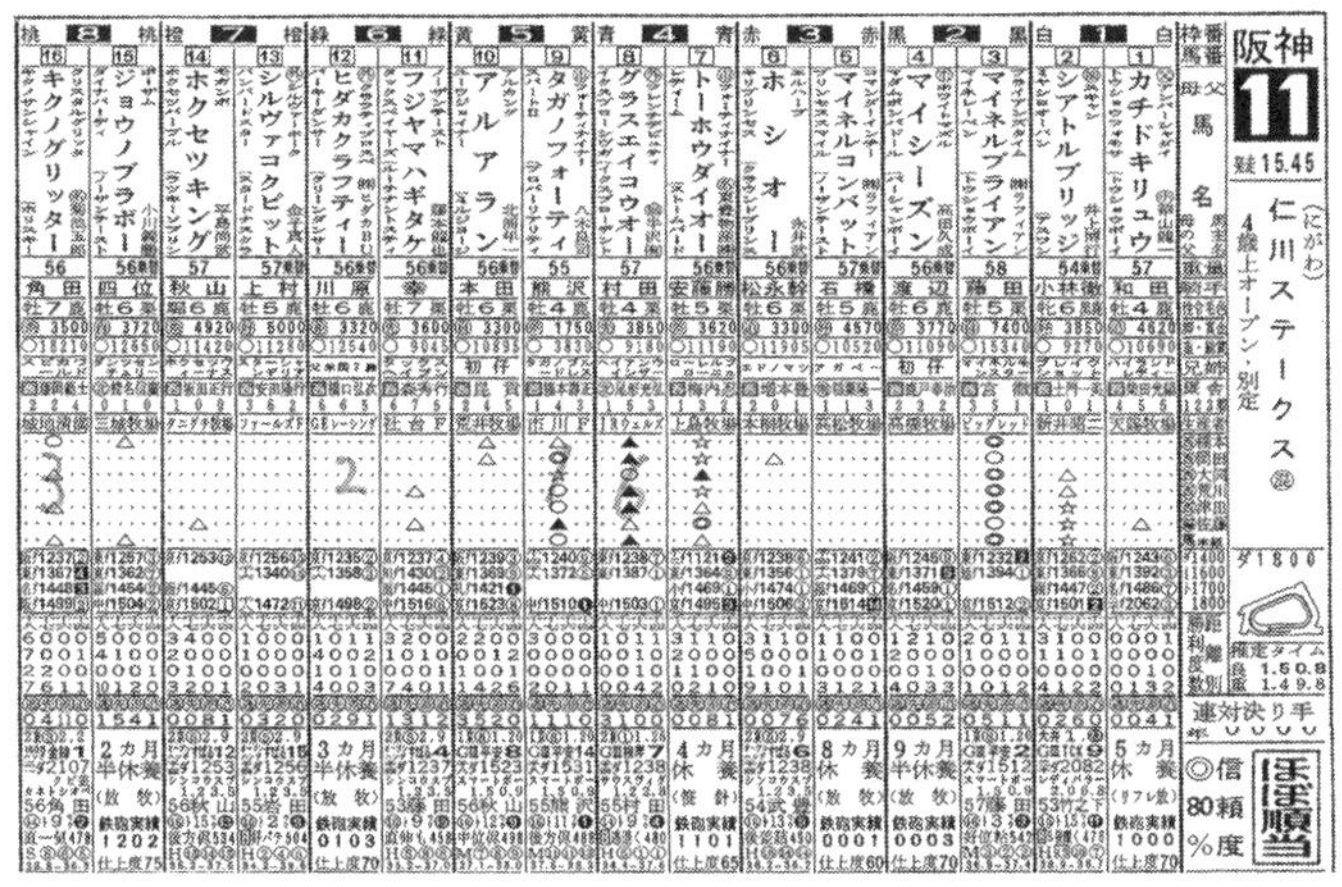

阪神 11 発走15.45

仁川（にがわ）ステークス 4歳上オープン・別定 ダ1800

推定タイム 良1.50.8 重1.49.8

◎信頼度80% ほぼ順当

| 枠番 | 馬番 | 馬名 | 重量 | 騎手 | 性齢 |
|---|---|---|---|---|---|
| 白1 | 1 | カチドキリュウ | 57 | 和田 | 牡4 |
| 白1 | 2 | シアトルブリッジ | 54 | 小林徹 | 牝6 |
| 黒2 | 3 | マイネルブライアン | 58 | 藤田 | 牡5 |
| 黒2 | 4 | マイシーズン | 56 | 渡辺 | 牡6 |
| 赤3 | 5 | マイネルコンバット | 57 | 石橋 | 牡5 |
| 赤3 | 6 | ホシオー | 56 | 松永幹 | 牡6 |
| 青4 | 7 | トーホウダイオー | 56 | 安藤勝 | 牡5 |
| 青4 | 8 | グラスエイコウオー | 57 | 村田 | 牡4 |
| 黄5 | 9 | タガノフォーティ | 55 | 熊沢 | 牡4 |
| 黄5 | 10 | アルアラン | 56 | 本田 | 牡6 |
| 緑6 | 11 | フジヤマハギタケ | 56 | 幸 | 牡7 |
| 緑6 | 12 | ヒダカクラフティー | 56 | 川原 | 牡6 |
| 橙7 | 13 | シルヴァコクピット | 57 | 上村 | 牡5 |
| 橙7 | 14 | ホクセツキング | 57 | 秋山 | 騸6 |
| 桃8 | 15 | ジョウノブラボー | 56 | 四位 | 牡6 |
| 桃8 | 16 | キクノグリッター | 56 | 角田 | 牡7 |

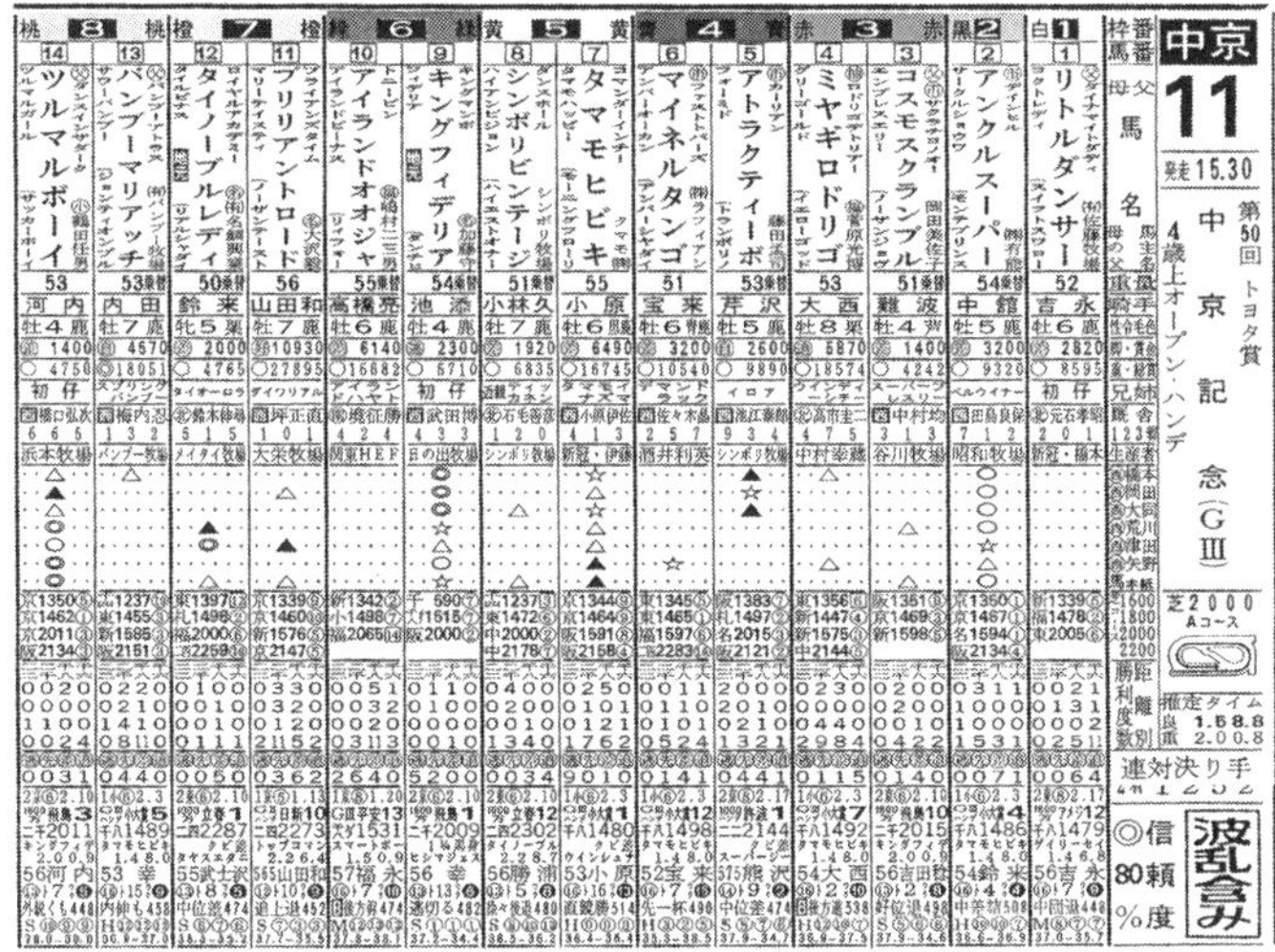

中京 11 発走15.30

第50回 トヨタ賞 中京記念（GIII） 4歳上オープン・ハンデ 芝2000 Aコース

推定タイム 良1.58.8 重2.00.8

◎信頼度80% 波乱含み

| 枠番 | 馬番 | 馬名 | 重量 | 騎手 | 性齢 |
|---|---|---|---|---|---|
| 白1 | 1 | リトルダンサー | 52 | 吉永 | 牡6 |
| 黒2 | 2 | アンクルスーパー | 54 | 中舘 | 牡5 |
| 赤3 | 3 | コスモスクランブル | 51 | 難波 | 牡4 |
| 赤3 | 4 | ミヤギロドリゴ | 53 | 大西 | 牡8 |
| 青4 | 5 | アトラクティーボ | 53 | 芹沢 | 牝5 |
| 青4 | 6 | マイネルタンゴ | 51 | 宝来 | 牡6 |
| 黄5 | 7 | タマモヒビキ | 55 | 小原 | 牡6 |
| 黄5 | 8 | シンボリビンテージ | 51 | 小林久 | 牡7 |
| 緑6 | 9 | キングフィデリア | 54 | 池添 | 牡4 |
| 緑6 | 10 | アイランドオオジャ | 55 | 高橋亮 | 牡6 |
| 橙7 | 11 | フリリアントロード | 56 | 山田和 | 牡7 |
| 橙7 | 12 | タイノーブルレディ | 50 | 鈴来 | 牝5 |
| 桃8 | 13 | バンブーマリアッチ | 53 | 内田 | 牡7 |
| 桃8 | 14 | ツルマルボーイ | 53 | 河内 | 牡4 |

**●阪神11R仁川S**

ダート1800メートルのレースで、逃げ馬が一頭しかいない。グラスエイコウオーだ。関西で関東馬を黙って逃がしてくれるかどうか懸念されるが、調教の動きは抜群だった。この馬は、マイル以上でないと逃げ切れないことが前走（根岸S七着）で証明された。玉砕好きの騎手にガンガン来られたらひとたまりもないが、こういうレースで狙うしかない。なぜなら、このレースでの逃げ馬はグラスエイコウオー一頭だけだからだ。

**●中京11R中京記念〜勉強レース〜**

**芝2000メートルが得意な血統の馬がいる。昨年も同じ種牡馬の子が平坦の芝二千で大活躍した。**夏の方が走る傾向があるが、この馬は中京コースにも勝ち鞍がある。このレースは本命馬を書かない。各自考えてほしい。

今日は、クラシック戦線を占う意味でも、弥生賞をしっかりと見たい。やはりヤマニンセラフィムとヤマノブリザードに注目だ。本命はヤマニンにしたが、実力は双璧だと思う。

（3月3日★日）

## とにかく先行馬を狙え

### ▼「牝馬重賞」攻略法

SRC会員の人に私のバイオリズムを占ってもらったが、好調なのは夏以降だと言われた。特に二～三月はよくないそうだが、先週は二着三回で、上昇気配かもしれない。調子が悪いなりにも勝負していきたい。勉強レース・中京記念の答えは二着のアンクルスーパーでした。

**●中山11R中山牝馬S**

ダイヤモンドビコー、レディパステル、タイキトゥインクル、カリスマサンオペラらが人気である。このうち、ターコイズSを追い込んで届かなかったカリスマサンオペラ、中山コースに疑問符が付くティコティコタック、休み明けのレディパステルらを消す。

**何度も言うが、中山の芝1800では前に行ける馬を狙い続ける。かつてマティリアルという馬が離れた後方から追い込み一気を決め「奇跡」と言われた。そのコースが中山芝千八だ。先行できる馬が有利なコースだ。**

言うまでもなく、体調維持の難しい牝馬の戦いなので馬券は控えめに買う。

逃げるピンクプルメリア、先行するダイヤモンドビコー、このコース得意のタイキトゥインクルの三頭に注目する。本命は、この距離がベストと思えるダイヤモンドビコー。そろそろペリエで一発当てたい。オークス馬レディパステルを消すのは無謀かもしれないが、他に調子がいい馬がいるので、自ずと四番手の評価になった。

**●中山10Rアネモネ S**

オースミバーディーで行けると思う。牝馬戦は難解だが、昨年の今頃の私はなぜか調子がよかった。牝馬戦のパドックでは、特に馬体重の減少とイレコミに注意してほしい。

昨日まで頼まれて、AV女優の撮影をしていた。破綻してますよ、彼女たちは。

「仕事だもん」と繰り返し言うんだ。

仕事なら、知らない男とセックスするのが正当化されるのか。

「里中さんも変なことしないでね」って、誰がおまえらなんかと寝るか‼

お金のためなら何でもするということか。男ならそれで戦争でもやるんだろうが、女は体が武器ということか。嫌な撮影だった。もう、やるもんか。

（3月9日★土）

## 中山 11 発走15.35

第20回 ローレル競馬場賞 中山牝馬ステークス(GⅢ)

4歳上オープン・(牝)(混)・ハンデ　芝1800 内回り・A

推定タイム 良1.46.9 重1.48.4

◎信頼度85%　チョイ荒

| 枠 | 馬番 | 馬名 | 重量 | 騎手 | 性齢毛色 | 賞金 | 総賞金 | 生産者 |
|---|---|---|---|---|---|---|---|---|
| 白1 | 1 | ピンクプルメリア | 52 | 江田照 | 牝5栗 | 2600 | 7497 | ノーザンF |
| 黒2 | 2 | ショウナンパーキン | 50 | 吉田 | 牝4黒鹿 | 800 | 3630 | ノーザンF |
| 赤3 | 3 | レディパステル | 555 | 蛯名 | 牝4黒鹿 | 7650 | 19580 | シンコーF |
| 赤3 | 4 | バイラリーナ | 53 | 小林淳 | 牝5栗 | 2020 | 6750 | カヤノ牧場 |
| 青4 | 5 | グロリアスドータ | 52 | 後藤 | 牝7鹿 | 3300 | 12250 | 坂英樹 |
| 青4 | 6 | タイムフェアレディ | 51 | 田中勝 | 牝4黒鹿 | 2800 | 7820 | 新冠・橋本 |
| 黄5 | 7 | カリスマサンオペラ | 54 | 柴田善 | 牝5黒鹿 | 4000 | 9890 | 岡崎牧場 |
| 黄5 | 8 | ハギノスプレンダー | 53 | 岡部 | 牝6栗 | 3120 | 11240 | 荻伏牧場 |
| 緑6 | 9 | ティコティコタック | 565 | 武幸 | 牝5栗 | 6820 | 19441 | バンブー牧場 |
| 緑6 | 10 | タイキトゥインクル | 51 | 梶 | 牝6鹿 | 2400 | 5365 | 大樹F |
| 橙7 | 11 | メジロバーバラ | 51 | 勝浦 | 牝5栗 | 2400 | 5952 | メジロ牧場 |
| 橙7 | 12 | ダイヤモンドビコー | 55 | ペリエ | 牝4鹿 | 5700 | 12120 | 社台F |
| 桃8 | 13 | ハッピーマキシマム | 53 | 菊沢徳 | 牝5栗 | 2600 | 10530 | 守矢牧場 |
| 桃8 | 14 | ヴァイタルトラック | 49 | 柴田未 | 牝7鹿 | 1920 | 6965 | 田上光征 |

## 中山 10 発走15.00

桜花賞トライアル アネモネステークス (牝)

3歳オープン・54キロ・(指)　芝1600 外回り・A

推定タイム 良1.34.8 重1.36.3

◎信頼度85%　ミッ巴戦

| 枠 | 馬番 | 馬名 | 重量 | 騎手 | 性齢毛色 | 賞金 | 総賞金 | 生産者 |
|---|---|---|---|---|---|---|---|---|
| 白1 | 1 | オースミバーディー | 54 | 坂井 | 牝3鹿 | 1200 | 2260 | 本間牧場 |
| 黒2 | 2 | カデンツァ | 54 | 菊沢徳 | 牝3鹿 | 400 | 690 | 白老ファーム |
| 黒2 | 3 | ニシノハナグルマ | 54 | 江田照 | 牝3鹿 | 400 | 680 | 西山牧場 |
| 赤3 | 4 | ラヴァリープローブ | 54 | 今野忠 | 牝3栗 | 360 | 1158 | 加野牧場 |
| 赤3 | 5 | サンターナズソング | 54 | 岡部 | 牝3栗 | 400 | 1110 | 村上雅規 |
| 青4 | 6 | トミケンクラウン | 54 | 武幸 | 牝3栗 | 400 | 600 | 田原・橋本 |
| 青4 | 7 | ファンドリツバサ | 54 | 柴田善 | 牝3鹿 | 800 | 2190 | 出羽牧場 |
| 黄5 | 8 | メイセイプリマ | 54 | 村田 | 牝3栗 | 400 | 1950 | 高橋啓 |
| 黄5 | 9 | ウォーニングムスメ | 54 | 後藤 | 牝3鹿 | 400 | 840 | 諏訪牧場 |
| 緑6 | 10 | オメガスターライト | 54 | 蛯名 | 牝3黒鹿 | 400 | 1840 | 社台F |
| 緑6 | 11 | ユアライフスタイル | 54 | 田中勝 | 牝3栗 | 400 | 880 | 社台F |
| 橙7 | 12 | アローキャリー | 54 | ペリエ | 牝3鹿 | 1900 | 5120 | 矢野牧場 |
| 橙7 | 13 | ウイニングフェイム | 54 | 吉田 | 牝3栗 | 400 | 600 | 藤川牧場 |
| 桃8 | 14 | ウインラシェーナ | 54 | 横山典 | 牝3栗 | 400 | 510 | 社台F |
| 桃8 | 15 | キャンディリップ | 54 | 勝浦 | 牝3栗 | 400 | 790 | ノーザンF |

## 距離適性が問われるレース

### ▼「三歳重賞」攻略法

今日は中山に行きたい。岡部の馬がどれもいいからさ。

だが、私の体調が問題だ。昨日は体が岩のように重く、まったく起きられなかった。ようやく寝床から出たのは今朝の七時。仕事がハードというより、ストレス疲れが理由のような気がする。

昨日のアネモネSの岡部には驚いた。あの馬（サンターナズソング）を持ってこられたら、ぐうの音もでないよ。

私が本命にしたオースミバーディーは出負けして終わり。

だが、中山牝馬Sのダイヤモンドビコーは勝った。一着から三着まで実績馬で決まったのは、レースの流れが厳しかったからだ。どの新聞にもスローペースと記されていたが、縦長のハイペースで、一番いい位置に付けたダイヤモンドビコーが圧勝したのだ。藤沢師は「この馬はマイラー」とコメントしているが、私は千八がベストだと思う。

●**阪神10～11R**

今年も武庫川S（10R）がやってきました。昨年、このレースの単複と馬連万馬券を一点で取っ

# 中山 11

発走 15.35

第16回 夕刊フジ賞 クリスタルカップ（GⅢ）

3歳オープン・(混)・別定・(指)

芝1200 外回り・A

| 馬番 | 枠 | 馬名 | 斤量 | 騎手 | 性齢 |
|---|---|---|---|---|---|
| 1 | 白1 | カフェボストニアン | 56 | ペリエ | 牡3 |
| 2 | 白1 | シャドウスケイプ | 55 | 蛯名 | 牡3 |
| 3 | 黒2 | キーンランドスワン | 55 | 村田 | 牡3 |
| 4 | 黒2 | タガノチャーリーズ | 53 | 柴田善 | 牝3 |
| 5 | 赤3 | ゲイリーファントム | 55 | 郷原 | 牡3 |
| 6 | 赤3 | サーガノヴェル | 54 | 横山典 | 牝3 |
| 7 | 4 | ダイワフォーチュン | 55 | 二本柳 | 牡3 |
| 8 | 4 | テイエムマズルカ | 55 | 田中勝 | 牡3 |
| 9 | 黄5 | ビッグスマッシュ | 55 | 北村 | 牡3 |
| 10 | 黄5 | イーグルスウォード | 55 | 勝浦 | 牡3 |
| 11 | 6 | シルヴァーパレット | 55 | 吉田 | 牡3 |
| 12 | 6 | ベネフィシャル | 55 | 太宰 | 牡3 |
| 13 | 橙7 | ネガティブリターン | 55 | 岡部 | 牡3 |
| 14 | 橙7 | スターエルドラード | 56 | 後藤 | 牡3 |
| 15 | 桃8 | スピニングマジック | 55 | 高山 | 牡3 |
| 16 | 桃8 | エンドレスデザート | 55 | 江田照 | 牡3 |

推定タイム 良 1.08.5 重 1.10.0

連対決り手

| 賞金 | レコード |
|---|---|
| 4000 | 1.07.0 |
| 1600 | トロットスター |
| 1000 | 57蛯名 |
| 600 | 13.9.30 |
| 400 | |

出場騎手の勝数と連対率%

| 騎手 | 勝数 | 連対率% |
|---|---|---|
| 後藤 | 22勝 | 27.9 |
| 蛯名 | 21勝 | 24.1 |
| [illegible] | [illegible] | 19.6 |
| 吉田 | 17勝 | 24.3 |
| 横山典 | 14勝 | 21.3 |
| 江田照 | 13勝 | 20.0 |
| ペリエ | 12勝 | 36.7 |
| 田中勝 | 7勝 | 13.0 |
| 岡部 | 6勝 | 28.6 |
| 太宰 | 6勝 | 14.7 |
| 北村 | 5勝 | 8.7 |
| 勝浦 | 4勝 | 11.0 |
| 村田 | 4勝 | 9.8 |
| 郷原 | 3勝 | 12.9 |
| 二本柳 | 3勝 | 6.8 |
| 高山 | 2勝 | 4.5 |

（3月3日終了時）

走破タイムトップ3

■2東京 芝1400㍍
4上1600万 1.22.1⑧
3才500万 1.22.4⑦
3才OP 1.22.5①

■2東京 芝1600㍍
3才OP 1.34.6⑦
4上1000万 1.36.3④
3才500万 1.36.5④

■2東京 芝1800㍍
4上1600万 1.46.8⑧
4上1000万 1.47.1⑩
3才OP 1.50.4④

■2東京 芝2000㍍
4上1000万 2.01.0①
4上OP 2.01.0③
3才新馬 2.10.0④

囲み数字は開催日・坪数

## レース展開

④を目標に③⑪⑦の好位勢。⑥①⑭は互いを見ながらマクり進出（H）

☆展開注目馬 ❻❶

同レース過去の決まり手

| | 逃げ | 先行 | 差し | 追込 |
|---|---|---|---|---|
| 1着 | 2 | 2 | 3 | 3 |
| 2着 | 3 | 3 | 2 | 2 |

◎ 信頼度 85％

た。**ゲンのいいレースは、買い続ける方がいい**。

本命はマキハタエルドラド。二流の幸だが、準メインなら勝てる騎手だ。多少、馬が弱くても、**力の差をおぎなえるハンデ戦だ**。しかも、マイル二戦二勝、阪神の実績は【2001】。

3番ゲートに入ったのもいい。**阪神マイルは内枠が有利で、このレースでは仮柵移動によりグリーンベルトを先行できる**。

勝てる条件がそろいすぎている。負ける理由は「幸のミス乗り」ぐらいしか考えられない。

同じくらい条件がいいノットセルダム。準オープンに強いアフリート産駒のチェックザラック。本田で先行するゼンノスピリット。

以上、四頭の馬連とワイドを買って、幸の単複も買う。私の赤字騎手だから、何とかしてほしい。

11Rフィリーズレビュー（桜花賞トライアル）はキタサンヒボタン本命。

GIには届かないだろうが、トライアルは強そうじゃないか。追いきりが動かなかったのはいつものことだ。単複だけを買う。

## ●中山11Rクリスタルカップ～勉強レース～

本命馬を書かない。**この距離（1200）のスペシャリストが活躍するレースだ**。

二カ月後のNHKマイルCとは直結しない三歳重賞だ。千六や千四で負けているが、千二に実績がある馬が狙い目だ。

## 阪神 10 発走 15.10 武庫川(むこがわ)ステークス 4歳馴万下・5歳上馴万下 (混) (ハンデ)

| 馬番 | 馬名 | 斤量 | 騎手 |
|---|---|---|---|
| 1 | ニホンピロハーレー | 56 | 和田 |
| 2 | チェックザラック | 54 | 松永幹 |
| 3 | マキハタエルドラド | 54 | 幸 |
| 4 | トーセンダンディ | 55 | 安藤勝 |
| 5 | ナリタダイドウ | 57 | 河内 |
| 6 | ノットセルダム | 55 | 秋山 |
| 7 | ゼンノスピリット | 55 | 本田 |
| 8 | グロリアスサンデー | 56 | 四位 |
| 9 | グラスワールド | 54 | 藤田 |
| 10 | レットミーマックス | 53 | 小林徹 |
| 11 | サンライズテースト | 53 | 小池 |
| 12 | ツルマルイソノツル | 55 | 吉田稔 |
| 13 | ゴールデンレリーフ | 52 | 石橋 |
| 14 | エイスワンダー | 53 | 池添 |
| 15 | ビリーヴ | 54 | 福永 |

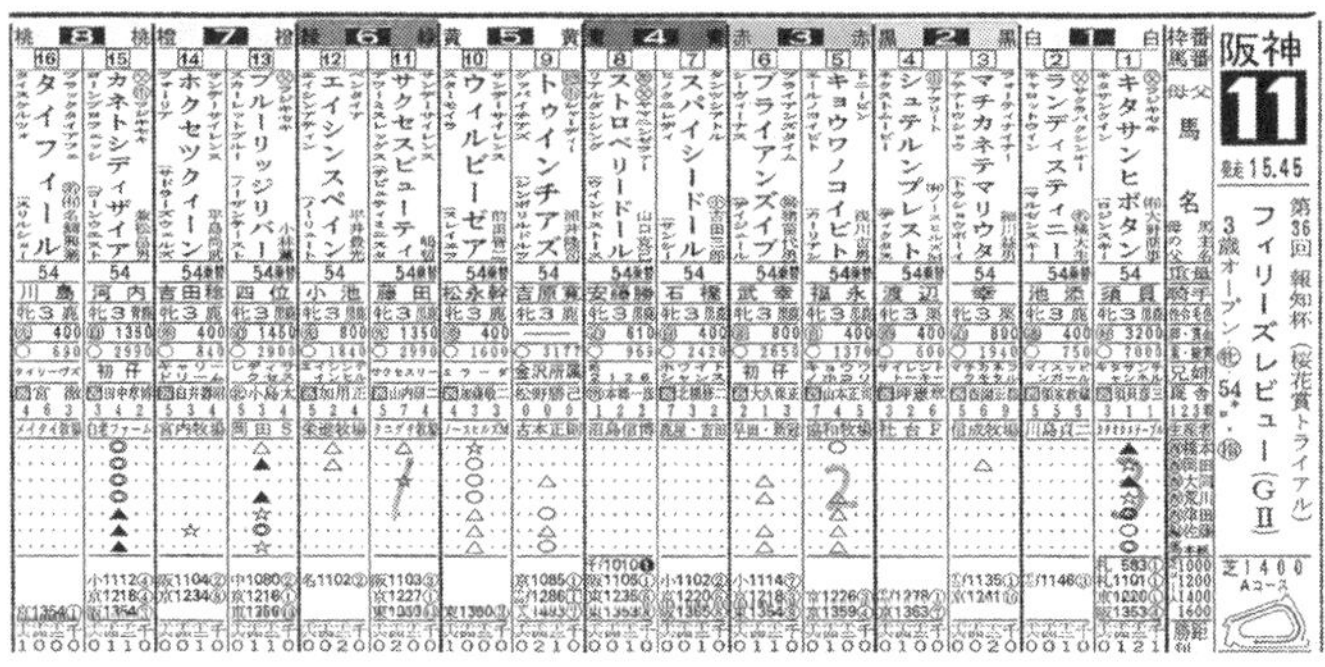

## 阪神 11 発走 15.45 第36回 報知杯 (桜花賞トライアル) フィリーズレビュー (GⅡ) 3歳オープン (牝) 54キロ (指) 芝1400 Aコース

| 馬番 | 馬名 | 斤量 | 騎手 |
|---|---|---|---|
| 1 | キタサンヒボタン | 54 | 須貝 |
| 2 | ランディスティニー | 54 | 池添 |
| 3 | マチカネテマリウタ | 54 | 幸 |
| 4 | シュテルンプレスト | 54 | 渡辺 |
| 5 | キョウワノコイビト | 54 | 福永 |
| 6 | ブライアンズイブ | 54 | 武幸 |
| 7 | スパイシードール | 54 | 石橋 |
| 8 | ストロベリードール | 54 | 安藤勝 |
| 9 | トゥインチアズ | 54 | 吉原寛 |
| 10 | ウィルビーゼア | 54 | 松永幹 |
| 11 | サクセスビューティ | 54 | 藤田 |
| 12 | エイシンスペイン | 54 | 小池 |
| 13 | ブルーリッジリバー | 54 | 四位 |
| 14 | ホクセツクィーン | 54 | 吉田稔 |
| 15 | カネトシディザイア | 54 | 河内 |
| 16 | タイフィール | 54 | 川島 |

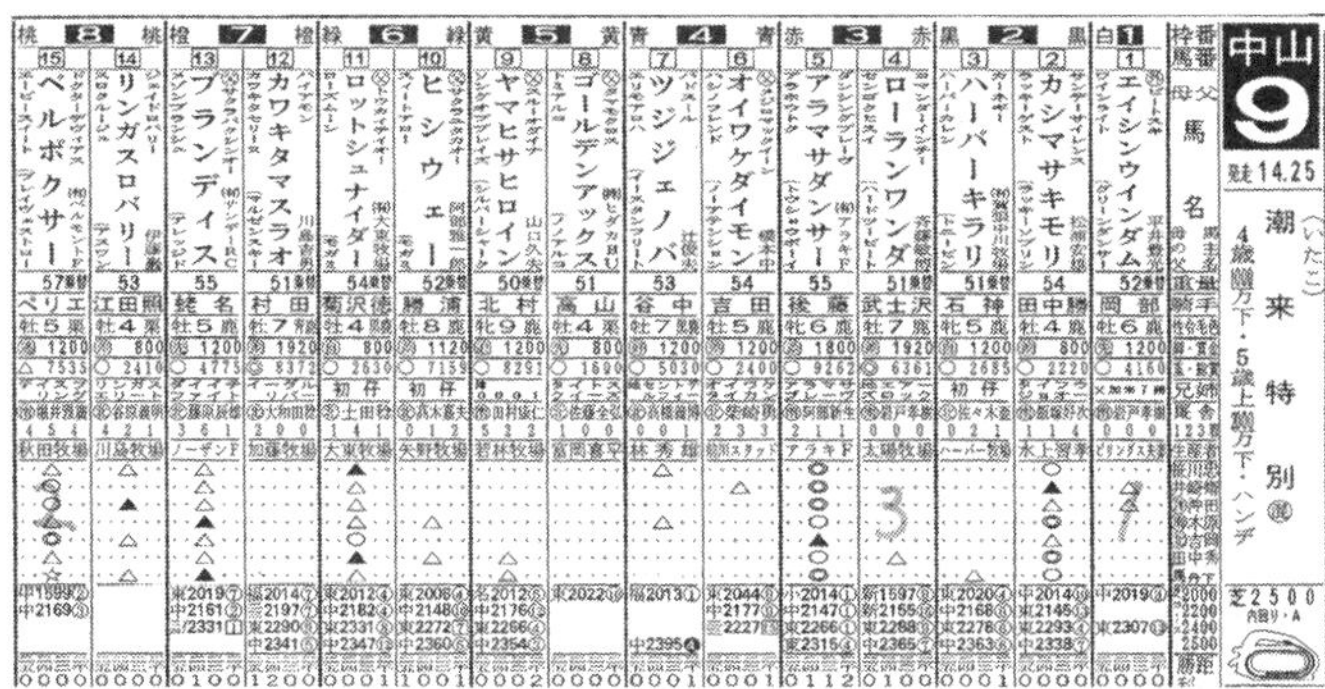

## 中山 9 発走 14.25 潮来(いたこ)特別 4歳馴万下・5歳上馴万下・ハンデ (混) 芝2500 内回り・A

| 馬番 | 馬名 | 斤量 | 騎手 |
|---|---|---|---|
| 1 | エイシンウインダム | 52 | 岡部 |
| 2 | カシマサキモリ | 54 | 田中勝 |
| 3 | ハーバーキラリ | 51 | 石神 |
| 4 | ローランワンダ | 51 | 武士沢 |
| 5 | アラマサダンサー | 55 | 後藤 |
| 6 | オイワケダイモン | 54 | 吉田 |
| 7 | ツジジェノバ | 53 | 谷中 |
| 8 | ゴールデンアックス | 51 | 高山 |
| 9 | ヤマヒサヒロイン | 50 | 北村 |
| 10 | ヒシウェー | 52 | 勝浦 |
| 11 | ロットシュナイダー | 54 | 菊沢徳 |
| 12 | カワキタマスラオ | 51 | 村田 |
| 13 | ブランディス | 55 | 蛯名 |
| 14 | リンガスロバリー | 53 | 江田照 |
| 15 | ベルボクサー | 57 | ペリエ |

1200メートル二戦二勝の馬が一流騎手で出走している。先行力もありそうな馬なので、単複で勝負したい。

もちろん横山典のサーガノヴェルは怖いよ。だが、もともと人気を背負うと信頼できない騎手でもあるが、彼は最近乗れていないので、付け入る隙はある。

**●中山9R潮来特別**

岡部が、エイシンウインダムに52キロで乗ってきた。しかも単機の逃げが予想される。**昔、ステイヤーズSを逃げ切った男だ。その馬券を持っていた私は、それはそれは熱くなったものだ。また岡部の逃げを見てみたい**。

この馬はもともと軽ハンデだと走る馬だ。岡部も「52キロならば乗る」と言ったに違いない。

今週をふり返ると、月～火曜日に打ち合わせが入り、夜は執筆。水曜日は終日、執筆。木～金曜日が撮影。金～土曜日も終日、執筆。そして今日は競馬場。里中李生HPの掲示板さえ見ることもできない、ハードなスケジュールだ。

（3月10日★日）

## 断然本命にしたくなる馬

### ▼「GI馬出走レース」攻略法

勉強レース・クリスタルCの答えは、十三着のネガティブリターンだった。

今日も多めにレースを解説する。

なぜなら、最近SRCで予想しないレースが当たることが多々あるからだ。今日の中山10R（スピカS）に出るゲイリーセイヴァーの前走も取った。フェブラリーSの日の第10R（アメジストS）、ペリエでも人気がなく一着だった。十一番人気で単勝が35倍ついたが、「ペリエから買ったのに、二着を買わなかった」と叫んだ客がいた。私はずいぶん冷めた目で、馬連ファンのその人を見ていた。単勝でもこれだけつくのにね。

SRCの予想がスランプだったから伏せておいたが、ようやく当たりだしたので告白した。

先週も、中山9R（潮来特別）で岡部の単勝を取り気分がよかったので、10R（ブラッドストーンS）で後藤の馬を狙ってみた。結果は一着だったが、馬柱を見たら、なんて分かりやすい狙い馬だったかと思い、ショックを受けた。なぜSRCで取り上げなかったのか、と。

今日は、特別レースはほとんど解説したいと思う。

ところで、夕べ『ウリナリ』という番組を見て、泣いていた。もう番組は打ち切りだという。ウッチャンナンチャンは、シモネタをやらないお笑いタレントで、私はデビュー時からずっと応援していた。ＳＲＣの原稿の執筆に追われる金曜日の夜の放映なので、「ウリナリ」は最近では見なくなったが、夕べ見た「総集編」で懐かしい記憶がよみがえってきた。思わずポロリです。ビビアン・スーも出てきた。ビビアンと渡辺満里奈は、私の永遠のアイドルだ。

**●阪神11Ｒ若葉Ｓ〜勉強レース〜**

問題のアドマイヤドンが出てくる。里中李生ＨＰの掲示板でも「買いか切りか」と盛んに議論されていたが、**結果はともかく、藤田騎手が「不安」とコメントしている以上、私は買わない。**しかも、断然本命にしたい馬がいる。よく聞いてほしい。

**アドマイヤドンが出てきたおかげで、「前走好走している馬たちは、全部二番人気以下」なのである。**これは馬券を買う上で、とても重要なファクターだ。

朝日杯の勝ち馬アドマイヤドンは実績断然で、他馬からマークされる。こういう時どんな馬を狙えばいいかというと、**ノーマークで走れる前走好走馬だ。緒戦楽勝、騎手一流、前走から距離短縮大歓迎**という馬がいる。**勉強レースのため、その本命馬の名前を書かないが、私は単複で大きく勝負する。**

**●阪神10Ｒ甲南Ｓ**

# 阪神 11 発走15.45

皐月賞トライアル **若葉ステークス**
3歳オープン・牡56キロ牝54キロ・指
芝2000 Aコース

| 枠番 | 馬番 | 馬名 | 父 | 母 (母の父) | 馬主名 | 重量 | 騎手 | 性令毛色 | 賞金 | 総賞 | 兄姉 | 厩舎 | 123着 | 生産者 |
|---|---|---|---|---|---|---|---|---|---|---|---|---|---|---|
| 白1 | 1 | メイショウスイセイ | (外)フォーティナイナー | ローンテニス (ノーザンテースト) | 松本好雄 | 56乗替 | 高橋亮 | 牡3栗 | 800 | 1640 | ウメノターボ | (西)飯田明弘 | 3 4 3 | 梅田牧場 |
| 黒2 | 2 | シゲルゴッドハンド | ラストタイクーン | シゲルルション (ルション) | 森中蕃 | 56 | 松永幹 | 牡3鹿 | 400 | 600 | シゲルトルマリン | (西)坪憲章 | 3 2 6 | 長浜秀昭 |
| 赤3 | 3 | チトセサクセス | (父)サクラチトセオー | アトラスボンバー (サウスアトランティ) | 原口輝昭 | 56乗替 | 川原 | 牡3鹿 | 800 | 1510 | ザグレブマイヒメ | (西)古川平 | 4 4 9 | 三石F |
| 青4 | 4 | ファストタテヤマ | (父)ダンスインザダーク | メインゲスト (ターゴワイス) | (名)辻幸雄 | 56 | 安田 | 牡3鹿 | 2300 | 4790 | ステラビギン | (西)安田伊佐 | 4 5 5 | 秋田牧場 |
| 黄5 | 5 | リゼルヴァ | サンデーサイレンス | シェリーザ (カーリアン) | 臼田浩義 | 56 | 四位 | 牡3鹿 | 400 | 941 | オースミジュエリー | (北)二ノ宮敬 | 8 4 3 | 下河辺牧場 |
| 緑6 | 6 | コスモディグニティ | (父)(外)トウカイテイオー | ドージマビクトリー (クレバーフエラ) | 岡田美佐子 | 56 | 佐藤哲 | 牡3鹿 | 800 | 1600 | ドージマムテキ | (西)中村均 | 3 2 3 | 堂島牧場 |
| 緑6 | 7 | ノーリーズン | ブライアンズタイム | アンブロジン (ミスタープロスペク) | 前田晋二 | 56乗替 | 福永 | 牡3鹿 | 800 | 1600 | サンタムール | (西)池江泰郎 | 9 3 8 | ノースヒルズM |
| 橙7 | 8 | アドマイヤドン | ティンバーカントリ | ベガ (トニービン) | 近藤利一 | 56 | 藤田 | 牡3鹿 | 4200 | 8200 | アドマイヤベガ | (西)松田博資 | 3 4 6 | ノーザンF |
| 橙7 | 9 | タケハナオペラ | (父)サッカーボーイ | タケハナホープ (ナグルスキー) | 酒井一義 | 56 | 石橋 | 牡3栗 | 800 | 2301 | 地方スミバンブー | (西)松永善晴 | 5 0 3 | 中原牧場 |
| 桃8 | 10 | サントニービン | トニービン | レイクワース (キュアザブルーズ) | (名)永井啓弐 | 56乗替 | 幸 | 牡3鹿 | 400 | 790 | サンレイブライト | (西)高橋成忠 | 1 5 7 | 岡野牧場 |
| 桃8 | 11 | メジロアービン | (父)ダンスインザダーク | メジロファンタジー (ダイメセン) | (有)メジロ牧場 | 56乗替 | 村山 | 牡3鹿 | 800 | 1651 | メジロパーマー | (西)大久保正 | 2 1 3 | メジロ牧場 |

予想印（橋本・岡田・大岡・荒川・津田・佐藤・本紙）

| 馬番 | 印 |
|---|---|
| 1 | △△△△ |
| 2 | △○◎☆△☆ |
| 3 | ○ |
| 4 | △△△☆△ |
| 5 | △☆△△△ |
| 6 | ▲▲☆▲▲▲ |
| 7 | ○△○○◎△◎ |
| 8 | ◎◎◎▲○◎○ |
| 9 | ▲☆△ |
| 10 | △ |
| 11 | ☆ |

持ち時計（芝1600・1800・2000・2200）／距離別勝利度数（三・乎・大・大）／脚質（逃・先・差・追）

| 馬番 | 持ち時計 | 距離別度数 | 逃先差追 |
|---|---|---|---|
| 1 | 1114⑥ ダ1539② | 0010 0010 0000 0000 | 0021 |
| 2 | 京1353① 阪2146⑥ | 0001 0000 0000 1000 | 1000 |
| 3 | 1320⑥ 東1490⑦ 京2017① | 0110 0000 0000 0220 | 0011 |
| 4 | 中1347⑬ 札1535③ | 0001 0010 0010 0002 | 0012 |
| 5 | 東1374⑤ 中1516③ 阪2145⑥ | 0001 0000 0010 1002 | 0010 |
| 6 | 小2021① | 0200 0000 0000 0000 | 0101 |
| 7 | 京1355① 京1502① | 0011 0000 0000 0000 | 0020 |
| 8 | 中1338① 京1474① | 0011 0000 0000 0000 | 0030 |
| 9 | 1238⑩ 京1489① 京2022⑪ 阪2145③ | 0020 0010 1000 0120 | 0021 |
| 10 | 京1348⑥ 東1507⑤ | 0000 0000 0000 0023 | 0010 |
| 11 | 京1484⑦ 阪2050⑬ | 0020 0000 0000 0150 | 0011 |

近走成績

| 馬番 | 1 | 2 | 3 | 4 | 5 | 6 |
|---|---|---|---|---|---|---|
| 1 | 4月16日 ウメノターボ | | 3名②11.25 新馬 5 千二1114 サニングデー 1.10.0 54飯田 ⑬ト1⑥ 逃中位付454 M⑦⑥⑥ 35.9-35.5 | 3名⑦12.15 新馬 1 モダ1489 2馬身 リクオウ 54高橋亮 ⑭ト10② 後方差448 M⑥⑤③ 38.0-39.2 | 1京⑥1.14 500万 2 芝ダ1539 ダイタクフラ 1.53.6 55飯田 ⑭ト1⑤ 外鋭く442 H⑨⑨⑦ 37.4-37.5 | 2京⑥2.10 500万 1 芝ダ1544 1¼馬身 マイネルプレ 55飯田 ⑬ト4❶ 直一気442 M⑩④④ 38.6-37.1 |
| 2 | | | | 5月28日 シゲルトルマリン | 2京①1.26 新馬 1 千六1353 4馬身 ミントフレー 55松永幹 ⑭ト8⑪ 逃切る494 H①①① 34.8-36.2 | 1阪②2.24 オープンすみれ 6 二二2146 サスガ 2.14.4 55松永幹 ⑮ト11❸ 逃一息486 S①①① 36.1-35.8 |
| 3 | 2札⑦9.22 未勝 7 千八1530 オペラカスタ 1.52.4 53武幸 ⑬ト6⑨ 中位保476 S⑥⑥⑥ 37.7-36.7 | 4京②10.7 未勝 1 二千2017 3馬身 ナリタヘリオ 53武幸 ⑧ト3⑤ 直一気466 M⑥⑤⑤ 37.7-35.1 | 4京⑥10.21 500万黄菊 1 千八1494 1¼馬身 タガノマイバ 53武幸 ⑪ト4⑤ 外一気462 S⑨⑧⑧ 37.2-34.0 | 5東⑤11.17 GⅢ東スポ 7 千八1490 アドマイヤマ 1.48.2 55武幸 ⑱ト13⑥ 後方進462 M⑰⑰⑱ 37.8-35.1 | 5阪⑦12.22 GⅢたんぱ 14 二千2051 メガスターダ 2.03.4 55武幸 ⑯ト9⑧ 逃殿り付472 S⑯⑯⑯ 39.7-35.9 | 1京⑦1.19 オープン若駒 7 二千2040 モノポライザ 2.02.9 55熊沢 ⑦ト6❸ S後續く468 S⑥⑥⑥ 39.0-34.7 |
| 4 | 2札⑥9.15 新馬 3 千八1535 サンショーオ 1.53.0 53安田 ⑩ト7❸ 先行粘442 S②①① 38.4-36.4 | 2札⑧9.23 新馬 1 千二1117 2½馬身 ライブインザ 53安田 ⑩ト4❸ 直楽抜442 M⑦⑤⑤ 35.7-36.0 | 4京③10.13 GⅡデイリ 1 千六1349 ハナ差 ホーマンウイ 55安田 ⑯ト10⑧ 殿一気438 36.3-35.1 態調2休 | 5中④12.9 GⅠ朝日杯 13 千六1347 アドマイヤド 1.33.8 55安田 ⑯ト11⑧ 後方保460 H⑯⑯⑬ 36.3-34.9 | 1京⑥1.14 GⅢシンザ 7 千六1353 タニノギムレ 1.34.8 56安田 ⑯ト16⑤ 後差詰454 S⑯⑯⑭ 36.8-34.5 | 2カ月休養（熱発） 鉄砲実績 0001 仕上度80 |
| 5 | 2月24日 オースミジュエリー | 4中④9.16 新馬 5 千六1390 コッコレ 1.38.5 53蛯名 ⑬ト7⑤ S後不利452 M⑬⑬⑫ 39.7-34.8 | 4中⑦9.29 未勝 3 千八1516 ダンバチミラ 1.51.1 53蛯名 ⑱ト16❸ 遅マクる454 S⑭⑪③ 38.9-35.0 | 4東⑤10.20 未勝 5 千六1374 マイネルフェ 1.36.9 53蛯名 ⑪ト9❶ 好位も452 M④②② 36.4-37.5 | 5東⑥11.18 未勝 1 千六1385 2½馬身 アイアドベン 54柴田善 ⑨ト9❶ 直楽抜448 37.1-35.7 放牧3休 | 1阪②2.24 オープンすみれ 5 二二2145 サスガ 2.14.4 55四位 ⑮ト6⑩ S直後詰まる456 S⑭⑬⑫ 38.2-34.4 |
| 6 | | | | 3月26日 ドージマムテキ | 1小④1.27 新馬 1 二千2069 5馬身 バアゼルクロ 55佐藤哲 ⑦ト5❸ 好三角先頭464 S①①① 38.9-36.8 | 1小⑦2.9 500万あすな 1 二千2021 1¼馬身 ボーイアンビ 55佐藤哲 ⑭ト8❷ 直一気462 M⑩⑧⑤ 37.0-35.9 |
| 7 | | | | 6月4日 サンタムール | 1京①1.5 新馬 1 千八1502 2馬身 アグネスプラ 55武豊 ⑯ト1❷ 好位差474 H⑤⑤③ 36.0-36.2 | 2京⑤2.9 500万こぶし 1 千六1355 ¾馬身 マチカネメニ 55武豊 ⑮ト12❷ 好位差470 M④③③ 35.6-35.6 |
| 8 | 5月17日 アドマイヤベガ | | 4京③10.13 新馬 1 ダ1268 8馬身 スイートルー 53藤田 ⑫ト11❶ 直楽抜454 H③③③ 36.0-38.3 | 5京③11.10 オープン京2 1 千八1474 4馬身 オースミエル 55藤田 ⑨ト4❶ 好楽抜452 H⑤④② 35.4-36.3 | 5中④12.9 GⅠ朝日杯 1 千六1338 ¾馬身 ヤマノブリザ 55藤田 ⑯ト1❶ 直抜出460 H⑦④③ 35.3-35.5 | 3カ月休養（整調） 鉄砲実績 0000 仕上度70 |
| 9 | 5京②11.4 未勝 2 千八1495 ナムラサンク 1.49.4 54渡辺 ⑯ト14⑤ 漸進伸448 M⑪⑧⑤ 36.3-36.5 | 5京⑥11.18 未勝 1 千八1489 クビ差 フサイチイチ 54渡辺 ⑮ト6④ 中団差440 H⑨⑨⑦ 35.4-36.1 | 3名⑧12.16 オープン中2 7 千八1510 ゼンノカルナ 1.50.7 55松本 ⑯ト4⑫ 直追上450 M⑫⑨⑥ 38.3-36.5 | 1京③1.7 500万福寿 11 二千2022 リバートレジ 2.01.4 55松本 ⑮ト14⑨ 中団付452 M⑨⑦⑥ 37.5-36.4 | 1小③1.26 500万くすの 1 千八1528 ½馬身 ダンツジャッ 55松永昌 ⑭ト1⑤ 外一気448 M⑩⑧⑧ 38.0-37.3 | 1阪②2.24 オープンすみれ 3 二二2145 サスガ 2.14.4 55石橋 ⑮ト7⑫ 大外伸る446 S⑫⑫⑦ 37.8-35.0 |
| 10 | 4京④10.14 新馬 1 千二1105 ¾馬身 キープレイヤ 53佐伯 ⑫ト8❶ 直一気460 H⑥⑥⑥ 35.3-35.2 | 5京②11.4 500万百日 5 千八1507 グラスボジシ 1.50.2 54佐伯 ⑬ト8⑦ 伸一息466 M⑨⑥⑥ 36.8-36.0 | 5京⑦11.24 500万白菊 6 千六1348 サンショーオ 1.34.2 54佐伯 ⑬ト12⑥ 後差詰460 H⑩⑪⑪ 36.3-35.3 | 1京⑥1.14 GⅢシンザ 8 千六1353 タニノギムレ 1.34.8 55佐伯 ⑯ト7⑯ 後差詰462 S⑭⑬⑮ 36.5-34.5 | 2東④2.3 GⅢ共同 8 千八1512 チアズシュタ 1.50.4 55佐伯 ⑭ト6⑨ 中位付460 M⑧⑥⑨ 38.1-35.6 | 1阪①2.23 GⅢアーリ 7 千六1350 タニノギムレ 1.33.9 55佐伯 ⑬ト4⑪ 後方付458 M⑩⑪⑩ 36.8-34.7 |
| 11 | 2札⑦9.22 未勝 5 千八1529 オペラカスタ 1.52.4 53山田泰 ⑬ト3④ 逃殿差詰480 S⑬⑨⑥ 36.5-36.5 | 3新③10.6 未勝 1 千八1492 1¼馬身 アマートベン 53村山 ⑨ト6❷ 大外一気476 S⑧⑦⑤ 36.8-34.4 | 3新⑧10.21 500万きんも 1 千八1485 クビ差 セイコーアカ 53村山 ⑭ト14④ 直競勝478 S⑦⑥⑦ 36.6-34.4 | 5東⑤11.17 GⅢ東スポ 6 千八1490 アドマイヤマ 1.48.2 55後藤 ⑱ト6⑨ 中団進478 M⑧⑩⑧ 36.9-36.4 | 5阪⑦12.22 GⅢたんぱ 13 二千2050 メガスターダ 2.03.4 55四位 ⑯ト13⑩ 好一杯482 S④⑤② 38.2-36.5 | 2京⑥2.10 GⅢきさら 7 千八1484 メジロマイヤ 1.47.6 55川原 ⑪ト4⑨ 後方付476 M⑩⑨⑧ 36.3-35.7 |

推定タイム　良 2.01.0　重 2.03.0

連対決り手

| 賞金 | レコード |
|---|---|
| 1900 | 1.58.3 |
| 760 | ミッキー |
| 480 | ダンス |
| 290 | 56佐藤哲 |
| 190 | 12.9.9 |

出場騎手の勝鞍と連対率%

| 騎手 | 勝鞍 | 連対率 |
|---|---|---|
| 福永 | 20勝 | 22.2 |
| 四位 | 18勝 | 24.1 |
| 藤田 | 18勝 | 19.9 |
| 松永幹 | 16勝 | 18.5 |
| 佐藤哲 | 12勝 | 20.5 |
| 幸 | 11勝 | 16.8 |
| 高橋亮 | 3勝 | 7.1 |
| 村山 | 2勝 | 23.1 |
| 安田 | 2勝 | 15.9 |
| 石橋 | 2勝 | 7.0 |
| 川原 | 通算2415勝 | |

（3月10日終了時）

**レース展開**

②の逃げ。⑧は自信の番手勝負か。好位⑦がどこまで迫る？（S）

☆展開注目馬 ❽❼

昨年同条件決まり手

| | 逃げ | 先行 | 差し | 追込 |
|---|---|---|---|---|
| 昨年 | 0 | 0 | 1 | 1 |
| 今年 | 0 | 0 | 0 | 0 |

◎信頼度 80%　上位拮抗

前走で強い逃げ切りを披露したカネツフルーヴが人気になるだろう。だが今回はマークがきつくなる。**前走カネツフルーヴに惜敗した馬を狙うのがセオリーだ。もし、別路線の馬に来られたら、さっぱりあきらめる。**

本命は阪神得意の河内が乗るバクシンヒーロー。こういう馬名にもかかわらず、サクラバクシンオー産駒ではない。ややこしい名前を付けないでほしいね。

**●中山9〜11R**

中山の方に目を向けると、今週も岡部だ。

この中山開催で断然トップの成績とは、いったいどういうことか。若手の騎手は何をしているのか。銀座で飲んでいるのか。岡部は、特に芝では連対率四割にも上るそうで、私は黙って狙っていく。

ただし、9R（御宿特別）のウインタブレットは、血統的に芝も距離も問題ないが、すんなり逃げられるかどうか。他の馬が弱いから本命にするが、単勝は三千円くらいにとどめておきたい。

10R（スピカS）の岡部は、ゲイリーセイヴァーに乗る。だが、中山は走らない馬だから、本命は後藤のトーホウスパーク。前走オープン特別三着。今回も一番人気にならないと思うので狙い目だ。岡部のゲイリーセイヴァーとのワイドも買う。

**もっとも力が入るのが11R（フラワーC）だ。岡部のスマイルトゥモローは前走一着だが、あま**

## 阪神 10 発走15.10 甲南（こうなん）ステークス

4歳900万下・5歳上1300万下・別定（混）　ダ1800

推定タイム　良 1.52.1　重 1.51.1

| 枠番 | 馬番 | 馬名 | 負担重量 | 騎手 | 性齢 |
|---|---|---|---|---|---|
| 白1 | 1 | シャンハイブルース | 56 | 秋山 | 牡6 |
| 黒2 | 2 | サンフェザント | 56 | 佐伯 | 牡7 |
| 赤3 | 3 | バクシンヒーロー | 56 | 河内 | 牡6 |
| 赤3 | 4 | カネトシオペラクン | 57 | 池添 | 牡5 |
| 青4 | 5 | ピワシンセイキ | 56 | 藤田 | 牡4 |
| 青4 | 6 | カネツフルーヴ | 58 | 松永幹 | 牡5 |
| 黄5 | 7 | ドラゴンマックス | 57 | 福永 | 牡5 |
| 黄5 | 8 | ラッシュスルー | 56 | 川原 | 牡6 |
| 緑6 | 9 | アズマシーザー | 57 | 安田 | 牡5 |
| 緑6 | 10 | タガノアーミジャ | 56 | 小原 | 牡7 |
| 橙7 | 11 | ワンモアマイライン | 56 | 石橋 | 牡4 |
| 橙7 | 12 | ゼンノブレイブ | 56 | 清山 | 牡7 |
| 桃8 | 13 | エプソムシアター | 56 | 菊地昇 | 牡8 |
| 桃8 | 14 | タニノディオーネ | 54 | 四位 | 牝6 |

連対決り手　◎信頼度85%　順当

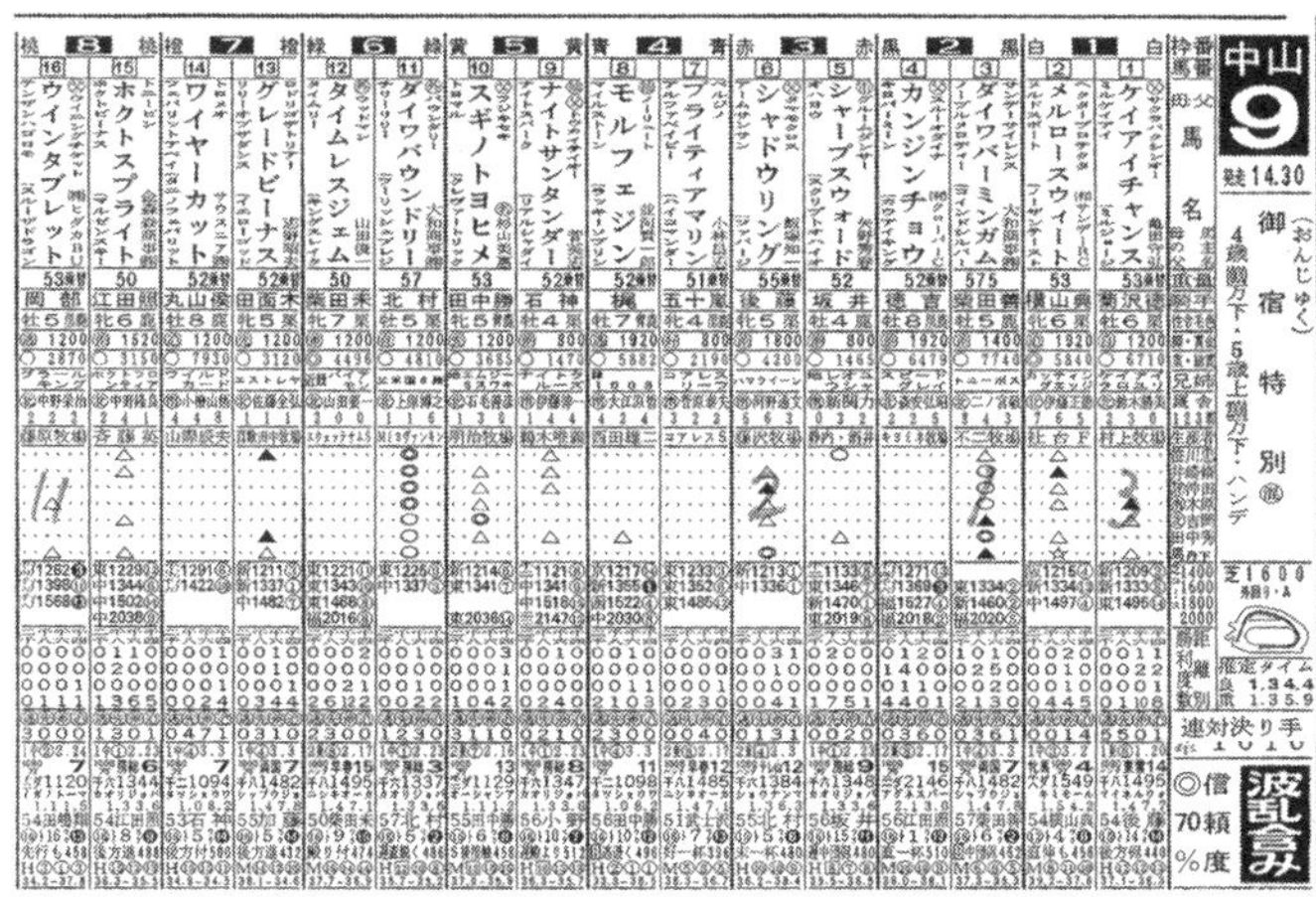

## 中山 9 発走14.30 御宿（おんじゅく）特別

4歳900万下・5歳上900万下・ハンデ（混）　芝1600

推定タイム　良 1.34.4　重 1.35.9

| 枠番 | 馬番 | 馬名 | 負担重量 | 騎手 | 性齢 |
|---|---|---|---|---|---|
| 白1 | 1 | ケイアイチャンス | 53 | 菊沢徳 | 牡6 |
| 白1 | 2 | メルロースウィート | 53 | 横山典 | 牝6 |
| 黒2 | 3 | ダイワバーミンガム | 57.5 | 柴田善 | 牡5 |
| 黒2 | 4 | カンジンチョウ | 52 | 徳吉 | 牡8 |
| 赤3 | 5 | シャープスウォード | 52 | 坂井 | 牡4 |
| 赤3 | 6 | シャドウリング | 55 | 後藤 | 牡5 |
| 青4 | 7 | ブライティアマリン | 51 | 五十嵐 | 牝4 |
| 青4 | 8 | モルフェジン | 52 | 楓 | 牡7 |
| 黄5 | 9 | ナイトサンタンダー | 52 | 石神 | 牡4 |
| 黄5 | 10 | スギノトヨヒメ | 53 | 田中勝 | 牝5 |
| 緑6 | 11 | ダイワバウンドリー | 57 | 北村 | 牡5 |
| 緑6 | 12 | タイムレスジェム | 50 | 柴田未 | 牝7 |
| 橙7 | 13 | グレードビーナス | 52 | 田面木 | 牝5 |
| 橙7 | 14 | ワイヤーカット | 52 | 丸山侯 | 牡8 |
| 桃8 | 15 | ホクトスプライト | 50 | 江田照 | 牝6 |
| 桃8 | 16 | ウインタブレット | 53 | 岡部 | 牡5 |

連対決り手　◎信頼度70%　波乱含み

## 中山 10 発走15.00

### スピカステークス(混)

4歳馬万下・5歳上馬万下・ハンデ

芝2000 内回り・A　推定タイム 良 2.00.2 重 2.02.2

◎信頼度85%　ほぼ順当

| 枠 | 馬番 | 馬名 | 斤量 | 騎手 | 性齢 |
|---|---|---|---|---|---|
| 白1 | 1 | ハッピーリクエスト | 55 | 蛯名 | 牝5 |
| 黒2 | 2 | ダイワカーソン | 53 | 北村 | 牡5 |
| 黒2 | 3 | ゲイリーセイヴァー | 56 | 岡部 | 騸7 |
| 赤3 | 4 | ニシノコマンド | 53 | 勝浦 | 牡4 |
| 赤3 | 5 | マイネルライツ | 55 | 吉田 | 牡4 |
| 青4 | 6 | トーホウスパーク | 56 | 後藤 | 牡7 |
| 青4 | 7 | ウインブレイズ | 57 | 田中勝 | 牡5 |
| 黄5 | 8 | リトルダンサー | 55 | 吉永 | 牡6 |
| 黄5 | 9 | ブルーハイウェイ | 52 | 村田 | 牡7 |
| 緑6 | 10 | ニシキオーカン | 54 | 横山典 | 牡6 |
| 緑6 | 11 | セイコーサンデー | 56 | 柴田善 | 牡4 |
| 橙7 | 12 | マイネルウォリアー | 54 | 小林淳 | 牡4 |
| 橙7 | 13 | ケイエムチェーサー | 52 | 田面木 | 牡6 |
| 桃8 | 14 | ハヤカゼジョー | 53 | ドイル | 牡7 |
| 桃8 | 15 | チカラダユウキ | 56 | 江田照 | 牡5 |

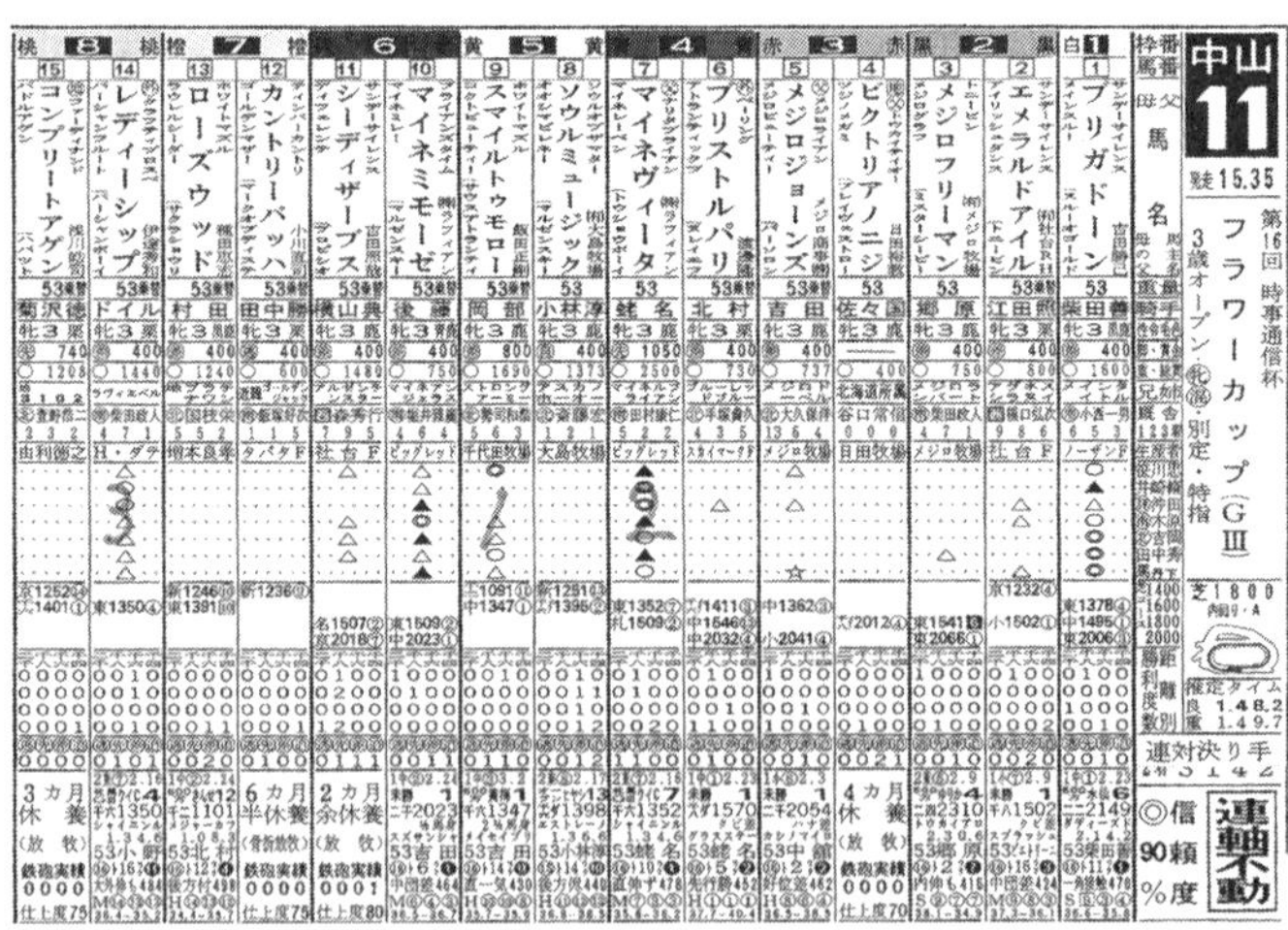

## 中山 11 発走15.35

### 第16回 時事通信杯 フラワーカップ(GⅢ)

3歳オープン・牝・(混)・別定・特指

芝1800 内回り・A　推定タイム 良 1.48.2 重 1.49.7

◎信頼度90%　連軸不動

| 枠 | 馬番 | 馬名 | 斤量 | 騎手 | 性齢 |
|---|---|---|---|---|---|
| 白1 | 1 | ブリガドーン | 53 | 柴田善 | 牝3 |
| 黒2 | 2 | エメラルドアイル | 53 | 江田照 | 牝3 |
| 黒2 | 3 | メジロフリーマン | 53 | 郷原 | 牝3 |
| 赤3 | 4 | ビクトリアノニジ | 53 | 佐々国 | 牝3 |
| 赤3 | 5 | メジロジョーンズ | 53 | 吉田 | 牝3 |
| 青4 | 6 | ブリストルパリ | 53 | 北村 | 牝3 |
| 青4 | 7 | マイネヴィータ | 53 | 蛯名 | 牝3 |
| 黄5 | 8 | ソウルミュージック | 53 | 小林淳 | 牝3 |
| 黄5 | 9 | スマイルトゥモロー | 53 | 岡部 | 牝3 |
| 緑6 | 10 | マイネミモーゼ | 53 | 後藤 | 牝3 |
| 緑6 | 11 | シーディザーブス | 53 | 横山典 | 牝3 |
| 橙7 | 12 | カントリーパッハ | 53 | 田中勝 | 牝3 |
| 橙7 | 13 | ローズウッド | 53 | 村田 | 牝3 |
| 桃8 | 14 | レディーシップ | 53 | ドイル | 牝3 |
| 桃8 | 15 | コンプリートアゲン | 53 | 菊沢徳 | 牝3 |

**り人気がない。ホワイトマズル産駒の牝馬は切れる脚をもつことが多く、買い続けたい。**

岡部なら中団くらいからレースを進めるはずだ。ホワイトマズル産駒のビハインドザマスクがマイラーということからも、負けたら距離が問題なのだろう。

タイキコジャックが中山第7R（三歳500万下）に出走する。愛馬としてでなく、客観的に予想しても、勝ち負けだと思う。

ただ、これまで主戦の蛯名が別の馬に乗っており、乗り替わりの柴田善が最近ミス乗りが多いのが気になるところだ。初戦で経験馬相手に勝ち、叩いて二戦目だが、調教は走らないようだ。**調教とレースとの区別ができるようになる馬は強くなるというので、期待したい。**

父レッドランサムの代表産駒はユノペンタゴンで、母親は芝馬だった。早く芝を使ってほしいと思うが、手堅く勝ち上がって、早くオープンを使えるようになってほしい。出資するかずいぶん迷ったが、運がよかったようだ。

また、ルピアノの仔の二歳馬を買った。大樹の二歳馬の先陣をきって、早くも15―15の調教を始めたというが、これはとても珍しいことである。タイキ初の夏デビューも可能だという。本当は私は一口馬主の方が天才かもしれません（笑）。

（3月16日★土）

# 単複が買えない時には？

## ▼「鉄板模様」攻略法

勉強レース・若葉Sの答えは、勝ったシゲルゴッドハンドでした。

二着のファストタテヤマに上手く乗られていたら危なかったが、運も実力のうち。アドマイヤドンは、パドックで、それはそれは元気がなかった。「元気がない」と「落ち着いている」の区別がつかない人もいるが、昨日のドンはまさに「元気がない」以外の何ものでもなかった。**歩くスピードは遅い**。**歩幅が狭い**。**馬体が小さく見える**。これを見て、私は自信を持ってシゲルゴッドハンドの単勝二万円、複勝四万円を買った。苦手である土曜日のレースにしては大きく勝負した。先週からそこそこ当たりだしたので行けるような気はしていたが、単勝7・4倍ついて、ほっとした。

中山のフラワーCも岡部のスマイルトゥモローを単勝一万円、複勝二万円購入し勝負した。

岡部が一瞬、持っていかれそうになったが、馬と喧嘩せず早めに先頭に立った。そしてそのまま押し切るという、一見すると、とんでもない乗り方で快勝した。これは日本の騎手にはなかなかできない見事な騎乗だ。

馬自身もかなり切れる印象で、岡部はこの馬で桜花賞に行ってもいいのではないか。ホワイトマズル産駒の牝馬は走る。

中山 11 発走15.35 第51回 フジテレビ賞（皐月賞トライアル） スプリングS（GⅡ） 3歳オープン・牡56キロ・牝54キロ 芝1800

| 馬番 | 馬名 | 重量 | 騎手 | 性令毛色 | 本賞金 | 総賞金 |
|---|---|---|---|---|---|---|
| 1 | メガスターダム | 56 | 松永幹 | 牡3 | 2000 | 4557 |
| 2 | メモリーブロンコ | 56 | 水野貴 | 牡3鹿 | —— | 495 |
| 3 | アグネスソニック | 56 | 蛯名 | 牡3鹿 | 3600 | 8000 |
| 4 | マイネルリバティー | 56 | [illegible] | 牡3鹿 | 800 | 1940 |
| 5 | セイコーアカデミー | 56 | 柴田善 | 牡3 | 400 | 2580 |
| 6 | ウイングブライアン | 56 | 江田照 | 牡3 | 800 | 1730 |
| 7 | サードニックス | 56 | 吉田 | 牡3鹿 | 800 | 2310 |
| 8 | サダムブルースカイ | 56 | 田中勝 | 牡3鹿 | 2000 | 4840 |
| 9 | ローエングリン | 56 | 横山典 | 牡3栗 | 800 | 1540 |
| 10 | ダディーズドリーム | 56 | 安田 | 牡3鹿 | 800 | 1660 |
| 11 | タニノギムレット | 56 | 四位 | 牡3鹿 | 4400 | 8750 |
| 12 | セピアメモリー | 56 | ドイル | 牡3 | 800 | 1300 |
| 13 | タイムレスワールド | 56 | 石崎隆 | 牡3鹿 | 800 | 1690 |
| 14 | テレグノシス | 56 | 勝浦 | 牡3鹿 | 800 | 2250 |
| 15 | ボールドブライアン | 56 | 岡部 | 牡3鹿 | 400 | 600 |
| 16 | ホーマンウイナー | 56 | 幸 | 牡3鹿 | 1950 | 4749 |

阪神 11 発走15.45 第50回 阪神大賞 4歳上オープン・国際・別定

| 馬番 | 馬名 | 父 | 母（母の父） | 馬主名 | 重量 | 騎手 | 性令毛色 | 本賞金 | 総賞金 | 兄姉 | 厩舎 | 123着 | 生産者 |
|---|---|---|---|---|---|---|---|---|---|---|---|---|---|
| 1 | アドマイヤロード | サンデーサイレンス | フランクアーギュメ（テーギュメント） | 近藤利一 | 56乗替 | 福永 | 牡4黒鹿 | 2600 | 6800 | フランクガイ | 西 橋田満 | 5 1 5 | ノーザンF |
| 2 | アリシバキング | キョウワアリシバ | カカテンカ（リヴリア） | 浅川吉男 | 56 | 吉田稔 | 牡4鹿 | 1400 | 5145 | 初仔 | 西 吉岡八郎 | 4 2 0 | 協和牧場 |
| 3 | ミツアキサイレンス | 地 父 エイシンサンディ | ユウコウターナ（ターナボス） | 名 山本光明 | 58 | 川原 | 牡5鹿 | —— | 24154 | 笠松所属 | 粟津豊彦 | 0 0 0 | 広川牧場 |
| 4 | ナリタトップロード | 父 サッカーボーイ | フローラルマジック（アファームド） | 山路秀則 | 59 | 渡辺 | 牡6栗 | 23550 | 68170 | ホウシュウサルーン | 西 沖芳夫 | 5 5 0 | 佐々木牧場 |
| 5 | エリモブライアン | ブライアンズタイム | エリモパッション（マルゼンスキー） | 山本慎一 | 58 | 藤田 | 牡5鹿 | 7900 | 20090 | 初仔 | 西 清水出美 | 2 5 2 | えりも農場 |
| 6 | キングザファクト | 外 ノウンファクト | コラクトゥーズロビ（コルクトゥーベイ） | 西浦和男 | 57 | 後藤 | 牡5青鹿 | 4150 | 14110 | 近親 ミスキャリーエイチ | 西 谷潔 | 6 5 4 | Jビリンスキー-DVM |
| 7 | ボーンキング | サンデーサイレンス | バレークイーン（サドラーズウエルズ） | 金子真人 | 56乗替 | 安藤勝 | 牡4鹿 | 3500 | 11300 | フサイチコンコルド | 西 松田國英 | 8 5 3 | ノーザンF |
| 8 | ジャングルポケット | トニービン | ダンスチャーマー（ヌレイエフ） | 齊藤四方司 | 58乗替 | 小牧太 | 牡4鹿 | 24750 | 55000 | カサノバダンディ | 西 渡辺栄 | 5 1 3 | ノーザンF |
| 9 | トシザブイ | ヴィジョン | ノルデンフリマー（プレイヴェストロー） | 小 上村叶 | 57乗替 | 河内 | 牡6鹿 | 2720 | 11765 | トシヴォイス | 西 音無秀孝 | 9 2 4 | 浦河・小林 |

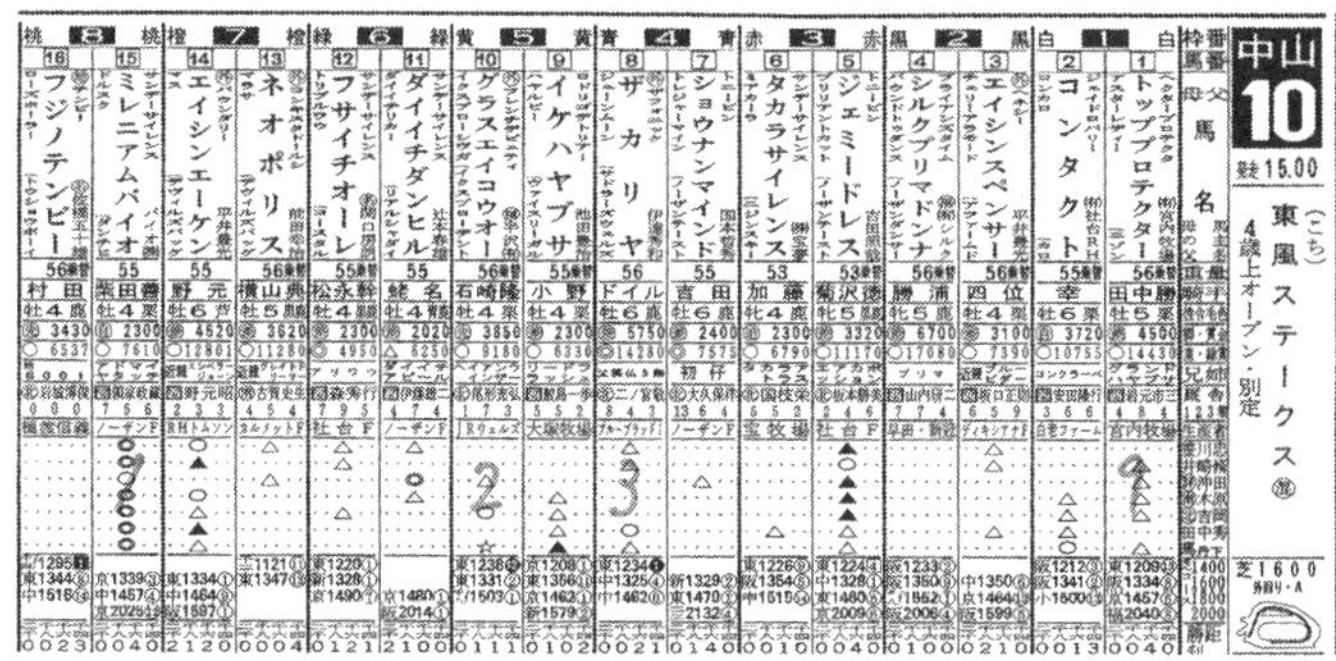

中山 10 発走15.00 （こち） 東風ステークス 4歳上オープン・別定 芝1600

| 馬番 | 馬名 | 重量 | 騎手 | 性令毛色 | 本賞金 | 総賞金 |
|---|---|---|---|---|---|---|
| 1 | トッププロテクター | 56 | 田中勝 | 牡5栗 | 4500 | 14430 |
| 2 | コンタクト | 55 | 幸 | 牡6栗 | 3720 | 10755 |
| 3 | エイシンスペンサー | 56 | 四位 | 牡4栗 | 3100 | 7390 |
| 4 | シルクプリマドンナ | 56 | 勝浦 | 牝5鹿 | 6700 | 17080 |
| 5 | ジェミードレス | 53 | 菊沢徳 | 牝5 | 3320 | 11170 |
| 6 | タカラサイレンス | 53 | 加藤 | 牝4鹿 | 2300 | 6790 |
| 7 | ショウナンマインド | 55 | 吉田 | 牡6鹿 | 2400 | 7575 |
| 8 | ザカリヤ | 56 | ドイル | 牡6鹿 | 5750 | 14280 |
| 9 | イケハヤブサ | 55 | 小野 | 牡4栗 | 2300 | 6330 |
| 10 | グラスエイコウオー | 56 | 石崎隆 | 牡4栗 | 3850 | 9180 |
| 11 | ダイイチダンヒル | 55 | 蛯名 | 牡4青鹿 | 2020 | 6250 |
| 12 | フサイチオーレ | 55 | 松永幹 | 牡4 | 2300 | 4950 |
| 13 | ネオポリス | 56 | 横山典 | 牡5 | 3620 | 11280 |
| 14 | エイシンエーケン | 55 | 野元 | 牡6芦 | 4520 | 12801 |
| 15 | ミレニアムバイオ | 55 | 柴田善 | 牡4栗 | 2300 | 7610 |
| 16 | フジノテンビー | 56 | 村田 | 牡4鹿 | 3430 | 6537 |

タイキコジャックは残念だったが（七着）、ハイペースに巻き込まれても粘っていた。テンもスピードのある馬だから、芝のマイルも使ってほしい。次からも期待したい。

他のレースは、少なめに買って幸いした。完敗したところでは、中山10R（スピカS）。後藤のトーホウスパークにはがっくりきた（九着）。

今日は注目したいレースが二つある。だが両方、大きく勝負するべきではない。

**●中山11RスプリングS**

本命はタニノギムレット。これはもう仕方のないところだ。

タニノがローマンエンパイアのように後方からしか行けない馬ならば、前々に行く馬を狙う。だが、この馬は中団から競馬ができて、あの豪脚を使う。化け物といってもいい。

**複勝は110円くらいになろうから、馬券の買い方は、単勝と馬連&ワイドになる。こういうレースも、年に何回かはある。**

よって他の馬には慎重に印を付ける。まず、前走内容が圧巻だったダディーズドリーム。トニービン産駒とは思えない末脚を中山で爆発させ快勝した。同じことが今回もできれば、勝ち負けになる。

まともに出走すれば凡走していないメガスターダム。そしてアグネスソニック。また、ペースが速くなるかもしれないので、サンデーサイレンス産駒の二頭、サードニックスとセイコーアカデミー、以上の五頭に印を付ける。

タニノギムレットから馬連&ワイド五点は多いと思うが、この中から、パドックの状態で消せる馬も出てくるはずだ。**単勝とワイドを厚めに買ってほしい**。タニノギムレットが二着で、馬連・ワイドも外れたら最悪だが、**複勝が買えないから仕方ない。また、こういう時は無理して買う必要もない**。

**●阪神11R阪神大賞典**

ジャングルポケットを軽視する。この馬の馬主はおかしい。

菊花賞は角田のミス乗りではなく、距離が長かっただけだ。血統を見れば明らかなことだ。だが今度は、春の天皇賞を目指している。おまけに、武豊の負傷でデムーロにスイッチ。デムーロが乗れなくなったら、小牧太。そりゃあ確かに、JRAには下手な騎手が多いよ。でも園田の騎手を乗せるくらいなら、国内のレースは角田でいいじゃないか。海外遠征をするためだと言っているが、要は菊花賞を負けたのが気に入らないんだろうな。天皇賞でもきっと負けるよ。

**馬主本位の馬なので、しばらく本命にする価値はなくなった**。

本命候補としてナリタトップロード、エリモブライアン、ボーンキングを考えた。

まず、ナリタトップロードについては、連勝しない馬で前走60キロで勝った反動が怖い。

エリモブライアンは、昨年このレース二着で新鮮味を感じない。

距離実績はないが、血統的にはステイヤーのボーンキングを本命に抜擢する。斤量56キロでアンカツなら、なんとか善戦できる。前走・京都記念は、調教を軽めにしたため、典型的な二走ボケだ。今回は強く追い切った。３０００メートルを経験すれば、天皇賞・春の穴になると考えていたが、ここで先物買いをする。

**●中山10R東風S**

狙っている馬がいる。１番トッププロテクター、この馬は中山が得意だ。**中山のマイルは内枠が有利だから、1枠は絶好だ。**

他にも狙っている馬がいるので、印を付ける。トニービン産駒にもかかわらず、なぜか中山を走るジェミードレス。単騎逃げができそうなグラスエイコウオー。中山マイルに勝ち鞍があるエイシンエーケン。前走千八は距離が長かったミレニアムバイオ。

**トッププロテクターが人気薄のため、買いづらい人のために書いた。トッププロテクターから馬連を買おう、ということではない。**

中山８R（四歳上５００万下）、愛馬タイキウィスパーは相手に恵まれ一番人気になりそうだ。応援で単勝を買うが、前走同条件で三着なので、お勧めはできない。

中京の芝千七に回れないのだろうか。タイキリオンという三歳馬は、デビュー戦で千二を勝った後、府中のマイルで惨敗。すぐに千二に戻って勝ち上がっている。タイキウィスパーは新馬勝ちが千四だが、その後一回もこの距離を使っていない。この調教師はどうにかしてる。馬の適性に合わせて、行動力を発揮する調教師が好きです（※結局、タイキウィスパーは右肩跛行のため出走取消となった）。

（3月17日★日）

## 一番人気が飛ぶパターン

### ▼「重馬場」攻略法

今、窓の外は雨。この雨が明日に影響するかとても気になる。前日に買う人のために、高松宮記念の本命馬を言う。アドマイヤコジーンだ。

パンパンの良馬場よりも少しくらい渋った方がいいだろう。明日は良馬場になると思うが、今日少しでも雨が降ると、馬場は多少時計がかかるようになる。先行するアドマイヤコジーンにはその方がいい。高松宮記念に備えて、中京の馬場状態も見た方がいい。

**●中山11R日経賞**

このレースはまったくやる気がなかった。マンハッタンカフェで仕方ないからだ。

グラスワンダーが有馬記念を勝った後、断然人気のこのレースで負けたが、追い切りの状態から不安な点が多かった。

だが今回のマンハッタンカフェは、仕上がりもいい。抵抗するだけ無駄だと考えていた。

しかし、**もし馬場が悪くなると、勝つのは別の馬だと思う。故障が怖いから騎手は無理をしない。馬自身も脚が長く、重は苦手なはずだ。**風が強い季節だから急速に馬場が渇いて、速い時計が出るようになると、マンハッタンカフェで仕方ない。しかし、時計がかかる馬場だと、本命はアクティブバイオ。**とにかく重が強い父系（父オペラハウス）、牝系（母父シンボリルドルフ）だ。もし例年のように悪い馬場だったら迷わずに狙うところだ。**

今年の中山は、馬場が硬くて、芝はレコードがポンポン出るようになっている。今日の第10R三歳500万下（山桜賞）に出走するテンジンオーカンという馬の前走千八の走破時計が1分47秒4。このクラスにしては、早すぎないか。ヤマニンセラフィムも弥生賞で骨折するよ。山桜賞がおよそ1分49秒台の決着だったら、馬場が渋っていると判断したい。

ロードフォレスターやコイントスも出ているが、マンハッタンでなければ関西馬が勝つと思う。タップダンスシチー？　勝浦はGⅡで本命にできないなあ。

アクティブバイオなら、複勝がマンハッタンの単勝よりも付くはずだ。私はこの馬の単複を買う。時計を要する馬場ならば、好調な馬との枠連（八頭立て）も買う。

マンハッタンカフェは天皇賞で期待している。**関東馬はここで負けても、天皇賞で好走する。**

## 中山 11 発走15.40
### 第50回 日経賞(GⅡ)
4歳上オープン・国際・別定・㊯　芝2500 内回り・A

| 枠番 | 白1 | 黒2 | 赤3 | 青4 | 黄5 | 緑6 | 橙7 | 桃8 |
|---|---|---|---|---|---|---|---|---|
| 馬番 | 1 | 2 | 3 | 4 | 5 | 6 | 7 | 8 |
| 父 | 外チャーンウッドフォ | サンデーサイレンス | ブライアンズタイム | オペラハウス | 外プレザントタップ | サンデーサイレンス | サンデーサイレンス | サンデーサイレンス |
| 馬名 | ロードフォレスター | ハッピーパス | トーホウシデン | アクティブバイオ | タップダンスシチー | ペインテドブラック | コイントス | マンハッタンカフェ |
| 母 | ラヴィジ | ハッピートレイルズ | ブラッシングインザ | ロイヤルバイオ | オールダンス | オークツリー | レトス | サトルチェンジ |
| 母の父 | (キングオブクラブス) | (ポッセ) | (ブラッシンググルー) | (シンボリルドルフ) | (ノーザンダンサー) | (リアルシャダイ) | (エックトス) | (ローソサイアティー) |
| 馬主名 | ㈱ロードHC | ㈲社台RH | ㊔東豊物産㈱ | バイオ㈱ | ㊔㈱友駿HC | 池谷誠一 | 白田浩義 | 西川清 |
| 重量 | 56乗替 | 54乗替 | 57 | 57乗替 | 57乗替 | 58乗替 | 56乗替 | 58 |
| 騎手 | 江田照 | 岡部 | 田中勝 | 後藤 | 勝浦 | 二本柳 | 横山典 | 蛯名 |
| 性令毛色 | 牡4黒鹿 | 牝4鹿 | 牡5鹿 | 牡5鹿 | 牡5鹿 | 牡6栗 | 牡4黒鹿 | 牡4青鹿 |
| 脚・賞金 | 逃2300 | 自2250 | 好4970 | 差2420 | 自2620 | 差6000 | 自2850 | 差16000 |
| 重・総賞 | ○7470 | ○6320 | ○12790 | ○8375 | ○11370 | ○13010 | ○5940 | △34070 |
| 兄姉 | 近親アドマイヤシーザー | シンコウラブリイ | ホワイトカグラ | ブリスクバイオ | クリプトシチー | 他リワードカリヨン | ハッピーパートナー | エアスマップ |
| 厩舎 | ㊥大江原哲 | ㊥藤澤和雄 | ㊥田中清隆 | 西崎山博樹 | 西佐々木晶 | ㊥鈴木康弘 | ㊥藤澤和雄 | ㊥小島太 |
| 123着 | 4 2 4 | 9 6 2 | 5 3 5 | 4 4 4 | 4 8 7 | 3 2 5 | 9 6 2 | 7 4 4 |
| 生産者 | Nウェルシュ | ノーザンF | オリエント | 荒井牧場 | エコーVHF | 社台F | 社台F | 社台F |
| 征川恐 | △ | | | △ | ○ | | ▲ | ◎ |
| 井崎脩 | ▲ | | | △ | ◎ | | △ | ○ |
| ㊥沖田 | ▲ | | | △ | ◎ | | ○ | ◎ |
| ㊥木原 | ○ | | △ | △ | ○ | | ▲ | ◎ |
| ㊥吉岡 | △ | | △ | △ | ▲ | | ○ | ◎ |
| ㊧中秀 | △ | | ▲ | △ | △ | | ○ | ◎ |
| 田中 | ▲ | | △ | △ | △ | | ○ | ◎ |
| 2000 | 京2012⑤ | 大1486⑧ | 中2096① | 阪2011④ | 阪2000② | 大1501⑦ | 阪1595② | 阪2037⑪ |
| 2200 | 中2134③ | | 東2139① | 阪2129② | 阪2123① | 東2143⑦ | | 中2138④ |
| 2400 | | 東2270⑦ | 東2270④ | 京2251① | 京2266③ | 京2249⑥ | | |
| 2500 | 中2332① | | 中2369⑭ | 東2319⑨ | 名2314① | 三3084⑦ | | 中2331① |

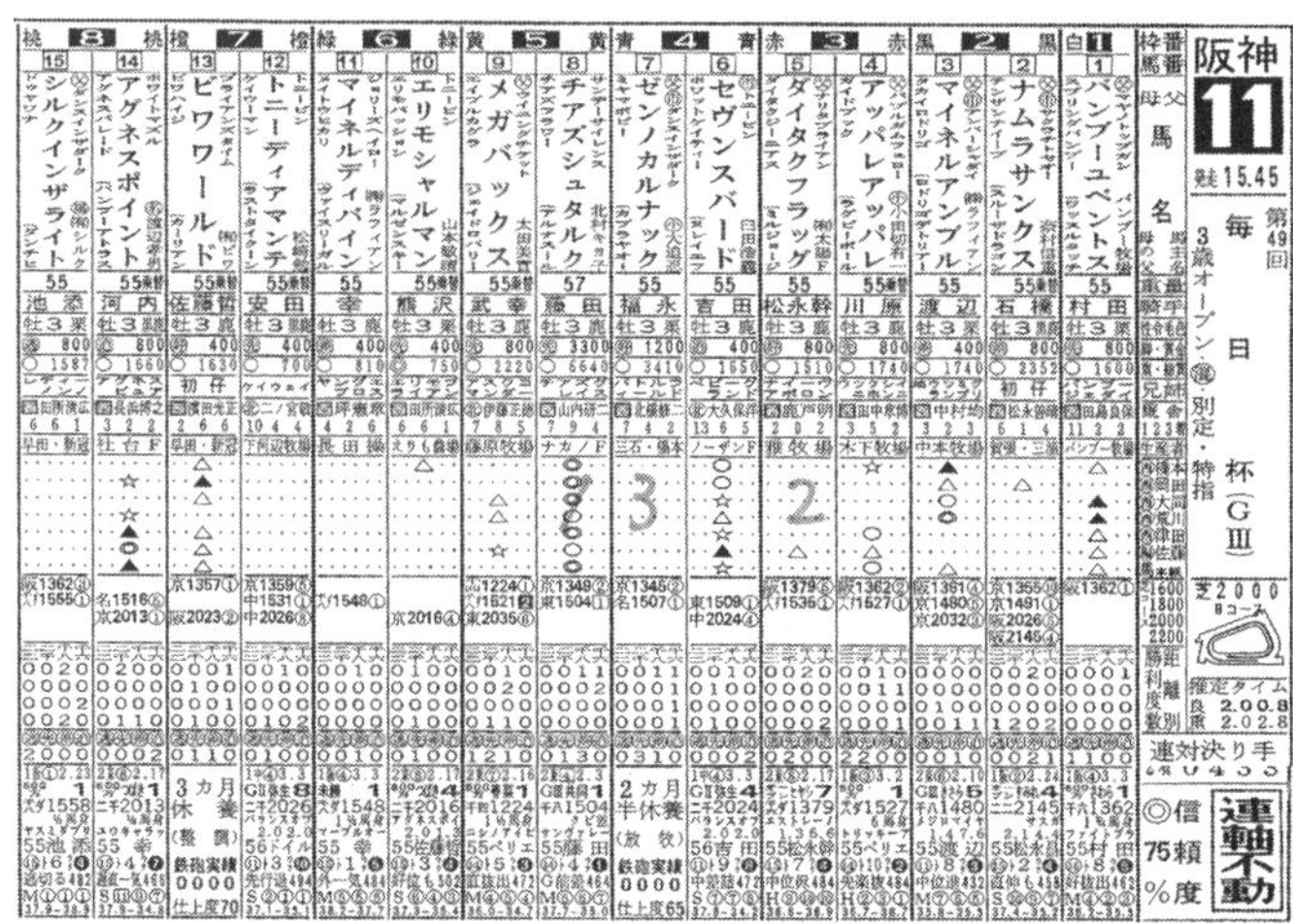

阪神 11 発走15.45
第49回 毎日杯(GⅢ)
3歳オープン・㊊・別定・特指　芝2000 Bコース

| 馬番 | 馬名 | 重量 | 騎手 |
|---|---|---|---|
| 1 | バンブーユベントス | 55 | 村田 |
| 2 | ナムラサンクス | 55乗替 | 石橋 |
| 3 | マイネルアンブル | 55 | 渡辺 |
| 4 | アッパレアッパレ | 55乗替 | 川原 |
| 5 | ダイタクフラッグ | 55 | 松永幹 |
| 6 | セヴンスバード | 55 | 吉田 |
| 7 | ゼンノカルナック | 55 | 福永 |
| 8 | チアズシュタルク | 57 | 藤田 |
| 9 | メガバックス | 55乗替 | 武幸 |
| 10 | エリモシャルマン | 55乗替 | 熊沢 |
| 11 | マイネルディバイン | 55 | 幸 |
| 12 | トニーディアマンテ | 55乗替 | 安田 |
| 13 | ビワワールド | 55乗替 | 佐藤哲 |
| 14 | アグネスポイント | 55乗替 | 河内 |
| 15 | シルクインザライト | 55 | 池添 |

推定タイム 良2.00.8 重2.02.8
連対決り手
信頼度 75%
連軸不動

●**阪神11R毎日杯**

本命チアズシュタルク。スプリングSをパスして仕上がりは最高。前走・共同通信杯はやや重で勝った。あら探ししても仕方ない。タニノギムレットほど切れる脚はないので、ダービー向きの馬だと思う。

（3月23日★土）

# 展開推理を駆使せよ！

## ▼「短距離GⅠ」攻略法

アクティブバイオ本命で、日経賞の単複枠連高配当をいただきました。単勝五千円、複勝一万円、枠連千円購入した。これで今年はもう黒字だと思う。一～二月の成績は悪かったが、当たる時はこんな感じでポンポン行くものか。

だが、マンハッタンカフェがあれほど惨敗するとは夢にも思っていなかった。蛯名が後ろを見ていたから、故障が心配だ。故障でなければ天皇賞は勝ち負けだろう。馬場が悪いと走らないのは体形を見れば明らかだ。天皇賞・春はパンパンの良馬場で行われることが多いので、一変はある。

チアズシュタルクの毎日杯は単勝180円くらいになると思っていたが、130円になったのでパスした。馬連の相手も考えていなかった。

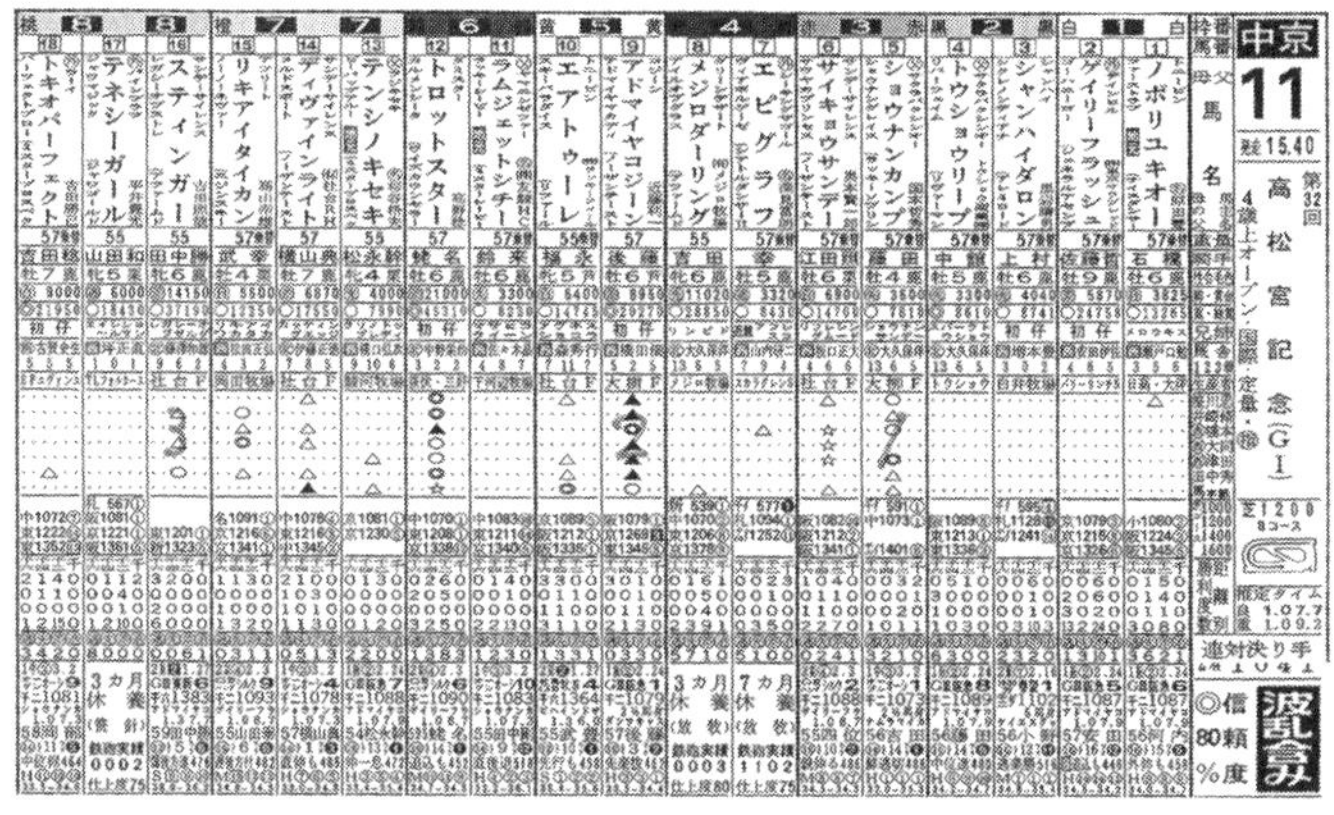

中京 11 発走15.40 第32回 高松宮記念（GⅠ） 4歳上オープン・国際・定量・指

芝1200 Bコース　推定タイム 良1.07.7 重1.09.2

波乱含み　◎信頼度80%

| 枠 | 馬番 | 馬名 | 斤量 | 騎手 |
|---|---|---|---|---|
| 白1 | 1 | ノボリユキオー | 57 | 石橋 |
| 黒2 | 2 | ゲイリーフラッシュ | 57 | 佐藤哲 |
| 黒2 | 3 | シャンハイダロン | 57 | 上村 |
| 赤3 | 4 | トウショウリープ | 57 | 中舘 |
| 赤3 | 5 | ショウナンカンプ | 57 | 藤田 |
| 赤3 | 6 | サイキョウサンデー | 57 | 江田照 |
| 青4 | 7 | エピグラフ | 57 | 幸 |
| 青4 | 8 | メジロダーリング | 55 | 吉田 |
| 黄5 | 9 | アドマイヤコジーン | 57 | 後藤 |
| 黄5 | 10 | エアトゥーレ | 55 | 福永 |
| 緑6 | 11 | ラムジェットシチー | 57 | 鈴来 |
| 緑6 | 12 | トロットスター | 57 | 蛯名 |
| 橙7 | 13 | テンシノキセキ | 55 | 松永幹 |
| 橙7 | 14 | ディヴァインライト | 57 | 横山典 |
| 橙7 | 15 | リキアイタイカン | 57 | 武幸 |
| 桃8 | 16 | スティンガー | 55 | 田中勝 |
| 桃8 | 17 | テネシーガール | 55 | 山田和 |
| 桃8 | 18 | トキオパーフェクト | 57 | 吉田稔 |

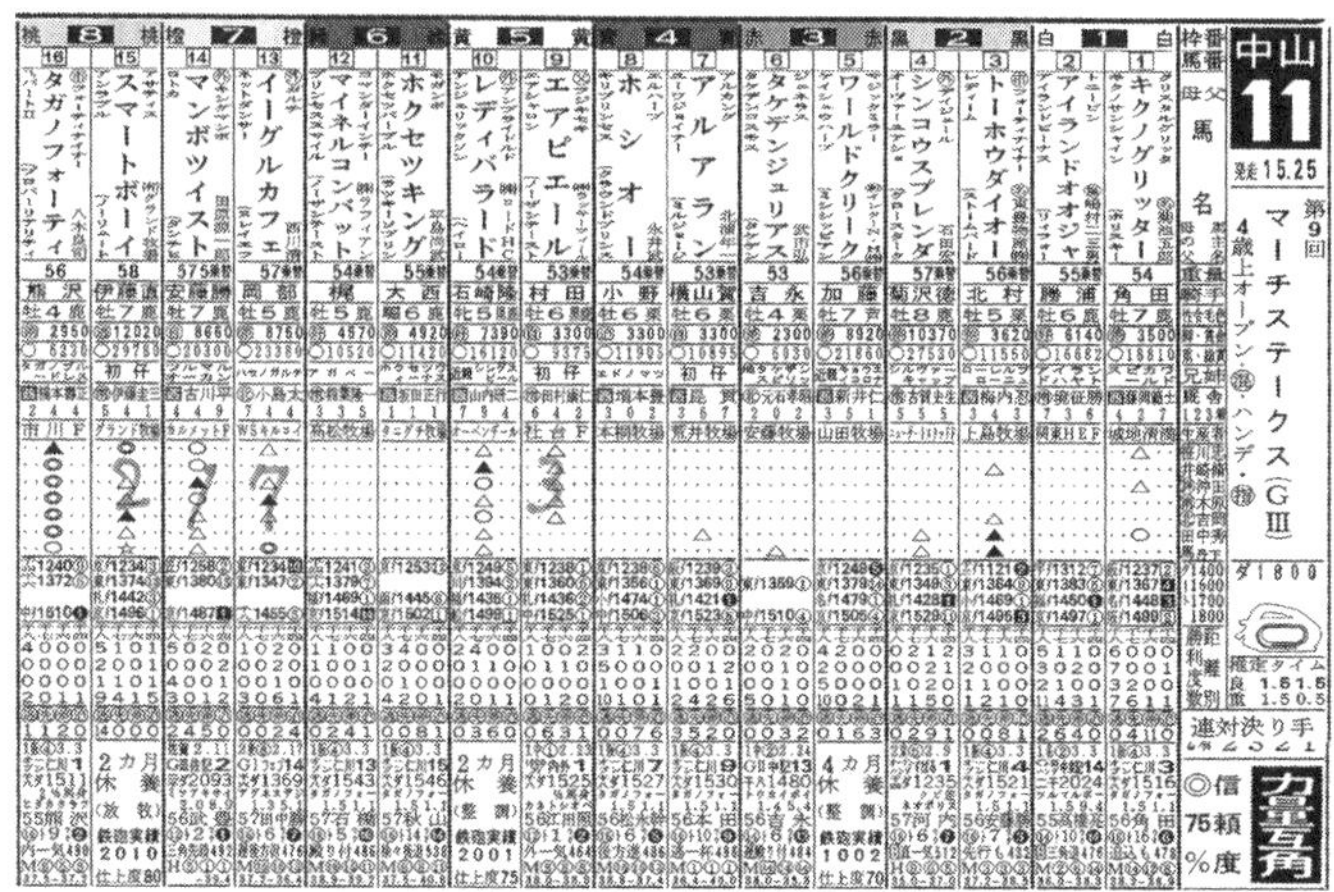

中山 11 発走15.25 第9回 マーチステークス（GⅢ） 4歳上オープン・混・ハンデ・指

ダ1800　推定タイム 良1.51.5 重1.50.5

力量互角　◎信頼度75%

| 枠 | 馬番 | 馬名 | 斤量 | 騎手 |
|---|---|---|---|---|
| 白1 | 1 | キクノグリッター | 54 | 角田 |
| 白1 | 2 | アイランドオオジャ | 55 | 勝浦 |
| 黒2 | 3 | トーホウダイオー | 56 | 北村 |
| 黒2 | 4 | シンコウスプレンダ | 57 | 菊沢徳 |
| 赤3 | 5 | ワールドクリーク | 56 | 加藤 |
| 赤3 | 6 | タケデンジュリアス | 53 | 吉永 |
| 青4 | 7 | アルアラン | 53 | 横山賀 |
| 青4 | 8 | ホシオー | 54 | 小野 |
| 黄5 | 9 | エアピエール | 53 | 村田 |
| 黄5 | 10 | レディバラード | 54 | 石崎隆 |
| 緑6 | 11 | ホクセツキング | 55 | 大西 |
| 緑6 | 12 | マイネルコンバット | 54 | 梶 |
| 橙7 | 13 | イーグルカフェ | 57 | 岡部 |
| 橙7 | 14 | マンボツイスト | 57.5 | 安藤勝 |
| 桃8 | 15 | スマートボーイ | 58 | 伊藤直 |
| 桃8 | 16 | タガノフォーティ | 56 | 熊沢 |

**●中京11R高松宮記念**

本命アドマイヤコジーン。後藤は、まだ中央のGIを勝っていないのが不思議なくらいの騎手だ。だが永久に勝てないはずはなく、ここらで勝ってくれるのではないか。

馬は前走（阪急杯）ハイペースを先行して圧勝し、完全に復活した。私はこの馬の妹を一口持っている。兄貴が低迷していたので安く手に入れたが、ここでGIを勝ってくれたら、得した気分になる。

**展開は、逃げ争う馬が、同厩舎の三頭（トウショウリープ、ショウナンカンプ、メジロダーリング）なので、速すぎるペースにはならない。アドマイヤコジーンはその直後につけ、とてもレースを進めやすい。新興勢力がいない時は展開推理で予想するのがいい。**

相手は差してくる馬。外の方が馬場がいい。

まず、なぜか人気落ちのサイキョウサンデー。CBC賞の勝ち馬リキアイタイカン。人気のトロットスター。強いのか弱いのか分からないディヴァインライト。スティンガーは引退レースだが、左回りの短距離、そして55キロの斤量に馬は喜ぶだろうな。

単複主力で馬連とワイドも買いたい。

**●中山11Rマーチ S**

岡部のイーグルカフェを買う。

ＮＨＫマイルＣ以外ではあまりお金を使っていないので、黒字馬のままだが、毎回出遅れるのを見るのはつらい。岡部が乗るとまだ出遅れたことがない。単複を買ってみたい。

関西馬の方が強そうなので大きく勝負はしないが、クロフネの二着もある馬だ。まともなら勝てるんだよ。スタート次第だ。

タガノフォーティは気難しい馬で、本命にしたくない。前々走（平安Ｓ）のように、後方のまま惨敗という競馬を見せられたら、もう怖くて買えない。


（3月24日★日）

## 【ＧⅠ後記②～高松宮記念～】
# 買える騎手の絶対条件

嬉しいことがありました。

二着に負けたのに不謹慎かもしれないが、後藤の乗り方には拍手を贈りたい。

岡部が復帰したとはいえ、年齢的にいつ突然引退するかしれない。そのとき私は、頼りにできる騎手がいなくて困るだろう。

関東の場合、蛯名は馬に対するソフトな乗り方が下手なように思える。横山典は、乗り馬の実力を考えると、成績をもっと上げてほしいところだ。柴田善も、ＧⅠでの活躍がもうひとつ。実績的にもっと騎乗依頼があってもおかしくない。

後藤は、人柄もあるのだろうが、GＩの実績がないのに、関西からも積極的に依頼がくる。アクティブバイオも上手く乗ったし、高松宮記念では「勝つ」という執念が見えた。直線の入り口、逃げたショウナンカンプの手ごたえがいいのを見て、早めに追い出した。これは「二着はいらない」という積極的な騎乗だ。

後ろからのんびり行って、一発狙いが好きな騎手もいる。安田康なんかそう。後方一気ばかりだ。それで二着に来ればファンに喜んでもらえると思っているのか。

しかし今回の後藤には、一着への執念があった。私はこういう騎手を待っていたのだ。

彼がGＩを勝っていないのは、岡部が桜花賞を勝っていないのと同じくらい、不思議な現象だ。だが、桜花賞のオースミコスモにもチャンスはある。アドマイヤコジーンも安田記念で巻き返せるはずだ。

高松宮記念は、アドマイヤコジーン二着で、複勝が１５０円。スティンガーとのワイドでプラスになった。しかしマーチSをイーグルカフェで外し、昨日の収支はトントン。

実は、この元返しが大切だ。馬連ならパー。特にトロットスターからの馬連は売れていたから、お金を失った人は多いだろう。でも私のように、**単複で、しかも複勝を単勝の倍買っていれば、馬が三着までに残ってくれれば、お金は戻ってくる**。このことに、競馬ファンは気がつかない。

一着のショウナンカンプは強かった。強かったが、中京のGＩは「GＩと思うな」と著書にも書いたとおり、平坦コースである。同じように、中山のスプリンターズSでも逃げ切れるとはかぎらない。

サクラバクシンオー産駒とは相性が最悪である。「オープンでは勝てない種牡馬」と書いたとたんのＧＩ獲りだ。何か俺に恨みでもあるのか⁉

（３月25日★月）

## 枠順が勝敗を決するレース

### ▼「中山・阪神」攻略法

昨日の撮影で疲労困憊の里中です。

何しろモデルが、笑えない、動けない……。おまけに、マネージャーが私のオデッセイで百五十キロ飛ばし「燃費悪いですね」と言うんだもんなあ。いくら私が天才でも（写真の方ではほんとに天才と言われている）、昨日のモデルは綺麗に撮れません。とほほ。

**●中山10Ｒ・12Ｒ**

今、東京地方は大雨である。中山は確実に重馬場になりそうだ。

芝で狙いたい馬は、10Ｒ千葉日報杯、岡部のエアスムースぐらいだ。外枠が気になるが、タマモクロス産駒で、重はこなせるはずだ。

12Ｒ（四歳上１０００万下、ダート１２００メートル）。狙っているのはカオリハイパー。**まっ**

## 中山 10 発走15.00

千葉日報杯（ちばにっぽう）（混）

4歳900万下・5歳上900万下・別定

芝1600 外回り・B

推定タイム 良 1.34.2 重 1.35.7

連対決り手

◎信頼度 85%

連軸不動

| 馬番 | 馬名 | 斤量 | 騎手 | 性齢 | 賞金 | 総賞金 |
|---|---|---|---|---|---|---|
| 1 | ハセノセンプー | 56 | 村田 | 牡6栗 | 1200 | 3412 |
| 2 | ハリケーンルドルフ | 56 | 小野 | 牡4栗 | 800 | 2400 |
| 3 | マルタカトップガン | 56 | 田中勝 | 牡7鹿 | 1100 | 3972 |
| 4 | マイダイナマイト | 55 | 勝浦 | 牝5栗 | 1360 | 2196 |
| 5 | シャープスウォード | 56 | 宗像 | 牡4鹿 | 800 | 1465 |
| 6 | シャインスカイ | 56 | 坂井 | 牡6鹿 | 1180 | 2029 |
| 7 | ブライティアマリン | 54 | 武士沢 | 牝4鹿 | 800 | 2335 |
| 8 | ケイアイチャンス | 56 | 菊沢徳 | 牡6栗 | 1200 | 7070 |
| 9 | ロビンナカヤマ | 57 | 北村 | 牡5栗 | 1200 | 3135 |
| 10 | トーホウスペシャル | 57 | ドイル | 牡5鹿 | 1200 | 2468 |
| 11 | マイティスピード | 56 | 柴田善 | 牡4芦 | 800 | 2695 |
| 12 | フレンドリーエース | 54 | 江田照 | 牝6栗 | 1620 | 6450 |
| 13 | インターサクセス | 56 | 吉田 | 牡6栗 | 1800 | 7975 |
| 14 | エアスムース | 56 | 岡部 | 牡4鹿 | 800 | 3795 |

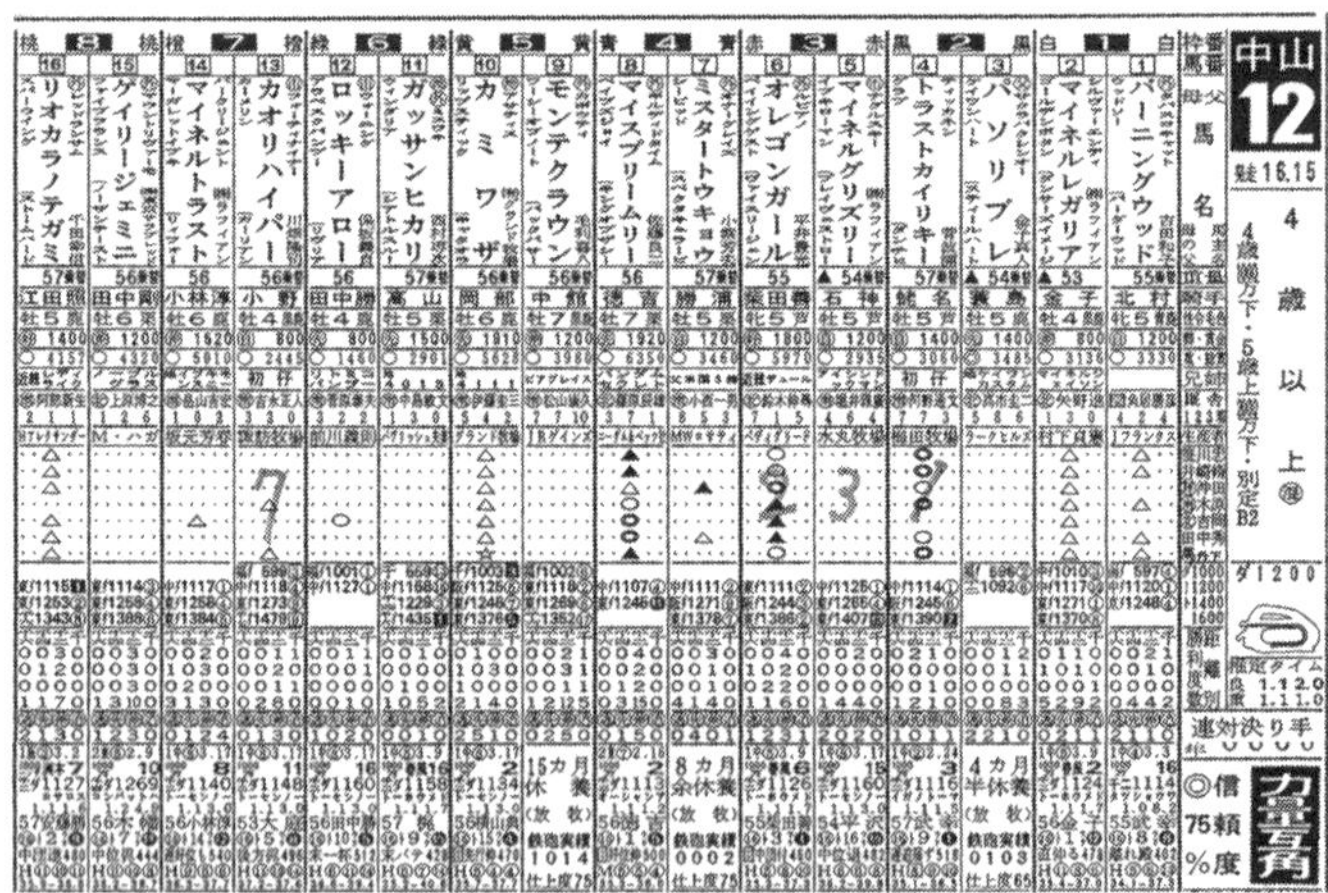

## 中山 12 発走16.15

4歳以上（混）

4歳900万下・5歳上900万下・別定 B2

ダ1200

推定タイム 良 1.12.0 重 1.11.0

連対決り手

◎信頼度 75%

力量互角

| 馬番 | 馬名 | 斤量 | 騎手 | 性齢 | 賞金 | 総賞金 |
|---|---|---|---|---|---|---|
| 1 | バーニングウッド | 55 | 北村 | 牝5鹿 | 1200 | 3330 |
| 2 | マイネルレガリア | ▲53 | 金子 | 牡4鹿 | 800 | 3136 |
| 3 | パソリブレ | ▲54 | 蓑島 | 牡5鹿 | 1400 | 3485 |
| 4 | トラストカイリキー | 57 | 蛯名 | 牡5芦 | 1400 | 3060 |
| 5 | マイネルグリズリー | ▲54 | 石神 | 牡5芦 | 1200 | 2935 |
| 6 | オレゴンガール | 55 | 柴田善 | 牝5芦 | 1800 | 5970 |
| 7 | ミスタートウキョウ | 57 | 勝浦 | 牡5栗 | 1200 | 3460 |
| 8 | マイスプリームリー | 56 | 徳吉 | 牡7栗 | 1920 | 6350 |
| 9 | モンテクラウン | 56 | 中舘 | 牡7鹿 | 1200 | 3980 |
| 10 | カミワザ | 56 | 岡部 | 牡6鹿 | 1910 | 5628 |
| 11 | ガッサンヒカリ | 57 | 高山 | 牡5栗 | 1500 | 2901 |
| 12 | ロッキーアロー | 56 | 田中勝 | 牡4鹿 | 800 | 1460 |
| 13 | カオリハイパー | 56 | 小野 | 牡4鹿 | 800 | 2445 |
| 14 | マイネルトラスト | 56 | 小林淳 | 牡6鹿 | 1620 | 5010 |
| 15 | ゲイリージェミニ | 56 | 田中剛 | 牡6栗 | 1200 | 4320 |
| 16 | リオカラノテガミ | 57 | 江田照 | 牡5鹿 | 1400 | 4157 |

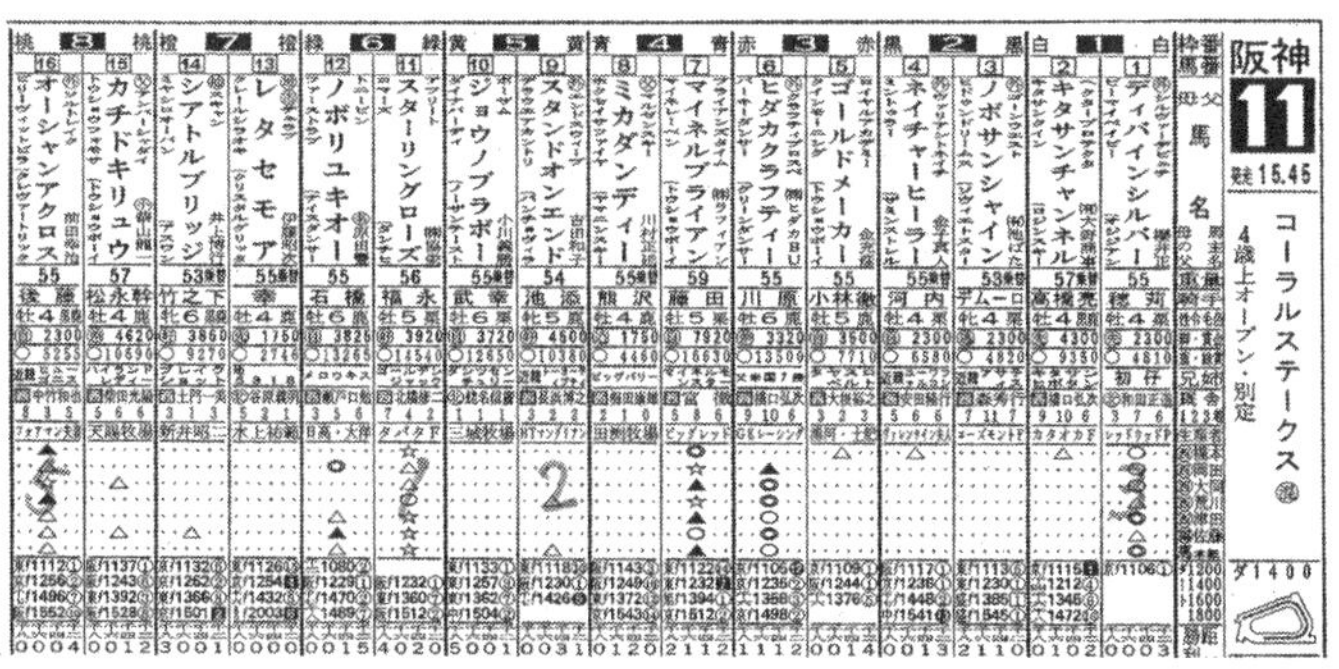

阪神 11 発走15.45

コーラルステークス 混

4歳上オープン・別定 ダ1400

| 枠番 | 馬番 | 馬名 | 斤量 | 騎手 |
|---|---|---|---|---|
| 白1 | 1 | ディバインシルバー | 55 | 穂苅 |
| 白1 | 2 | キタサンチャンネル | 57 | 高橋亮 |
| 黒2 | 3 | ノボサンシャイン | 53 | デムーロ |
| 黒2 | 4 | ネイチャーヒーラー | 55 | 河内 |
| 赤3 | 5 | ゴールドメーカー | 55 | 小林徹 |
| 赤3 | 6 | ヒダカクラフティー | 55 | 川原 |
| 青4 | 7 | マイネルブライアン | 59 | 藤田 |
| 青4 | 8 | ミカダンディー | 55 | 熊沢 |
| 黄5 | 9 | スタンドオンエンド | 54 | 池添 |
| 黄5 | 10 | ジョウノブラボー | 55 | 武幸 |
| 緑6 | 11 | スターリングローズ | 56 | 福永 |
| 緑6 | 12 | ノボリユキオー | 55 | 石橋 |
| 橙7 | 13 | レタセモア | 55 | 幸 |
| 橙7 | 14 | シアトルブリッジ | 53 | 竹之下 |
| 桃8 | 15 | カチドキリュウ | 57 | 松永幹 |
| 桃8 | 16 | オーシャンアクロス | 55 | 後藤 |

阪神 10 発走15.10

道頓堀ステークス（どうとんぼり） 混

4歳1000万下・5歳上500万下・別定 芝1600 Bコース

| 枠番 | 馬番 | 馬名 | 斤量 | 騎手 |
|---|---|---|---|---|
| 白1 | 1 | カオリジョバンニ | 56 | 田面木 |
| 白1 | 2 | ミヤビリージェント | 56 | 秋山 |
| 黒2 | 3 | キングオブサンデー | 56 | デムーロ |
| 黒2 | 4 | ツルマルイソノツル | 56 | 後藤 |
| 赤3 | 5 | メイデンマサムネ | 57 | 常石 |
| 赤3 | 6 | アーサーズフェイム | 56 | 佐藤哲 |
| 青4 | 7 | エイスワンダー | 54 | 池添 |
| 青4 | 8 | ボンデローザ | 55 | 松永幹 |
| 黄5 | 9 | ゼンノスピリット | 56 | 角田 |
| 黄5 | 10 | マイネルカーネギー | 56 | 上村 |
| 緑6 | 11 | ニホンピロハーレー | 56 | 藤田 |
| 緑6 | 12 | ケイエスホノカ | 54 | 難波 |
| 橙7 | 13 | シルヴァーゼファー | 56 | 芹沢 |
| 橙7 | 14 | グロリアスサンデー | 57 | 河内 |
| 桃8 | 15 | ユノピエロ | 56 | 福永 |
| 桃8 | 16 | シンボリスナイパー | 56 | 川原 |

阪神 9 発走14.35

白鷺特別（しらさぎ） 混

4歳1000万下・5歳上500万下・別定

| 枠番 | 馬番 | 馬名 | 斤量 | 騎手 |
|---|---|---|---|---|
| 白1 | 1 | スーパージーン | 56 | 四位 |
| 黒2 | 2 | フェリシタル | 57 | 川原 |
| 赤3 | 3 | エンディングテーマ | 56 | 白坂 |
| 青4 | 4 | ミスマース | 54 | デムーロ |
| 黄5 | 5 | シマノフリート | 57 | 向山 |
| 黄5 | 6 | サンライズシャーク | 56 | 松永幹 |
| 緑6 | 7 | タヤスエタニティ | 56 | 池添 |
| 緑6 | 8 | タニノエタニティ | 56 | 武幸 |
| 橙7 | 9 | アストラルブレイズ | 56 | 菅谷 |
| 橙7 | 10 | ヒミノダハール | 56 | 小林徹 |
| 桃8 | 11 | アグネスチャンプ | 56 | 福永 |
| 桃8 | 12 | セフティーヒカリ | 56 | 橋本美 |

**たく人気がないが、重のダートで勝っていて、このクラスにも僅差四着の実績がある。狙わないといけない。私は基本的に最終レースはやらないが、狙いたい馬が出ている時は買う。**岡部のカミワザという馬もいい。カオリハイパー、カミワザ、この二頭の単複、ワイドを買いたい。

## ●阪神9～11R

今日の勝負レースは阪神だ。

11Rコーラルsは、大外枠に入った後藤のオーシャンアクロス。いきなりオープン別定ではつらいが、阪神のダートは外枠がいい。前走内容も優秀だった。主戦の後藤が乗るのもいい。人気もなく、先物買いをする。

10R道頓堀sは、関東から適鞍を求めて出走するカオリジョバンニ。阪神のマイルは内枠がいい。田面木はこのレースのために乗りに行くのか。ならば、なおさら狙うのがいい。

**一番力が入るのが、9R白鷺特別。**スーパージーンは前走も狙った。**直線で不利があったが、なぜか審議のランプが点灯せず、里中、怒り爆発といったところだが、今度はきっちり勝てるはずだ。**フェリシタルには負けたくないよ。

最近、土曜日の成績がよく、会員から「日曜日も頑張ってください」と言われる。私はもともと日曜日が得意で、土曜日は苦手である。たまたま、狙っている馬が土曜日に集中して出てきたのだろう。単なるめぐり合わせだ。

先週のアクティブバイオ、アドマイヤコジーンで軍資金はあるが、今日は控えめに勝負するつもりだ。

（3月30日★土）

## 勝負はパドックまで待て

### ▼「中距離GⅡ」攻略法

昨日は、中山の最終が余計だった（カオリハイパー七着）。

阪神9Rのスーパージーンは、今度は不利のない大外を回っての差し切り。四位騎手、見事でした。

昨日、言い忘れた話があった。先週日曜、中山10Rでドリームカムカムをあくまで控えめに買ったが（六着）、馬体重が好調時よりも、20キロ近く減っていた。**牝馬が体重を減らすのは厳禁だ。**太らせることができない調教師もだらしないが、この牝馬は寒いのがマイナスなのだろう。**夏になって、体重を増やしてきたら狙い時だ。**三歳秋にレディパステルといい勝負をしている馬。まだまだこれからだ。

今日はダービー卿CTも大阪杯も難解だ。私の場合、追い切りが終わる頃に本命が決まっていることが多い。しかし大阪杯の方は先ほどまで頭を悩ましていた。

## ●阪神11R大阪杯

内枠からエアシャカール、ツルマルボーイ、サンライズペガサス、テンザンセイザ、マチカネキンノホシに注目したが、本命はエアシャカールにした。２０００メートルに実績があること、相手があまりにも実績不足なこと、騎手がデムーロであること、これらが本命にした理由だ。

ツルマルボーイは57キロを背負っての実績がなく、サンライズペガサスは前走オープン特別を勝ったにすぎない。テンザンセイザは追い込みがきく馬だが、今回はスローペースが予想されるので割引だ。昨年のようなテイエムオペラオーを巡る、きつい流れのレースにはならない。マチカネキンノホシは詰めが甘い。藤沢厩舎の馬はマイラーが多く、２０００メートルを超える距離では全幅の信頼を置けない。

エアシャカールが一番人気になったら「面白くない」だろうが、馬連ではなく、単複を取るのが私のポリシーだ。**だから、タニノギムレットも本命にするし、アクティブバイオも本命にする。**ただ、**エアシャカールがもし三着の場合、複勝は１３０円くらいだと思うので、このレースは馬連とワイドも買う**。これまで書いた馬に流してほしい。もちろん、単複だけでもいい。

どういう割合で買えばいいのかというと、**単勝一万円、複勝二万円、馬連千円ずつ、ワイド三〜五千円という配分だ**。しかし、これはあくまで目安にすぎない。実際どう買うかは、パドックを見て判断してほしい。特に、エアシャカールのパドックには注意してほしい。多少のイレコミは構わ

阪神 11 発走15.45

第46回 産経大阪杯（GⅡ）

4歳上オープン・混・別定・指

芝2000 Bコース

推定タイム 良 1.59.0 重 2.01.0

連対決り手

波乱含み ◎信頼70%度

| 枠番 | 馬番 | 馬名 | 斤量 | 騎手 | 性齢 |
|---|---|---|---|---|---|
| 白1 | 1 | エアシャカール | 59 | デムーロ | 牡5 |
| 黒2 | 2 | トーセンダンディ | 57 | 熊沢 | 牡4 |
| 赤3 | 3 | アンクルスーパー | 57 | 武幸 | 牡5 |
| 赤3 | 4 | ロサード | 57 | 小牧太 | 牡6 |
| 青4 | 5 | ツルマルボーイ | 57 | 河内 | 牡4 |
| 青4 | 6 | ビッグゴールド | 57 | 福永 | 牡4 |
| 黄5 | 7 | サンライズペガサス | 57 | 安藤勝 | 牡4 |
| 黄5 | 8 | タマモヒビキ | 57 | 小原 | 牡6 |
| 緑6 | 9 | テンザンセイザ | 58 | 四位 | 牡4 |
| 緑6 | 10 | ジョービッグバン | 57 | 松永幹 | 牡7 |
| 橙7 | 11 | マチカネキンノホシ | 58 | 横山典 | 牡6 |
| 橙7 | 12 | ウインマーベラス | 57 | 吉田稔 | 牡5 |
| 桃8 | 13 | プレシャスソング | 57 | 後藤 | 牡4 |
| 桃8 | 14 | ブリリアントロード | 57 | 山田和 | 牡7 |

[illegible]

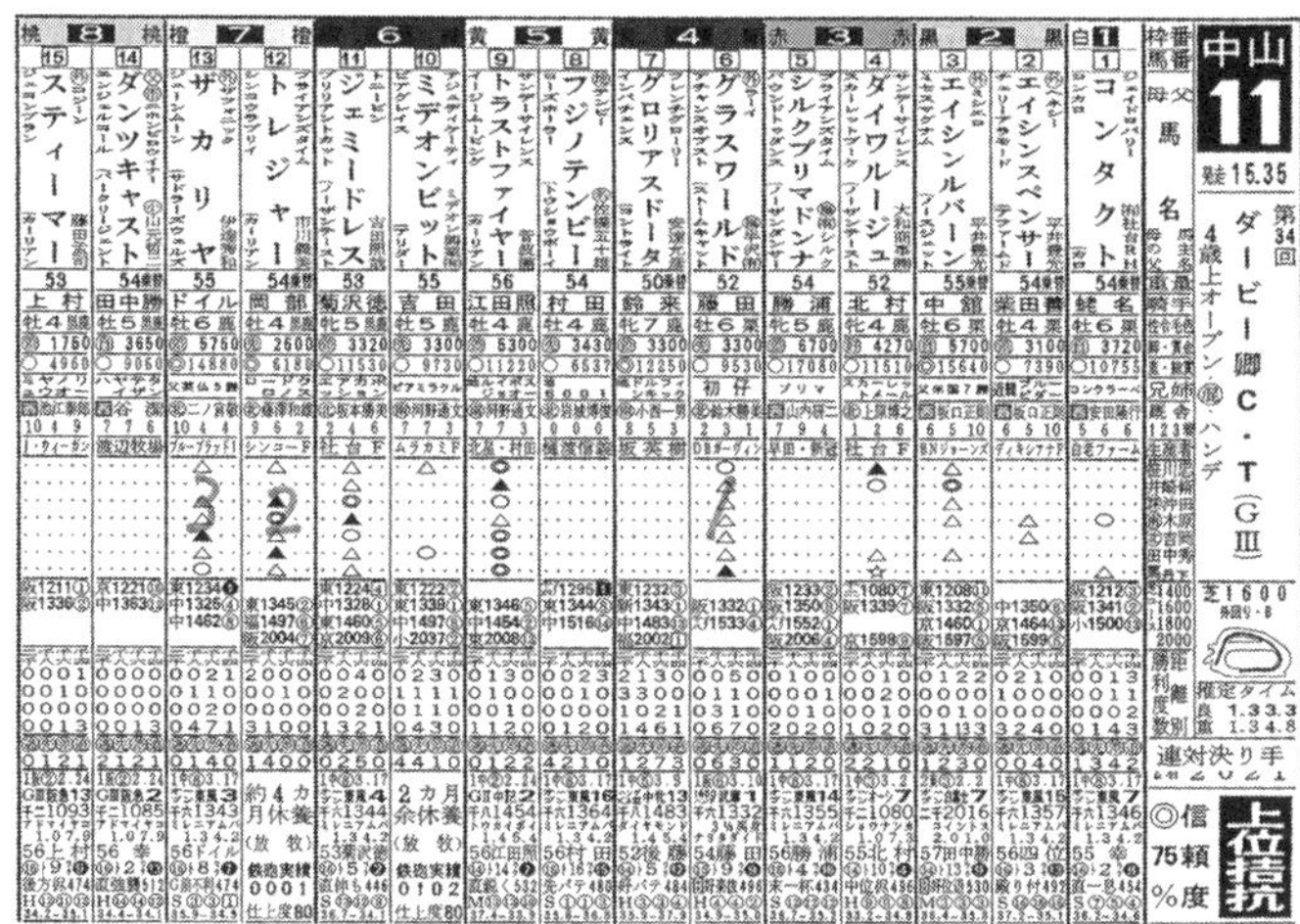

中山 11 発走15.35

第34回 ダービー卿C・T（GⅢ）

4歳上オープン・混・ハンデ

芝1600 外回り・B

推定タイム 良 1.33.3 重 1.34.8

連対決り手

上位拮抗 ◎信頼75%度

| 枠番 | 馬番 | 馬名 | 斤量 | 騎手 | 性齢 |
|---|---|---|---|---|---|
| 白1 | 1 | コンタクト | 54 | 蛯名 | 牡6 |
| 黒2 | 2 | エイシンスペンサー | 54 | 柴田善 | 牡4 |
| 黒2 | 3 | エイシンルバーン | 55 | 中舘 | 牡6 |
| 赤3 | 4 | ダイワルージュ | 52 | 北村 | 牝4 |
| 赤3 | 5 | シルクプリマドンナ | 54 | 勝浦 | 牝5 |
| 青4 | 6 | グラスワールド | 52 | 藤田 | 牡6 |
| 青4 | 7 | グロリアスドータ | 50 | 鈴来 | 牝7 |
| 黄5 | 8 | フジノテンビー | 54 | 村田 | 牡4 |
| 黄5 | 9 | トラストファイヤー | 56 | 江田照 | 牡4 |
| 緑6 | 10 | ミデオンビット | 55 | 吉田 | 牡5 |
| 緑6 | 11 | ジェミードレス | 53 | 菊沢 | 牝5 |
| 橙7 | 12 | トレジャー | 54 | 岡部 | 牡4 |
| 橙7 | 13 | ザカリヤ | 55 | ドイル | 牡6 |
| 桃8 | 14 | ダンツキャスト | 54 | 田中勝 | 牡5 |
| 桃8 | 15 | スティーマー | 53 | 上村 | 牡4 |

[illegible]

ないが、休養明けのため、体重が大きく増えていたら勝負は控えた方がいい。最終追い切りが単走だったので、太すぎることはないと思うが、要は**パドックを見て購入金額を増やすか減らすか決定すべきだ。**

**●中山11Rダービー卿CT**

本命はトレジャー。藤沢厩舎は、出世する馬はマイラーが多い。馬なり調教が長距離に合わないのか。トレジャーも、押さえ切れないくらいに行ってしまう馬だ。早く短い距離を使ってほしいと思っていたところだ。ここを好走して、ダイヤモンドビコーとともに安田記念に行ってほしい。**暖かくなってきたら好走するザカリヤの複勝も買う。**

こちらのレースは単複のみ買う。

（3月31日★日）

# 第4章

# 馬券の神髄は単複にあり

●十一番人気を本命にする理由
●一番人気を本命にする理由
●先行馬を外してはいけないレース
●決して悔いを残すな！

Theory

# 十一番人気を本命にする理由

## ▼「三歳TR」攻略法

明日はいよいよ桜花賞ですね。

岡部の馬が一番人気になりそうな気配だが、当日雨ならオースミコスモが一番人気になるだろう。前売りを買う人のために本命を言う。シャイニンルビーだ。岡部への応援馬券ではない。徹底的に調べた結果、この馬が本命になった。詳細は明日。

今日取り上げるのは二レース。明日の桜花賞と同じく、とても難解だ。特にニュージーランドトロフィーなど昨年までのデータはまったく役に立たない。馬をじっくり見て、感覚で勝負するしかない。

**●中山11Rニュージーランドト**

本命はタイキリオン。

デビュー二戦目の芝マイルで惨敗しているので人気にならない（現在、十一番人気）。

だが、この馬はNHKマイルCの覇者タイキフォーチュンの弟で、距離はもつはずだ。引っかかる癖がきつい馬でもない。負けた理由は初めての芝と緩いペースに馬がとまどい、蛯名が行かせて

## 中山 11 発走 15.35

第20回 NHKマイルカップTR ニュージーランドトロフィー（GⅡ）
3歳オープン・(混)・牡56キロ・牝54キロ・(指)

芝1600

| 枠番 | 馬番 | 馬名 | 重量 | 騎手 | 性齢毛色 | 厩舎 | 生産者 |
|---|---|---|---|---|---|---|---|
| 白1 | 1 | アルスブランカ | 56 | 田中勝 | 牡3芦 | 河野通文 | マークリ牧場 |
| 黒2 | 2 | キネティクス | 56 | 松永幹 | 牡3栗 | 新川恵 | 笹島政信 |
| 黒2 | 3 | メジャーカフェ | 56 | 岡部 | 牡3栗 | 小島太 | マーチン夫妻 |
| 赤3 | 4 | ロイヤルマイル | 56 | 勝浦 | 牡3栗 | 松山康久 | [illegible]ファーム |
| 赤3 | 5 | シベリアンメドウ | 56 | 後藤 | 牡3栗 | 堀井雅広 | ハイランドF |
| 青4 | 6 | サーガノヴェル | 54 | 横山典 | 牝3栗 | 古賀史生 | スペクトラムBS |
| 青4 | 7 | オースミエルスト | 56 | 秋山 | 牡3鹿 | 安藤正敏 | 鮫川啓一 |
| 黄5 | 8 | トリッキーアイズ | 56 | 中舘 | 牡3鹿 | 安藤正敏 | 丸茂小林牧場 |
| 黄5 | 9 | タイキリオン | 56 | 柴田善 | 牡3鹿 | 田中清隆 | 大樹F |
| 緑6 | 10 | イーグルスウォード | 56 | 蛯名 | 牡3鹿 | 浅見秀一 | ウイラナムFM |
| 緑6 | 11 | スターエルドラード | 56 | デムーロ | 牡3青鹿 | 森秀行 | ムーベンS |
| 橙7 | 12 | サンヴァレー | 56 | 田中剛 | 牡3青鹿 | 岩元市三 | 高岡・目成 |
| 橙7 | 13 | ワンダーハーブ | 56 | 福永 | 牡3黒鹿 | 瀬戸口勉 | 信岡牧場 |
| 桃8 | 14 | エストレーノ | 56 | ドイル | 牡3鹿 | 池江泰郎 | [illegible] |
| 桃8 | 15 | ダイワファルコン | 56 | 北村 | 牡3栗 | 浅見秀一 | JCマビー |

推定タイム 良 1.33.6 重 1.37.1

連対決り手

力量判定 ◎信 75頼 %度

## 阪神 11 発走 15.45

大阪ハンブルクカップ (混)
4歳上オープン・ハンデ

芝2500 Aコース

| 枠番 | 馬番 | 馬名 | 父 | 母 | 重量 | 騎手 | 性齢毛色 | 厩舎 | 生産者 |
|---|---|---|---|---|---|---|---|---|---|
| 白1 | 1 | プレミアムバラード | オペラハウス | ヤナティス | 50 | 小池 | 牡7栗 | 大根田裕之 | 早田・新冠 |
| 黒2 | 2 | マイネルデスポット | ペンタイア | エバブラウン | 55 | 太宰 | 牡4鹿 | 柴田光陽 | 三木田明仁 |
| 赤3 | 3 | ダイイチダンヒル | サンデーサイレンス | ダイイチリカー | 55 | 河内 | 牡4青鹿 | 伊藤雄二 | ノーザンF |
| 青4 | 4 | エイシンワンシャン | トニービン | エイシンテネシー | 51 | 岩田 | 牝6鹿 | 坂口正則 | 栄進牧場 |
| 黄5 | 5 | ファンドリスポット | タイトスポット | ウネビノカオリ | 49 | 高橋康 | 牡6黒鹿 | 岩元市三 | 棚川牧場 |
| 緑6 | 6 | ファンドリマヤサン | ブライアンズタイム | バルチックチル | 51 | 池添 | 牡4鹿 | 南井克巳 | 千代田牧場 |
| 緑6 | 7 | メジロサンドラ | メジロマックイーン | カンパナ | 55 | 熊沢 | 牝6芦 | 池江泰郎 | メジロ牧場 |
| 橙7 | 8 | トウカイオーザ | サンデーサイレンス | トウカイナチュラル | 58 | 幸 | 牡5黒鹿 | 松元省一 | 長浜牧場 |
| 橙7 | 9 | エイシンウインダム | ビートスキ | ワインライト | 51 | 川島 | 牡6鹿 | 岩戸孝樹 | ビリングス夫妻 |
| 桃8 | 10 | ホワイトハピネス | タマモクロス | カーフィリイ | 55 | 小原 | 牡5芦 | 小原伊佐 | 岡田牧場 |
| 桃8 | 11 | ロードブレーブ | ダンシングブレーヴ | ユートジェーン | 53 | 松田 | 牡7鹿 | 山内研二 | 桑原牧場 |

推定タイム 良 2.31.8 重 2.33.6

連対決り手

しまったからだ。前走・中京千二は青木が、後方からの競馬ですごい差し切りを決めた。**今日、もし差してこなかったら、完全に距離が敗因だと認める。**

一番人気サーガノヴェルは千二でもかかりぎみに行く馬。一気に距離が伸びる今回は見送りたい。陣営も「泣き」が入っていた。

エストレーノは大物感はあるが、馬体重が530キロ。マチカネキンノホシにもあてはまるが、大きすぎる馬は芝で切れない。サンヴァレーとの逃げ争いもマイナス材料。見送る。

オースミエルストには魅力を感じるが、騎手が関西の秋山。**関東の騎手の聖地である中山で勝てるとは思えない**。その他、前走千二でさえ負けている馬、前走ダートの馬、大敗している馬、すべて消した。

残ったのは、アルスブランカと岡部のメジャーカフェ。以上の三頭の三角買いもする。

主力はもちろんタイキリオンの単複。単勝五千円、複勝一万円。メジャーカフェとの馬券は馬連二千円、ワイド一万円は買う。

**●阪神11R大阪ハンブルクC**

こちらの馬場は内ラチ沿いがいいので、逃げ馬を狙いたい。ロードブレーブは馬に逃げる気力がもう見受けられないので、マイネルデスポットを狙う。ずっと太宰が乗っているのもいい。

ニュージーランドTの逃げ馬サンヴァレーも田中剛に乗り替わったのはプラス材料だ。ボックスにくわえてもいいが、私は本番で狙うつもりだ。

今月からレースを絞る練習をして、GIに備えたい。

今日私は午前中に後楽園ウインズに馬券を買いに行く。プロラボに行く予定があり、パドックを見られない。この二レースだけ買って帰宅する。

休養明けのマイネルデスポットがプラス20キロとかなら残念だが、この馬は黒字馬でも赤字馬でもない。単勝三千円くらいでいいな。

（4月6日★土）

## 一番人気を本命にする理由

### ▼「阪神GI」攻略法

昨日はタイキリオンの単複を取った。今までこれほど土曜日の予想が好調なのは経験がない。

タイキリオンは、前走の中京の競馬が最高のレースだった。青木騎手が馬に競馬を教えてくれた。それで本命にしたんだ。彼と会うことがあったらお礼を言いたい。

今日解説するのは桜花賞のみ。他のレースに狙っている馬がいないかぎり、このレースに専念したい。

## ●阪神11R桜花賞

本命は岡部のシャイニンルビー。昨日も書いたが、応援馬券ではない。この馬が一番強い。

まず、桜花賞の前哨戦をすべてチェックする。シャイニンルビーが勝ったクイーンC以外は、すべて古馬500万下にも満たない低レベルだ。走破時計が遅かったり、上がりタイムも目を見張るものがない。

だが、シャイニンルビーの勝ったクイーンCの1分34秒6という時計は、三歳の二月という時期にしては速い。競馬センスも抜群。しかも「今までの管理馬（牝馬）の中でいちばん落ち着いている」と藤沢師が言うように、大人の風格がある。初めての長距離輸送もこなすと信じたい。枠も最高のところに入った。今、阪神は内側が絶好の馬場。逃げ馬が外にいるから、じっくり先行して、好位の四番手くらいで競馬ができる。重になったら、オースミコスモが怖い。だがシャイニンルビーは母父がノーザンテーストだから、重も走るはずだ。

また、この馬は**フジキセキの姪にあたる。オースミコスモのように父がフジキセキだとGIでは不安だが、近親フジキセキというのは、逆に買いの材料だ。**

岡部、悲願の桜花賞制覇だ。しかし、彼はこんな嬉しいことも言っている。

「勝っても負けても、来年も桜花賞に乗っている」

泣けてくるね。シャイニンルビーの単複で勝負。**一番人気？　三倍台なら問題ない。**

馬連ワイドは、オースミコスモと、前走ちぎって勝ったスマイルトゥモロー、サンデーサイレン

## 阪神 11 発走15.40

第62回 桜花賞（GⅠ）

3歳オープン・牝・55キロ・指定

芝1600 Aコース

推定タイム 良 1.35.2 重 1.37.5

| 枠番 | 馬番 | 馬名 | 負担重量 | 騎手 | 性齢 | 賞金 | 総賞金 | 馬体重 | 上り | 短評 |
|---|---|---|---|---|---|---|---|---|---|---|
| 1 | 1 | スマイルトゥモロー | 55 | 吉田 | 牝3 | 2800 | 5699 | 438～436 | 35.0① | 折り合い一つ |
| 1 | 2 | キョウワノコイビト | 55 | 松永幹 | 牝3 | 1450 | 3470 | 436～446 | 35.1③ | 絶好枠だ |
| 2 | 3 | シャイニンルビー | 55 | 岡部 | 牝3 | 2400 | 4790 | 454～462 | 34.4① | ローテ楽だけ |
| 2 | 4 | タムロチェリー | 55 | 蛯名 | 牝3 | 5000 | 9880 | 432～442 | 35.2① | [illegible] |
| 3 | 5 | カネトシディザイア | 55 | 河内 | 牝3 | 1360 | 2990 | 430～438 | 34.7① | 距離だけ |
| 3 | 6 | ブルーリッジリバー | 55 | 四位 | 牝3 | 1450 | 3680 | 444～450 | 34.6① | 爆発力秘 |
| 4 | 7 | オースミパーディー | 55 | 坂井 | 牝3 | 1200 | 2260 | 460～468 | 35.6⑤ | 気性カギ |
| 4 | 8 | オースミコスモ | 55 | 後藤 | 牝3 | 1600 | 4700 | 422～432 | 35.6③ | 崩れない |
| 5 | 9 | アイノブリーズ | 55 | 岩田 | 牝3 | 800 | 1687 | 422～434 | 35.3⑤ | 見送り |
| 5 | 10 | マチカネテマリウタ | 55 | 幸 | 牝3 | 800 | 1940 | 428～436 | 36.0⑤ | 前走不満 |
| 6 | 11 | ミスイロンデル | 55 | 小牧太 | 牝3 | 1900 | 4150 | 428～436 | 34.9④ | ダート向き |
| 6 | 12 | サンターナズソング | 55 | 柴田善 | 牝3 | 1350 | 3010 | 508 | 36.1⑥ | 力つける |
| 7 | 13 | シェーンクライト | 55 | 福永 | 牝3 | 1200 | 2830 | 454～456 | 34.8③ | 大差ない |
| 7 | 14 | ツルマルグラマー | 55 | 川原 | 牝3 | 1050 | 1900 | 494～508 | 35.2② | 久々カギ |
| 7 | 15 | アローキャリー | 55 | 池添 | 牝3 | 1900 | 3120 | 444～452 | 34.3① | 控えてどうか |
| 8 | 16 | チャペルコンサート | 55 | 熊沢 | 牝3 | 1350 | 4020 | 414～422 | 34.7② | 好勝負だ |
| 8 | 17 | ヘルスウォール | 55 | デムーロ | 牝3 | 3200 | 7450 | 474～476 | 35.0① | 再度注目 |
| 8 | 18 | サクセスビューティ | 55 | 藤田 | 牝3 | 3950 | 8190 | 484～498 | 35.2① | 枠順だけ |

連対決り手

| 賞金 | レコード |
|---|---|
| 8900 | 1.32.8 |
| 3600 | ジョウテンブレーヴ |
| 2200 | |
| 1300 | 57蛯名 |
| 890 | 13.4.14 |

単勝オッズ（JRA発表・午後3時30分現在）

| 馬番 | オッズ |
|---|---|
| (1) | 10.1 |
| (2) | 20.2 |
| (3) | 2.8 |
| (4) | 12.1 |
| (5) | 21.9 |
| (6) | 12.8 |
| (7) | 56.7 |
| (8) | 6.2 |
| (9) | 146.4 |
| (10) | 108.4 |
| (11) | 203.7 |
| (12) | 17.1 |
| (13) | 60.7 |
| (14) | 48.5 |
| (15) | 43.7 |
| (16) | 12.5 |
| (17) | 25.8 |
| (18) | 8.0 |

出場騎手の勝鞍と連対率%

| 騎手 | 勝 | 連 | 連対率% |
|---|---|---|---|
| 蛯名 | 2 | 9 | 23.8 |
| 藤田 | 2 | 9 | 20.8 |
| 柴田善 | 2 | 8 | 21.8 |
| 後藤 | 2 | 7 | 25.1 |
| 福永 | 2 | 6 | 21.0 |
| 四位 | 2 | 3 | 23.7 |
| 松永幹 | 2 | 0 | 18.0 |
| 吉田 | 1 | 8 | 20.2 |
| 池添 | 1 | 8 | 17.8 |
| 熊沢 | 1 | 6 | 13.8 |
| 岡部 | 1 | 4 | 21.1 |
| 河内 | 1 | 4 | 19.9 |
| 幸 | 1 | 3 | 17.6 |
| デムーロ | 4 | | 29.6 |
| 坂井 | 1 | | 4.3 |
| 小牧太 | 通算2936勝 | | |
| 川原 | 通算2419勝 | | |
| 岩田 | 通算1595勝 | | |

（3月31日終了時）

レース展開

⑱、⑬の競りはない。前者の逃げが濃厚か。好枠②③に注目。（M）

☆展開注目馬 ❷❸

| 過去の決まり手 | 逃げ | 先行 | 差し | 追込 |
|---|---|---|---|---|
| 1着 | 0 | 5 | 2 | 3 |
| 2着 | 1 | 2 | 5 | 2 |

◎信頼度80%　上位拮抗

ス産駒の差し馬チャペルコンサートの三頭に流す。

タイキリオンの単勝は6350円、複勝は1100円の配当だった。メジャーカフェとのワイドは4740円。これで今年は黒字確定。新しいBMWが見えてきました⁉

今度のBMWはM3にしたいと思っていたが、ショールームで見たZ3も古いモデルなりにかっこよかった。「こっちの方にしようかな」と心がゆらいできた。

馬券を取っても車を買い換えるので、私には貯金がないのだが……。

岡部、頼んだぞ！！

（4月7日★日）

## 【GⅠ後記③〜桜花賞〜】
# 大幅マイナス馬体重が及ぼす影響

落ち込みましたよ。レースが終わった後、寝込んでしまった。

凡走していたら、「ああ、マイナス22キロの影響だ」とさっぱりあきらめる。しかし中途半端に好走したものだから「もしあれがなければ、勝っていたのに」と悔やみきれない。

**ゲートで出負けしたが、体調が悪いと、ああいう事が頻繁に起こるのだ。**

しかし、こういう状況で、シャイニンルビーはよく走った。根性娘だ。一カ月で馬体を戻してほしい。私はシャイニンルビーにオークスを勝たせてあげたい。

今年も岡部は残念な結果になったが、桜花賞を取ってないからといって、騎手としての価値が下がるわけじゃない。また来年頑張ってほしい。

関西テレビのアナウンサーが本馬場入場の時、「キング・オブ・ジョッキー、岡部」と紹介した。ずっと「名手」としか称されていなかったから、今回の紹介の仕方は私も嬉しかった。二月に復帰して、よけい彼の存在感が大きくなったようだ。

勝ったアローキャリーは、今回にかぎっては、池添が岡部らよりもはるかに上手に乗った。レースも緩い流れで、展開の助けもあった。**「魔の桜花賞ペース」なんて言葉はもう死語なのか**。

オースミコスモは、道中何回か不利があった。後藤は株を下げてしまったのか、次からは常石に戻るそうだ。後藤がGIを優勝するのも、まだまだ先なのかなあ。

（4月8日★月）

# 逃げ馬のリズムをつかめ！

## ▼「遠征騎手」攻略法

明日の皐月賞は、強い馬がそろい大混戦。その中でも、一番強い馬はタニノギムレットだと思う。三冠馬級の器だと。

ただ、他にも一冠くらい取れそうな馬も数多くいて、どうやら私が競馬を始めて以来、もっともハイレベルな世代だと思われる。

本命にしたのはヤマノブリザード。印は有力各馬に付けた。

今日は阪神の二つのレースを買う。タイキリオン、アクティブバイオが当たり、会員から「自信度を明確にしてほしい」というメールやFAXが来る。これまでも書いたが、私は予想屋さんのように〝自信度〟は明確にしない。自信があっても負けるのが競馬だし、**私は自信のあるレースしか予想していない**。一日二レースほどに絞るということは、取れそうなレースを厳選しているということだ。ここで紹介する以上、自信度は90％以上なのだ。だからこそ、高い確率で単複が取れるのだと思う。

今日は中山と阪神の出馬表を見て、中山の方は取れそうもないと判断した。阪神の二レースに絞った。それでも取れない時はある。競馬だからね。

**●阪神11Rマイラーズ C**

本命は、岡部が阪神まで乗りに行くマグナーテン。

最近、関西に藤沢の馬が遠征する時は横山典や外国人騎手になることが多い。**岡部が乗りに行くのは珍しいことだ**。最近岡部が気に入っていると思える馬は、この馬とトレジャー、ヤマノブリザード、シャイニンルビー。

マグナーテンは、昨秋富士Sで七着に負けたが、この時はもう疲労がたまっていたようだ。今回

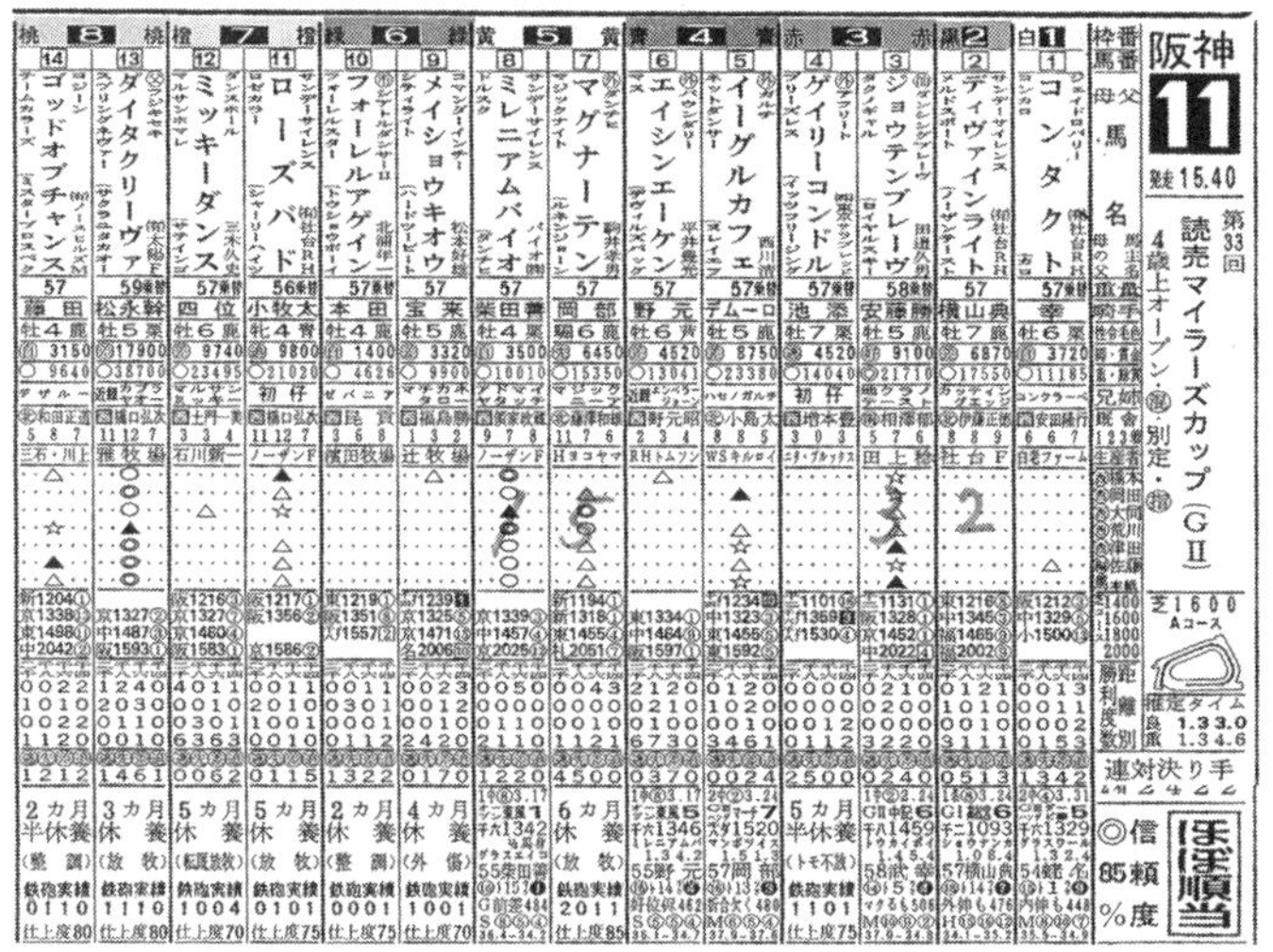

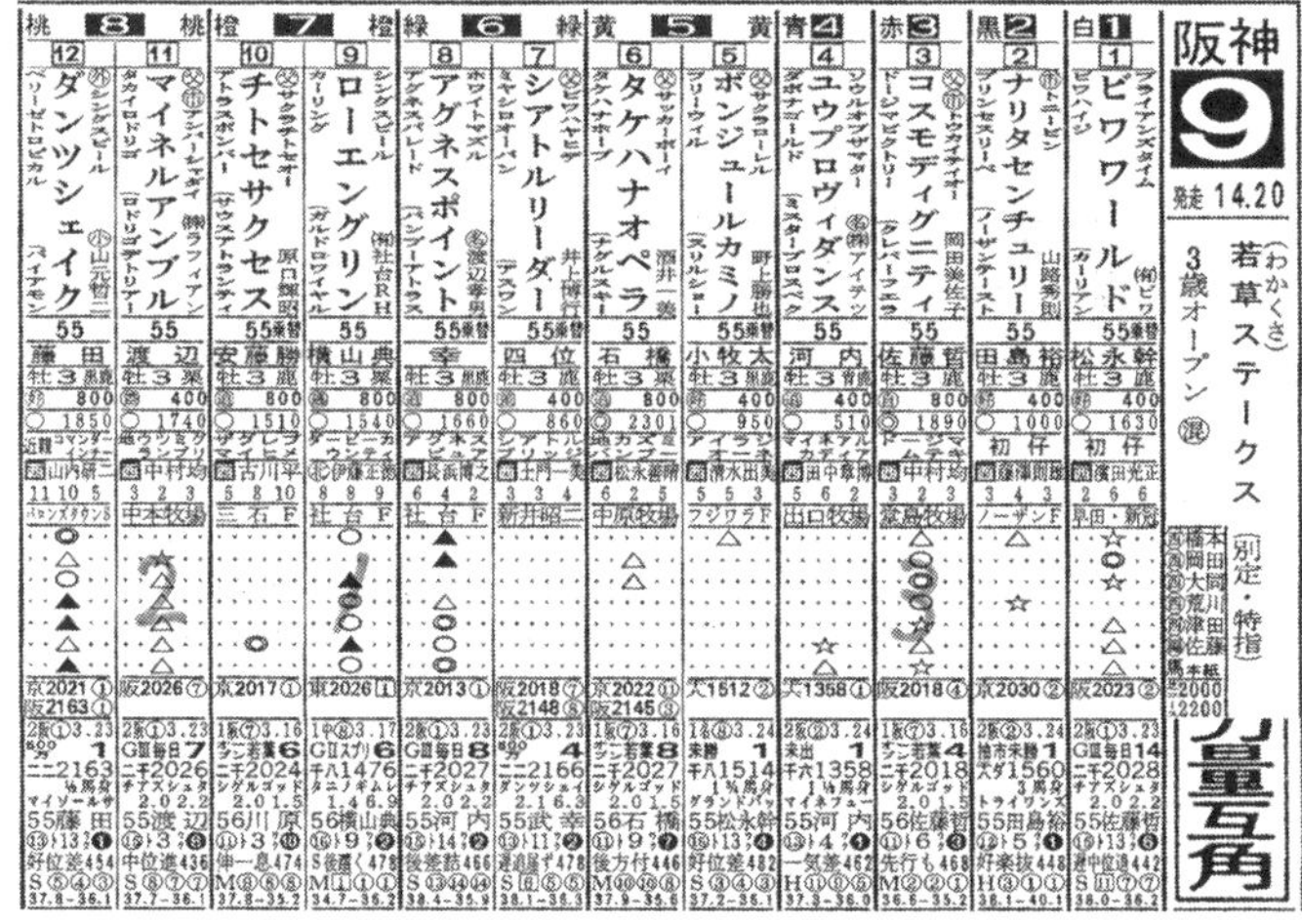

はリフレッシュ放牧後で「自慢したくなるくらい状態がいい」と藤沢がご満悦だった。

鉄砲駆けするタイプであり、他に逃げる馬も見当たらない。当然、本命となる。昨夏に岡部が「安田記念を狙える馬」と称えたスピード馬。使い減りする前に買い続ける。

ミレニアムバイオは重賞では、まだ未知数。ダイタクリーヴァは59キロを背負う。58キロのジョウテンブレーヴはこの斤量で凡走が目立つ。

**怖いのは高松宮記念帰りで、マイルの方が合うディヴァインライト**。

マグナーテンの単複で勝負して、ディヴァインライトとの馬連、ワイドを押さえる。

**●阪神9R若草S**

このレースも逃げ馬が一頭しかいない。当然、本命はローエングリン。**凡走、好走を交互に繰り返す典型的な逃げ馬だろう**。こちらは単複のみを買う。

土日のメインとも岡部が本命になるが、マグナーテンは、馬の実績でも自信のある本命だ。皐月賞の方は、今日ほどの自信はない。各馬の実力が高いレベルで拮抗しているからだ。

こういう時に勝敗の分かれ目となるのは、騎手の乗り方だ。中山はご存じのとおり、小回りで急坂のあるトリッキーなコース。経験がものをいうはずだ。もともと私は**中山が得意な関東の騎手で勝負するつもりだったのだ**。ヤマノブリザードは不利を受けることが少ない外枠に入った。

ここは迷わず岡部だろう。**たとえ馬鹿にされようとも、彼が衰えないうちは買い続ける。**岡部がナンバー1だからだ。

（4月13日★土）

## この〝均差〟を忘れるな！

### ▼「中山GⅠ」攻略法

私は徹夜の一回や二回は平気なタイプだが、昨日はマイラーズCを見た後、倒れるように眠りに落ちた。ストレスが原因なのかなあ。

ふつう競馬を観戦した後はしばらく興奮して寝つけないが、地獄に落ちるような感覚だった。「ひょっとしたら、このまま死ぬのか」と感じ、眠ってしまった。でも今は、ケロっとしている。

マグナーテンは何度も喧嘩を売られた。あれでリズムを崩し、馬が走ることを嫌がっていた。その前にローエングリンの単勝を取ったが、私としては珍しく、マグナーテンの方で勝負していたので、昨日の収支はマイナス。しかも、一着ディヴァインライトとのワイドを買ったつもりが、馬連になっていた。馬連二重買いか。昨日は体調も悪かったようだ。

**●中山11R皐月賞**

昨日も言ったように、タニノギムレットが一番強いと思っている。三冠馬級の器だと。

だが、前走スプリングSの四位の乗り方はだめ。**相手が弱かったので、大外を回って差し切れたが、このメンバーで同じ乗り方をしたら、三着が精一杯だ。また、この馬は武豊に乗せることを優先して、余裕のないローテーションで来たのも減点だ。**

つまり、年が明けて、京都、阪神、中山と三場で重賞を使っている。調教では見分けがつかないかもしれないが、こういう場合、レースを走った疲れが必ずたまるものだ。同様の理由で、チアズシュタルクも本命にできなかった。

残る有力馬の中では、ローマンエンパイアに注目したいが、騎手が武幸四郎では、下手に乗られて負けた日には「悔しい」じゃすまされない。**GIでは、よほどのことがないかぎり、一流騎手を買うのがモットーだ。**

モノポライザーは、少ない頭数でしか出走経験がない上に、GIになると後藤が不甲斐ない。馬体重マイナスで出てくる予感もする。

残るは、ヤマノブリザード、バランスオブゲーム、アドマイヤドンだが、ヤマノブリザードは朝日杯FSの内容が強い負け方だった。大外ブン回って二着。このレースはハイレベルだった。今回120パーセントの力を発揮すれば、勝てるはずだ。よってこれが本命。

アドマイヤドンは状態が不安、バランスオブゲームはどういう位置取りでレースをするのか想像できないので、単勝から外した。

**混戦の皐月賞の場合、中山を熟知している関東の騎手を狙うのがいい。特に単勝を買う場合だ。**

中山 11 発走15.40

第62回 皐月賞（GⅠ）

3歳オープン・牡57キロ・牝55キロ・（指）

芝2000 内回り・B

推定タイム 良 1.59.1 重 2.02.7

| 枠番 | 馬番 | 馬名 | 負担重量 | 騎手 | 性齢 | 本賞金 | 総賞金 |
|---|---|---|---|---|---|---|---|
| 1 白 | 1 | バランスオブゲーム | 57 | 田中勝 | 牡3 | 4700 | 10150 |
| 1 白 | 2 | ノーリーズン | 57 | ドイル | 牡3 | 800 | 1600 |
| 2 黒 | 3 | サスガ | 57 | 安藤勝 | 牡3 | 1750 | 4390 |
| 2 黒 | 4 | メガスターダム | 57 | 松永幹 | 牡3 | 2000 | 4557 |
| 3 赤 | 5 | メジロマイヤー | 57 | 中舘 | 牡3 | 2900 | 6390 |
| 3 赤 | 6 | シゲルゴッドハンド | 57 | 柴田善 | 牡3 | 1350 | 2500 |
| 4 青 | 7 | ダイタクフラッグ | 57 | 江田照 | 牡3 | 1650 | 3210 |
| 4 青 | 8 | アドマイヤドン | 57 | 藤田 | 牡3 | 4200 | 8689 |
| 5 黄 | 9 | タイガーカフェ | 57 | デムーロ | 牡3 | 1200 | 3850 |
| 5 黄 | 10 | ローマンエンパイア | 57 | 武幸 | 牡3 | 3300 | 6600 |
| 6 緑 | 11 | タニノギムレット | 57 | 四位 | 牡3 | 7100 | 14150 |
| 6 緑 | 12 | モノポライザー | 57 | 後藤 | 牡3 | 1750 | 3200 |
| 7 橙 | 13 | ゼンノカルナック | 57 | 福永 | 牡3 | 1200 | 4510 |
| 7 橙 | 14 | ホーマンウイナー | 57 | 幸 | 牡3 | 1950 | 5550 |
| 7 橙 | 15 | ヤマノブリザード | 57 | 岡部 | 牡3 | 3900 | 8078 |
| 8 桃 | 16 | ファストタテヤマ | 57 | 安田 | 牡3 | 2300 | 5550 |
| 8 桃 | 17 | マイネルリバティー | 57 | 横典 | 牡3 | 800 | 1940 |
| 8 桃 | 18 | チアズシュタルク | 57 | 蛯名 | 牡3 | 5400 | 10840 |

連対決り手

| 賞金 | レコード |
|---|---|
| 9700 | 1.58.6 |
| 3900 | クリスザブレイヴ |
| 2400 | |
| 1500 | 56吉田 |
| 970 | 11.9.11 |

単勝オッズ（JRA発表・午後3時30分現在）

| 馬番 | オッズ |
|---|---|
| 1 | 13.3 |
| 2 | 99.9 |
| 3 | 36.7 |
| 4 | 82.1 |
| 5 | 29.5 |
| 6 | 39.6 |
| 7 | 87.8 |
| 8 | 10.9 |
| 9 | 17.7 |
| 10 | 4.9 |
| 11 | 3.2 |
| 12 | 4.4 |
| 13 | 98.2 |
| 14 | 96.3 |
| 15 | 15.0 |
| 16 | 53.7 |
| 17 | 209.8 |
| 18 | 13.9 |

レース展開

①⑥が逃げ宣言だが早い。⑧以下の圧力も回って進出⑪⑩⑫は外（M）

☆展開注目馬 ⑪⑧

同レース過去の決まり手

| | 逃げ | 先行 | 差し | 追込 |
|---|---|---|---|---|
| 1着 | 2 | 2 | 4 | 2 |
| 2着 | 0 | 3 | 4 | 3 |

◎信頼度90％ 連軸不動

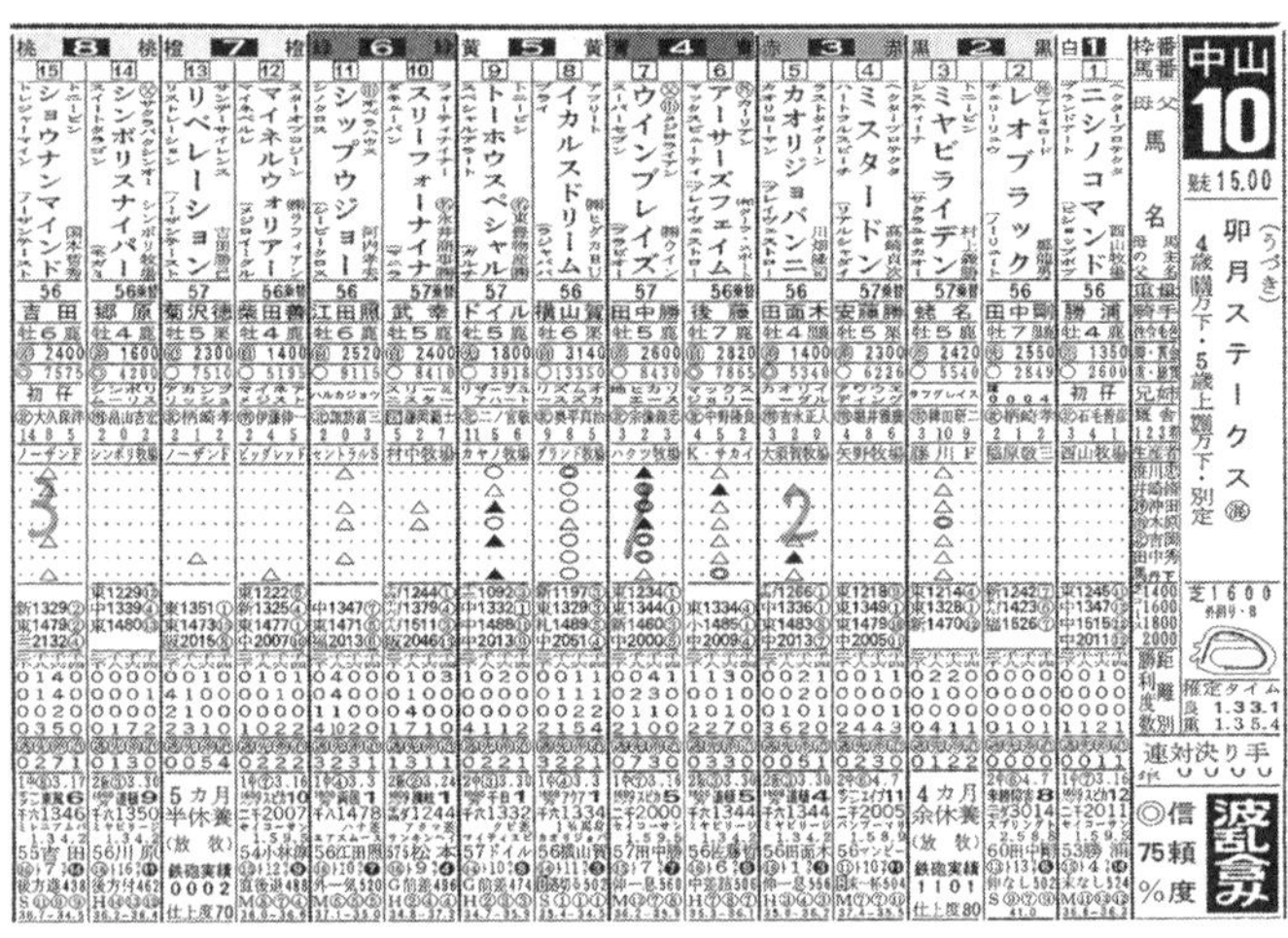

中山 10 発走15.00

卯月ステークス（うづき）

4歳以上900万下・5歳上1600万下・別定

芝1600 推定タイム 良1.33.1 重1.35.4

波乱含み ◎信頼度75%

| 馬番 | 馬名 | 重量 | 騎手 |
|---|---|---|---|
| 1 | ニシノコマンド | 56 | 勝浦 |
| 2 | レオブラック | 56 | 田中剛 |
| 3 | ミヤビライデン | 57 | 蛯名 |
| 4 | ミスタードン | 57 | 安藤勝 |
| 5 | カオリジョバンニ | 56 | 田面木 |
| 6 | アーサーズフェイム | 56 | 後藤 |
| 7 | ウインブレイズ | 57 | 田中勝 |
| 8 | イカルスドリーム | 56 | 横山賀 |
| 9 | トーホウスペシャル | 57 | ドイル |
| 10 | スリーフォーナイナ | 57 | 武幸 |
| 11 | シップウジョー | 56 | 江田照 |
| 12 | マイネルウォリアー | 56 | 柴田善 |
| 13 | リベレーション | 57 | 菊沢徳 |
| 14 | シンボリスナイパー | 56 | 郷原 |
| 15 | ショウナンマインド | 56 | 吉田 |

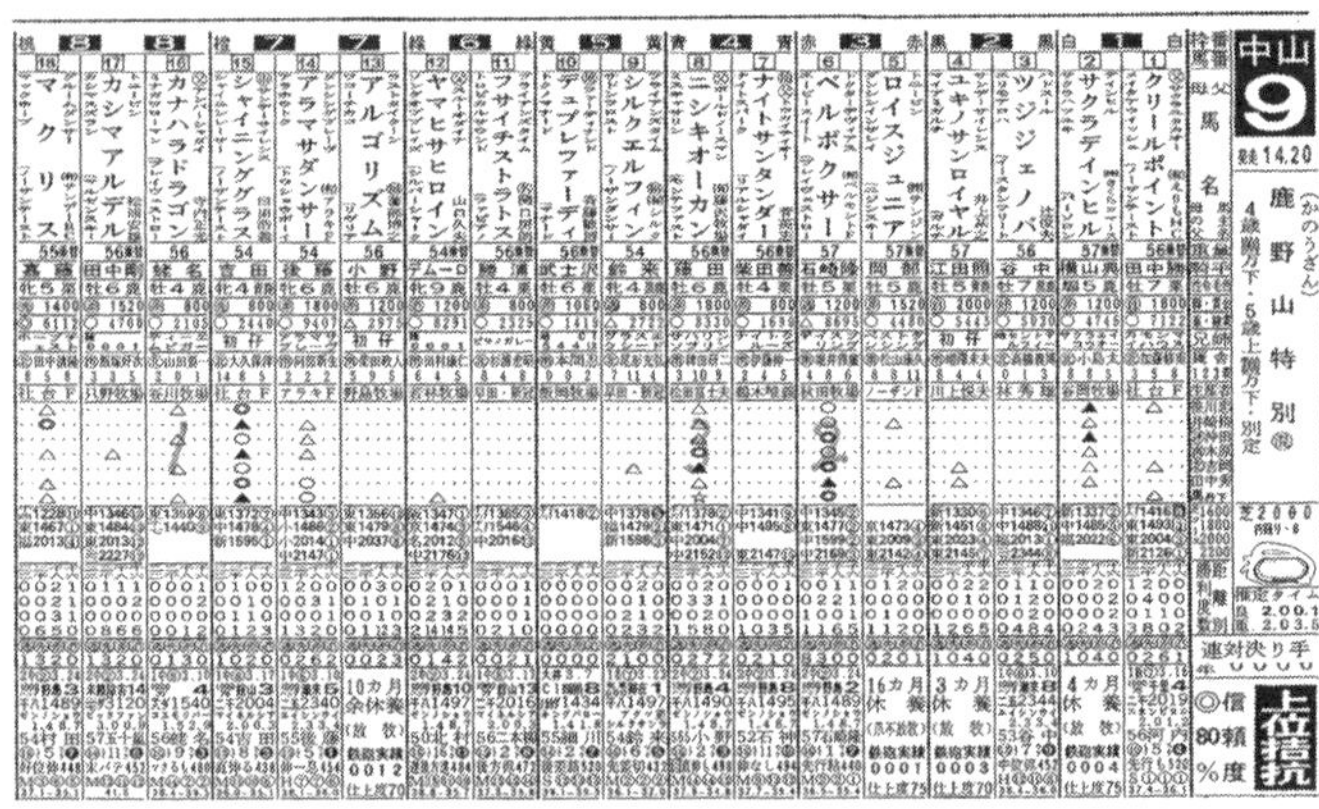

中山 9 発走14.20

鹿野山特別（かのうざん）

4歳以上900万下・5歳上1600万下・別定

芝2000 推定タイム 2.00.1 2.03.5

上位拮抗 ◎信頼度80%

| 馬番 | 馬名 | 騎手 |
|---|---|---|
| 1 | クリールポイント | 田中勝 |
| 2 | サクラディンヒル | 横山典 |
| 3 | ツジジェノバ | 谷中 |
| 4 | ユキノサンロイヤル | 江田照 |
| 5 | ロイスジュニア | 岡部 |
| 6 | ベルボクサー | 石崎隆 |
| 7 | ナイトサンタンダー | 柴田善 |
| 8 | ニシキオーカン | 藤田 |
| 9 | シルクエルフィン | 鈴来 |
| 10 | デュプレファーディ | 武士沢 |
| 11 | フサイチストラトス | 勝浦 |
| 12 | ヤマヒサヒロイン | デムーロ |
| 13 | アルゴリズム | 小野 |
| 14 | アラマサダンサー | 後藤 |
| 15 | シャイニンググラス | 吉田 |
| 16 | カナハラドラゴン | 蛯名 |
| 17 | カシマアルデル | 田中剛 |
| 18 | マークリス | 高橋 |

馬連ファンの「連軸」なら、タニノギムレットかローマンエンパイアだろうが、単複を買っていると、馬連ファンと話がかみ合わない。「この前のメインの③―⑫を取ったんだよ」と数字で言われても、分からない。馬の名前で言ってほしい。こっちは馬を見ている。あっちは数字を追いかけている。

ヤマノブリザードは、前走以後、岡部が付きっ切りで、調教をしている。タニノギムレットは三冠級の器と書いたが、岡部はヤマノブリザードに「大きいところを取れる馬」と最大級の賛辞を送っている。彼はいつもシンボリルドルフを目安にしているから、馬への評価は厳しいものとなる。だが、ヤマノブリザードの背中はいい感じなのだろう。フットワークが大きく、ごちゃつくと前走のようなこともあるので（弥生賞は珍しくペリエが大失敗。壁、壁、壁で競馬にならず）、今回、15番ゲートに入ったのはいい。

岡部だと、ケツからは行かないだろう。早めに先頭に立って、押し切ってほしい。

単勝が1300円もつくとは、弥生賞から人気急落だ。タニノギムレットの単勝360円にも魅力を感じるが、中山が上手い関西の騎手は四位ではない。藤田と武豊なんだよなあ。

まったく人気がない馬の中では、三連勝中のメジロマイヤーが展開有利。もし、スローで二番手の競馬なら、この馬が残る。**母の父サッカーボーイなら、距離はもつだろう**。きさらぎ賞から間隔が開いたが、このローテではハクタイセイが勝っている。あの馬も連勝馬だった。

タイガーカフェはデムーロが強気だが、弥生賞以外、一線級と交えていないから、気にする必要はない。

有力馬とメジロマイヤーにワイドを流す。単複はもちろんヤマノブリザード。単勝の金額の倍、複勝を買う。


今日は中山に行く。

**卯月S（中山10R）を買うなら、カオリジョバンニ。**

**鹿野山特別（中山9R）はニシキオーカン。**

誤解のないよう断っておくが、タニノギムレットが三冠馬級とはいえ、ナリタブライアンの時とは違い、今年の世代は精鋭がそろっている。

ブライアンのように大外ブン回っても勝てるとは思わない。

**今年の皐月賞は高いレベルで実力拮抗。上手く乗った騎手が勝つ。**


（4月14日★日）

【GⅠ後記④～皐月賞～】

# リスク回避能力を養え

ヤマノブリザードの単勝を一万円だけ買った。結局、大きく勝負しなかった。

昨年の菊花賞、マンハッタンカフェを本命に抜擢し、レースが近づくにつれ自信が出てきたのとは正反対だ。中山競馬場でたたずみ、だんだんと不安が増してきた。

正確には、ヤマノブリザードが不安なのではなく、「このレース、もう、何が何だか分からないや」と頭が重くなっていった。

内枠の方が有利とは分かっていたが、そこには本命に推せる馬が一頭もいない。勝ったノーリーズンのことを「前走（若葉S）不利がなければ四連勝の馬」とマスコミが煽ったり、負傷休養の武豊が「自分も乗っていた。フロックじゃない」とコメントしたり、そういう話を耳にすると、とても憤りを感じる。

不利があっただけで七着か。じゃあ、不利がなければ三着は取れたのか。勝っていたとしても、ここで連勝できたのか。しかも、シゲルゴッドハンドが逃げ切ったような若葉Sだよ。**皐月賞を勝ったのは、内のコースが有利で、騎手が上手く乗ったんだよ**。後づけはやめてほしいよな。

ヤマノブリザードはハミを取らなかった。使いすぎて疲れているのか、藤沢の軽めの調教が合わないのか。**直前の調教が軽いと、馬がレースで気合い不足になることがある**。

タニノギムレットはパドックで元気一杯だったが、大外ブン回って三着じゃ、ファンも怒るよ。アドマイヤドンは馬体が戻ってくれば、ダービーでいいレースをするかもしれない。ローマンエンパイアは本質がマイラーかもしれない。モノポライザーはキャリア不足。チアズシュタルクは大外枠がきつかった。タイガーカフェは善戦はするが、二着までが精一杯の馬だ。単勝は買いづらい。

現時点で、この春に勝負したいＧⅠは、ＮＨＫマイルＣとオークス、安田記念。他のＧⅠは少なめに購入することにした。

（4月15日★月）

# スタミナ勝負となる基準

## ▼「東京ダート」攻略法

帰京したばかりで、すっかり〝石垣島ボケ〟をしています。

向こうの人たちはのんびりしている。今、私は都会のスピードについていけない。同行者も羽田空港から首都高速に入ったとたん、「車が速すぎて、ついていけない」と言っていた。

沖縄南西諸島は素晴らしい所です。一度行ってみないと人生損をする。住むならリゾート地っぽい宮古島、遊びに行くなら観光地っぽい石垣島がお勧めだ。

今日は京都の方に狙っている馬がいる。しかし明日は、フローラＳのブリガドーンくらいで、他に強調したい馬はいない。

**●京都11ＲオーストラリアＴ**

本命はラムセスロード。スポーツ紙でもまったく印が付いていないが、この馬は昨秋の京阪杯で二着に好走した馬だ。ならば、同距離・同コースのオープン特別に入ると、実績上位だ。休み明け

京都 11 発走15.45

オーストラリアRB賞 オーストラリアトロフィー

4歳上オープン・別定 (混)

芝1800 外回り・C

推定タイム 良1.45.7 重1.46.8

連軸動 ◎信頼85%度

| 枠 | 馬番 | 馬名 | 重量 | 騎手 | 性齢 | 賞金 | 総賞金 | 生産者 |
|---|---|---|---|---|---|---|---|---|
| 白1 | 1 | エイシンルバーン | 57 | 安田 | 牡6栗 | 5700 | 15640 | BNジョーンズ |
| 黒2 | 2 | ダイタクバートラム | 56 | 武豊 | 牡4鹿 | 2300 | 9310 | 雅牧場 |
| 赤3 | 3 | グランドシンザン | 58 | 安藤勝 | 騸8鹿 | 7920 | 21448 | 成隆牧場 |
| 赤3 | 4 | エイシンスペンサー | 56 | 熊沢 | 牡4栗 | 3100 | 7390 | ディキシアナF |
| 青4 | 5 | ダイワジアン | 56 | 小林徹 | 牡6栗 | 3420 | 9785 | 社台F |
| 青4 | 6 | トウカイパルサー | 56 | 吉田稔 | 牡6鹿 | 4170 | 15190 | 上田扶美子 |
| 黄5 | 7 | トッププロテクター | 57 | 小池 | 牡5栗 | 4500 | 14430 | 宮内牧場 |
| 黄5 | 8 | ダイイチダンヒル | 56 | デムーロ | 牡4 | 2020 | 6490 | ノーザンF |
| 緑6 | 9 | イブキガバメント | 57 | 河内 | 牡6鹿 | 6070 | 19725 | 高瀬牧場 |
| 緑6 | 10 | アドマイヤカイザー | 57 | 藤田 | 牡6 | 6800 | 17100 | NPブラッドストック |
| 橙7 | 11 | アンクルスーパー | 56 | 池添 | 牡5鹿 | 4050 | 11020 | 昭和牧場 |
| 橙7 | 12 | ラムセスロード | 56 | 松永幹 | 牡4鹿 | 2250 | 7860 | 松田憲一 |
| 桃8 | 13 | グロリアスドータ | 54 | 本田 | 牝7鹿 | 3300 | 12250 | 坂英樹 |
| 桃8 | 14 | タフネススター | 54 | 武幸 | 牝5鹿 | 3350 | 8365 | サンコウ牧場 |

京都 9 発走14.35

ムーニーバレーRC賞

3歳500万下 (混) (馬齢・特指)

芝2400 外回り・C

賞金 1000 400 250 150 100

ほぼ順当

| 枠 | 馬番 | 馬名 | 重量 | 騎手 | 性齢 | 賞金 | 総賞金 | 生産者 |
|---|---|---|---|---|---|---|---|---|
| 白1 | 1 | トゥルーピース | 55 | 幸 | 牡3鹿 | 400 | 650 | 川上悦夫 |
| 黒2 | 2 | コマノシャーク | 55 | 河内 | 牡3 | 400 | 780 | [illegible] |
| 黒2 | 3 | エリモシャルマン | 55 | 熊沢 | 牡3栗 | 400 | 1170 | えりも農場 |
| 赤3 | 4 | キーボランチ | 55 | 安藤勝 | 牡3栗 | 400 | 670 | 高瀬敦 |
| 赤3 | 5 | アンフィトリオン | 55 | 吉田稔 | 牡3鹿 | 400 | 1290 | 金石守 |
| 青4 | 6 | ヘラクレスイサム | 55 | 松永幹 | 牡3鹿 | 400 | 621 | [illegible] |
| 青4 | 7 | ウィンディマジック | 55 | 角田 | 牡3 | 400 | 960 | ノーザンF |
| 黄5 | 8 | オペラカスタム | 55 | 藤田 | 牡3栗 | 400 | 1540 | [illegible] |
| 黄5 | 9 | マイソールサウンド | 55 | 本田 | 牡3栗 | 400 | 1380 | [illegible] |
| 緑6 | 10 | チャランダ | 53 | 武英 | 牝3鹿 | 180 | 303 | 小倉牧場 |
| 緑6 | 11 | エイシンヒカリオー | 55 | デムーロ | 牡3栗 | 400 | 1020 | 栄進牧場 |
| 橙7 | 12 | タガノツヨシ | 55 | 小林徹 | 牡3鹿 | 400 | 664 | 三嶋牧場 |
| 橙7 | 13 | ナリタヘリオス | 55 | 武幸 | 牡3栗 | 400 | 892 | グランド牧場 |
| 桃8 | 14 | マーブルオーディン | 55 | 池添 | 牡3 | 400 | 1460 | マークリ牧場 |
| 桃8 | 15 | マイネルプレーリー | 55 | 村本 | 牡3青 | 400 | 850 | [illegible] |

でも走りそうな気配だった。ただ、トウカイパルサーに誰かがからみ、ペースが速くなってくれないと困る。

このように、**実力があるのに、休み明けで人気がない馬を狙っていかないと、単勝高配当は取れない**。ここで走ったら、次からは一番人気だからだ。今回は騎手も松永。期待したい。

**●京都9Rムーニーバレー RC賞**

一番人気のオペラカスタムは440キロ台の馬。小さな馬なので、人気ほど信頼はおけない。馬体も血統も魅力的なエリモシャルマンを買う。毎日杯五着の実績もある。

**●東京11R丹沢S〜勉強レース〜**

久しぶりに、勉強レースだ。

ダート2100メートルで、もっとも重視したいのは**長距離実績**。**東京ダートは2100メートルからスタミナが必要となる**。前走七着にも関わらず今回人気になる馬や、ガンガン逃げてバテそうな馬は無視する。

このクラス（1600万下）で成績安定の馬を本命にする。勝ちみに遅いところがあり単勝向きの馬ではないが、今回は上がりがかかるレースになると思う。展開が向きそうだ。

（4月20日★土）

# 東京 11

発走 15.35

丹沢（たんざわ）ステークス（混）

4歳1000万下・5歳上1000万下・別定

ダ2100

推定タイム 良 2.11.8 重 2.10.2

| 枠番 | 白1 | 黒2 | 黒2 | 赤3 | 赤3 | 青4 | 青4 | 黄5 | 黄5 | 緑6 | 緑6 | 橙7 | 橙7 | 桃8 | 桃8 |
|---|---|---|---|---|---|---|---|---|---|---|---|---|---|---|---|
| 馬番 | 1 | 2 | 3 | 4 | 5 | 6 | 7 | 8 | 9 | 10 | 11 | 12 | 13 | 14 | 15 |
| 馬名 | デビュタントボール | タヤスエトワール | コスモリバーサル | ダイワメイン | ドラゴンマックス | マッドマックス | ロードセレナード | ゼンノブレイブ | キングサンバ | ゲイリーエクシード | キュロドティグレ | リワードゲイン | トニーボス | カネツフルーヴ | ラブリーダハール |
| 父 | ミリーズベイロー | ジェイドロバリー | スキャン | デプリート | フォーティナイナー | リアルシャダイ | ノーザンテースト | ブライアンズタイム | タマモクロス | ルビアノ | サンデーサイレンス | デプリート | トニービン | パラダイスクリーク | ダハール |
| 母 | ミサトメモリー | ランフォアロージズ | スイートモネ | ピピットダンサー | スルシーサンライズ | クリヤークイン | シスターセレナード | イナリウグラマー | ダイキシジ | ゲイリーシーナ | ティグレスダムール | アムワジ | ノーブルメネディー | ロジータ | ベストパートナー |
| 母の父 | （ラシアンルーブル） | （プレザントコロニー） | （リーチ） | （マルゼンスキー） | （マルゼンスキー） | （ヤマニンスキー） | （スターシービー） | （ブレイヴエストロー） | （ヤマニンスキー） | （ギャロップダイナ） | （ステージドアジョニー） | （学ハノ） | （ウインドシルバー） | （ミルジョージ） | （カツラギエース） |
| 馬主名 | 友水明子 | 横瀬寛二 | 岡田美佐子 | 大和商事㈱ | ㈲ビッグ | 北浦年一 | ㈱ロードHC | 大迫忍 | 加藤美穂子 | 東京サラブレッド | 金子真人 | 宮崎忠比古 | 高崎貞次 | ㈱ローレルR | ㈲藤沢牧場 |
| 負担重量 | 54乗替 | 57 | 56 | 57乗替 | 57乗替 | 56乗替 | 57 | 56 | 57乗替 | 57 | 56乗替 | 56 | 56乗替 | 57乗替 | 55乗替 |
| 騎手 | 武士沢 | 横山典 | 小林淳 | 岡部 | 田中勝 | 小野 | 梶 | 郷原 | 江田照 | 柴田善 | 張田 | 勝浦 | 後藤 | 吉田 | 青木 |
| 性令毛色 | 牝4鹿 | 牡5 | 牡4鹿 | 牡5栗 | 牡5栗 | 牡7鹿 | 牡5鹿 | 牡7鹿 | 牡5栗 | 牡5芦 | 牡4栗 | 牡4鹿 | 牡6鹿 | 牡5鹿 | 牝5栗 |
| 賞金 | 1110 | 2400 | 1400 | 2400 | 2400 | 2720 | 1200 | 2090 | 2400 | 2420 | 1400 | 1400 | 2200 | 3200 | 2770 |
| 総賞金 | 1381 | 5210 | 5380 | 6165 | 8175 | 6660 | 4367 | 5309 | 6385 | 7035 | 3740 | 2570 | 11561 | 12520 | 4271 |
| 兄姉 | 弟 5327 | ウインアンドローズ | マイネルロータス | ピピットマジシャン | ユウキビバーチェ | タヤスリアリティー | アンダーPユニオン | 弟 1014 | ゴッドガイ | ゲイリーリターニー | ピンクタルメディア | フィールドルーラー | 初仔 | オースミサンデー | 弟 8338 |
| 厩舎 | 中野渡清 | 森秀行 | 後藤由之 | 中野渡清 | 中尾謙太 | 尾 貢 | 高市圭二 | 角居勝彦 | 田島良保 | 増本豊 | 池江泰郎 | 藤沢範 | 森秀行 | 山本正司 | 音谷 |
| 123着 | 4 5 3 | 9 13 8 | 6 5 4 | 4 5 3 | 2 7 10 | 3 6 8 | 6 10 9 | 4 2 5 | 11 2 3 | 4 2 3 | 14 6 11 | 7 9 1 | 9 13 8 | 7 6 10 | 5 3 2 |
| 生産者 | 大道秀男 | 社台F | 中田浩美 | 桜井牧場 | 若林牧場 | 日向牧場 | ケイアイF | ホウセイ牧場 | 安田養葉 | M・ハガ | ノーザンF | 飛野牧場 | 不二牧場 | 高瀬牧場 | 漆原正道 |
| 予想印 |  | ○◎○○△△◎ | ▲△△○▲▲ | △ | △△○ | ○ | △ |  | △ | △△△△△☆ | △◎▲▲△ | △▲△△△△△ | △△△△△○ | ◎△▲◎◎◎△ |  |
| ダ1600 | 1367 | 1414 | 1376 | 1377 | 1239 |  | 1408 | 1366 |  | 1363 |  | 1350 | 1427 | 1362 | 1408 |
| ダ1700 |  | 1462 |  | 1454 | 1441 | 1451 | 1457 | 1454 | 1444 | 1476 |  | 1489 | 1446 | 1449 | 1480 |
| ダ1800 | 1544 | 1531 | 1518 | 1524 | 1515 | 1513 | 1520 | 1535 | 1522 | 1502 | 1520 | 1532 | 1514 | 1504 | 1536 |
| 2100 | 2157 | 2103 |  | 2115 |  | 2100 | 2127 | 2361 |  | 2118 |  |  | 2106 |  | 2163 |
| 成績1 | 0000 | 2101 | 0100 | 0120 | 0130 | 0230 | 0030 | 0020 | 0410 | 0011 | 0300 | 0300 | 1011 | 0310 | 0000 |
| 成績2 | 0000 | 0110 | 0101 | 0100 | 0010 | 0200 | 0030 | 0010 | 0200 | 0000 | 0200 | 0000 | 2131 | 0201 | 0000 |
| 成績3 | 0000 | 0000 | 0000 | 0000 | 0030 | 0000 | 2100 | 0000 | 0400 | 0001 | 0000 | 0000 | 0100 | 0310 | 0000 |
| 成績4 | 0000 | 0120 | 0001 | 1213 | 0731 | 1110 | 2261 | 0612 | 0440 | 1621 | 0600 | 0311 | 2640 | 0101 | 0000 |
| 逃先差追 | 0000 | 1330 | 0240 | 0600 | 0152 | 3131 | 1122 | 0210 | 0133 | 1230 | 0520 | 2011 | 0373 | 3341 | 0000 |
| 重不良 | 0000 | 0000 | 0001 | 0000 | 0000 | 2001 | 0002 | 0001 | 0022 | 1101 | 0100 | 0000 | 1012 | 1101 | 0000 |
| 1着 | 0000 | 2003 | 0102 | 0005 | 0014 | 0005 | 0003 | 0002 | 0005 | 2002 | 0003 | 0003 | 2003 | 0014 | 0000 |
| 2着 | 0000 | 1001 | 0201 | 0001 | 0003 | 0003 | 1002 | 0001 | 0002 | 1001 | 0022 | 0100 | 4004 | 1014 | 0000 |
| 3着 | 0000 | 0000 | 0010 | 0001 | 0003 | 0000 | 2001 | 0000 | 0004 | 1000 | 0000 | 0000 | 0012 | 0022 | 0000 |
| 着外 | 0100 | 3012 | 2020 | 4124 | 22211 | 3049 | 6015 | 2016 | 1027 | 50212 | 0133 | 1112 | 5158 | 1121 | 0000 |

連対決り手

| 賞金 | レコード |
|---|---|
| 1800 | 2.05.9 |
| 720 | クロフネ |
| 450 | |
| 270 | 55武 豊 |
| 180 | 13.11.24 |

出場騎手の勝鞍と連対率%

| 騎手 | 勝鞍 | 連対率 |
|---|---|---|
| 柴田善 | 34勝 | 21.7 |
| 蛯名 | 31勝 | 23.8 |
| 後藤 | 30勝 | 25.3 |
| 横山典 | 23勝 | 23.3 |
| 江田照 | 22勝 | 18.9 |
| 吉田 | 18勝 | 16.8 |
| 田中勝 | 18勝 | 14.5 |
| 岡部 | 15勝 | 19.6 |
| 小野 | 12勝 | 18.2 |
| 勝浦 | 10勝 | 14.2 |
| 梶 | 6勝 | 12.1 |
| 小林淳 | 6勝 | 11.6 |
| 武士沢 | 5勝 | 10.7 |
| 郷原 | 5勝 | 10.0 |
| 青木 | 2勝 | 6.4 |
| 張田 | 通算1498勝 | |

（4月14日終了時）

走破タイムトップ6

■2中山 ダ1200㍍
4上1000万 1.09.9
4上OP 1.10.7
4上1000万 1.11.5
3上500万 1.11.6
3才未勝 1.11.7
4上1000万 1.12.0

■2中山 ダ1800㍍
4上OP 1.51.3
4上1600万 1.51.3
4上500万 1.52.6
4上OP 1.53.0
4上1000万 1.53.2
4上1000万 1.53.3

囲み数字は開催日・馬場

レース展開

ここも⑭の先導。③②⑫が離れずマークして直線は叩き合い。（M）

☆展開注目馬 ❸❷

| 昨年同条件 | 逃げ | 先行 | 差し | 追込 |
|---|---|---|---|---|
| 昨年 | 0 | 0 | 1 | 1 |
| 今年 | 0 | 0 | 0 | 0 |

上位拮抗 ◎信頼度75%

## 追い込み馬を狙ってみよ

### ▼「新潟・直線」攻略法

昨日は久しぶりに全敗。勉強レース・丹沢Sの答えのトニーボスも見せ場がなかった。とにかく全敗はいけない。最低でもどれか一つは複勝を取らないといけない。

**●東京11Rフローラ S**

岡部のブリガドーンが本命。

前走はあおって飛び出し、後方から届かなかった。普通にゲートを出れば、最後方からの競馬にはならない。京成杯三着の成績からも、中山よりも東京が合うサンデーサイレンス産駒。**クラシック路線はなるべく、サンデーサイレンス産駒、トニービン産駒、ブライアンズタイム産駒を狙い続けていくのが妥当だ。**

**●東京10Rメトロポリタン S**

岡部のトウカイポイントが出ているが、本命は東京コース・重馬場得意のチカラダユウキ。大逃げしてバテるロードブレーブの二番手のポジションを取れるのもいい。

## 東京11 発走15.35

第37回 フローラステークス(GⅡ)(オークストライアル)
3歳オープン・牝・54・指

芝2000 Cコース
推定タイム 良 2.01.0 重 2.03.0
◎信頼度80% 伏兵多し

| 馬番 | 馬名 | 重量 | 騎手 | 性齢毛色 | 賞金 | 総賞金 | 厩舎 | 生産者 | 持ち時計 | 前走 |
|---|---|---|---|---|---|---|---|---|---|---|
| 1 | マイネハルモニア | 54 | 土谷 | 牝3黒鹿 | 400 | 761 | 田子冬樹 | 菊地牧場 | 中1383① ダ1572① | 2中⑤4.6 未勝1 ダ1572 53土谷 |
| 2 | シーディザーブス | 54 | 横山典 | 牝3鹿 | 400 | 2080 | 森秀行 | 社台F | 中1498④ 京2018⑦ | 1中⑦3.16 フラワ4 千八1498 53横山典 |
| 3 | サクラヴィクトリア | 54乗替 | 蛯名 | 牝3栗 | 800 | 2000 | [illegible] | 新和牧場 | 東1352⑤ | 2カ月休養(放牧) 鉄砲実績1000 仕上度80 |
| 4 | レ・アパール | 54 | 小野 | 牝3鹿 | 800 | 1600 | 中野隆良 | 白老ファーム | ダ1584⑫ 中2024① | 2中③3.30 ミモザ1 二千2024 53小野 |
| 5 | グランバザール | 54乗替 | 勝浦 | 牝3芦 | 400 | 510 | 藤原辰雄 | 天羽禮治 | ダ1560① | 2中①3.2 未出1 ダ1560 53小野 |
| 6 | ツルマルグラマー | 54乗替 | 田中勝 | 牝3鹿 | 1050 | 1900 | 橋口弘次 | ノーザンF | 阪1353⑩ | 2阪⑥4.7 桜花10 千六1353 55川原 |
| 7 | マチカネマワンカナ | 54乗替 | 梶 | 牝3黒鹿 | 400 | 510 | 鈴木康弘 | ノーザンF | 中1356① ダ2004⑧ | 2中⑥4.7 未出1 千六1356 53二本柳 |
| 8 | ブリガドーン | 54 | 岡部 | 牝3黒鹿 | 400 | 2000 | 小西一男 | ノーザンF | 東1378④ 中1495① 東2006③ 中2149⑥ | 2中③3.30 ミモザ2 二千2024 53岡部 |
| 9 | メイセイプリマ | 54乗替 | 加藤 | 牝3栗 | 400 | 2530 | 中野栄治 | 高橋啓 | 中1347⑤ 東1504③ 中2023⑧ | 2中⑤4.6 2 ダ1556 53蛯名 |
| 10 | エプソムアクトレス | 54乗替 | 武士沢 | 牝3鹿 | 400 | 587 | 武田博 | 田原・橋本 | ダ1550 | 未勝1 ダ1550 53藤田 |
| 11 | マイネミモーゼ | 54乗替 | 後藤 | 牝3青鹿 | 400 | 1400 | [illegible] | ビッグレッド | 中1498⑥ 中2023① | 2中③3.30 ミモザ3 二千2024 53田中勝 |
| 12 | ダブルネーム | 54 | 牧田 | 牝3黒鹿 | 400 | 990 | 鮫島一歩 | 清水克則 | 京1354② 京1497② | 1名⑧3.24 未勝1 ダ1497 53牧田 |
| 13 | マイネヴィータ | 54乗替 | 柴田善 | 牝3鹿 | 1850 | 4100 | 田村康仁 | ビッグレッド | 東1352⑦ 中1495② | 1中⑦3.16 フラワ2 千八1495 53蛯名 |
| 14 | ニシノハナグルマ | 54乗替 | 左海 | 牝3鹿 | 400 | 1040 | [illegible] | 西山牧場 | 中1347④ 中2025④ | 2中③3.30 ミモザ4 二千2025 53蛯名 |

## 東京10 発走15.00

メトロポリタンS
4歳上オープン・ハンデ 混

芝2300 Cコース
推定タイム 良 2.19.5 重 2.21.5

| 馬番 | 馬名 | 重量 | 騎手 | 性齢毛色 | 賞金 | 総賞金 | 厩舎 | 生産者 | 持ち時計 |
|---|---|---|---|---|---|---|---|---|---|
| 1 | ロードフォレスター | 54乗替 | 柴田善 | 牡4黒鹿 | 2300 | 7470 | 大江原哲 | Nウェルシュ | 東1484⑥ 京2012⑤ 三2134③ 三2332① |
| 2 | レディパステル | 55 | 蛯名 | 牝4黒鹿 | 7650 | 20680 | 田中清隆 | シンコーF | 中1464③ 京1589③ 三2112④ 東2263① |
| 3 | ロードブレーブ | 52乗替 | 田中勝 | 牡7鹿 | 2240 | 9489 | 山内研二 | 桑原牧場 | 名1502⑨ 新1564② 東2204⑥ 東2263① |
| 4 | ケイエムチェーサー | 49乗替 | 田面木 | 牡6鹿 | 2370 | 7273 | 吉永正人 | 三澤牧場 | 東1477⑧ 東2001⑫ 東2284⑦ |
| 5 | カリスマサンオペラ | 53乗替 | 小野 | 牝5黒鹿 | 4000 | 10310 | 崎山博樹 | 岡崎牧場 | 東1463⑧ 東1597⑨ 三2115⑥ 東2313⑬ |
| 6 | ツルマルボーイ | 55乗替 | 横山典 | 牡4鹿 | 3550 | 9690 | 橋口弘次 | 浜本牧場 | 京1462① 名1594① 三2134③ |
| 7 | トウカイポイント | 57 | 岡部 | 騸6栗 | 7250 | 18875 | 後藤由之 | 竹内良一 | 新1451② 東1597⑧ 東2191④ 東2274③ |
| 8 | チカラダユウキ | 53乗替 | 土谷 | 牡5鹿 | 2120 | 7250 | 田子冬樹 | 村下牧場 | 新1460④ 新2008⑩ 三2153③ 東2282② |
| 9 | ビッグゴールド | 56乗替 | 後藤 | 牡4鹿 | 4250 | 14570 | 中尾正 | 下河辺牧場 | 京1484③ 東1590① 三2130② 東2285⑨ |
| 10 | シルヴァコクピット | 54乗替 | 小林淳 | 牡5鹿 | 5000 | 11280 | 安田隆行 | ファールズF | 京1472⑪ 阪2008⑨ 三2134⑩ 京2272⑪ |
| 11 | タップダンスシチー | 56 | 勝浦 | 牡5鹿 | 3920 | 13970 | 佐々木晶 | エコーVHF | 京1469① 阪2000② 三2123① 京2266③ |

トウカイポイントとの馬連ワイドも買う。その他、印はレディパステル、ツルマルボーイ、ビッグゴールドに付けた。

**馬券は、単勝五千円。複勝一万円。馬連千円。ワイド二千円以上という比率で買うのがいい。**

**●京都11Rアンタレス S**

人気のタガノフォーティは重賞になると、走らない馬かもしれない。他の馬を買って儲けたい。スターリングローズ本命。松永幹に向いている先行馬なので、乗り替わりは心配ない。

**●新潟11R駿風S**

直線1000メートルのレース。今、レース自体を一番楽しめるコースが新潟の直線だ。一日四レース負けると痛いが、買ってみたい。最近、楽しめるレースが少ないからだ。本命はジョンカラノテガミ。休養明けとなるが、中京千二の重賞で良績を残している馬だ。**外に持ち出して豪快に追い込んできてほしい。**

実はもう一つ、買うレースがある。

東京第7レース（三歳500万下）のタイキコジャック。一口持っている愛馬だが、デビュー戦を人気薄で勝った。単勝一万円買っていたが、SRCで取り上げず、「しまったな」と思った。

京都 11 発走15.45

第7回アンタレスステークス(GⅢ)

4歳上オープン・ハンデ ダ1800

| 馬番 | 馬名 | 重量 | 騎手 | 性齢毛色 | 厩舎 | 生産者 |
|---|---|---|---|---|---|---|
| 1 | フジヤマデュラブ | 52 | 小牧太 | 牡5鹿 | 曽和直榮 | 山内常夫 |
| 2 | エアピエール | 54 | 江田照 | 牡6黒鹿 | 田村康仁 | 社台F |
| 3 | キクノグリッター | 54 | 角田 | 牡7鹿 | 藤岡範士 | 城地清満 |
| 4 | ブラウンシャトレー | 55 | 安部幸 | 牡5鹿 | 国光徹 | 田鎖牧場 |
| 5 | アルアラン | 53 | 藤田 | 牡6栗 | 尾貫 | 荒井牧場 |
| 6 | スターリングローズ | 57 | 松永幹 | 牡5栗 | 北橋修二 | タバタF |
| 7 | カチドキリュウ | 54 | 太宰 | 牡4鹿 | 柴田光陽 | 天羽牧場 |
| 8 | リージェントブラフ | 585 | 吉田 | 牡6鹿 | 大久保洋 | 吉田隆 |
| 9 | テンリットル | 51 | 水野史 | 牡4鹿 | 川嶋弘吉 | 岩岸牧場 |
| 10 | ハギノハイグレイド | 58 | 武豊 | 牡6青鹿 | 松田国英 | 高橋・福田 |
| 11 | トーホウダイオー | 56 | デムーロ | 牡5栗 | 梅内忍 | 上山牧場 |
| 12 | スマートボーイ | 58 | 伊藤直 | 牡7鹿 | 伊藤圭三 | グランド牧場 |
| 13 | タガノフォーティ | 56 | 河内 | 牡4鹿 | 橋本寿正 | 市川F |
| 14 | カネトシオペラクン | 54 | 池添 | 牡5栗 | 橋本寿正 | ホクセイ牧場 |
| 15 | ワンモアマイライン | 53 | 石橋 | 牡4鹿 | 渡辺栄 | 下河辺牧場 |
| 16 | マンボツイスト | 58 | 安藤勝 | 牡7鹿 | 古川平 | カルメットF |

推定タイム 良 1.50.5 重 1.48.9

◎信頼度 70%　波乱含み

新潟 11 発走15.30

駿風(しゅんぷう)ステークス

4歳上オープン・ハンデ 芝1000 直線・B

| 馬番 | 馬名 | 重量 | 騎手 | 性齢毛色 | 厩舎 | 生産者 |
|---|---|---|---|---|---|---|
| 1 | トウカイステラ | 48 | 蓑島 | 牝6鹿 | 後藤由之 | 日田牧場 |
| 2 | ダンツキャスト | 54 | 幸 | 牡5黒鹿 | 谷潔 | 渡辺牧場 |
| 3 | ニシノマリア | 50 | 北村 | 牝5鹿 | 手塚貴久 | スイートF |
| 4 | レイズスズラン | 54 | 鈴来 | 牡8栗 | 増沢末夫 | HBケック |
| 5 | マティーニ | 50 | マンビー | 牝6鹿 | 堀井雅廣 | 飛野牧場 |
| 6 | ジョンカラノテガミ | 565 | 佐藤哲 | 牡7栗 | 阿部新生 | TPキーナン |
| 7 | ケイワンバイキング | 54 | 横山賀 | 騸9鹿 | 奥平真治 | 東北牧場 |
| 8 | メジロダーリング | 56 | 中舘 | 牝6鹿 | 大久保洋 | メジロ牧場 |
| 9 | テンザンデザート | 52 | 小池 | 牝4鹿 | 岩元市三 | 松田敏 |
| 10 | ナムラマイカ | 52 | 大西 | 牝5鹿 | 福島信晴 | 八田F |
| 11 | エピグラフ | 55 | 菊沢徳 | 牡5鹿 | 山内研二 | スカラグレンS |
| 12 | テンシノキセキ | 53 | 高橋亮 | 牝4栗 | 橋口弘次 | 駿河牧場 |

推定タイム 良 54.5 重 55.5

◎信頼度 75%　波乱含み

二戦目でＳＲＣで本命に取り上げたら、先行争いに巻き込まれ惨敗。今回は、初芝で再び人気を落としているが、母は芝馬なので、期待できる。スタートがよくスピードのある馬なので、先行押し切りをしてくれると信じたい。

石垣島から帰ってきたばかりだが、今日は府中に行く。昨日のマイナス四万円を取り戻すためには、**実際、競馬場に行った方がいい**。

しばらく撮影の仕事はなく、これから、七月刊行予定の『青年向け恋愛啓発本』の執筆にとりかかる。競馬の本は九月に出す予定だ。

石垣島の人たちのように、勝って、今夜はゆっくりしたい。

（4月21日★日）

## 先行馬を外してはいけないレース

### ▼「Cコース使用」攻略法

仲のいいモデルの子が悪い連中にひっかかり、大変なことになった。

私は深夜の都内をＢＭＷで奔走。知人の力を借りて一件落着した。これで俺に惚れてくれないかなーなんて思ったが、世の中そんなに上手くいかない。

エアコン不調で「売却しよう」と思っていたＢＭＷだが、深夜の道をセミオートで飛ばしたら、最高だった。３３０ciだもんなあ。「このクラス世界一」という総合評価は嘘ではないようだ。惚

東京11 発走15.35 第9回 テレビ東京杯（ダービーTR） 青葉賞（GⅡ） 3歳オープン・㊖・牡56キロ・牝54キロ・（指） 芝2400 Cコース 推定タイム 良 2.27.8 重 2.29.0

| 枠 | 馬番 | 馬名 | 斤量 | 騎手 | 性齢 | 賞金 | 総賞金 | 生産者 | 持ち時計 |
|---|---|---|---|---|---|---|---|---|---|
| 1 | 1 | ディーエスサンダー | 56 | 勝浦 | 牡3 | 1250 | 2767 | 川上牧場 | 二1122 中2155 |
| 1 | 2 | キャロップサンダー | 56乗替 | 江田照 | 牡3 | 800 | 1389 | [illegible] | 東2100 阪2166 東2321 |
| 2 | 3 | シンボリクリスエス | 56乗替 | 武豊 | 牡3 | 800 | 2439 | T・ワダ | 大1480 中2143 東2308 |
| 2 | 4 | ヤマノブリザード | 56乗替 | 柴田善 | 牡3 | 3900 | 8078 | 松浦牧場 | 中1595 |
| 3 | 5 | ダディーズドリーム | 56乗替 | 横山典 | 牡3 | 800 | 1660 | 白老ファーム | 東2011 中2142 |
| 3 | 6 | ボールドブライアン | 56 | 岡部 | 牡3 | 800 | 1390 | 千代田牧場 | 大1485 |
| 4 | 7 | ニシノサブライム | 56 | 田中剛 | 牡3 | 800 | 1901 | 西山牧場 | 大1487 |
| 4 | 8 | セヴンスバード | 56乗替 | 蛯名 | 牡3 | 400 | 2286 | ノーザンF | 中2024 |
| 5 | 9 | ダンツシェイク | 56乗替 | 田面木 | 牡3 | 800 | 1850 | [illegible] | 京2021 阪2146 |
| 5 | 10 | ステルスコンコルド | 56乗替 | 加藤 | 牡3 | 400 | 1237 | [illegible] | 中2014 |
| 6 | 11 | オモシロイ | 56乗替 | 小野 | 牡3 | 400 | 2299 | [illegible] | 京2019 阪2146 |
| 6 | 12 | トウカイアロー | 56 | 小林淳 | 牡3 | 700 | 1469 | [illegible] | 大1365 東2306 |
| 7 | 13 | アグネスプラネット | 56乗替 | 後藤 | 牡3 | 800 | 2028 | 社台F | 阪1598 |
| 7 | 14 | ジュピターシチー | 56乗替 | 梶 | 牡3 | 400 | 959 | 井本文雄 | 大1348 |
| 7 | 15 | チョウカイフライト | 56 | 田中勝 | 牡3 | 400 | 1240 | 谷川牧場 | 大1482 中2147 |
| 8 | 16 | バンブーユベントス | 56 | 村田 | 牡3 | 800 | 1609 | バンブー牧場 | 阪2026 |
| 8 | 17 | ブリットレーン | 56乗替 | 横山義 | 牡3 | 400 | 907 | 昭和牧場 | 名2037 中2161 |
| 8 | 18 | イングランディーレ | 56乗替 | 吉田 | 牡3 | 800 | 2210 | 社台F | 大1367 |

京都11 発走15.45 烏丸ステークス（からすま） 4歳1600万下・5歳上3200万下・ハンデ ㊊ 芝2400 外回り・C 推定タイム 良 2.24.7 重 2.26.3

| 枠 | 馬番 | 馬名 | 父 | 母 | 母の父 | 馬主 | 斤量 | 騎手 | 性齢毛色 | 賞金 | 総賞金 | 兄姉 | 調教師 | 生産者 | 持ち時計 | 距離別成績 | 脚質 | 前走 |
|---|---|---|---|---|---|---|---|---|---|---|---|---|---|---|---|---|---|---|
| 白1 | 1 | メイクマイデイ | サンシャインフォー | メイショウユキカゼ | ダイナガリバー | 政野仁 | 55乗替 | 藤田 | 牡4鹿 | 1200 | 4474 | 1126 | 勢司和浩 | 野表春雄 | 東2015① 中2141㊅ 中2321④ | 1001 1001 0000 2010 | 1111 | 2中④3.31 1600万 湾岸2 二五2323 シンボリオレ 2.32.0 56蛯名 ⑬ト8 ② 好位伸494 M④④③ 36.5-36.4 |
| 黒2 | 2 | マイネルエスケープ | メジロマックイーン | ハローウエスト | ミルジョージ | ㈱ラフィアン | 54乗替 | 安藤勝 | 牡4芦 | 1200 | 2850 | アグネスンディル | 佐々木晶 | 北島牧場 | 京2010② 阪2161⑦ 中2333⑦ | 0001 0002 0000 1012 | 0210 | 2中④3.31 1600万 湾岸7 二五2333 シンボリオレ 2.32.0 56吉田 ⑬ト1 ⑬ 直目残り532 M⑬⑪⑩ 37.7-36.5 |
| 赤3 | 3 | トーワトレンディー | ジェネラス | トーワダーリン | ニホンピロウイナー | 齋藤すず | 54 | 角田 | 牡4芦 | 1400 | 3905 | トーワラジデー | 佐山優 | 村本牧場 | 阪1597① | 0003 0001 0000 0005 | 0031 | 2阪⑥4.7 1600万 明石1 二千1597 クビ差 ファイブゾル 54角田 ⑯ト7 ⑤ 直競勝470 M⑦⑤④ 36.3-35.4 |
| 青4 | 4 | エイシンワンシャン | トニービン | エイシンテネシー | ヴァイスリージェント | 平井豊光 | 53乗替 | デムーロ | 牝6鹿 | 2120 | 10300 | 初仔 | 坂口正則 | 栄進牧場 | 小1593③ 阪2134⑥ 京2254④ 阪2308③ | 0011 0004 1012 0413 | 0351 | 2阪⑤4.6 オープンハンデ 大阪ハ3 二五2308 トウカイオー 2.30.5 51岩田 ⑪ト4 ③ 大外伸も496 H⑪⑪⑬ 37.9-35.4 |
| 黄5 | 5 | ダークウィザード | サンデーサイレンス | ファームキャット | ストームキャット | ㈲社台RH | 55乗替 | 向山 | 牡4青鹿 | 1400 | 4990 | ラスベガスッテー | 古川平 | 白老ファーム | 阪2003⑯ 中2339⑧ | 0002 0000 0002 1004 | 0213 | 2京⑦4.13 1600万 難波10 二千2003 マイネルライ 1.59.2 56武幸 ⑬ト6 ⑥ 直線不利484 M⑪⑥⑦ 36.7-37.4 |
| 黄5 | 6 | プレシャスソング | サンデーサイレンス | ファーストラブ | ナイスダンサー | 臼田浩義 | 55乗替 | 福永 | 牡4黒鹿 | 1500 | 3040 | メロウキス | 白井寿昭 | 日高・大洋 | 阪2023⑭ 阪2140⑥ 東2270② | 0010 0101 0000 0112 | 1110 | 2阪④3.31 GⅡ大阪14 二千2023 サンライズペ 1.59.1 57後藤 ⑭ト13 ⑩ 離れ殿484 S⑯⑯⑪ 36.2-37.2 |
| 緑6 | 7 | プレミアムバラード | オペラハウス | ヤナティズ | ビスマルク | 中西宏彰 | 52 | 小池 | 牡7栗 | 2400 | 10680 | シンデレラロード | 大根田裕之 | 早田・新冠 | 名2003④ 阪2124① 京2268③ 阪2310④ | 2011 0012 0103 2014 | 00110 | 2阪⑤4.6 オープンハンデ 大阪ハ4 二五2310 トウカイオー 2.30.5 50小池 ⑪ト1 ⑩ 好位も468 H⑤③⑤ 37.0-36.4 |
| 緑6 | 8 | ユーセイプライム | ソヴィエトスター | アメリカンスーパー | フォートメーカー | ㈲アサヒクラブ | 53 | 内田 | 牡4鹿 | 1400 | 4630 | トミシフボルンガ | 音無秀孝 | 朝日F | 阪2030⑯ | 0000 0000 0000 0001 | 0041 | 1名⑧3.24 1000万 伊良1 芝ダ1476 1¾馬身 コンドルシチ 56内田 ⑯ト10 ⑪ 外一気486 M⑫⑩⑦ 38.1-37.8 |
| 橙7 | 9 | スーパージーン | サッカーボーイ | メイタイザン | パーシャンボーイ | 梁谷外茂次 | 55 | 四位 | 牡4鹿 | 1400 | 4572 | ソリドベイ | 坂口正則 | 中地康弘 | 阪2012① 京2144② 阪2344① | 1002 0011 1001 0003 | 0303 | 2阪③3.30 1000万 白鷺1 二五2344 1馬身 フェリシタル 56四位 ⑬ト1 ② 差マクる486 S⑪⑪⑥ 38.9-34.8 |
| 橙7 | 10 | ノットセルダム | サンデーサイレンス | リッジフィールド | サラトガシックス | ㈱名古屋友豊 | 55乗替 | 熊沢 | 牡7鹿 | 3140 | 11581 | クリカンラクシュ | 木原一良 | ノーザンF | 名2001③ 京2125① 京2255⑦ 阪2352③ | 0013 0013 1012 4339 | 0191 | 1阪⑥3.10 1600万 武庫9 千六1346 グラスワール 1.33.2 55秋山 ⑬ト6 ⑪ 後方付494 H⑬⑫⑫ 35.8-35.5 |
| 桃8 | 11 | ファンドリマヤサン | ブライアンズタイム | バルチックガル | ダンチヒ | 水戸富雄 | 53乗替 | 佐藤哲 | 牡4鹿 | 1400 | 3361 | ビザンマツカラン | 南井克巳 | 千代田牧場 | 京2022④ 阪2318⑥ | 0000 0000 0000 2002 | 1210 | 2阪⑤4.6 オープンハンデ 大阪ハ6 二五2318 トウカイオー 2.30.5 51池添 ⑪ト6 ⑦ 先一杯492 H③③① 36.4-37.4 |
| 桃8 | 12 | コスモスクランブル | サクラチヨノオー | エンプレスエリー | ブーザンシャー | 岡田美佐子 | 54 | 渡辺 | 牡4芦 | 1400 | 4422 | スーパーラレスリー | 中村均 | 谷川牧場 | 新1598⑤ | 0002 0002 0000 0007 | 0140 | 2阪⑦4.13 1600万 難波11 二千2008 マイネルライ 1.59.2 56渡辺 ⑬ト11 ⑩ 好一杯498 M④④③ 36.2-38.1 |

れ直した。ずっと乗り続けていたい。

それにしても、自由に生きることはエネルギーを消耗する。昨夜だけで体重が三キロ減った。こういう生き方が本当にいいのだろうか。

今は事務所を兼ねた自宅を建設中だ。周りの人は喜んでくれている。なのに、それをぶち壊したいと思ってしまう自分がいる。最近の私はおかしい。理由は分かっている。私はずっと不良でいたい。異国の地で小説でも書いていたい。「いい人」になるなんて冗談じゃない。

今週はSRCの関西親睦会がある。天皇賞・春は三強の中から本命を選んで、しっかり当てる。これが親睦会を盛り上げるもっとも効率的な方法。だが私は親睦会があるからといって、予想のポリシーを変えることはしない。本命はボーンキング。騎手デムーロで買う。詳細は明日。

先週のタイキコジャックは期待したが、惨敗だった。今日は、東京と京都のメインだけを買う。

## ●東京11R青葉賞

Cコース使用。外々を回る追い込み馬は届きづらいコースだ。前に行く馬か、内枠の馬がいい。

武豊のシンボリクリスエスは条件がそろっている。だが、同じ藤沢厩舎の馬の中でも、素質一番は岡部のボールドブライアン。ブライアンズタイム産駒で、牝系も優秀。絶好調の千代田牧場の真打ちでもある。ヤマノブリザードも調教を強めにして、今回は好走するだろう。

東京2400に勝ち鞍のある、逃げるトウカイアローは軽視した。外枠に入ったからだ。

ここはボールドブライアンの単複だけでいい。

**●京都11R烏丸S～勉強レース～**

京都の長距離得意の血統で、追い込み馬が出ている。**京都外回りコース・芝2400は追い込みが届くのだ。**

使い続けているのが減点材料だが、他もそのような馬ばかりなので、問題ない。

マイネルエスケープやプレシャスソングにも目が移ったが、三歳で終わっている馬かもしれない。**レースで叩いたわりに調教で動いていないからだ。**

この二つのどちらかを取って、天皇賞でボーンキングの単複にぶちこみたい。

（4月27日★土）

# 決して悔いを残すな！

## ▼「古馬GI」攻略法

青葉賞のボールドブライアンは、前半引っかかり、ぎこちない競馬だった。

勉強レース・烏丸Sの答えは、勝ったスーパージーンだった。京都・長距離得意のサッカーボーイ産駒である。ならばなぜ、天皇賞・春はナリタトップロードを本命にしないのか。

## ●京都11R天皇賞・春

私は人気馬に裏切られるのが嫌いです。

ナリタトップロードは、確かにテイエムオペラオーがいないと強い。だが、菊花賞を除いては、得意得意と言われた京都（春の天皇賞）でも三着ばかり。オペラオーどころか、ラスカルスズカ、メイショウドトウにも負けている。**ここでまた三着だと、「オペラオーがいないのに、いったいどういうことだ？」となる。「悔しい」ではすまされない。**結局、GＩでは三着止まりの馬という安直な結論になる。

阪神大賞典の内容が評価されているが、あのレースは他の馬からのプレッシャーはまったくなく、**四コーナーからは、単騎逃げのような展開。「どうぞ、勝ってください」というような、楽ちんなレースだったのだ。こんなに楽な競馬がGＩでもできるかというと、そうじゃない。**阪神大賞典に騎乗していた後藤と藤田もそうコメントしていた。

今回、その藤田騎手がエリモブライアンで逃げ宣言をした。同じ枠のアドマイヤロードまで逃げ宣言をし、まったく不可解な戦前になっている。また武豊の援護射撃か。こうなったら、武豊ジャングルポケットは後方待機だろう。エリモブライアンはスタミナがあり、逃げると粘る。ナリタは捕まえに行かざるをえない。厳しい展開だ。阪神大賞典とは違う。

**阪神大賞典で苦しい競馬をしたジャングルポケットの方が今度は有利。二馬身くらいの差は展開**

# 京都 11

発走 15.40

第125回 天皇賞（春）（GI）

4歳上オープン・牡58キロ牝56キロ・(指)

芝3200 外回り・C

| 枠番 | 白1 | 黒2 | 赤3 | 青4 | 黄5 | 緑6 |
|---|---|---|---|---|---|---|
| 馬番 | 1 | 2 | 3 | 4 | 5 | 6 |
| 父 | ヴィジョン | サンデーサイレンス | (父)タマモクロス | サンデーサイレンス | (父)サッカーボーイ | オペラハウス |
| 馬名 | トシザブイ | ボーンキング | ホワイトハピネス | マンハッタンカフェ | ナリタトップロード | アクティブバイオ |
| 母（母の父） | ノルデンフリマー（ブレイヴェストロー） | バレークイーン（サドラーズウェルズ） | カーフィリィ（カーリアン） | サトルチェンジ（ローソサイアティー） | フローラルマジック（アファームド） | ロイヤルバイオ（シンボリルドルフ） |
| 馬主名 | (小)上村叶 | 金子真人 | 長谷川光司 | 西川清 | 山路秀則 | バイオ(株) |
| 重量 | 58乗替 | 58乗替 | 58 | 58 | 58 | 58乗替 |
| 騎手 | 池添 | デムーロ | 小原 | 蛯名 | 渡辺 | 四位 |
| 性齢毛色 | 牡6鹿 | 牡4鹿 | 牡5芦 | 牡4青鹿 | 牡6栗 | 牡5鹿 |
| 賞金 | 2720 | 3500 | 3020 | 16000 | 26750 | 5620 |
| 総賞金 | ○11765 | ○11940 | ○12100 | △34070 | △74570 | ○14775 |
| 兄姉 | トシヴォイス | フサイチコンコルド | 初仔 | エアスマップ | ホウシュウサルーン | ブリスクバイオ |
| 厩舎 | (西)音無秀孝 | (西)松田国英 | (西)小原伊佐 | (北)小島太 | (西)沖芳夫 | (西)崎山博樹 |
| 123着 | 16 4 7 | 13 6 6 | 5 3 6 | 10 10 5 | 6 5 2 | 6 6 5 |
| 生産者 | 浦河・小林 | ノーザンF | 岡田牧場 | 社台F | 佐々木牧場 | 荒井牧場 |
| 印 |  | △◎△△△ | △△△ | ▲◎▲◎△◎ | △◎◎◎▲▲○ |  |
| 2400 2500 3000 3200 | 京2272⑥ 東2316⑤ 阪3061⑫ 東3186③ | 東2277❹ 阪3083⑤ | 京2257⑧ 阪2305② 京3049② | 三2138④ 中2331① 京3072① | 東2244③ 中2339⑩ 阪3025① 京3164③ | 京2251① 東2319⑨ 函2416④ 三六3476⑦ |
| 距離別度数 | 0101 0100 2100 1332 | 0000 0000 0000 0101 | 0003 0110 0001 0103 | 0110 0000 0000 0010 | 0300 0002 2101 0031 | 0011 0000 0000 0020 |
| 逃先差追 | 0042 | 0120 | 0115 | 0050 | 0381 | 2024 |
| 前走6 | 1阪⑧3.18 GII大賞12 三千3061 ナリタトップ 3.02.5 57高橋亮 ⑬ト12 ❻ 離れ殿490 M⑦⑦⑧ 38.0-38.3 | 3中⑧4.15 GI皐月16 二千2026 アグネスタキ 2.00.3 57柴田善 ⑱ト12 ❹ 出一息内崩498 M⑩⑦⑦ 38.9-37.6 | 5阪②12.2 1000万 ブーツ4 二二2145 マルブツグロ 2.14.3 58ブラード ⑭ト5 ❷ 逃るも448 S①①① 37.0-35.2 | 1札①8.4 500万 富良野1 二六2435 2馬身 シュプリング 54蛯名 ⑫ト6 ❶ 逃直抜出502 M⑧⑧③ 39.0-35.6 | 3京④4.29 GI天皇3 三二3164 テイエムオペ 3.16.2 58渡辺 ⑫ト12 ❷ 好位も488 38.1-36.0 放牧5休 | 2函②7.8 オープン 巴5 千八1492 エアエミネム 1.48.3 56芹沢 ⑪ト1 ❼ 後漸進480 S⑩⑧⑤ 37.9-35.5 |
| 前走5 | 2京②4.22 オープン ハンデ メトロ3 二三2194 ジーティーボ 2.19.0 55蛯名 ⑫ト5 ❹ 追込も484 M⑪⑩⑨ 38.2-35.1 | 3東⑤5.4 GIII京新5 二千2008 テンザンセイ 1.59.8 56柴田善 ⑰ト5 ❷ 逃外回る498 H⑬⑬⑫ 36.7-36.3 | 5京⑧12.23 1600万 ハンデ キャロ9 二二2143 トップコマン 2.13.1 55小原 ⑩ト7 ❺ 好一杯454 S②③③ 37.4-36.8 | 1札⑧8.26 1000万 阿寒1 二六2431 クビ差 トーセンサン 54蛯名 ⑫ト3 ❶ 内一気500 S④④⑧ 37.7-35.8 | 4京②10.7 GII大賞落馬 二四―― テイエムオペ 2.25.0 59渡辺 ⑦ト4 ❷ 直線接触492 S④②① 37.8-―― | 2函⑥7.22 GIIIハンデ 函記3 二千2032 ロードブラチ 2.02.4 52芹沢 ⑯ト3 ❿ 中位伸478 H⑨⑩⑧ 35.7-37.5 |
| 前走4 | 3東①5.19 GIIIハンデ 目黒5 二五2316 ホットシーク 2.30.8 55河内 ⑬ト6 ❺ 後差詰482 38.8-36.1 トモ7休 | 3東④5.27 GIダービー4 二四2277 ジャングルポ 2.27.0 57デザーモ ⑱ト12 ❻ 出外伸も498 37.4-36.5 捻挫8休 | 1京⑥1.14 1000万 睦月1 二四2272 1馬身 タヤスエタニ 57小原 ⑧ト6 ❸ 直抜出446 S⑦⑥④ 37.2-34.7 | 4中④9.16 GIIセントライト4 二二2138 シンコウカリ 2.13.1 56二本柳 ⑯ト14 ❸ 伸一息490 M⑥③③ 35.5-36.3 | 5東⑧11.25 GIJC3 二四2244 ジャングルポ 2.23.8 57渡辺 ⑮ト10 ❺ 外伸る490 S⑪⑬⑭ 38.1-35.3 | 1札⑥8.19 GII札記6 二千2012 エアエミネム 2.00.1 56芹沢 ⑨ト3 ❾ 先行退482 M②②③ 36.0-35.7 |
| 前走3 | 1京③1.7 オープン 万葉3 三千3101 アドマイヤロ 3.09.9 56河内 ⑨ト3 ❼ 中団伸494 S⑥④③ 39.9-34.6 | 1京⑧1.20 GIIAJC3 二二2138 フサイチラン 2.13.7 56蛯名 ⑫ト11 ❻ 出鈍揃敗500 S⑩⑧⑦ 38.5-34.9 | 2京①1.26 1600万 ハンデ 松籟1 二四2275 1¼馬身 ノブレスオブ 56小原 ⑪ト8 ❷ 外一気442 H⑨⑨⑧ 37.8-34.6 | 4京⑥10.21 GI菊花1 三千3072 ½馬身 マイネルデス 57蛯名 ⑮ト2 ❻ 一気差494 38.8-34.0 放牧2休 | 5中⑧12.23 GI有馬10 二五2339 マンハッタン 2.33.1 57渡辺 ⑬ト5 ❹ 後方侭494 S⑪⑪⑪ 38.1-34.6 | 2札④9.9 オープン 丹頂2 二六2423 ファイトコマ 2.42.3 56四位 ⑫ト1 ❹ 外鋭く488 39.4-35.1 放牧6休 |
| 前走2 | 2京⑥2.10 GIIIハンデ ダイヤ3 三二3200 キングザファ 3.19.8 55ファロン ⑬ト4 ❷ 直鋭く482 M⑧⑧⑨ 38.5-36.1 | 2京⑦2.16 GII京記7 二二2127 ナリタトップ 2.11.8 56武豊 ⑨ト4 ❶ 出好位退506 S④④④ 37.4-35.0 | 1阪⑤3.9 オープン ハンデ 大阪城8 二千2006 サンライズペ 1.59.5 54小原 ⑩ト8 ❸ 直後退444 S⑧⑥⑤ 38.0-35.7 | 5中⑧12.23 GI有馬1 二五2331 1¼馬身 アメリカンボ 55蛯名 ⑬ト4 ❸ 一気差504 37.8-33.9 放牧3休 | 2京⑦2.16 GII京記1 二二2118 アタマ差 マチカネキン 60渡辺 ⑨ト9 ❸ 直競勝500 S②②② 37.2-34.3 | 1阪③3.2 1600万 御堂2 二二2129 タップダンス 2.12.3 57小牧太 ⑪ト2 ❺ 大外伸る496 M⑩⑩⑨ 38.5-35.4 |
| 前走1 | 1阪⑧3.17 GII大賞7 三千3088 ナリタトップ 3.07.9 57河内 ⑨ト9 ❼ 後方侭490 S⑨⑥⑧ 41.0-35.0 | 1阪⑧3.17 GII大賞5 三千3083 ナリタトップ 3.07.9 56安藤勝 ⑨ト7 ❹ 出直伸ず506 S②①① 40.3-35.0 | 2阪⑤4.6 オープン ハンデ 大阪ハ2 二五2305 トウカイオー 2.30.5 55小原 ⑪ト10 ❹ 直競負444 H⑩⑧⑥ 37.9-35.7 | 2中①3.23 GII日経6 二五2375 アクティブバ 2.37.0 58蛯名 ⑥ト8 ❶ 冴欠く510 S⑥④⑥ 38.7-34.9 | 1阪⑧3.17 GII大賞1 三千3079 2馬身 ジャングルポ 59渡辺 ⑨ト4 ❹ 好楽抜498 S③③① 40.5-34.5 | 2中①3.23 GII日経1 二五2370 アタマ差 タップダンス 57後藤 ⑤ト4 ❺ 直競勝488 S⑤④④ 38.7-34.3 |

| 枠番 | 緑6 | 橙7 | 橙7 | 桃8 | 桃8 |
|---|---|---|---|---|---|
| 馬番 | 7 | 8 | 9 | 10 | 11 |
| 父 | トニービン | (外)ノウンファクト | サンデーサイレンス | ブライアンズタイム | サンデーサイレンス |
| 馬名 | ジャングルポケット | キングザファクト | サンライズペガサス | エリモブライアン | アドマイヤロード |
| 母（母の父） | ダンスチャーマー（ヌレイエフ） | コラクトゥーズロビ（コルクトゥーベイ） | ヒガシブライアン（ブライアンズタイム） | エリモパッション（マルゼンスキー） | ブランクアーギュメ（アーギュメント） |
| 馬主名 | 齊藤四方司 | 西浦和男 | (小)(株)松岡 | 山本慎一 | 近藤利一 |
| 重量 | 58乗替 | 58 | 58 | 58 | 58乗替 |
| 騎手 | 武豊 | 後藤 | 安藤勝 | 藤田 | 須貝 |
| 性齢毛色 | 牡4鹿 | 牡5青鹿 | 牡4栗 | 牡5鹿 | 牡4黒鹿 |
| 賞金 | 26050 | 4150 | 6300 | 7900 | 2600 |
| 総賞金 | ○57600 | ○14110 | ○13420 | ○21690 | ○6800 |
| 兄姉 | カサノバダンディ | 近親ミスキャリーエイチ | ダイワパチカン | 初仔 | フランクガイ |
| 厩舎 | (西)渡辺栄 | (西)谷潔 | (西)石坂正 | (西)清水出美 | (西)橋田満 |
| 123着 | 8 3 5 | 7 7 6 | 10 11 9 | 6 5 3 | 5 5 5 |
| 生産者 | ノーザンF | Jピンスキー-DVM | ヤナガワ牧場 | えりも農場 | ノーザンF |
| 印 | ◎▲▲◎○○☆ | △ | ○☆☆☆◎▲ | △△△△△ |  |
| 2400 2500 3000 3200 | 東2238① 京3076④ | 京2255⑥ 中2331① 阪3089⑧ 東3198① | 京2285⑪ 京3083⑫ | 1599⑦ 京3037① 京3183⑨ | 三2143⑪ 京3083⑪ 東3207⑤ |
| 距離別度数 | 0002 0100 0000 0100 | 1010 0010 0000 0211 | 0000 0000 0000 0101 | 0100 0100 0200 1100 | 0100 0000 0000 1200 |
| 逃先差追 | 0142 | 0451 | 0133 | 0052 | 0122 |
| 前走6 | 3中⑧4.15 GI皐月3 二千2006 アグネスタキ 2.00.3 57角田 ⑱ト1 ❷ S後鋭く474 M⑬⑩⑦ 37.4-35.3 | 5京⑤11.17 1000万 衣笠8 二千2007 アドマイヤロ 2.00.2 57幸 ⑱ト14 ❷ 中団進478 S⑪⑫⑫ 37.0-35.2 | 3京①6.16 500万 野苺1 二二2133 クビ差 センターキュ 55河内 ⑪ト5 ❻ 直一気480 36.8-35.9 整調2休 | 4京⑧9.30 オープン ポート9 千六1346 ロードキーロ 1.33.5 55幸 ⑪ト10 ❻ 後方侭496 S⑨⑧⑧ 37.1-34.5 | 4京⑥10.21 GI菊花11 三千3083 マンハッタン 3.07.2 57福永 ⑬ト5 ⑬ 後方侭448 S⑪⑬⑬ 38.7-34.5 |
| 前走5 | 3東④5.27 GIダービー1 二四2270 1½馬身 ダンツフレー 57角田 ⑱ト18 ❶ 外一気470 36.7-35.6 放牧3休 | 5阪②12.2 1000万 ブーツ6 二二2146 マルブツグロ 2.14.3 58柴田善 ⑭ト3 ❸ 後差詰480 S⑫⑫⑨ 38.3-34.6 | 3小④8.19 1000万 玄海2 二千2014 ミスズストップ 2.01.4 55河内 ⑭ト3 ❷ 逃直競負480 M⑫②② 37.8-36.0 | 4京⑤10.20 オープン ハンデ オパール7 二千2004 グランドシン 1.59.8 54藤田 ⑩ト7 ❻ 中位も492 H⑤⑤⑦ 37.6-35.5 | 5京⑤11.17 1000万 北山1 二千2002 ハナ差 タヤスマサル 55須貝 ⑯ト2 ❺ 逃直競勝454 S⑭⑫⑧ 37.2-34.8 |
| 前走4 | 1札⑥8.19 GII札記3 二千2005 エアエミネム 2.00.1 54角田 ⑨ト7 ❶ 中位伸470 37.1-34.6 整調2休 | 5中⑧12.23 1000万 ハンデ グッド1 二五2331 クビ差 ユウワンプラ 57蛯名 ⑯ト16 ❸ マクる478 S⑭⑩⑦ 39.1-34.9 | 4阪⑥9.23 GII神新2 二千1595 エアエミネム 1.59.5 56池添 ⑬ト4 ❼ 直伸る478 S⑥⑤⑥ 37.8-34.3 | 5京④11.11 オープン ハンデ ドンカ1 三千3037 7馬身 ホワイトハピ 55横山典 ⑦ト2 ❷ 逃直楽抜494 M⑦⑦④ 37.7-35.4 | 5阪①12.1 1600万 ホイッ3 二千2004 エイシンエー 1.59.7 56鮫島 ⑭ト1 ❷ 大外伸る452 S⑬⑭⑨ 38.4-35.1 |
| 前走3 | 4京⑥10.21 GI菊花4 三千3076 マンハッタン 3.07.2 57角田 ⑬ト13 ❶ 引掛る470 S⑧⑨⑨ 38.2-34.2 | 1京③1.7 オープン 万葉6 三千3103 アドマイヤロ 3.09.9 55幸 ⑨ト5 ❺ 前崩かず480 S⑧⑨⑥ 39.9-34.5 | 4京⑥10.21 GI菊花12 三千3083 マンハッタン 3.07.2 57池添 ⑮ト7 ❹ 中団退484 38.4-34.8 放牧4休 | 5中①12.1 GIIステイ1 三六3433 2½馬身 スエヒロコマ 57横山典 ⑨ト2 ❶ 直楽抜484 S④⑤③ 38.7-35.7 | 1京③1.7 オープン 万葉1 三千3099 ½馬身 フェリシタル 54武豊 ⑨ト9 ❷ 外一気460 S⑦⑥⑨ 39.7-34.0 |
| 前走2 | 5東⑧11.25 GIJC1 二四2238 クビ差 テイエムオペ 55ペリエ ⑮ト6 ❷ G前差470 37.7-34.9 整調4休 | 2京⑥2.10 GIIIハンデ ダイヤ1 三二3198 1¼馬身 フサイチラン 53後藤 ⑬ト10 ❻ 直抜出472 M⑧⑥⑤ 38.9-36.1 | 1阪⑤3.9 オープン ハンデ 大阪城1 二千1595 クビ差 トウカイパル 55安藤勝 ⑩ト3 ❶ 逃マクる486 S⑲⑧③ 37.9-34.6 | 1京③1.7 オープン 万葉4 三千3101 アドマイヤロ 3.09.9 58藤田 ⑨ト6 ❶ 遅後差詰500 40.1-34.5 整調2休 | 2京⑥2.10 GIIIハンデ ダイヤ5 三二3207 キングザファ 3.19.8 55武豊 ⑬ト12 ❶ 遅脚伸も450 M⑬⑬⑬ 39.8-36.4 |
| 前走1 | 1阪⑧3.17 GII大賞2 三千3082 ナリタトップ 3.07.9 58小牧太 ⑨ト8 ❷ 外伸る478 S⑤④④ 40.3-34.6 | 1阪⑧3.17 GII大賞8 三千3089 ナリタトップ 3.07.9 57後藤 ⑨ト6 ❺ 後方侭478 S⑧⑧⑧ 40.6-34.9 | 2阪④3.31 GII大阪1 二千1591 2½馬身 エアシャカー 57安藤勝 ⑭ト7 ❶ 逃外鋭く486 S⑩⑩⑨ 38.0-33.8 | 1阪⑧3.17 GII大賞3 三千3082 ナリタトップ 3.07.9 58藤田 ⑨ト5 ❸ 直伸る488 S③④④ 40.2-34.6 | 1阪⑧3.17 GII大賞6 三千3085 ナリタトップ 3.07.9 56福永 ⑨ト1 ❻ 遅伸一息448 S⑦⑥⑥ 40.8-34.7 |

推定タイム 良 3.17.5 重 3.20.0

連対決り手

時30分現在

| (8) | 51.4 |
|---|---|
| (9) | 8.1 |
| (10) | 17.5 |
| (11) | 12.8 |

出場騎手の勝鞍と連対率％

| 騎手 | 勝鞍 | 連対率 |
|---|---|---|
| 武豊 | 48勝 | 40.4 |
| 蛯名 | 36勝 | 24.9 |
| 後藤 | 33勝 | 25.8 |
| 藤田 | 31勝 | 19.4 |
| 池添 | 25勝 | 18.3 |
| 四位 | 24勝 | 23.0 |
| 渡辺 | 10勝 | 11.4 |
| デムーロ | 9勝 | 32.4 |
| 小原 | 6勝 | 17.9 |
| 須貝 | 3勝 | 12.2 |
| 安藤勝 | 通算3394勝 |  |

（4月21日終了時）

レース展開

⑩が強気の逃げ宣言。好位に付ける④⑦⑤を有力二頭がマーク。(S)

☆展開注目馬 ❺❹

同レース過去の決まり手

|  | 逃げ | 先行 | 差し | 追込 |
|---|---|---|---|---|
| 1着 | 0 | 3 | 6 | 1 |
| 2着 | 0 | 1 | 5 | 4 |

◎信頼度 80%

三ツ巴戦

**ひとつで逆転できる**。ただし、ジャングルポケットはトニービン産駒。トニービンの仔は3000メートル以上で勝率0割。武豊の腕でどこまで善戦するか見ものだが、**そんな確率の悪い血統の馬は本命にしたくない**。

では、マンハッタンカフェは？　「前走の敗因は、雨で上滑りする馬場だった」と小島太は言うが、菊花賞も雨で馬場は渋っていた。爪の不安がぬぐえない以上、本命にはできない。**これこそ本命にして、不可解な凡走をされたら、「悔しい」ではすまされない**。血圧の高い人なら命に関わる。

**今年の天皇賞・春は、騎手が一流で、スタミナがある馬を本命にする**。ボーンキングの単複だけを買う。騎手をデムーロにして調教を厳しくした。陣営のこの馬に対する期待はハンパじゃない。

それもそのはず、フサイチコンコルドの弟で、古馬になってから急成長する血統だ。いまは一カ月毎に大きく成長しているといってもいい。阪神大賞典では、パドックで大暴れしたが、粘りに粘ってジャングルポケットと僅差の勝負。パドックで落ち着けば、逆転できるはずだ。

何しろ、騎手のデムーロは、馬を追わせたら天下一品。ナリタトップロードと同じくらいの位置からでも、粘り切ると思う。

**JRAの騎手は外国人にやられっぱなし。腕が違いすぎるのだ。またまた外国人騎手に勝たれたら「悔しい」ではすまされない**。ここで本命にして、獲得賞金の一部をデムーロからちょうだいしたい。

他の馬の中では、前走・日経賞一着で、今年二回しか走っていないアクティブバイオは、まだ余力があるはずだ。サンライズペガサスは三歳時、神戸新聞杯で好走した後、菊花賞で凡走した。2000メートルの馬だと解釈するしかない。エリモブライアンはアドマイヤロードと喧嘩しなければ、粘れるはずだ。

私はボーンキングの単複だけを買う。

京都競馬場まで観戦に行く。SRC親睦会の時は的中続きだが、今回は思い切った。昨日のエッセイを読んだ会員から「里中さん、ぴりぴりしてる?」と聞かれたが、そうではない。孤独感と破滅願望は男の特権だ。これを失ったら、男は終わり。面白みのない、ただの「いい人」になってしまう。

（4月28日★日）

## 【GⅠ後記⑤〜天皇賞・春〜】陣営の思惑を凌駕せよ!

京都競馬場の四コーナー付近で観戦していた。先頭に立ったところで興奮したが、結局ボーンキングは四着。負けて不謹慎だが、いいレースだったと思う。

もっと早く先頭に立ってもよかったか。いや逆に、もっと仕掛けを遅らせた方がよかったか。いずれにしろ、現時点では、上位三頭と力の差があるようだ。パドックでも、もっと落ち着きがほしいところだ。

終わってみれば、マンハッタンカフェの単勝は290円。前走の疑惑がなければ買っていただろうが、小島太には嫌気がさしてしまった。伊藤雄二と同じで、**トライアルはどうでもよくて、本番主義のようだ。それを怒っていても馬券は取れないが……**。

二着のジャングルポケットは、パドックでも返し馬でも迫力がなかった。よく二着にきたもんだ。陣営は武豊にこだわるが、馬の適性を考えてレースを使ってほしい。東京の安田記念の方が勝機があると思うのだが……。

ナリタトップロードはやはり三着だった。この馬は瞬発力がない。GⅠでは三着止まりか。

ボーンキングが負け、叱られることを覚悟していたが、SRC関西親睦会は盛り上がった。みなさん、ありがとうございました。

（4月29日★月）

SATONAKA RISHOU'S KEIBAJUKU

第５章

# セオリー制す者は競馬を制す

●Ａコース使用の落とし穴
●勝負勘を鍛える絶対の条件
●差し馬なくして勝利なし
●見落としてはいけない、左回りの鬼

Theory

# Aコース使用の落とし穴

## ▼「変則開催」攻略法

真実って何だろうか。共同幻想？

プロレス（新日本）の暴露本を読んでいて、私が思い浮かべたのはマンハッタンカフェの前走（日経賞）のことだった。あれは、爪を守るための特殊な蹄鉄を履いていて、絶対に走れない状態だった。レース後、一部のファンが知ったわけだが、マスコミは無言だった。

いわゆる「GI前の一叩き」、言い得て妙だが、競馬にわざと負けるレースがあることをファンはよく知っている。それを「八百長」とか口にしてはいけないのが、この世界の掟なのだ。

プロレスも同じ。ファンはみんな分かっている、すべてがガチンコではないことを。今日の試合なら、蝶野対三沢など三十分のドローが妥当な線だ。どちらも負けられない上に、敵対関係でもないからだ。だが、緊張感のある技の取り合いの中で、一歩間違えれば決まってしまう。それを「ショー」だと内部告発されたら、たまらない。

競馬なら、ＪＲＡの人間が「権力のある騎手や馬主の馬は斜行しても降着にしなかった」と本に書くようなものだ。そういう事は言ってはいけないのだ。競馬は終わってしまう。私はこういう話は嫌いだが、競馬は好きである。

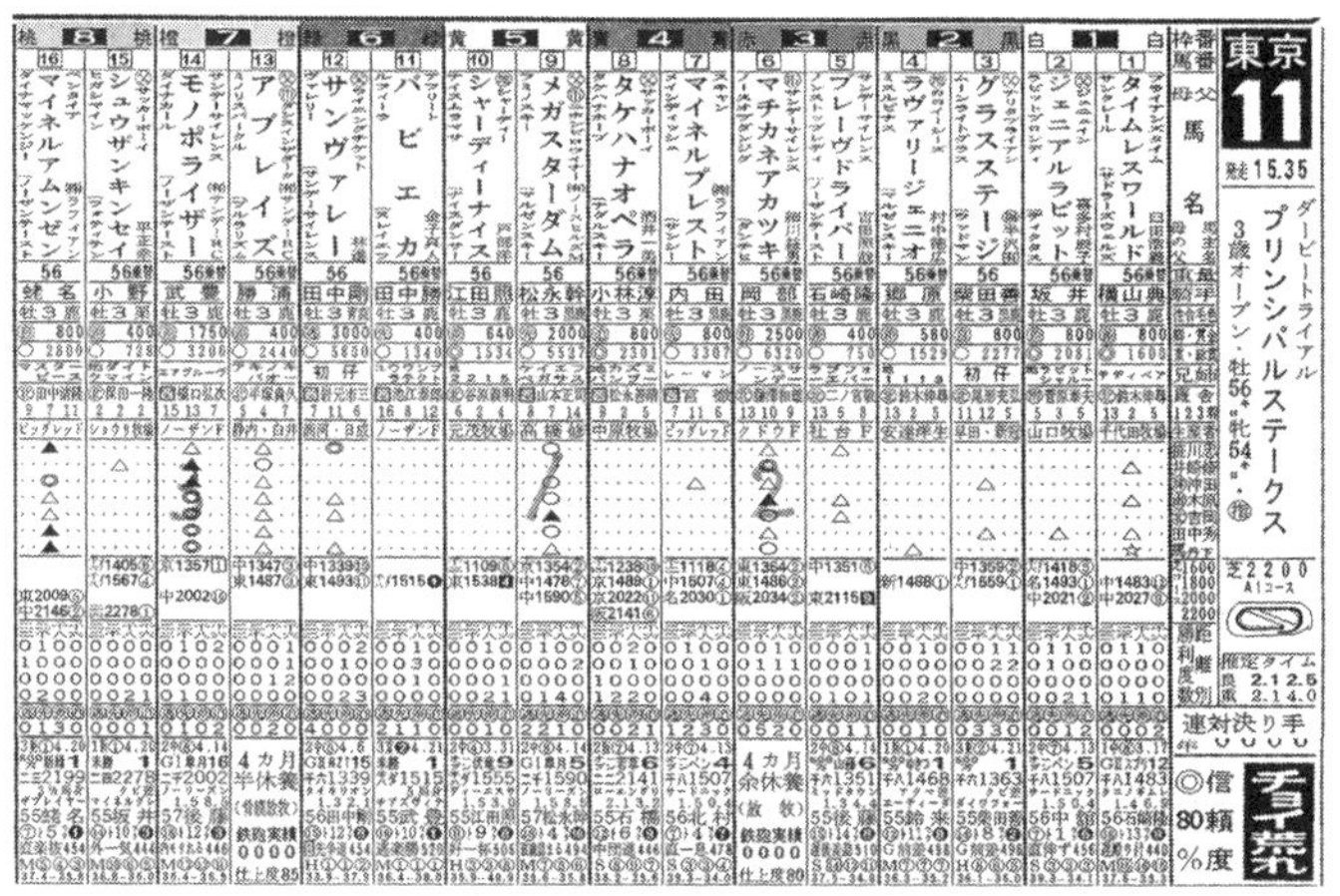

東京 11 発走15.35

ダービートライアル プリンシパルステークス

3歳オープン・牡56キロ牝54キロ・指

芝2200 A1コース

| 馬番 | 馬名 | 騎手 |
|---|---|---|
| 1 | タイムレスワールド | 横山典 |
| 2 | ジェニアルラピット | 坂井 |
| 3 | グラスステージ | 柴田善 |
| 4 | ラヴアリージェニオ | 郷原 |
| 5 | ブレーヴドライバー | 石崎隆 |
| 6 | マチカネアカツキ | 岡部 |
| 7 | マイネルプレスト | 内田 |
| 8 | タケハナオペラ | 小林淳 |
| 9 | メガスターダム | 松永幹 |
| 10 | シャーディーナイス | 江田照 |
| 11 | パピエカ | 田中勝 |
| 12 | サンヴァレー | 田中剛 |
| 13 | アプレイズ | 勝浦 |
| 14 | モノポライザー | 武豊 |
| 15 | シュウザンキンセイ | 小野 |
| 16 | マイネルアムンゼン | 蛯名 |

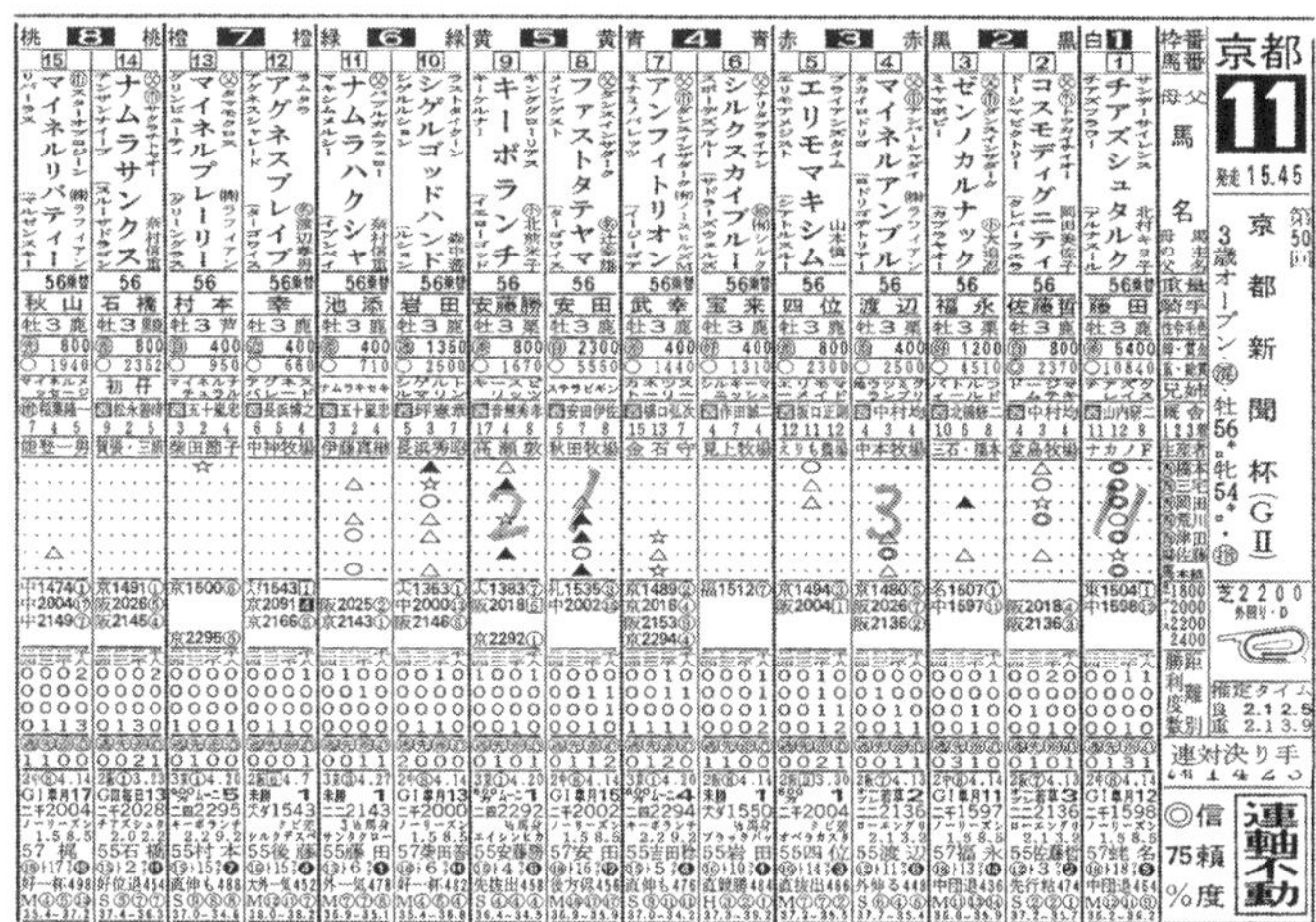

京都 11 発走15.45 第50回

京都新聞杯(GII)

3歳オープン・(混)・牡56キロ牝54キロ・(指)

芝2200 外回り・D

| 馬番 | 馬名 | 騎手 |
|---|---|---|
| 1 | チアズシュタルク | 藤田 |
| 2 | コスモディグニティ | 佐藤哲 |
| 3 | ゼンノカルナック | 福永 |
| 4 | マイネルアンブル | 渡辺 |
| 5 | エリモマキシム | 四位 |
| 6 | シルクスカイブルー | 宝来 |
| 7 | アンフィトリオン | 武幸 |
| 8 | ファストタテヤマ | 安田 |
| 9 | キーボランチ | 安藤勝 |
| 10 | シゲルゴッドハンド | 岩田 |
| 11 | ナムラハクシャ | 池添 |
| 12 | アグネスブレイブ | 幸 |
| 13 | マイネルプレーリー | 村本 |
| 14 | ナムラサンクス | 石橋 |
| 15 | マイネルリバティー | 秋山 |

それにしても、天皇賞のマンハッタンカフェには参った。競馬も「本気」と「まったくやる気がない」レースが確実に存在することを改めて認識した。今後は、もっと予想に取り入れていきたい。

**●東京11Rプリンシパル S**

このレースは、**皐月賞五着のメガスターダムを狙うのがセオリーだ**。

仮柵のとれたAコース使用に替わったが、先行力もあるので問題ない。

東京の芝コースだが、今週から多少外を回っても追い込みが届くAコースになった。しかし**替わったばかりの時は内めが絶好の馬場だから、前残りに注意してほしい**。

マチカネアカツキなど、残りそうな気配がする。マイネルアムンゼンも怖い。モノポライザーも好走するだろう。サンヴァレーの逃げにも注目したい。

**●京都11R京都新聞杯**

こちらもチアズシュタルクで大丈夫だろう。皐月賞で大外に入って不発だった馬は巻き返してくる。

明日のタニノギムレットは巻き返してくるだろう。だが、NHKマイルCの本命はタイキリオン。

その他、岡部、いや小島太のメジャーカフェも怖い。

今日は二レースだけでいい。変則開催のため、勘違いして土曜日のレースのことを考えていた。

JRAは変なことしないでほしいよ。


（5月3日★金）

## 勝負勘を鍛える絶対の条件

### ▼「三歳GI」攻略法

昨日は、チアズシュタルク（十一着）の単勝が1・5倍と一本かぶり。結果的に京都新聞杯はパスして正解だった。

その分、プリンシパルSはメガスターダムの単複、馬連ワイドで勝負した。結果は◎○の的中で、大幅なプラスとなった。

それにしても、チアズシュタルクの凡走は不可解だ。ダービーの本命候補が一頭消えた。そして、おっと、モノポライザーも消えたね。プリンシパルS二着のマチカネアカツキは実力のある馬。ダービーでも凡走しないと思う。

**●東京11RNHKマイルC**

本命はタイキリオン。前売り発売はタニノギムレット一本かぶりだったが、今日になって売れてくると思う。私の経験では、そういう馬の方がよく来る。**このレースは外国産馬の方が強い。また今の東京の芝は切れすぎる馬はよくない。タニノギムレットが後方から一気に差し切れるか疑問だ。**

タイキリオンの方が自在性がある。血統的にもスピードだけの馬じゃない。兄のタイキフォーチュンはこのレースで勝っている。柴田善は府中のマイルでGⅠ勝ちがあり、信頼できる。あくまでタイキリオンの単複が主力だが、今週は馬連とワイドも買う。タイキリオンはゲンのいい馬だからだ。

相手筆頭は岡部のメジャーカフェ。タイキよりも前で競馬をされると、怖い存在だ。今の東京はとにかく先行できる馬がいい。内めの馬場が良く、後ろからでは届かないのだ。重賞勝ち馬で、先行力があるメジロマイヤー、東京コースの鬼トニービン産駒のテレグノシス。そしてタニノギムレット、東京が得意かもしれないアグネスソニックへと馬連ワイドを買う。

**●京都11R都大路S～勉強レース～**

私が本命にした馬を考えてほしい。**この春の短距離路線で活躍し、今回主戦騎手に戻った。**久しぶりのマイル戦となるが、このメンバーでは善戦できるはずだ。また、GⅠまでは手が届かないが、**オープン特別やGⅢに強い血統ではないか。**

トレジャーは一気に斤量が増え、岡部以外では走らない馬なので本命にしなかった。

東京 11 発走15.40

第7回 NHKマイルカップ(GⅠ) 3歳オープン 牡57・牝55 芝1600

連軸不動 ◎信頼度90%

| 馬番 | 馬名 | 負担重量 |
|---|---|---|
| 1 | テレグノシス | 57 |
| 2 | ゲイリーファントム | 57 |
| 3 | スペシャルストック | 57 |
| 4 | キネティクス | 57 |
| 5 | アグネスソニック | 57 |
| 6 | キーンランドスワン | 57 |
| 7 | シベリアンメドウ | 57 |
| 8 | マヤノサリーダ | 57 |
| 9 | タニノギムレット | 57 |
| 10 | エンドレスデザート | 57 |
| 11 | カノヤバトルクロス | 57 |
| 12 | サードニックス | 57 |
| 13 | オースミエルスト | 57 |
| 14 | スターエルドラード | 57 |
| 15 | メジャーカフェ | 57 |
| 16 | タイキリオン | 57 |
| 17 | カフェボストニアン | 57 |
| 18 | メジロマイヤー | 57 |

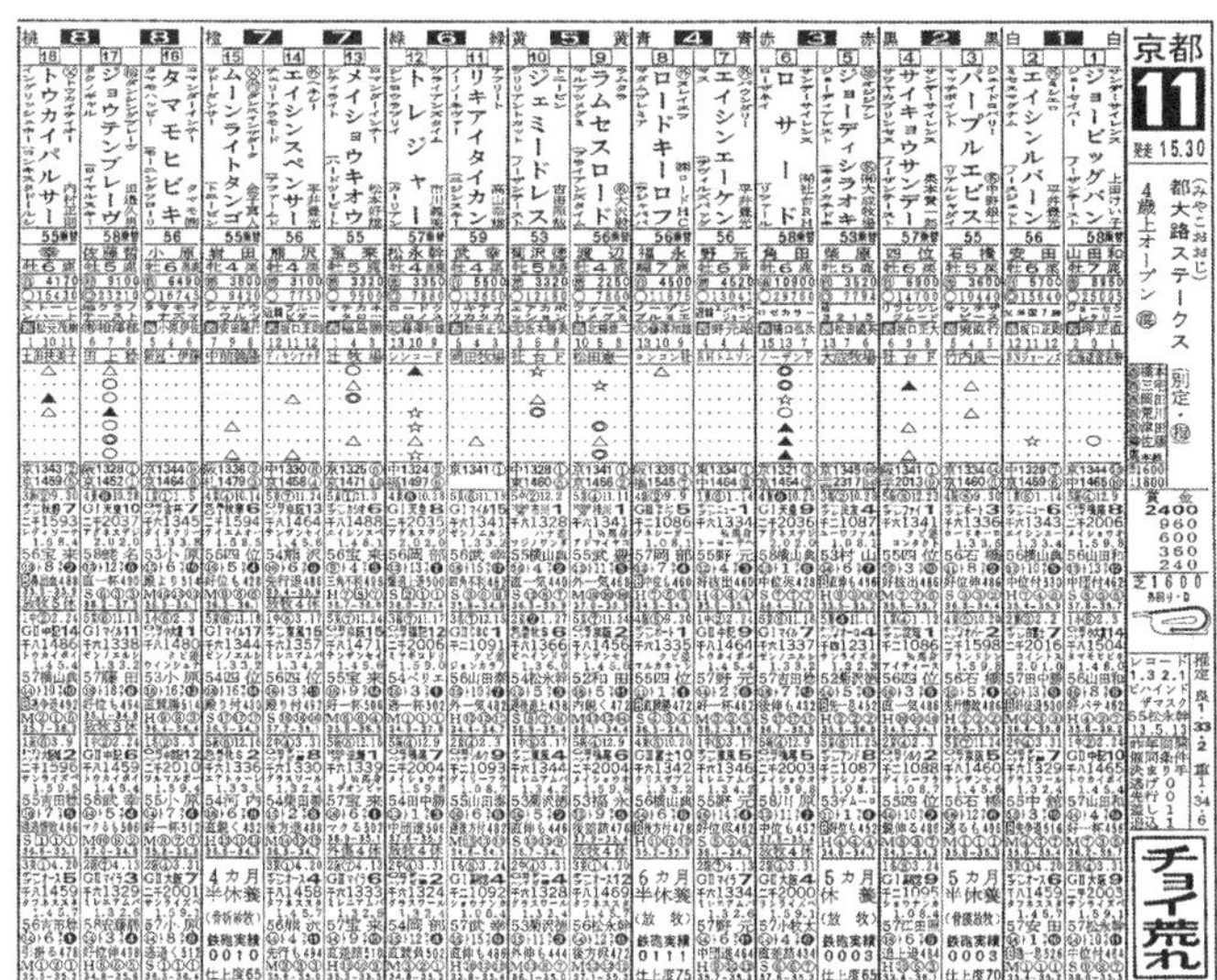

京都 11 発走15.30

都大路(みやこおおじ)ステークス 4歳上オープン (別定・指) 芝1600

賞金 2400 960 600 360 240

チョイ荒れ

| 馬番 | 馬名 | 負担重量 |
|---|---|---|
| 1 | ジョービッグバン | 58 |
| 2 | エイシンルバーン | 56 |
| 3 | パープルエビス | 55 |
| 4 | サイキョウサンデー | 57 |
| 5 | ジョーディシラオキ | 53 |
| 6 | ロサード | 58 |
| 7 | エイシンエーケン | 56 |
| 8 | ロードキーロフ | 56 |
| 9 | ラムセスロード | 56 |
| 10 | ジェミードレス | 53 |
| 11 | リキアイタイカン | 59 |
| 12 | トレジャー | 57 |
| 13 | メイショウキオウ | 55 |
| 14 | エイシンスペンサー | 56 |
| 15 | ムーンライトタンゴ | 55 |
| 16 | タマモヒビキ | 56 |
| 17 | ジョウテンブレーヴ | 58 |
| 18 | トウカイパルサー | 55 |

＊

今日は、愛馬のタイキコジャックが東京９Ｒ（三歳５００万下若鮎賞）に、タイキマドンナが新潟４Ｒ（三歳未勝利）に出走する。ともに人気薄で自信はない。特に、コジャックの方は前走まったく走っておらず、凡走の理由はさっぱり分からない。今回は前走つけたブリンカーを外すので、それに一縷（いちる）の望みを託したい。

少々食事について話したい。

私が勝負レースを外すことが少ないのは、空腹のためだと思っている。

昨日はチアズシュタルクをパスし、そのお金でメガスターダムの単勝を二万円、複勝を四万円、馬連ワイドを二千円ずつ買った。午後はコーヒーを一杯飲んだだけで、完全な空腹状態。昨秋のジャパンＣ、ジャングルポケットで勝負した時もそうだった。

**まったく食べないのは問題だが、腹五分から六分くらいにしておくと勝負勘が鈍らない**。競馬場での私の昼食は、小ビールと枝豆かサラダだけである。

大切な仕事の前にも応用できることだから、みなさんも試してほしい。

（５月４日★土）

**【GⅠ後記⑥～NHKマイルC～】**

# 競馬の怖さを思い知れ

タイキリオンの凡走は故障が原因かと思い、この原稿を書くのを待っていた。だが、何事もなかったようだ。柴田善臼く、

「走る気がなかった」

こういうコメントは一番困る。腑に落ちない。走る気がなかったら、走らせろ。とまあ、それは無理にしろ、前走より三秒も早く走っていない。前走負かしたメジャーカフェも四着に好走している。勝ったテレグノシスとも同じ位置取りだった。私も結局、敗因は「走る気がなかった」としか言えない。追い切りを見たかぎりでは、ニュージーランドTの反動もなかった。一生懸命走って三着や四着なら、大金を賭けていても、ある程度の納得はできるが、本当に不可解だ。改めて競馬の怖い面を見せられました。

勝ったテレグノシスはトニービン産駒。内枠に入り、印は付けたが、騎手は勝浦。関東では勝浦、関西では幸が、実力の割にいい馬に乗ってくるタイプだ。GIでは本命にできない。単勝は買えない。本命にして凡走されたら、悔やんでも悔やみきれない。

タニノギムレットは切れる脚を持っているので、常に不利はついて回る。特にGIになると、他の馬からプレッシャーを受けることになる。

また、この調教師は「NHKマイルCを勝つ馬はダービーも勝てる」という妙な持論を持ち出して、タニノギムレットを使った。ならば、皐月賞を使わないで、最初からNHK→ダービーというローテーションにすればいいいんじゃないの。皐月賞からダービーよりも、NHKからダービーの方

が正しいということじゃないのか。

武豊もいい加減そういう調教師の馬を降りればいいのに……といったら関西じゃ、乗る馬がなくなるか。森も浜田も伊藤雄二も長浜も「金優先主義」だからな。

タニノギムレットは不利を受けて外傷を負った。こういう場合、普通もう放牧だよ。これでダービーへ向かうというから、信じられない。

勝ち馬の斜行で、審議の時間も長く、後味の悪いGⅠだった。


（5月5日★日）

## なぜ騎手で買うのか？

### ▼「不良ダート」攻略法

生涯で一番忙しく、頭の中が騒々しい時期かもしれない。

今月は恋愛ハウツー本の締め切りだが、執筆が遅れ、編集者から催促されっぱなしだ。今日は「家にいるとヤクザな連中が来るからヤバイ」と言うモデルの子を保護するために、スタジオへ行かないといけない。

写真集を出す予定のレースクイーンの子の撮影が来週月～火曜日に入っていたが、アシスタントから先ほどキャンセルの電話が入った。

おまけにうちの愚姉が借金こさえて、さっき銀行にお金を放り込んできたばかりだ。

## 東京 11 発走15.35 伊勢佐木特別(いせざき)

4歳[illegible]万下・5歳上[illegible]万下・別定 混　ダ2100

| 枠 | 馬番 | 馬名 | 重量 | 騎手 | 性齢毛色 | 本賞金 | 総賞金 | 厩舎 | 生産者 |
|---|---|---|---|---|---|---|---|---|---|
| 白1 | 1 | コアレスヒーロー | 56乗替 | 田面木 | 牡9鹿 | 2000 | 10165 | 内藤一雄 | ビラトリF |
| 白1 | 2 | サンエムマジック | 57乗替 | 武士沢 | 牡5鹿 | 1800 | 5320 | 松田正弘 | 岡田牧場 |
| 黒2 | 3 | フサイチピアレス | 56乗替 | 田中勝 | 牡6鹿 | 1200 | 3341 | 小島太 | [illegible] |
| 黒2 | 4 | リンガスロバリー | 56 | 江田照 | 牡4栗 | 800 | 2770 | 谷原義明 | 川島牧場 |
| 赤3 | 5 | テンクウジョー | 56乗替 | 岡部 | 牡4鹿 | 800 | 3729 | [illegible] | 白井牧場 |
| 赤3 | 6 | ワンダーキーラー | 56 | 徳吉 | 牡6栗 | 1200 | 5077 | 西塚安夫 | 平野米男 |
| 青4 | 7 | ウインエルシエロ | 57乗替 | 横山典 | 牡5鹿 | 1800 | 3840 | 池江泰郎 | [illegible] |
| 青4 | 8 | マーベラスキング | 57 | 小野 | 牡5鹿 | 1520 | 4145 | 川村禎彦 | 谷川牧場 |
| 黄5 | 9 | パシオンノーブル | 56乗替 | 張田 | 牡4鹿 | 800 | 2180 | 中野隆良 | 社台F |
| 黄5 | 10 | ロードセレナード | 57 | 梶 | 牡5鹿 | 1200 | 4367 | 高市圭二 | ケイアイF |
| 緑6 | 11 | スリーファニー | 56乗替 | 小林淳 | 牡6栗 | 1520 | 6146 | 佐々木亜 | 三輪律子 |
| 緑6 | 12 | ワカギミ | 56乗替 | 左海 | 牡6鹿 | 1200 | 3521 | 高橋祥泰 | 社台F |
| 橙7 | 13 | フサイチジハード | 57乗替 | 勝浦 | 牡5鹿 | 1200 | 2148 | 杉浦宏昭 | ノーザンF |
| 橙7 | 14 | ケイタイガー | 56 | 菊沢徳 | 牡4鹿 | 810 | 2104 | 石毛善喜 | 伏木田牧場 |
| 桃8 | 15 | エクセシヴワード | 57乗替 | 蛯名 | 牡5鹿 | 1200 | 3305 | 高市圭二 | 中前義隆 |
| 桃8 | 16 | オイワケダイモン | 57 | 天間 | 牡5鹿 | 1200 | 2660 | 柴崎勇 | [illegible] |

連対決り手　◎信75頼%度

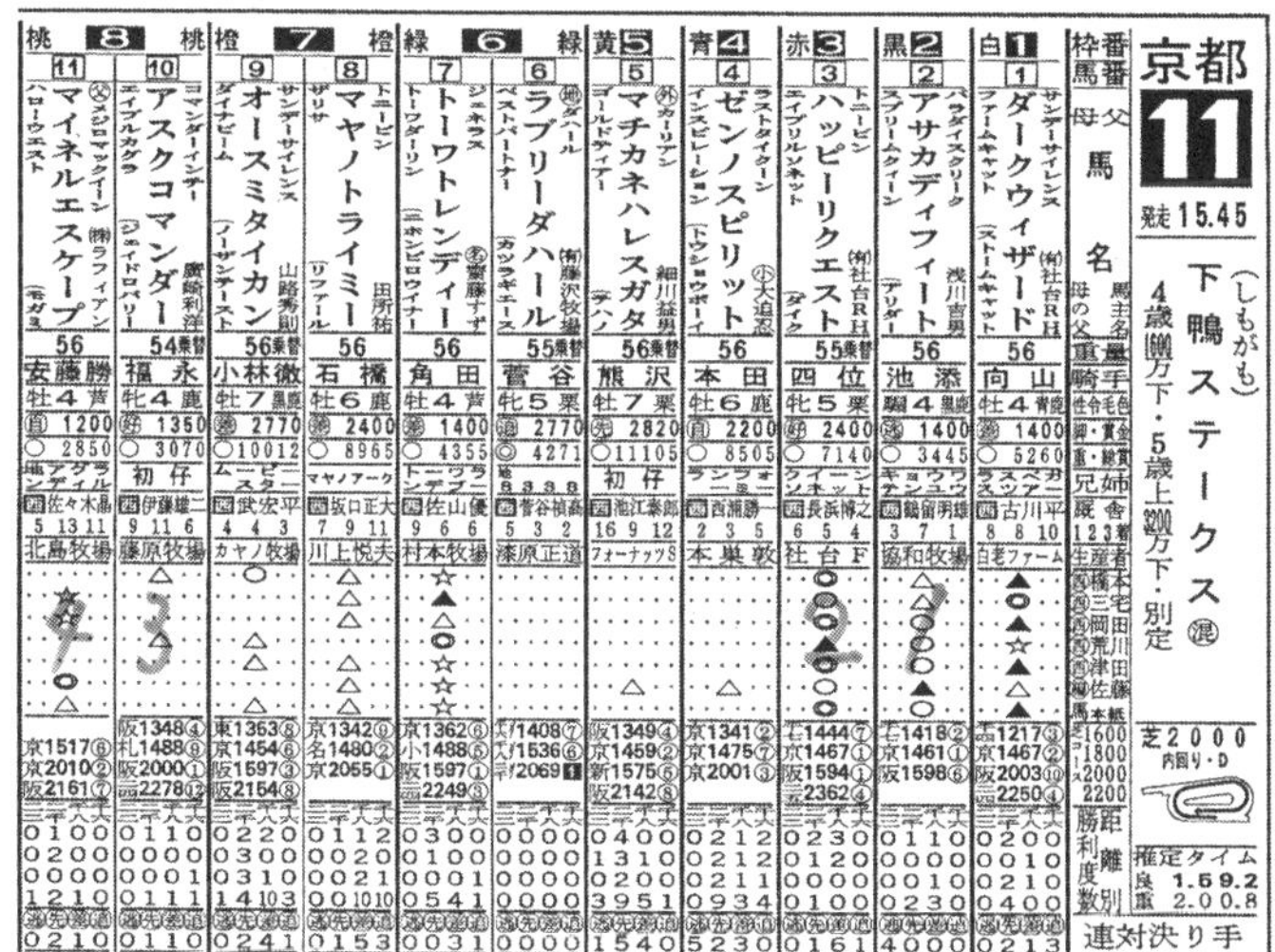

## 京都 11 発走15.45 下鴨ステークス(しもがも)

4歳1600万下・5歳上3200万下・別定 混　芝2000 内回り・D

推定タイム　良 1.59.2　重 2.00.8

| 枠 | 馬番 | 馬名 | 父 | 母 | 母の父 | 馬主 | 重量 | 騎手 | 性齢毛色 | 本賞金 | 総賞金 | 厩舎 | 生産者 |
|---|---|---|---|---|---|---|---|---|---|---|---|---|---|
| 白1 | 1 | ダークウィザード | サンデーサイレンス | ファームキャット | ストームキャット | (有)社台RH | 56 | 向山 | 牡4青鹿 | 1400 | 5260 | 古川平 | 白老ファーム |
| 黒2 | 2 | アサカディフィート | パラダイスクリーク | スプリームクイーン | デリダー | 浅川吉男 | 56 | 池添 | 騸4黒鹿 | 1400 | 3445 | 鶴留明雄 | 協和牧場 |
| 赤3 | 3 | ハッピーリクエスト | トニービン | エイプリルソネット | ダイク | (有)社台RH | 55乗替 | 四位 | 牝5栗 | 2400 | 7140 | 長浜博之 | 社台F |
| 青4 | 4 | ゼンノスピリット | ラストタイクーン | インスピレーション | トウショウボーイ | 大迫忍 | 56 | 本田 | 牡6鹿 | 2200 | 8505 | 西浦勝一 | 本巣敦 |
| 黄5 | 5 | マチカネハレスガタ | カーリアン | ゴールドティアー | テハノ | 細川益男 | 56乗替 | 熊沢 | 牡7栗 | 2820 | 11105 | 池江泰郎 | フォーナッツS |
| 緑6 | 6 | ラブリーダハール | ダハール | ベストパートナー | カツラギエース | (有)藤沢牧場 | 55乗替 | 菅谷 | 牝5栗 | 2770 | 4271 | 菅谷禎高 | 藤原正道 |
| 緑6 | 7 | トーワトレンディー | ジェネラス | トーワダーリン | ニホンピロウイナー | 斎藤すず | 56 | 角田 | 牡4芦 | 1400 | 4355 | 佐山優 | 村本牧場 |
| 橙7 | 8 | マヤノトライミー | トニービン | ザリサ | リファール | 田所祐 | 56 | 石橋 | 牡6鹿 | 2400 | 8965 | 坂口正大 | 川上悦夫 |
| 橙7 | 9 | オースミタイカン | サンデーサイレンス | ダイナビーム | ノーザンテースト | 山路秀則 | 56乗替 | 小林徹 | 牡7黒鹿 | 2770 | 10012 | 武宏平 | カヤノ牧場 |
| 桃8 | 10 | アスクコマンダー | コマンダーインチーフ | エイブルカグラ | ジェイドロバリー | 廣崎利洋 | 54乗替 | 福永 | 牝4鹿 | 1350 | 3070 | 伊藤雄二 | 藤原牧場 |
| 桃8 | 11 | マイネルエスケープ | メジロマックイーン | ハローウエスト | モガミ | (株)ラフィアン | 56 | 安藤勝 | 牡4芦 | 1200 | 2850 | 佐々木晶 | 北島牧場 |

| 馬番 | 持ち時計 | 1600 | 1800 | 2000 | 2200 | 逃先差追 |
|---|---|---|---|---|---|---|
| 1 | 函1217③ 京1467② 阪2003⑩ 函2250④ | 0200 | 0010 | 0210 | 0400 | 0213 |
| 2 | 福1418② 京1461① 阪1598⑥ | 0110 | 0000 | 0010 | 0230 | 4000 |
| 3 | 福1444⑦ 京1467① 阪1594① 函2362④ | 0230 | 0120 | 0000 | 0100 | 0161 |
| 4 | 京1341② 京1475⑦ 京2001③ | 0212 | 0212 | 0211 | 0934 | 5230 |
| 5 | 阪1349④ 京1459② 新1575⑥ 阪2142⑧ | 0400 | 1310 | 0200 | 3951 | 1540 |
| 6 | 東1408⑦ 東1536⑥ 中2069❶ | 0000 | 0000 | 0000 | 0000 | 0000 |
| 7 | 京1362⑥ 小1488⑤ 阪1597① 函2249③ | 0300 | 0100 | 0001 | 0541 | 0031 |
| 8 | 京1342⑨ 名1480② 京2055① | 0112 | 0020 | 0021 | 00 10 10 | 0153 |
| 9 | 東1363⑧ 京1454⑥ 阪1597③ 阪2154⑧ | 0220 | 0300 | 0310 | 14 10 3 | 0241 |
| 10 | 阪1348④ 札1488⑨ 阪2000① 函2278⑫ | 0110 | 0000 | 0001 | 0111 | 0110 |
| 11 | 京1517⑥ 京2010② 阪2161⑦ | 0100 | 0200 | 0000 | 1210 | 0210 |

連対決り手

打撲した腰は横に曲がらないし、急に寒くなったから喉が痛い。ぼおっと座っていたら、一瞬気を失って記憶がぶっ飛んでしまった。

鬱病の人は寝たきりになるようだが、私の場合は完全に復活する。だんだん腹がたってくるからだ。「なんで俺をこんなに追いつめるんだ！」と叫び、やたら元気になる。

競馬場でもＪＲＡがムカつくことをしたら、すごく気合いが入ってくる。よく当たるようになる。明日の京王杯スプリングＣはどうしても当てたい。

ま、怒れるうちは鬱病じゃないと言いますが……。先週、愛馬タイキコジャックは五着、タイキマドンナは十四着だった。

勉強レース・都大路Ｓの答えは、三着のサイキョウサンデーだった。

**●東京11Ｒ伊勢佐木特別**

逃げ先行馬が人気だが、５００万下を勝ち上がってきたばかりの馬。このクラスで好走実績のある岡部テンクウジョーが本命だ。

ダートの不良は、追い込み馬が届かない。このレースは、**前に行く馬が外枠に並び、それ以外は追い込み馬だ。テン乗りの岡部は好位につけ、展開有利なはずだ。東京の長距離は騎手で買った方がいい。**

## ●京都11R下鴨S

マイネルエスケープは重馬場で走らないか。**騎手は追えるアンカツ。重の鬼メジロマックイーンの仔。母の父モガミも重巧者だった。**狙ってみたいところだ。

今日はすべて単複で買う。明日の京王杯スプリングCの本命を書きたいところだが、馬場状態が微妙だ。絶好の良馬場なら、スピードを生かしマグナーテンだろう。馬場が悪くなると、トウショウリープか。いずれにせよ、この二頭しか見えていない。その詳細は明日。

京都第1R（三歳未勝利）に、愛馬タイキマドンナが連闘で出てくる。前走は出遅れて大惨敗。今回はしんがり人気で単勝は万馬券だから、一万円買う。なぜなら、入着すれば、そのくらい手元に入ってくるからだ。

マドンナを管理する須貝師は「馬優先主義」である。ブルーフレンチを管理する作田師などもそうだが、馬にも、馬主や騎手にも優しい。「金優先主義」の関西極悪トリオとは大違いだ。

須貝師は「一口馬主の馬を預かったら、会員の方が少しでも長く楽しめるようにしたい。まず一勝させて、大事に使っていく。障害で使えるなら障害も考える」と言っていた。人がよすぎると出世しないとも言われるが、マドンナ、奇跡の一勝なるか。

（5月11日★土）

## スピード優先か、パワー優先か

### ▼「左回りコース」攻略法

**●東京11R京王杯スプリングC**

昨日は、東京メインの複勝をひとつだけ取った。

今日は馬場が回復しそうなので、マグナーテンを買う。

阪神で一叩きし、得意の東京1400メートル。最高の舞台が用意された。あとは岡部が無理におさえないで、この馬のスピードを生かす乗り方をしてほしい。

今日の岡部の乗り馬は東京コースに合った馬が多く、どんどん買うつもりだ。

マグナーテンと同型のトウショウリープが気になる。この馬も東京の芝1400メートルを狂ったように走り、**前走GI（高松宮記念）というローテーションもいい。このレース、逃げ、先行馬有利と見る。**

差し馬からは一頭、ダンツフレームに注目したい。母父サンキリコの血統で、マイルに距離適性がある馬だ。ダービー二着で、コース実績も十分だ。

以上の三頭の馬連ワイドの三角買いを押さえ、マグナーテンの単複で勝負する。

ゼンノエルシドは59キロを背負い、前走で負けすぎている。昨秋の勢いも調教からは感じられず、

東京 11 発走15.35 第47回 京王杯スプリングC（GⅡ） 4歳上オープン・国際・別定・指 芝1400 Aコース

推定タイム 良1.20.4 重1.21.9 ◎信頼度75% 力量高

| 枠番 | 馬番 | 馬名 | 斤量 | 騎手 | 性齢毛色 |
|---|---|---|---|---|---|
| 1 | 1 | イナリコンコルド | 57 | 江田照 | 牡7鹿 |
| 1 | 2 | ザカリヤ | 58 | 後藤 | 牡6鹿 |
| 2 | 3 | イーグルカフェ | 59 | 郷原 | 牡5鹿 |
| 2 | 4 | タマルファイター | 57 | 丸山侯 | 牡7鹿 |
| 3 | 5 | ダイタクリーヴァ | 58 | 松永幹 | 牡5栗 |
| 3 | 6 | ゼンノエルシド | 59 | 横山典 | 牡5青 |
| 4 | 7 | ハッピーマキシマム | 55 | 菊沢徳 | 牝5栗 |
| 4 | 8 | エイシンルバーン | 57 | 小林淳 | 牡6栗 |
| 5 | 9 | ネイティヴハート | 57 | 石崎隆 | 牡4鹿 |
| 5 | 10 | ダンツフレーム | 57 | 池添 | 牡4鹿 |
| 6 | 11 | トロットスター | 59 | 蛯名 | 牡6鹿 |
| 6 | 12 | マグナーテン | 57 | 岡部 | 騸6鹿 |
| 7 | 13 | ワシントンカラー | 57 | 勝浦 | 牡8芦 |
| 7 | 14 | トウショウリープ | 57 | 吉田 | 牡5鹿 |
| 7 | 15 | ジョンカラノテガミ | 57 | 佐藤哲 | 牡7栗 |
| 8 | 16 | グラスワールド | 57 | 藤田 | 牡6栗 |
| 8 | 17 | ビリーヴ | 55 | 福永 | 牝4鹿 |
| 8 | 18 | ゴッドオブチャンス | 57 | 柴田善 | 牡4鹿 |

新潟 11 発走15.30 第24回 新潟大賞典（GⅢ） 4歳上オープン・ハンデ 芝2000 外回り・B

推定タイム 良1.58.8 重2.00.8 ◎信頼度80% 伏兵多し

| 枠番 | 馬番 | 馬名 | 斤量 | 騎手 | 性齢毛色 |
|---|---|---|---|---|---|
| 1 | 1 | マイネルライツ | 53 | 小野 | 牡4鹿 |
| 1 | 2 | ダイワジアン | 53 | 二本柳 | 牡6栗 |
| 2 | 3 | サクセストレイン | 52 | 木幡 | 牝4鹿 |
| 2 | 4 | テンザンセイザ | 57 | 四位 | 牡4栗 |
| 3 | 5 | ハッピーパス | 52 | 村田 | 牝4鹿 |
| 3 | 6 | アンクルスーパー | 54 | 中舘 | 牡5鹿 |
| 4 | 7 | ミヤギロドリゴ | 53 | 大西 | 牡8鹿 |
| 4 | 8 | トッププロテクター | 55 | 和田 | 牡5栗 |
| 5 | 9 | キングフィデリア | 54 | 幸 | 牡4鹿 |
| 5 | 10 | ビッグゴールド | 56 | 宝来 | 牡4鹿 |
| 6 | 11 | ダイヤモンドビコー | 55 | 鹿戸 | 牝4鹿 |
| 6 | 12 | グリーンソニック | 53 | 鈴来 | 牡5鹿 |
| 7 | 13 | ミッキーダンス | 57 | 千田 | 牡6鹿 |
| 7 | 14 | シンボリオレゴン | 54 | 田中勝 | 牡5鹿 |
| 8 | 15 | カリスマサンオペラ | 53 | マンピー | 牝5鹿 |
| 8 | 16 | タフネススター | 53 | 武幸 | 牝5鹿 |

今回は見送る。グラスワールドは、前走から一気に斤量が増えており、負かした相手がトレジャーでは買いづらい。トロットスターにはもう期待できない。

**●新潟11R新潟大賞典**

新潟の馬場が荒れているから難解なレースだ。荒馬場や重馬場が得意そうな馬をピックアップする。

マイネルライツ、ダイワジアン、ミヤギロドリゴ、シンボリオレゴン、この四頭の馬連ワイドボックスを押さえ、いずれかの馬の単複を買う。

その中でも、同じ左回りの東京で重馬場を差し切っているダイワジアンはどうか。**ノーザンテースト産駒は重が得意。母の父ディクタスで、平坦コースも走る。だが斤量53キロは不安材料だ。**前走楽勝されたタフネススターと同じ斤量はきつい。

今日の撮影のモデルは十九歳の子だった。自律神経の持病があるというので、いい病院を紹介した。中学生の時、母親に「金がないから病気をするな」と言われたという。怒りがこみ上げてきたが、他人の親の悪口は言えない。言葉を飲み込んで、「病気のことも、なんでも俺に相談しろ」と話しておいた。お金の面倒までは見られないが、自分は女の子を守るために生まれてきたんだと、子供の頃は考えていたものだ。

昨日のタイキマドンナは十着だったが、これからもずっと見守ってあげたいと思う。

（5月12日★日）

## 必ず買いたい本命馬

### ▼「ハンデGⅡ」攻略法

ミック・ジャガーが出ているビデオを見た。相かわらずかっこいい。私が目指している男だ。今のところ腹が出ていない所だけは一緒だ。

ミック・ジャガーは五十歳を過ぎても、洗練されたスタイルを維持している。ずっと走り込んでいるからだ。私もジムで腹筋を鍛えている。

競馬も同じ。何年も取り組めば分かってくる。私も二十年近くやってきて、ようやくメガスターダムの単勝を取れるようになったのだから。

**●東京11R目黒記念～勉強レース～**

一目見て、本命に決定できる馬がいる。

その馬が好走する確率はかなり高い。ヒントを書く。一緒に考えよう。人は一人では生きていけない。一人で仕事もできない。金儲けもできない。

**目黒記念はGⅡのハンデ戦。このレースはGⅡだが、厳しいレースの流れはまったくない。これ**

# 東京 11

発走 15.35

第116回 農林水産省賞典 目黒記念（GⅡ）

3歳上オープン ㊋ ハンデ

芝2500 Bコース

| 枠番 | 馬番 | 馬名 | 斤量 | 騎手 | 性齢 | 調教師 | 生産者 | 持ち時計 |
|---|---|---|---|---|---|---|---|---|
| 8 | 18 | タニノエタニティ | 52 | 石崎隆 | 牡4栗 | 松田國英 | カントリー | 名2023 京2287 阪2347 |
| 8 | 17 | マチカネキンノホシ | 58.5 | 岡部 | 牡6鹿 | 藤澤和雄 | Cシャーバタ | 阪2001 京2118 東2266 東2334 |
| 8 | 16 | アクティブバイオ | 56 | 後藤 | 牡5鹿 | [illegible] | 荒井牧場 | 阪2011 阪2129 京2251 東2319 |
| 7 | 15 | ケイエムチェーサー | 49 | 田面木 | 牡6鹿 | 吉永正人 | 三澤牧場 | 東2001 2220 東2284 中2337 |
| 7 | 14 | トシザブイ | 55 | 河内 | 牡6鹿 | 音無秀孝 | 鵜川・小林 | 阪2030 2184 京2272 東2316 |
| 7 | 13 | ホットシークレット | 58.5 | 村田 | 騸6鹿 | 後藤由之 | 畠山牧場 | 札2035 阪2119 東2260 東2308 |
| 6 | 12 | アドマイヤロード | 55 | 四位 | 牡4鹿 | 橋田満 | ノーザンF | 京2002 中2143 3083 |
| 6 | 11 | ユーセイプライム | 50 | 梶 | 牡4鹿 | 音無秀孝 | 朝日F | 阪2030 京2253 |
| 5 | 10 | プレミアムバラード | 49 | 鈴来 | 牡7栗 | 大根田裕之 | 早田・新冠 | 名2003 阪2124 京2256 阪2310 |
| 5 | 9 | セイコーサンデー | 54 | 柴田善 | 牡4 | 鈴木康弘 | 笠松牧場 | 中1590 中2198 東2278 3201 |
| 4 | 8 | フサイチランハート | 57.5 | 江田照 | 牡5 | 河野通文 | ノーザンF | 中2000 東2137 中2369 |
| 4 | 7 | レディパステル | 55 | 蛯名 | 牝4 | 田中清隆 | シンコーF | 京1588 京2112 東2263 |
| 3 | 6 | ロードフォレスター | 54 | 菊沢徳 | 牡4 | 大江原哲 | Nウェルレ | 京2012 中2134 2214 中2332 |
| 3 | 5 | トウカイオーザ | 57 | 幸 | 牡5 | 松元省一 | 長浜牧場 | 阪1590 京2123 京2256 阪2305 |
| 2 | 4 | クラフトマンシップ | 54 | 小林淳 | 牡7鹿 | [illegible] | 白老ファーム | 東1594 中2160 東2263 中2351 |
| 2 | 3 | チカラダユウキ | 53 | 木幡 | 牡5鹿 | 田子冬樹 | 村下牧場 | 新2008 新2153 東2282 中2323 |
| 1 | 2 | ローズバド | 55 | 横山典 | 牝4青 | 橋口弘次郎 | ノーザンF | 京1586 京2112 東2263 |
| 1 | 1 | タップダンスシチー | 56 | 勝浦 | 牡5鹿 | 佐々木晶三 | [illegible] | 阪2000 阪2123 京2266 名2314 |

推定タイム 良 2.31.1 稍 2.33.1

連対決め手

| 賞金 | レコード |
|---|---|
| 5800 | 2.30.8 |
| 2300 | ホットシークレット |
| 1500 | 57柴田善 |
| 870 | |
| 580 | 13.5.19 |

## レース展開

⑱⑬③の先行で極端なスローはない。⑤⑦②も存分に力を発揮。（M）

☆展開注目馬 ❺❼

同レース過去の決まり手

| | 逃げ | 先行 | 差し | 追込 |
|---|---|---|---|---|
| 1着 | 0 | 0 | 6 | 4 |
| 2着 | 1 | 3 | 3 | 3 |

◎信頼度 75%

波乱含み

東京 10 発走15.00 鎌倉特別（かまくら）4歳1000万下・5歳上2000万下・別定 ダ1400

| 枠番 | 馬番 | 馬名 | 重量 | 騎手 | 性令毛色 |
|---|---|---|---|---|---|
| 1 | 1 | シュガートレイン | 56 | 勝浦 | 牡4鹿 |
| 2 | 2 | ウィンアドヴァンス | 56 | 小林淳 | 牡6栗 |
| 3 | 3 | カオリハイパー | 56 | 田面木 | 牡4鹿 |
| 3 | 4 | マイネルトラスト | 56 | 藤原 | 牡6鹿 |
| 4 | 5 | エイシンゴンザレス | 57 | 村田 | 牡5鹿 |
| 4 | 6 | ハートリーフ | 56 | 橋本広 | 牡6鹿 |
| 5 | 7 | ニシノツルギ | 57 | 横山典 | 牡5鹿 |
| 5 | 8 | ハレルヤサンデー | 56 | 岡部 | 牡4鹿 |
| 6 | 9 | ミスタートウキョウ | 57 | 内田博 | 牡5栗 |
| 6 | 10 | マチカネヤッコダコ | 56 | 後藤 | 牡6鹿 |
| 7 | 11 | サワノビエント | 56 | 河内 | 牡6栗 |
| 7 | 12 | ネオマックイーン | 55 | 四位 | 牝5芦 |
| 8 | 13 | ボトムズアップ | 57 | 田中勝 | 牡5鹿 |
| 8 | 14 | ニシノリョーウン | 57 | 高山 | 牡5鹿 |

中京 11 発走15.45 賢島特別（かしこじま）4歳1000万下・5歳上2000万下・ハンデ 芝1200 Aコース

| 枠番 | 馬番 | 馬名 | 重量 | 騎手 | 性令毛色 |
|---|---|---|---|---|---|
| 1 | 1 | ユキノスミレ | 50 | 中谷 | 牝4芦 |
| 1 | 2 | ナイティーナイナー | 54 | 松田 | 牡6鹿 |
| 2 | 3 | アグネスプレジャー | 53 | 熊沢 | 牡6鹿 |
| 2 | 4 | ソロリサイタル | 52 | 小池 | 牝4栗 |
| 3 | 5 | ジョーアラモード | 51 | 太宰 | 牝4栗 |
| 3 | 6 | エルウェーアンジュ | 52 | 蓑田 | 牝5鹿 |
| 4 | 7 | グランドウィン | 54 | 穂苅 | 牡8芦 |
| 4 | 8 | ニッポーストーン | 51 | 上村 | 牡8栗 |
| 5 | 9 | カノヤアカデミー | 51 | 柴原 | 牝5鹿 |
| 5 | 10 | ニシノマリア | 55 | 小林徹 | 牝5鹿 |
| 6 | 11 | セトノユタカオー | 53 | 酒井 | 牡4鹿 |
| 6 | 12 | キンノステージ | 50 | 南井 | 牡8栗 |
| 7 | 13 | ターフエステート | 53 | 古川吉 | 牡4鹿 |
| 7 | 14 | エイシンダンズビル | 58 | 武幸 | 牡5栗 |
| 7 | 15 | キャプテンクック | 58 | 松永幹 | 牡5栗 |
| 8 | 16 | ウインアスティオン | 55 | 池添 | 牡4栗 |
| 8 | 17 | ツルマルザムライ | 57 | 福永 | 牡6鹿 |
| 8 | 18 | メガマンジュデン | 52 | 小坂 | 牡4鹿 |

**よりも別定のオープン特別の方がまだきつい。だから、このGⅡハンデは、厳しいレースを使ってきた馬や格上の馬があっさり勝つ。**

私が本命にした馬は、別定のGⅡを勝っている馬だ。前走は、それはそれは厳しいレースだった。血統的に重い馬場も得意だ。

本命候補だったレディパステルは良馬場では好走するかもしれないが、牝馬に重馬場2500はつらい。距離も100メートル長い。トニービン産駒は2400ぴったりまでの馬だ。

また、10R（鎌倉特別）の岡部（ハレルヤサンデー）もいい。怖いのは、内にいるサクラバクシンオー産駒くらいだろう。

**●中京11R賢島特別**

**中京芝千二は追い込みが届く傾向にある。**

高松宮記念は行ったきりで終わったが、あれは例外だ。

このレースは逃げ先行馬がそろい、何を本命にしていいやら見当がつかない。追い込み馬の中に、注目できる馬もいない。

ならば、前走ダート戦ということには目をつぶり、軽ハンデのセトノユタカオーを狙う。血統的に、左回りの芝は合っているはずだ。我ながら強引な予想と感じるが、信用できる騎手でもなく、少なめに買う。

＊

目黒記念は勝負する。どこかで勝負しないと、先週の負けを取り戻せない。最近、仕事などでお金がどんどんと出て行く。こんな時、競馬はいつも私を救ってくれた。

混戦オークスは、シャイニンルビーかユウキャラットにする。単勝オッズと馬場状態を確認してから決めたい。オッズが不安定なら、ダブル単複にするかもしれない。

（5月18日★土）

## 差し馬なくして勝利なし

### ▼「牝馬GI」攻略法

勉強レース・目黒記念の答えは、二着のアクティブバイオだった。昨日言ったように、このGⅡハンデ戦は天皇賞のようなハードなGIを走った後の馬にとっては、楽ちんなレースなのだ。なかにはトシザブイとの万馬券を取った人もいるようだが、この馬も前走は天皇賞に出走している。

アクティブバイオの複勝は360円ついたので、単複勝負していた人も大幅プラスとなったであろう。だが、中京メインはピントの外れた予想をしてしまい（九着）、消化不良である。

**●東京11Rオークス**

シャイニンルビーを推す。**馬体が回復していたら本命だ。ただし体重増は少しでいい。**

馬体が戻っていなかったら、ユウキャラットを本命にする。

他に印を付けたのは、ブルーリッジリバー、キョウワノコイビト、マイネミモーゼ、オースミコスモ。

**オークスは、桜花賞の上位入線馬で、差し遅れてきた馬が来る。その信念を貫く。特に関東馬の場合、クイーンCの勝ち馬が、桜花賞で馬体を減らして負けた場合、オークスで巻き返す傾向がある。**

もうひとつ、シャイニンルビーを本命にしたくなった理由が追い切りである。藤沢厩舎の男馬、しかもオープン馬を前に行かせての三頭併せだった。**牝馬は牡馬にもまれたら強くなる。**シャイニンルビーも調教で強くなっていくと思う。

その他の馬の解説もする。ユウキャラットは、単騎の逃げで強くなった馬。**ここも単騎で行けば捕まらないが、他に逃げ宣言した馬が二頭いるようでは本命にしづらい。**

ブルーリッジリバーは、桜花賞を差してきて二着に負けた関東馬。シャイニンルビーと同じパターンだが、血統的に距離が不安なので、印を下げた。

キョウワノコイビトはトニービン産駒。東京のこの距離は得意のはずだ。短距離の成績がいい馬だが、スパッと切れる脚があるわけじゃない。距離は伸びた方がいい。

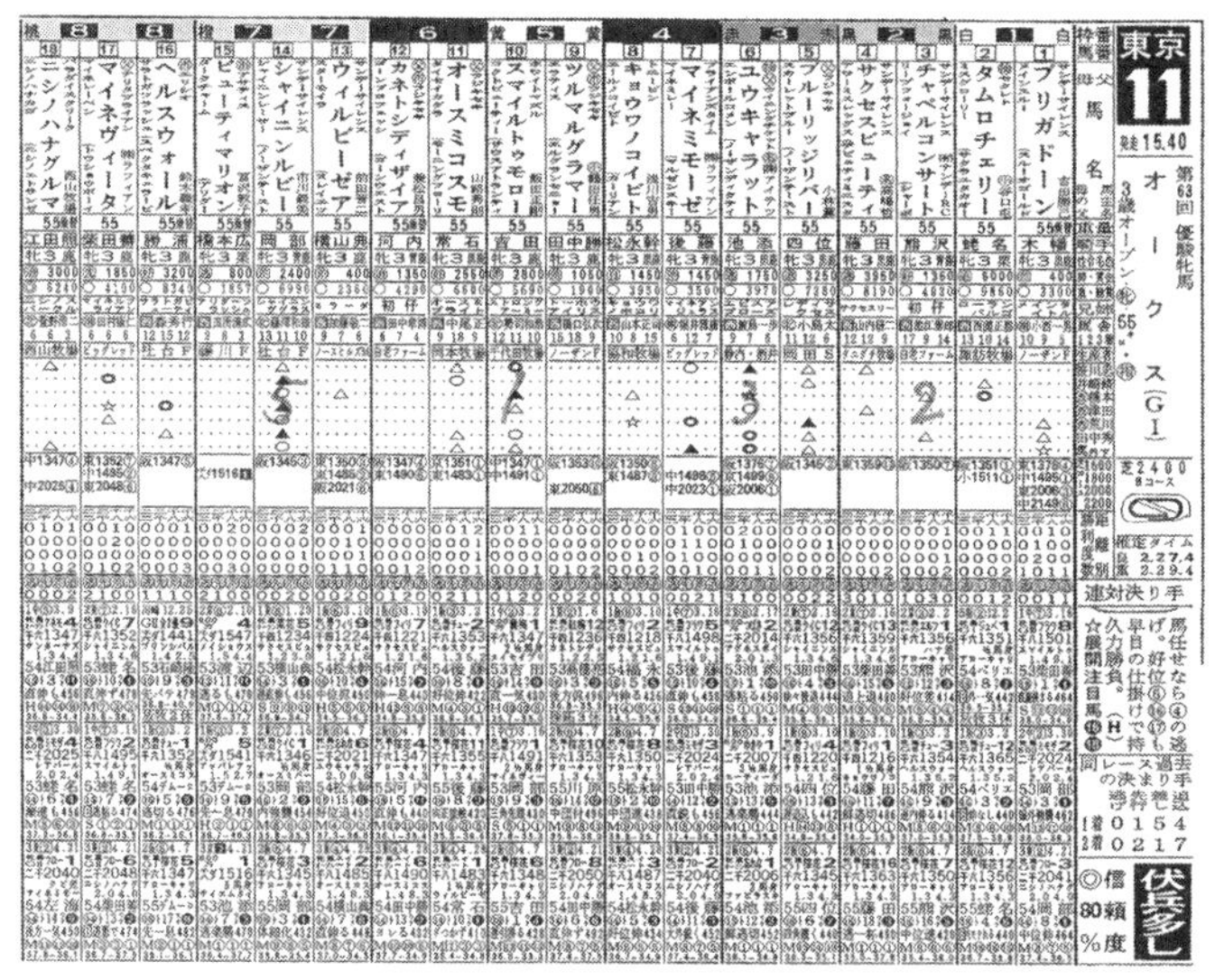

東京 11 発走15.40

第63回 優駿牝馬 オークス(GI)

3歳オープン 牝 55キロ 指定 芝2400

| 馬番 | 馬名 | 斤量 | 騎手 |
|---|---|---|---|
| 1 | ブリガドーン | 55 | 木幡 |
| 2 | タムロチェリー | 55 | 蛯名 |
| 3 | チャペルコンサート | 55 | 熊沢 |
| 4 | サクセスビューティ | 55 | 藤田 |
| 5 | ブルーリッジリバー | 55 | 四位 |
| 6 | ユウキャラット | 55 | 池添 |
| 7 | マイネミモーゼ | 55 | 後藤 |
| 8 | キョウワノコイビト | 55 | 松永幹 |
| 9 | ツルマルグラマー | 55 | 田中勝 |
| 10 | スマイルトゥモロー | 55 | 吉田 |
| 11 | オースミコスモ | 55 | 常石 |
| 12 | カネトシディザイア | 55 | 河内 |
| 13 | ウィルビーゼア | 55 | 横山典 |
| 14 | シャイニンルビー | 55 | 岡部 |
| 15 | ビューティマリオン | 55 | 橋本広 |
| 16 | ヘルスウォール | 55 | 勝浦 |
| 17 | マイネヴィータ | 55 | 柴田善 |
| 18 | ニシノハナグルマ | 55 | 江田照 |

中京 11 発走15.30

第19回 東海テレビ杯 東海ステークス(GII)

3歳上オープン 混 別定 指 ダ2300

| 馬番 | 馬名 | 斤量 | 騎手 |
|---|---|---|---|
| 1 | デンリットル | 57 | 水野史 |
| 2 | ハギノハイグレイド | 58 | 福永 |
| 3 | スノーエンデバー | 58 | 中舘 |
| 4 | カネツフルーヴ | 57 | 山田泰 |
| 5 | アグネスパートナー | 57 | 吉田稔 |
| 6 | カネトシオペラクン | 57 | 秋山 |
| 7 | リージェントブラフ | 59 | 武幸 |
| 8 | タガノフォーティ | 57 | 安藤勝 |
| 9 | ブラウンライアン | 57 | 児島 |
| 10 | ミツアキサイレンス | 58 | 川原 |
| 11 | キクノグリッター | 57 | 小林徹 |
| 12 | スナークレイアース | 57 | 和田 |
| 13 | アルアラン | 58 | 本田 |
| 14 | ワンモアマイライン | 57 | 角田 |

オースミコスモは、東京がめっぽう得意。この馬も体重が戻っているか注目したい。マイネミモーゼはスタミナ豊富な血統で、この中では一番オークスに合った血統かもしれない。シャイニンルビーの単複を買ってじっくりとレースを見たい。馬体重が戻っていることを願う。岡部が不調と言われているが、**目黒記念のマチカネキンノホシ（十二着）は重馬場で58・5キロではつらい**。岡部とは関係ない。

**●中京11R東海S**

単騎逃げが見込めるカネツフルーヴ本命。長距離のレースだが、平坦コースだ。押し切れると思う。二番人気ぐらいになりそうなのもいい。**逃げ馬は一番人気だと買いにくい**。

（5月19日★日）

## 【GⅠ後記⑦～オークス～】
# 騎手の力か、馬の力か

シャイニンルビーは力負けだ。

正直、シャイニンルビーの他に本命にしたい馬がいなかった。

ユウキャラットにしろ逃げるのか見当がつかず、池添が続けて牝馬クラシックを勝てるとは思わなかった。

吉田は、牝馬GIに強いようだ。スマイルトゥモローは折り合いに不安を残し、距離が持たないと思っていたが、上手く乗った。吉田は距離が長めのレースの方が好走しているようだ。フラワーCは岡部の力で圧勝したと思っていたが、馬自身も強かったのだろう。**圧勝経験のある馬はGIでは怖い。しかも、スマイルトゥモローは桜花賞を差し遅れてきた馬だ。**だが、本命にできなかった。悔しい。

ここのところ日曜日のレースがスランプだが、正直、今年のクラシックは大波乱続きで難しすぎる。競馬は年間収支で勝ち負けが決まるので、土曜日が当たっていれば、収支は悪くならない。だが、SRCは土日会員と日曜会員に分かれている以上、両方当てないとだめだ。

今週はダービー。**皐月賞の時計は速かったが、中山の馬場が異常によかった。タイキリオンも東京コースに替わって惨敗している。皐月賞馬ノーリーズンは本命にしたくないところだ。**皐月賞を差してきて負けた馬や、別路線で圧勝経験のある馬が怖い存在だと思う。

（5月20日★月）

## 見落としてはいけない、左回りの鬼

### ▼「中京GⅡ」攻略法

競馬はダービーさえ取ればいいわけではない。結果がどうなろうとも、明日の一レースにすぎない。

**私のやり方は、競馬の基本を変えないことである**。天皇賞は小島太の奇怪な行動にふり回されたが、結局、菊花賞馬でよかった。昨年、一昨年の天皇賞・春の予想でも、基本は「菊花賞馬」か「阪神大賞典の勝ち馬」と書いた。

ダービーは、ここを目標にしてきた馬か、皐月賞から直行してきた馬を本命にする。**この基本は絶対に変えない**。タニノギムレットに関して意見が分かれるところだが、昨年私は「クロフネでも負けるNHKマイルCからの馬は永久にいらない」と書いた。**その信念を今後十年続ける**。タニノギムレットが今年勝っても、来年もNHKマイルCからの馬は買わない。

**しかし、今年はダービーの基本にすべて当てはまる馬は一頭もいない**。**感覚で勝負するしかない**。

私が注目したのは東京の馬場状態である。速い時計が出ているから、それに対応できる馬を本命にしたい。

前走・青葉賞を2分26秒4の好タイムで勝ったシンボリクリスエス。ゴール前は持ったままだったから、まだ時計は縮められる。常に34秒台の末脚を使っている馬。レオダーバンよりも強いと思う。レオダーバンは青葉賞の勝ち馬。この馬がダービーで二着した時の優勝馬はトウカイテイオー。同じく青葉賞の勝ち馬エアダブリンがダービーで二着した時の優勝馬はナリタブライアン。今年はそれほど強い皐月賞上位組はいない。

だが、不安もある。藤沢厩舎の馬ということだ。師の実力は日本一だが、「馬優先主義」がかえって馬の完成度を遅らせる。「まだ未完成」と岡部がコメントしているように、惨敗もありえる。

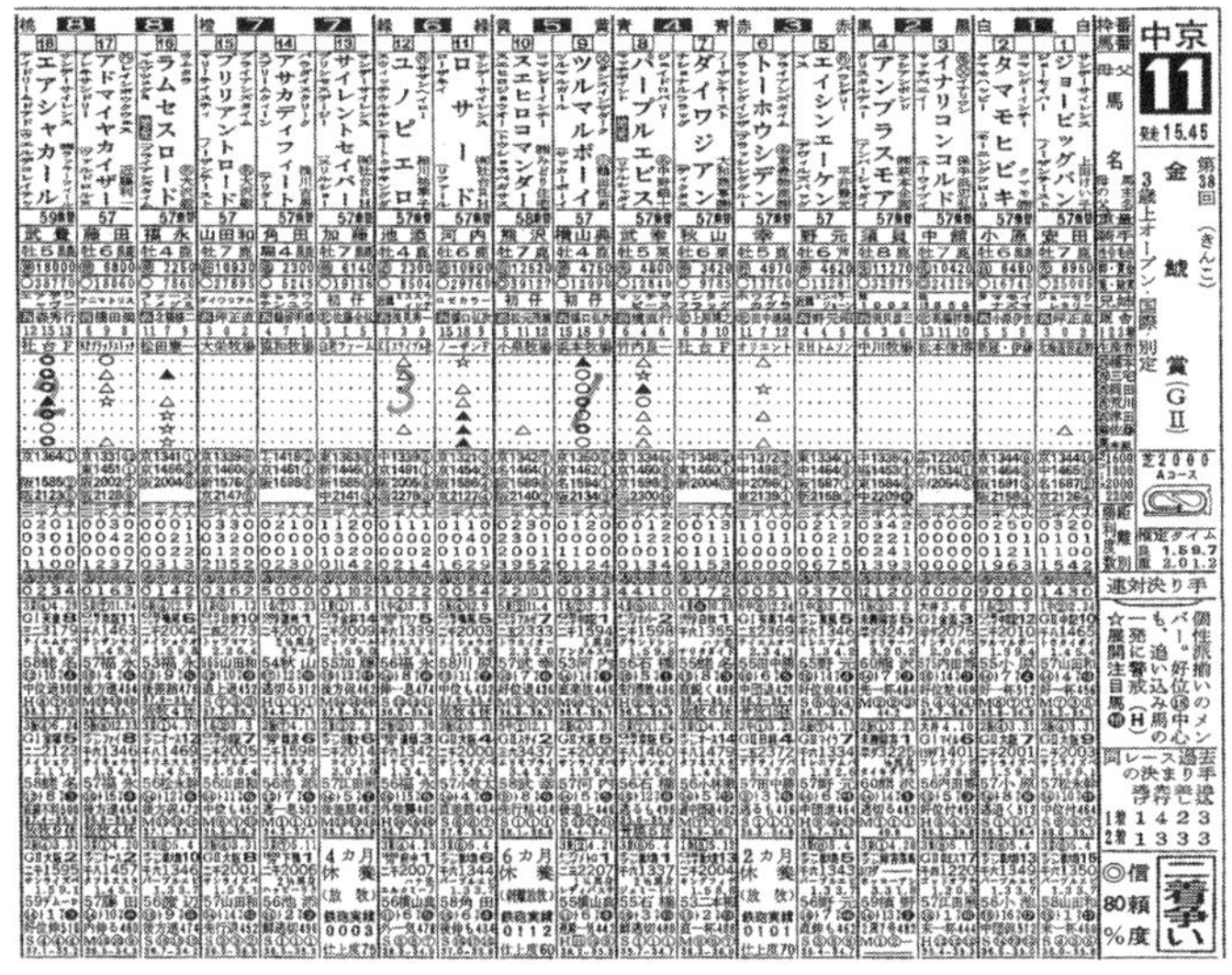

中京 11 発走15.45

第38回 金鯱賞(きんこ)(GⅡ)

3歳上オープン・国際・別定

芝2000 Aコース

| 馬番 | 馬名 |
|---|---|
| 1 | ジョービッグバン |
| 2 | タマモヒビキ |
| 3 | イナリコンコルド |
| 4 | アンブラスモア |
| 5 | エイシンエーケン |
| 6 | トーホウシデン |
| 7 | ダイワジアン |
| 8 | パープルエビス |
| 9 | ツルマルボーイ |
| 10 | スエヒロコマンダー |
| 11 | ロサード |
| 12 | ユノピエロ |
| 13 | サイレントセイバー |
| 14 | アサカディフィート |
| 15 | ブリリアントロード |
| 16 | ラムセスロード |
| 17 | アドマイヤカイザー |
| 18 | エアシャカール |

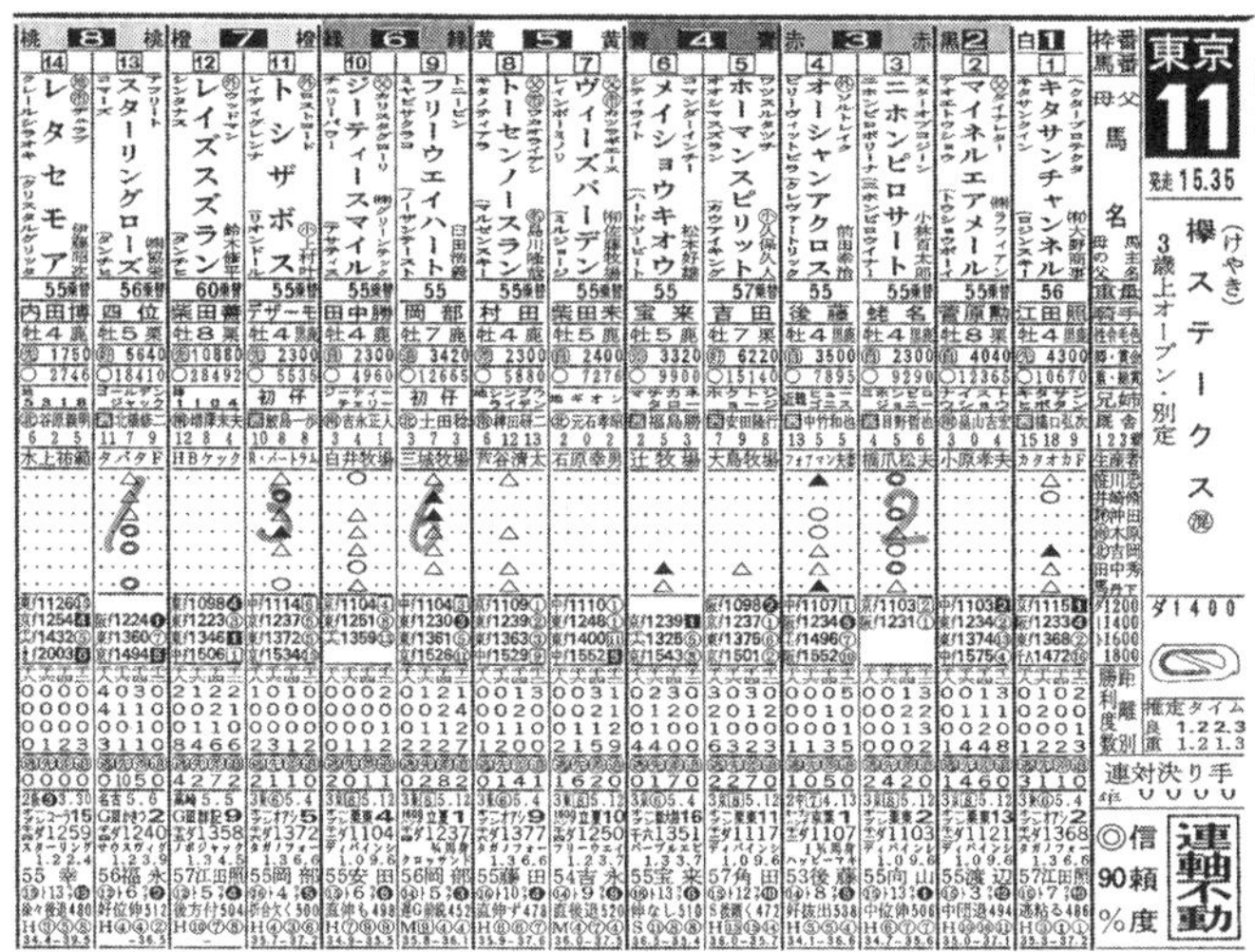

東京 11 発走15.35

欅ステークス(けやき)

3歳上オープン・別定

ダ1400

| 馬番 | 馬名 | 騎手 |
|---|---|---|
| 1 | キタサンチャンネル | 江田照 |
| 2 | マイネルエアメール | [illegible] |
| 3 | ニホンピロサート | 蛯名 |
| 4 | オーシャンアクロス | 後藤 |
| 5 | ホーマンスピリット | 吉田 |
| 6 | メイショウキオウ | 宝来 |
| 7 | ヴィーズバーデン | 柴田未 |
| 8 | トーセンノースラン | 村田 |
| 9 | フリーウエイハート | 岡部 |
| 10 | ジーティースマイル | 田中勝 |
| 11 | トシザボス | デザーモ |
| 12 | レイズスズラン | 柴田善 |
| 13 | スターリングローズ | 四位 |
| 14 | レタセモア | 内田博 |

しかし、他に本命にできる馬がいない。**私の中にあるダービー馬の条件に適う馬がいないのだ。**強いてアドマイヤドンが当てはまるが、いまだ二歳時の迫力に戻っていない。

明日、全馬の解説をする。

**●中京11R金鯱賞**

ツルマルボーイで堅い。**今年の天皇賞（秋）が中山で行われるのが残念なくらい、左回りに強い馬だ。**

**私は大きく勝負する。**

**●東京11R欅S**

前走、同じ東京1400メートルを勝っているフリーウエイハート。**古馬のトニービン、サンデーサイレンス、ブライアンズタイム産駒が準オープンを突破してきたら、次も狙うのがセオリーだ。**

人気のスターリングローズはアフリート産駒。逆に、**アフリート産駒はオープン、重賞で人気になると取りこぼしが多い。**

（5月25日★土）

# 競馬の基本を貫け！

## ▼「牡馬GⅠ」攻略法

昨日はツルマルボーイがいい勝ち方だった。

横山典が馬を信じ、エアシャカールを完全マーク。**ああいう乗り方は馬に自信もあたえる。**向こう正面で、「おお、横山、いいぞ」と勝利を確信していました。

**金鯱賞は、同コース・同距離の中京記念の勝ち馬にまず注目する。これが基本だ。**

**●東京10R日本ダービー**

ダービーといえども、数ある中の一レースにすぎない。

今日は、どうして私がSRCを主催し、この予想エッセイを書いているのか、ダービーの解説を交えながら話したいと思う。

**SRCとは何か。里中李生は何を考えて予想しているか。**

**私が書きたい事は、「競馬の基本」。誰もが忘れがちな「基本」だ。**

プリンシパルSのメガスターダムなど、まさに基本にはまった馬券だった。だから私はあれだけ大きく勝負した。

目黒記念のアクティブバイオとトシザブイもそうだ。基本でも万馬券は取れる。

だが競馬は、いつも基本通りに決まるわけじゃない。負けることもある。

**でも、年間黒字を目指すなら、基本で馬券を買う癖をつけないといけない**。私はみなさんに一発で儲けてほしいのではない。一発だったら、馬連をやっている。GⅠ後記なども書かない。**馬券の基本を押さえ、単複で負けないようにしてほしいから私はSRCを続けているのだ。**

今年のダービーはこの信念を貫く。

タニノギムレットはバッサリ切る。ここを目標にしてきた馬か、皐月賞から直行してきた馬を本命にする。この基本は絶対に変えない。

タニノギムレットは、皐月賞↓NHKマイルC↓ダービーと、三戦続けてGⅠに出走する。GⅠレースとは、それはそれは馬に消耗度を要求する厳しいレースだ。中二週でそのようなきついレース二戦に参戦し、今度は最高の仕上げが条件となるGⅠの中のGⅠ、日本ダービー。果たして勝ち切るだけの余力が馬自身に残されているのか。ダービーの基本から外れていると、言わざるを得ない。

シンボリクリスエスの方はどうか。この馬も年明け五戦を消化、余裕のあるローテーションではないが、そのうち四戦は条件戦だった。GⅠという大舞台での消耗度とはまったく違う。少なくとも、タニノギムレットよりは余力があるはずだ。

しかしタニノギムレットはタフな血統だから、実際来るかもしれない。来るかもしれないが、も

東京 10 発走15.35

第69回 東京優駿 日本ダービー(GⅠ)

3歳オープン・牡57キロ牝55キロ・指

芝2400 Bコース

| 枠番 | 馬番 | 馬名 | 斤量 | 騎手 | 性齢 | 本賞金 | 総賞金 | 生産者 |
|---|---|---|---|---|---|---|---|---|
| 1 | 1 | ヤマノブリザード | 57 | 柴田善 | 牡3 | 3900 | 9475 | 松浦牧場 |
| 1 | 2 | ノーリーズン | 57 | 蛯名 | 牡3 | 5650 | 11389 | ノースヒルズM |
| 2 | 3 | タニノギムレット | 57 | 武豊 | 牡3 | 7100 | 18850 | カントリー |
| 2 | 4 | ダイタクフラッグ | 57 | 江田照 | 牡3 | 1650 | 4710 | 篠牧場 |
| 3 | 5 | アドマイヤドン | 57 | 藤田 | 牡3 | 4200 | 8688 | ノーザンF |
| 3 | 6 | テレグノシス | 57 | 勝浦 | 牡3 | 6500 | 13650 | 社台F |
| 4 | 7 | モノポライザー | 57 | 後藤 | 牡3 | 1750 | 3680 | ノーザンF |
| 4 | 8 | マチカネアカツキ | 57 | デザーモ | 牡3 | 2500 | 7080 | クドウF |
| 5 | 9 | ファストタテヤマ | 57 | 安田 | 牡3 | 5000 | 10950 | 秋田牧場 |
| 5 | 10 | メガスターダム | 57 | 松永幹 | 牡3 | 2950 | 7427 | 高橋修 |
| 6 | 11 | シンボリクリスエス | 57 | 岡部 | 牡3 | 3500 | 7830 | T・ワダ |
| 6 | 12 | チアズシュタルク | 57 | 石崎隆 | 牡3 | 5400 | 10840 | ナカノF |
| 7 | 13 | サンヴァレー | 57 | 田中剛 | 牡3 | 3000 | 6090 | 錦岡・日成 |
| 7 | 14 | サスガ | 57 | 安藤勝 | 牡3 | 1750 | 4390 | 千代田牧場 |
| 7 | 15 | バランスオブゲーム | 57 | 田中勝 | 牡3 | 4700 | 10190 | ヤマダF |
| 8 | 16 | バンブーユベントス | 57 | 村田 | 牡3 | 1900 | 3800 | バンブー牧場 |
| 8 | 17 | タイガーカフェ | 57 | 四位 | 牡3 | 3150 | 7750 | 社台F |
| 8 | 18 | ゴールドアリュール | 57 | 上村 | 牡3 | 1750 | 4186 | 追分ファーム |

確定タイム 良 2.25.4 重 2.27.6

連対決り手

賞金 15000 6000 3800 2300 1500

レコード 2.22.2

しも今回、タニノギムレットが勝ったとしても、「もう来年からはダービーのローテーションなんて関係ないんだ」とか「武豊さえ買ってれば大丈夫なんだ」とか決して思わないでほしい。今年が例外なんだ。間違いなんだ。

何年も競馬をやっていれば、ときには例外もある。マイルCS、ジャパンCと連闘したオグリキャップは強かったじゃないか。ナリタブライアンはダービーまで十戦、滅茶苦茶に酷使され早世した。人間の勝手な都合で支離滅裂に使われ、でも馬が偉いから結果がよかっただけじゃないか。

実際、武豊は支離滅裂な陣営の馬によく乗る。だから武豊は本命にしづらい。競馬の基本から外れているんだ。私が武豊を嫌いなのではなく、彼が馬券の基本から外れる馬にばかり乗ってくるんだ。それでもきちんとしたローテーションの馬に乗って勝つ時もある。メジロマックイーンやスペシャルウィークなどは基本に適った馬だった。

**だが最近は海外に拠点を移したので、関西馬は武豊の予定に合わせて使われる。彼のお手馬はローテが滅茶苦茶だ。**春先のタニノギムレットなど、**武豊の空いている日に合わせてレースを使ってきただけじゃないか。**

一方、**岡部は馬を選んで乗っている。**きちんと仕上がっているかとか、ローテがいいかとか、調教師が熱心だとか、ツボを押さえて乗ってくる。**だから岡部は馬券の基本にはまりやすい。**

今は藤沢厩舎の馬を中心に乗っているので、突然の騎乗依頼が関西から来ることもない。シャイニンルビーは負けたが、クイーンCから桜花賞、オークスというローテーションは関東馬の基本中の基本だ。

結果は、フラワーCから桜花賞、オークスと使った関東馬が勝ったわけだが、これも基本。距離不安で私は本命にできなかったが、桜花賞を差して負けた馬でもある。スマイルトゥモローは基本に合った馬だったのだ。

では、ダービーはどの馬が基本か。

**ダービーにはダービーだけの基本がある**。フサイチコンコルドなどの例外はあるが、**勝つ馬は皐月賞から直行してきた馬だ**。その基本どおり今年も皐月賞からの直行組を狙いたかった。

ところが、皐月賞上位馬は本命にできない。すべて乗り替わりだからだ。**ダービーはテン乗りではダメなのだ**。**これもダービーの基本である**。また皐月賞組といえども、そこで惨敗した馬がダービーで巻き返すこともほとんどない。

ならば必然的に、ダービートライアルに視点を移すことになる。プリンシパルSか青葉賞だ。

プリンシパルSの勝ち馬メガスターダムは今回で関東に四回目の輸送となる。上がり目はない。二着に来たマチカネアカツキは四カ月の休み明けを叩いて上昇気配である。今回は、メガスターダムよりマチカネアカツキを上に取る。**このように「今度はどっちが先着するか」と考えていくと、単勝が上手になる**。マチカネアカツキは安定した走りを見せるが、**重賞は勝っていない**。GIのダービーでは勝ち切れない。単勝に狙えない。

**残った馬は、シンボリクリスエス**。青葉賞をちぎって勝った馬で、時計も優秀だった。すでに書いたが、青葉賞組からはレオダーバンやエアダブリンが二着にきていて、その時のダービー馬はトウカイテイオーとナリタブライアン。今まで青葉賞組は不運だったのだ。青葉賞組がダービーの基本から外れているわけではない。

外れているのはNHKマイルC組である。まだ歴史は浅いが、過去十二頭がダービーに参戦して、連対0。ダービーの基本から大きく外れていて、本命にするわけにはいかない。

ダービーの基本をおさらいする。

一、**前走は2000メートル以上のレース（一着が条件）か、皐月賞。**

一、**お手馬に乗っている。**

一、**一流騎手かベテラン騎手。**

一、**スタミナとスピードのある血統。**

一、**できれば重賞勝ちかGI連対があること。**

一、**今年に入って惨敗していない。**

去年のダービー、これでジャングルポケットを取った。

これらの基本に当てはめ、残る馬はいるか？

シンボリクリスエスとアドマイヤドンの二頭だけだ。アドマイヤドン本命も考えたが、追い切り後、藤田が「いい頃と比べて馬が苦しそう」と泣きのコメントをしていた。単勝は買えない。

**よって本命はシンボリクリスエス。**

また今年のダービーは時計に注目したい。2分25秒台の決着と見る。

その厳しい流れに対応できるのは、スタミナとスピードの両方ある馬。例年のダービーならば血統を重視して、それを判断する。ところが今年は、同距離・同コースの青葉賞で、2分26秒4という好時計が出た。しかも、その時計を出した馬が二馬身半の差をつけて勝った。ゴール前は余裕があり、まともに走れれば（競馬は奥が深く、まともに走れないことが多い）、時計は縮まる。血統的にもスタミナ、スピード両方兼ね備えている。

岡部はダービーに強い騎手だが、藤沢はダービーに弱い。正確に言うと、クラシック向きの調教師ではない。

しかし今年は、シンボリクリスエス、サスガ、マチカネアカツキ、ヤマノブリザードと四頭出しで、騎手は岡部、安藤勝、デザーモ、柴田善と一流ばかりだ。かなり気合いが入っていると思っていい。**クラシックに縁がないとはいえ、ダービーに四頭も出走させるとは、やはり天才だ。**ヤマノブリザード以外、どの馬にも勝機がある。馬連ワイドが主力ならば、押さえないとだめだ。

**私はシンボリクリスエスの単複が勝負馬券。馬連ワイドはパドックで結論を出す。**四頭に絞れたら、ボックスも押さえる。シンボリ牧場、藤沢、岡部というのは、シンボリルドルフと同じスタッフだ。その時と比べて、岡部、どうなんだ？

出走メンバー一頭ずつ、解説していく。

**ヤマノブリザード**。青葉賞は三着だが、二歳時の迫力がない。マイラーかもしれない。

**ノーリーズン**。皐月賞は強かったが、母の父ミスタープロスペクターでダービー不向き。しかも騎手がテン乗りなので単勝から外した。

**タニノギムレット**。プラス材料は、展開が有利なこと。ダービーは後ろから行く馬が強い。だから武豊が勝つ。

**ダイタクフラッグ**。皐月賞は先行した馬に有利なレースだった。

**アドマイヤドン**。強気な藤田が「苦しい」と言うから買えない。来たら藤田に怒ろう。

**テレグノシス**。東京コースと相性のいい魅力ある血統だが、この騎手はダービーを勝てない。NHKマイルCとは違い、今度はマークされて押しつぶされる。少なくとも武豊は黙っていない。

**モノポライザー**。前走では引っかかっていた。キャリアをもっと積まないとだめだ。

**マチカネアカツキ**。八戦八連対はすごい。血統も2分25秒に対応できる配合だと思う。騎手はテン乗りだが、世界の一流。馬に余力があるのもいい。本命候補だったが、前で競馬をする馬で展開不利。対抗にした。

**ファストタテヤマ**。今年に入って惨敗のある馬はダービーでは来ない。騎手もだめ。

**メガスターダム**。前走内容は素晴らしいが、関東に四回目の輸送。父ニホンピロウイナーの距離不安は母系マルゼンスキーでカバーしている。松永幹がじっくり競馬を教えた。こういう馬はダービーでは怖い。

**シンボリクリスエス**。前走は武豊だったが、岡部、藤沢コンビで競馬を教えてきた。ダービーはお手馬をじっくり育ててきた騎手が強い。青葉賞で過去もっとも強い勝ち方をしたレオダーバンと双璧の前走内容。今まで末脚34秒台を連発してきた。ひょっとしたら大物かもしれない。先物買いをする。

**チアズシュタルク**。前走惨敗の敗因が分からない。一変するとは思えない。

**サンヴァレー**。逃げる馬。ダービーを逃げ切る馬の条件は、皐月賞でも好勝負していることだ。

**サスガ**。皐月賞を追い込んで届かなかった馬。東京で巻き返す。騎手もこの馬に乗るのは二度目で、実はあまり減点材料がない。

**バランスオブゲーム**。弥生賞の勝ち馬はダービーに強い傾向がある。馬連の押さえとして、マークは必要か。しかし、今年の弥生賞はレベルが低かったようだ。田中勝もGＩレベルになると信頼性が落ちる。

**バンブーユベントス**。馬の状態は絶好だ。シンボリが勝った場合、三着くらいはあるかも。

**タイガーカフェ**。先行馬がダービーで大外枠に入ったのは痛い。運がない。騎手もテン乗り。ただ馬にスタミナはある。マークは必要か。

**ゴールドアリュール**。前走ダートは減点材料だが、芝も走る馬。ただ、この馬も先行馬で大外枠はきつい。

以上が今年のダービーの見解だ。

**シンボリクリスエスが勝っても、タニノギムレットが勝っても、今日の一レースにすぎない。競**

**馬の基本はまた来週ある。**

（5月26日★日）

## 【GⅠ後記⑧～日本ダービー～】
# 一番人気が受けるプレッシャー

今年のダービー、タニノギムレットが来なければパーフェクト予想に近かったが、私にとっては欠伸（あくび）が出るほど退屈なレースだった。

武豊は色々なレースで天才的騎乗をしているが、今回はただ回ってきただけ。**ダービーの一番人気馬が、あんなに楽な競馬をさせてもらえるなんて信じられない。**

ダービーともなると、一番人気は他馬の標的にされる。内に閉じ込められたり、ぴったりマークされたり、何かしらプレッシャーを受けるものだ。だからダービーは、強いだけではなく運もなければ勝てないと言われてきたのだ。

ところが今年のダービーは、一番人気の馬に勝たせてあげたようなレースで、騎手たちも何もしなかった。外目外目を回ってくる〝武豊ロード〟を「どうぞ走ってください」というようなレースだった。

特に、藤沢の四頭出しには「何をやってるんだ」と怒り心頭である。三番人気の岡部が武豊にかまっていられないのは仕方ないとしても、柴田善、安藤勝、デザーモは何をしていたのか。二頭出しの場合でさえ、通常、人気の僚馬を援護する。そういった騎手の駆け引きの中で、迫力のあるレースが生まれてきた。

迫力があっただろうか、今年のダービー。里中史上、もっとも退屈なダービーだった。

また、スローペースで時計（2分26秒2）が遅かったことも、もの足りなさを感じた原因かもしれない。タニノギムレットに有利な展開だった。

**マチカネアカツキ（三着）とメガスターダム（四着）は2000メートル前後で、GⅠ級の器かもしれない。秋の天皇賞が楽しみだ。**

**シンボリクリスエス（二着）は、もっと成長したら、長い距離で強くなっていくだろう。**

**タニノギムレットは古馬になってからは期待しない。使いすぎた馬は衰える。**

**ノーリーズン、タイガーカフェという皐月賞連対馬の凡走の原因は、テン乗りの怖さだと思っている。**

ダービーは極限の緊張の中で行われるレースなので、人馬一体でないと勝てない。

また、今年の中山と東京の馬場状態があまりにも異なるため、東京コースを経験した馬の方に有利に働いたといえる。

岡部の騎乗は完璧に近く、基本から外れていた皐月賞組には先着した。勝ったタニノギムレットは例外なのだ。

私はシンボリクリスエスの単勝を二万円、複勝を四万円買った。複勝180円ついたので、若干プラスになった。やはり、複勝は単勝の二倍買うのがいい。購入金額はともかく、みなさんも**複勝を単勝の倍買うよう癖にしてほしい**。

いくらくらい勝負するか、勝負レースなのかどうか、エッセイで書かない時もあるが、その時はひとりひとり「決断力」を養ってほしい。

**SRCは考えて、考えて、馬券上手になるクラブである**。

（5月27日★月）

# 第6章

# 年間トータルで勝利せよ！

●とにかく逃げ馬を狙う日
●基本ローテが存在しないレース
●こうして外枠を狙え！
●夏競馬で勝つポイント

Theory

# とにかく逃げ馬を狙う日

## ▼「東京ダート」攻略法

先週の土日は一勝一敗一分。ダービーは引き分けだったが、金鯱賞にもぶち込んで単勝を取ったので、収支はプラスだ。

金額の配分が分からない人は、しばらく均等買いをしてほしい。例えば、単勝五千円、複勝一万円と買う。

今日は東京の準メインとメインの二レースを買う。どちらのレースも、本命にする馬は東京コースが得意の馬だ。他のレースは狙っている馬がいないので我慢したい。中京のメインにも目を向けたが、信用できる騎手がいないのでパスする。

**●東京10R麦秋S**

古馬の準オープンで、出走メンバーは前走・東京を使ってきた馬が多い。

狙いは関西馬で、叩いて三戦目のアズマシーザー。前二走は十二着、三着だが、東京では二連対している。ここでは一着になれるタイプだ。牝馬のクロッサンドラと馬体を併せれば、競り勝てると思う。

東京 10　発走15.00　麦秋ステークス（ばくしゅう）　4歳[illegible]下・5歳上[illegible]下・別定　ダ1600

| 馬番 | 馬名 | 斤量 | 騎手 | 性齢 |
|---|---|---|---|---|
| 1 | オリエンタルシチー | 57 | 徳吉 | 牡4 |
| 2 | トーホウメドゥーサ | 55 | 蛯名 | 牝4 |
| 3 | シルバーサーベル | 56 | 村田 | 牡6 |
| 4 | ビッグサイレンス | 56 | 石崎隆 | 牡6 |
| 5 | エイシンコーピン | 56 | 牧田 | 牡7 |
| 6 | ウメノコトブキ | 55 | 鈴来 | 牝4 |
| 7 | ダイワメイン | 57 | 武士沢 | 牡5 |
| 8 | アズマシーザー | 57 | 江田照 | 牡5 |
| 9 | レットミーマックス | 57 | 秋山 | 牡4 |
| 10 | シアトルフレーム | 57 | 田中勝 | 牡5 |
| 11 | タニノディオーネ | 54 | 四位 | 牝6 |
| 12 | フサイチタイタン | 57 | 勝浦 | 牡4 |
| 13 | タマモアピール | 57 | 柴田善 | 牡5 |
| 14 | クロッサンドラ | 55 | 後藤 | 牝5 |
| 15 | フサイチミキオー | 56 | 加藤 | 牡6 |
| 16 | ハイパーナカヤマ | 56 | 河内 | 牡7 |

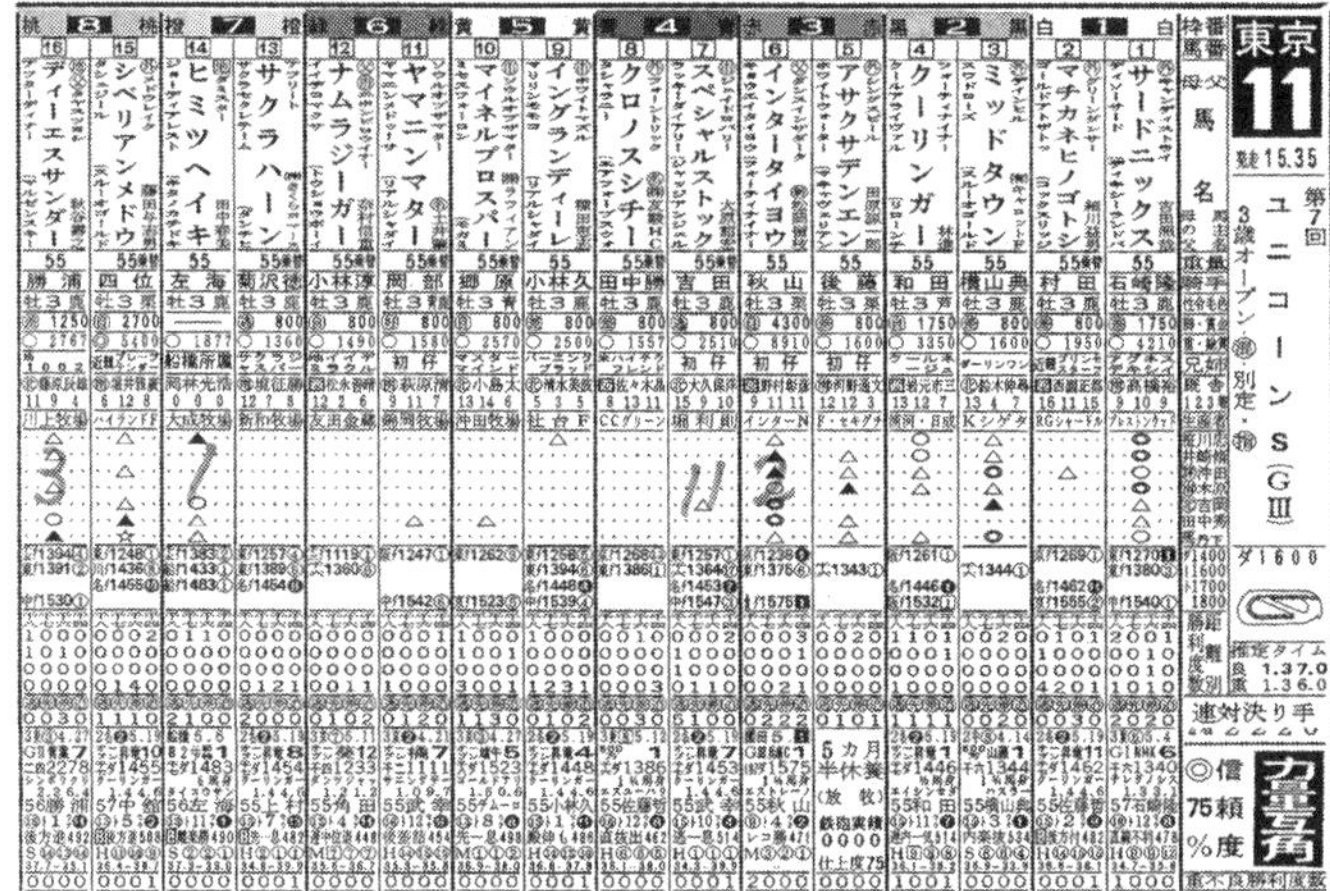

東京 11　発走15.35　第7回 ユニコーンS（GⅢ）　3歳オープン・別定　ダ1600

| 馬番 | 馬名 | 斤量 | 騎手 | 性齢 |
|---|---|---|---|---|
| 1 | サードニックス | 55 | 石崎隆 | 牡3 |
| 2 | マチカネヒノゴトシ | 55 | 村田 | 牡3 |
| 3 | ミッドタウン | 55 | 横山典 | 牡3 |
| 4 | クーリンガー | 55 | 和田 | 牡3 |
| 5 | アサクサデンエン | 55 | 後藤 | 牡3 |
| 6 | インタータイヨウ | 55 | 秋山 | 牡3 |
| 7 | スペシャルストック | 55 | 吉田 | 牡3 |
| 8 | クロノスシチー | 55 | 田中勝 | 牡3 |
| 9 | イングランディーレ | 55 | 小林久 | 牡3 |
| 10 | マイネルプロスパー | 55 | 郷原 | 牡3 |
| 11 | ヤマニンマター | 55 | 岡部 | 牡3 |
| 12 | ナムラジーガー | 55 | 小林淳 | 牡3 |
| 13 | サクラハーン | 55 | 菊沢徳 | 牡3 |
| 14 | ヒミツヘイキ | 55 | 左海 | 牡3 |
| 15 | シベリアンメドウ | 55 | 四位 | 牡3 |
| 16 | ディーエスサンダー | 55 | 勝浦 | 牡3 |

ダートで追い込み馬を狙うと、後方のまま終わりということが多いが、この馬は先行馬なので、最悪でも四コーナーまではレースを楽しみたい。ふだん取り上げることの少ないダートレースだが、今回は別定戦ということもあり、注目したい。

**●東京11Rユニコーン S**

本命はスペシャルストック。東京ダートで圧勝経験があり、その時の吉田に今回乗り替わった。他にも逃げ脚質の馬はいるが、絶対に逃げたいのはこの馬だけだと思う。吉田ならガンガン行く。ダービーのようなレースはもうたくさん。スピード感と迫力のあるレースを期待したい。そのペースを作り出す逃げ馬の単複を買っていれば、競馬は面白い。もちろん勝てる確率も十分だ。人気がなく、もし楽に逃がしてもらえれば行ったきりになる。**しかし、逃げ馬は勝つか惨敗のどちらかだから、馬連ワイドのボックスも押さえたい**。

石崎隆が怖いサードニックス、東京コースしか走らないシベリアンメドウ、以上の三頭の馬連ワイドボックス。これだけで十分だ。

安田記念はアドマイヤコジーン本命。大外枠に入ったのは残念だが、**調教はしっかり動いていた。二歳時に朝日杯を勝った実績馬でしばらく低迷していたが、前走GⅠ（高松宮記念）で二着。買わないわけにはいかない**。怖いのはエイシンプレストンだけだ。

ＢＭＷの買い換えを見送ることにしたため、最近、競馬で儲ける気合いがあまりわいてこない。しかし、先週の金鯱賞のような面白いレースの単勝は取りたい。

サッカーワールドカップが始まり、東京には外国人があふれ、英語以外の言葉も飛び交っている。滅多にない機会だから、不思議な体験をしたい。

ＢＭＷは今の愛車が最高にいい。エアコンくらい我慢できる。いま買い換える必要はない。

（6月1日★土）

# 基本ローテが存在しないレース

## ▼「混戦ＧⅠ」攻略法

昨日の東京の二レースは騎手の乗り方に首をかしげた。

準メインで本命にした江田照は、私には向かないな。人気馬はもってこないし、人気薄で突っ込んではくるが二着止まり。後方のままで終わるのが嫌で先行馬を狙ったが、前に行けずに惨敗。

メインは逃げ馬を狙ったが、今度は吉田が控える競馬をして惨敗。地方の騎手に重賞を勝たれて、ＪＲＡの騎手はやる気があるのか。

**●東京11Ｒ安田記念**

**本命はアドマイヤコジーン。対抗がダンツフレーム。単穴がエイシンプレストン。完全に絞った。**

アドマイヤコジーンで大きく勝負したいが、香港帰りのエイシンプレストンが調教でいい動きをしていたので、少々怖い。後藤の気迫の騎乗で、何とか勝ってもらいたい。

コジーン産駒が今の東京で活躍しているのがいい。**ローテーションも中二週になる京王杯ＳＣ組よりもいい。安田記念は一九九九年まで、前走・京王杯ＳＣというのが基本ローテだったが、中二週になってから、それが通用しなくなった。今の安田記念は基本ローテは存在しない。何でもありという状況だ。ならば、もっとも重視すべきところは、格とマイル以上の成績ではないか。１８００メートル以上に連対実績があって、マイルでも好走している馬がいい。**

アドマイヤコジーンは春先から好調で、たまたま短距離を走ってきたが、もともとはマイルのＧⅠ馬。今年緒戦の府中マイル・東京新聞杯も勝っている。これだけ調子のいいＧⅠホースが人気にならないなんて、どうかしている。たぶんトロットスターのような完全なスプリンターの方が人気になるんだろうな。

アドマイヤコジーンはとっても可愛い馬。単勝を買ってじっくりレースを見たい。パドックでは、ゆったり歩いているよりも多少気合いが入っている時の方がいい。芦毛が目立ってるよ（笑）。

ダンツフレームは、マイル路線にあっさり切り替えてきたところが怖い。ダービー二着馬で、有馬記念や天皇賞・春に出走してきてもおかしくないが、母の父サンキリコでスピードの方が勝っている血統だ。この距離はベストだが、ケツから行く馬なのが、減点材料だ。**前の馬が強い競馬をしたら、届かないんだよ。**

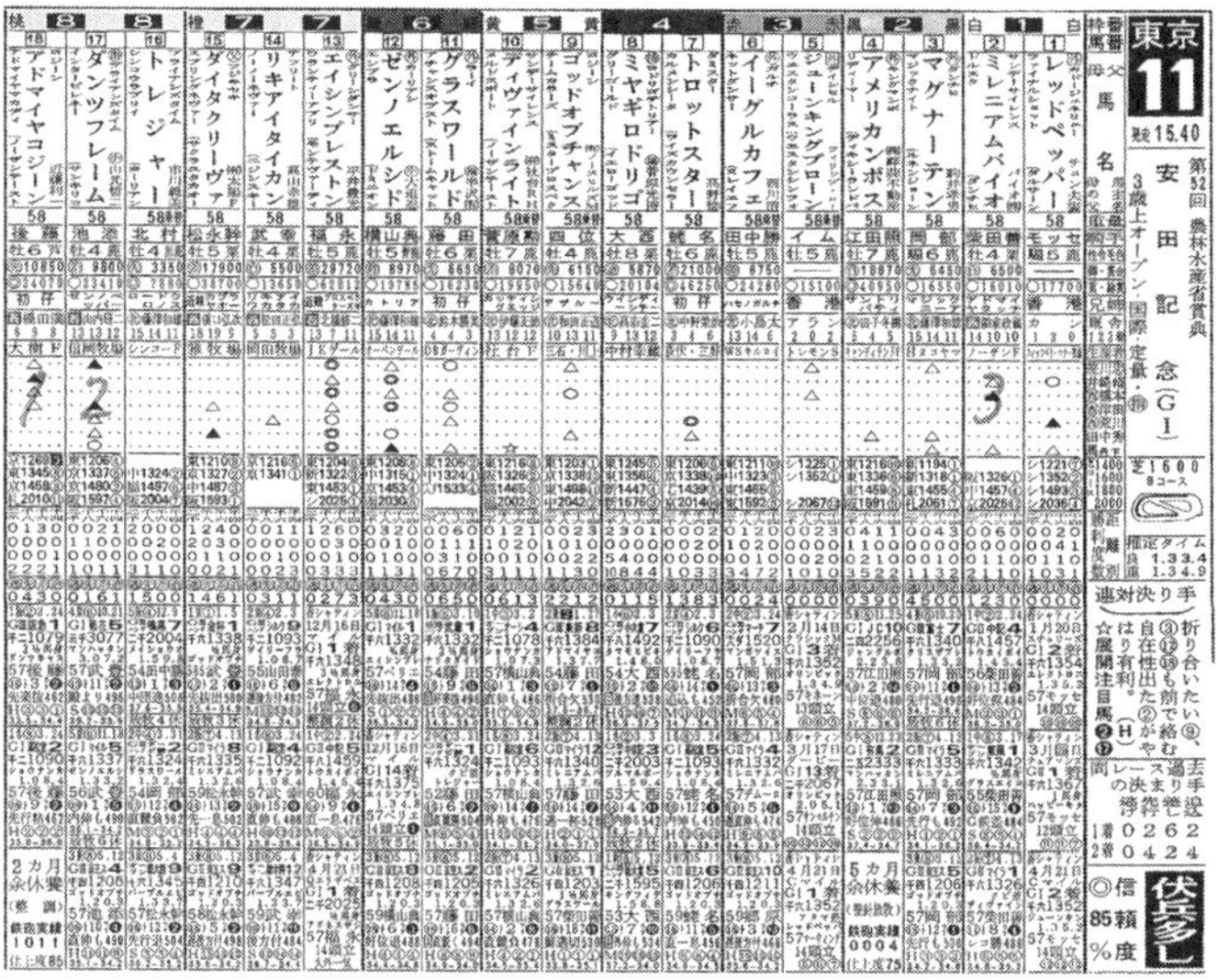

東京 11 発走15.40

第52回 農林水産省賞典 安田記念(GI)

3歳上オープン・国際・定量・指

芝1600 Bコース　推定タイム 良1.33.4 重1.34.9

| 枠番 | 馬番 | 馬名 | 斤量 | 騎手 | 性齢 |
|---|---|---|---|---|---|
| 1 | 1 | レッドペッパー | 58 | モッセ | 騙5 |
| 1 | 2 | ミレニアムバイオ | 58 | 柴田善 | 牡4 |
| 2 | 3 | マグナーテン | 58 | 岡部 | 騙6 |
| 2 | 4 | アメリカンボス | 58 | 江田照 | 牡7 |
| 3 | 5 | ジューンキングプローン | 58 | イム | 牡5 |
| 3 | 6 | イーグルカフェ | 58 | 田中勝 | 牡5 |
| 4 | 7 | トロットスター | 58 | 蛯名 | 牡6 |
| 4 | 8 | ミヤギロドリゴ | 58 | 大西 | 牡8 |
| 5 | 9 | ゴッドオブチャンス | 58 | 四位 | 牡4 |
| 5 | 10 | ディヴァインライト | 58 | 菅原勲 | 牡7 |
| 6 | 11 | グラスワールド | 58 | 藤田 | 牡6 |
| 6 | 12 | ゼンノエルシド | 58 | 横山典 | 牡5 |
| 7 | 13 | エイシンプレストン | 58 | 福永 | 牡5 |
| 7 | 14 | リキアイタイカン | 58 | 武幸 | 牡4 |
| 7 | 15 | ダイタクリーヴァ | 58 | 松永幹 | 牡5 |
| 8 | 16 | トレジャー | 58 | 北村 | 牡4 |
| 8 | 17 | ダンツフレーム | 58 | 池添 | 牡4 |
| 8 | 18 | アドマイヤコジーン | 58 | 後藤 | 牡6 |

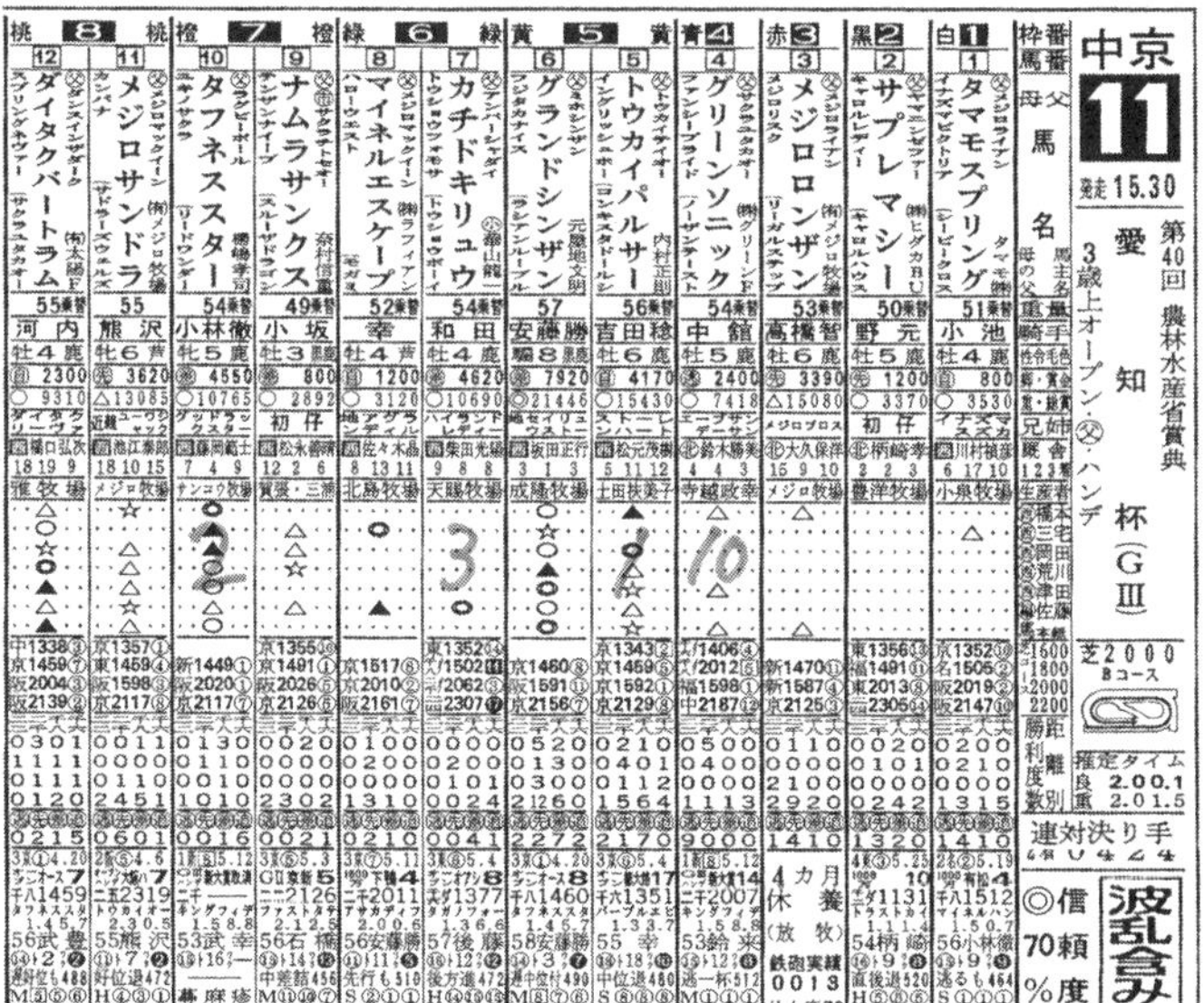

伏兵多し　◎信頼度85%

中京 11 発走15.30

第40回 農林水産省賞典 愛知杯(GIII)

3歳上オープン・(父)・ハンデ

芝2000 Bコース　推定タイム 良2.00.1 重2.01.5

| 枠番 | 馬番 | 馬名 | 斤量 | 騎手 | 性齢 |
|---|---|---|---|---|---|
| 1 | 1 | タマモスプリング | 51 | 小池 | 牡4 |
| 2 | 2 | サプレマシー | 50 | 野元 | 牡5 |
| 3 | 3 | メジロロンザン | 53 | 高橋智 | 牡6 |
| 4 | 4 | グリーンソニック | 54 | 中舘 | 牡5 |
| 5 | 5 | トウカイパルサー | 56 | 吉田稔 | 牡6 |
| 5 | 6 | グランドシンザン | 57 | 安藤勝 | 騸8 |
| 6 | 7 | カチドキリュウ | 54 | 和田 | 牡6 |
| 6 | 8 | マイネルエスケープ | 52 | 幸 | 牡4 |
| 7 | 9 | ナムラサンクス | 49 | 小坂 | 牡3 |
| 7 | 10 | タフネススター | 54 | 小林徹 | 牡5 |
| 8 | 11 | メジロサンドラ | 55 | 熊沢 | 牝6 |
| 8 | 12 | ダイタクバートラム | 55 | 河内 | 牡4 |

波乱含み　◎信頼度70%

他の馬の解説をする。

外国馬レッドペッパー、ジューンキングプローンは香港の馬。エイシンプレストンを測りにすれば、いらないのが簡単に分かる。

ミレニアムバイオはいつもより調教の動きが悪かった。すでに今年五戦消化しているのもよくない。また、やたら時計が速かったマイラーズCからのローテも気になる。**ダービーで皐月賞から参戦した馬の凡走が目立ったように、馬場があまりに違うと、GⅠではきつい**。

ゼンノエルシドは、昨秋のマイルCSの勝ち馬だが、その時の勢いがない。エイシンプレストンに完全に逆転されている。グラスワールドは今年六戦も消化している。GⅠはそんなに甘くない。

アドマイヤコジーンが早めに抜け出したところを外からエイシンプレストン、またその外からダンツフレームが突っ込んでくる。高松宮記念ではスティンガーに交わされず二着にふんばった。その粘りを後藤とアドマイヤコジーンに期待したい。

好漢後藤、中央GⅠ初制覇なるか。応援したい……と言うよりも、いいかげんにGⅠ取れよ(笑)。藤沢のクラシック未勝利と同じく、イライラする。私は蛯名のGⅠ初制覇(天皇賞・秋)をピンポイントで当てたので、後藤のGⅠ初制覇も手にしたい。

**●中京11R愛知杯**

本命は、逃げるグリーンソニック。前走の重賞で惨敗したが、左回り【2101】の成績だ。**基**

**本的に、逃げ馬の惨敗は気にしなくていい**。

前々走は、東京二千を57・5キロで逃げ切っている。中京の平坦で、54キロは軽い。また、**サクラユタカオー産駒は東京、中京が得意**。騎手は逃げ得意の中舘。

いま中京の馬場はいいので、勝ち時計は2分を切るだろう。2000メートル1分台の持ち時計がある馬が好走する。人気のグランドシンザンの持ち時計も優秀だが、八歳馬でトップハンデ。上がり目はなく、せいぜい二着だろう。

その他で注目したいのはメジロサンドラ。牡馬に混じった二走前に、強い競馬をしている。しかし三歳馬ナムラサンクスは前走・京都新聞杯を僅差の五着。49キロは軽すぎるんじゃないか。これに勝たれたら、どうにもならんよ。

今日のレースはとても楽しみだが、原稿チェックの仕事のため、競馬場には行けなくなった。

（6月2日★日）

## 【GⅠ後記⑨〜安田記念〜】
# 馬連本線も取れた理由

ベストレースのひとつとなった。

後藤騎手の涙のGⅠ初制覇。その単勝を握っていたことに幸せを感じる。

レース展開は予想どおり、アドマイヤコジーンは前々でレースを進めた。安田記念は差し馬の方が有利だが、馬が強ければ、前も後ろも関係ない。

**私はこのように勝ちに行く競馬をしてくれる騎手が好きなのだ**。後ろから行って、足を余して負けたのではストレスがたまる。後藤は積極的に乗る男。彼がポスト岡部だ。

馬自身も立派なレースをした。アドマイヤコジーン本命は、高松宮記念の直後に「マイル戦線で注目する馬がいなかったら本命」と決めていた。あの粘りをマイルで発揮すれば、そうそう後ろからの馬には差されない。アドマイヤコジーンは足にボルトが三本入ったまま走っているが、レースに復帰してからはまだ一度も差されていないはずだ。

日曜日の予想がスランプで、弱気の虫が強ければ、エイシンプレストンで当てにいっただろう。だがどんなにスランプでも、自分の信念は変えない。狙っている馬も変えない。この馬はいらないと思ったら切る。

ダンツフレームを軸にしたが、アドマイヤコジーンが抜け目だった競馬評論家が「来年の安田記念はもっと買い目を増やさないと」と悔しがっていた。すごく短絡的だと思う。**点数は増やして当てるのではなく、減らして当てるものだ**。**二点も六点もたいして確率は変わらない**。

私は馬連予想家ではない。今回の本命対抗の的中はまぐれ以外の何ものでもない。

ゴール前はエキサイトしたが、二着がダンツフレームということは分からなかった。**今も目に焼き付いているのは、直線の入り口でコジーンが絶好の手ごたえだったこと、そして後藤の背中が全**

**然動いていなかったことだ**。**まさに止まって見えた**。岡部がレオダーバンで菊花賞を勝った時、坂の下りで岡部だけが止まって見えた（ビデオがある人は見てほしい）。その時と同じ光景だ。

その他では、マグナーテンが意外に好走した（0.5秒差八着）。夏に向けて調子が上がってきたのだろう。五着エイシンプレストンは疲れもあったのだろうが、福永が東京マイルが苦手かもしれない。ダンツフレームは順調に夏を過ごせば、マイルCSで有力かもしれない。ゼンノエルシドはしんがりに終わったが、昨年は夏から秋にかけて上り調子で勝った。58キロの定量戦で勝てる馬じゃない。

馬券は、単勝二万円、複勝四万円、馬連三千円を二点、ワイド五千円を二点買った。

しかしこれは、ダービーのシンボリクリスエスで払い戻したお金をほぼそのまま使っただけ。**複勝を買ってお金を残しておくことがいかに大切か分かると思う**。

これからも単複で負けない競馬を続けて、狙っている馬が出た時に勝負して勝つよう頑張りましょう。

（6月3日★月）

# こうして外枠を狙え！

## ▼「開催最終週」攻略法

パソコンが壊れて参った。

幸いSRCの会員データは別のパソコンに保存していたが、大事なアドレスやメール、原稿などがパーになってしまった。

また携帯電話がぷっつり切れて、結局それも買い換えた。安田記念を取っておいてよかった。しかしいくら儲かったからとはいえ、毎週、大魚を狙っていたら、マイナスになる。今日はプラス一万円で十分だ。

**●中京11Rテレビ愛知OP**

今日一番の注目レース。明日、同じ距離・コースのファルコンSがあるので、**馬場状態をよく見たい**。

**日本の競馬の場合、馬場が悪くなると、外枠に入った追い込み馬で決まるケースが多い**。アドマイヤコジーンは先行馬だったが、早め先頭で外目に持ち出し、その外からやはり8枠のダンツフレームが突っ込んできた。

**特に中京の場合は、芝千二が多頭数でごちゃごちゃすると、抜け出してくる馬は外枠の馬か中京得意の馬がほとんどだ**。

いま中京の馬場もかなり荒れてきているようだ。外枠の追い込み馬スニーカーを狙う。この馬は中京しか走らないところもいい。夏場に差しかかり、牝馬というのもいい。アスワン産駒で、夏の平坦コースがベスト。重賞で惨敗しているのは冬場だから気にしない。

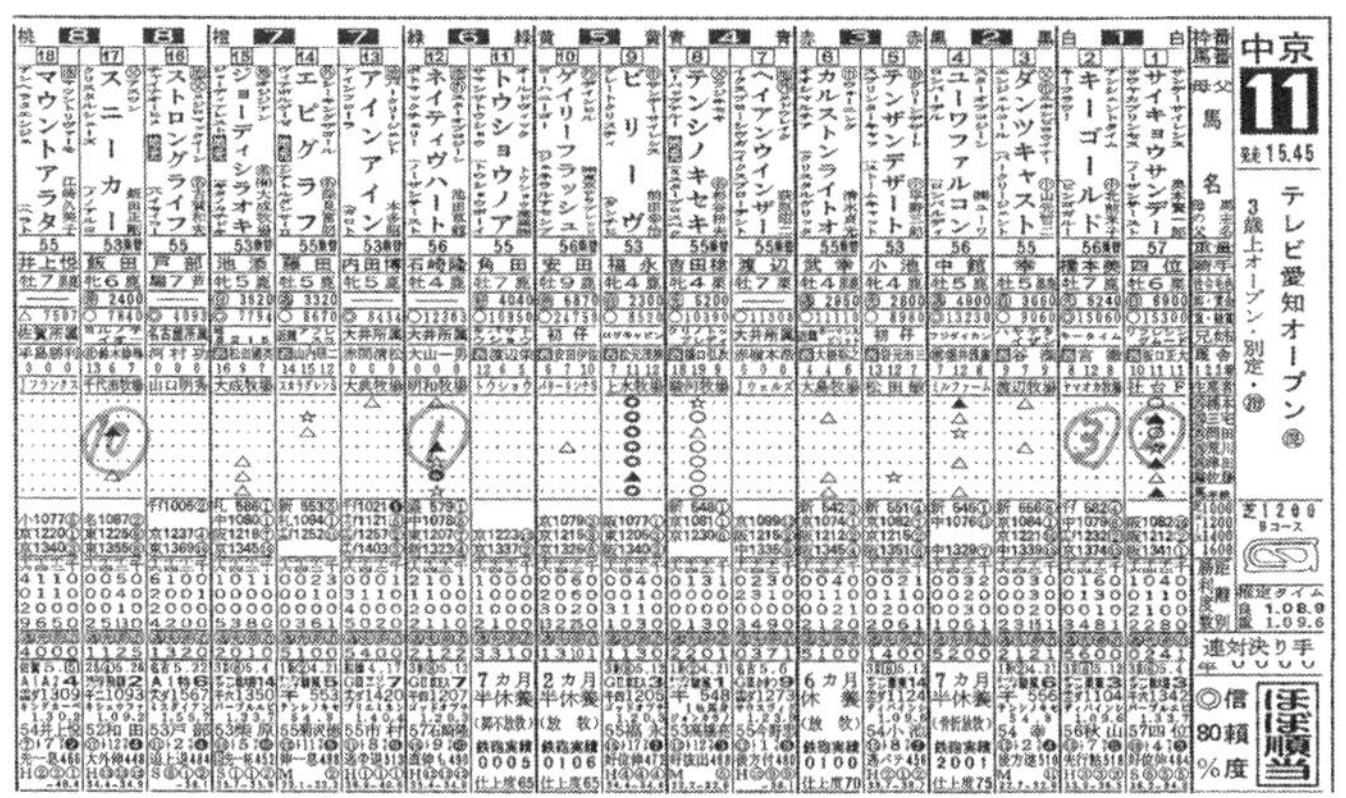

中京 11 発走15.45 テレビ愛知オープン 3歳上オープン・別定 芝1200

| 馬番 | 馬名 | 斤量 | 騎手 | 性齢 |
|---|---|---|---|---|
| 1 | サイキョウサンデー | 57 | 四位 | 牡6 |
| 2 | キーゴールド | 56 | 橋本美 | 牡7 |
| 3 | ダンツキャスト | 55 | 幸 | 牡5 |
| 4 | ユーワファルコン | 56 | 中舘 | 牡5 |
| 5 | テンザンデザート | 53 | 小池 | 牝4 |
| 6 | カルストンライトオ | 55 | 武幸 | 牡4 |
| 7 | ヘイアンウインザー | 55 | 渡辺 | 牡7 |
| 8 | テンシノキセキ | 55 | 吉田稔 | 牝4 |
| 9 | ビリーヴ | 53 | 福永 | 牝4 |
| 10 | ゲイリーフラッシュ | 56 | 安田 | 牡9 |
| 11 | トウショウノア | 55 | 角田 | 牡7 |
| 12 | ネイティヴハート | 56 | 石崎隆 | 牡4 |
| 13 | アインアイン | 53 | 内田博 | 牝5 |
| 14 | エピグラフ | 55 | 藤田 | 牡5 |
| 15 | ジョーディシラオキ | 53 | 池添 | 牝5 |
| 16 | ストロングライフ | 55 | 戸部 | 騸7 |
| 17 | スニーカー | 53 | 飯田 | 牝6 |
| 18 | マウントアラタ | 55 | 井上俊 | 牡7 |

ほぼ順当 ◎信頼度80%

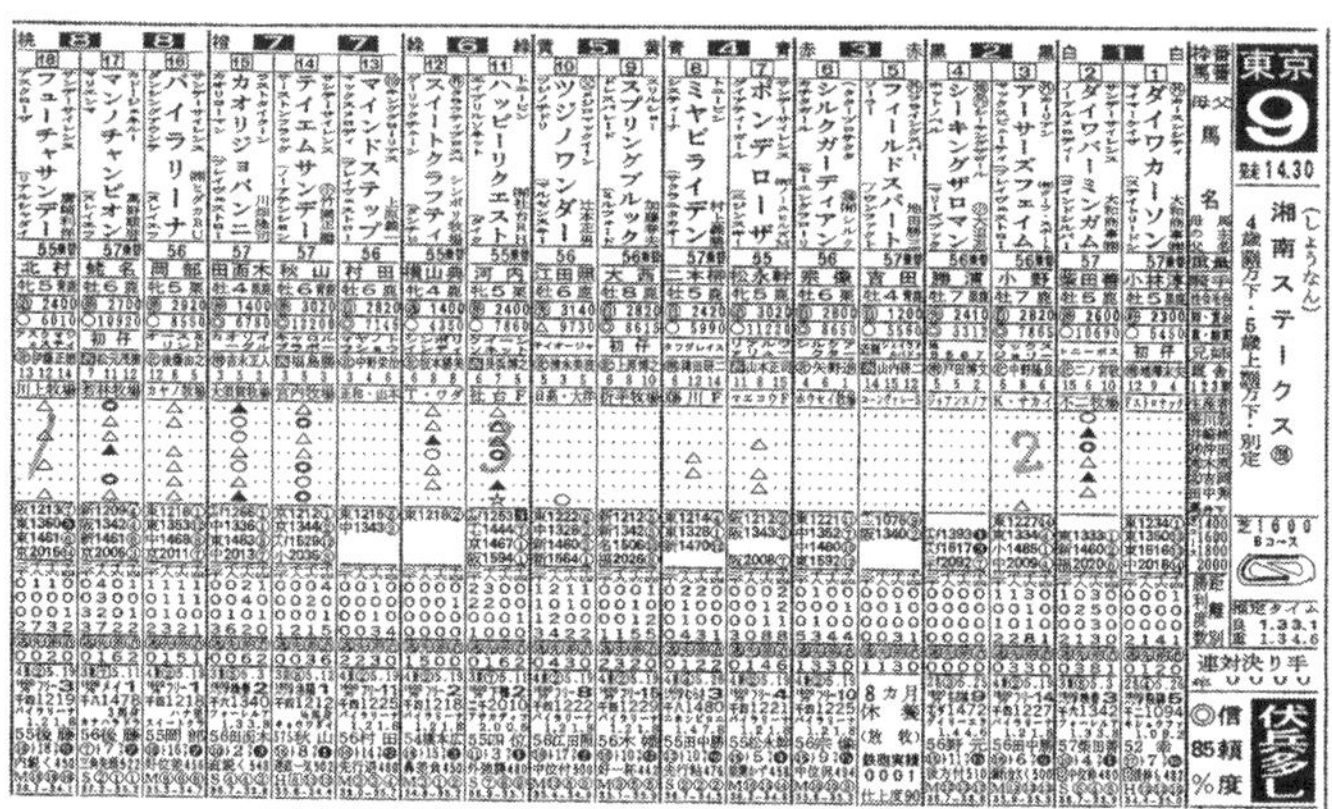

東京 9 発走14.30 湘南（しょうなん）ステークス 4歳以上1000万下・5歳以上1600万下・別定 芝1600

| 馬番 | 馬名 | 斤量 | 騎手 | 性齢 |
|---|---|---|---|---|
| 1 | ダイワカーソン | 57 | 小林淳 | 牡5 |
| 2 | ダイワバーミンガム | 57 | 柴田善 | 牡5 |
| 3 | アーサーズフェイム | 56 | 小野 | 牡7 |
| 4 | シーキングザロマン | 56 | 勝浦 | 牡7 |
| 5 | フィールドスパート | 57 | 吉田 | 牡4 |
| 6 | シルクガーディアン | 56 | 宗像 | 牡6 |
| 7 | ボンデローザ | 55 | 松永幹 | 牝5 |
| 8 | ミヤビライデン | 57 | 二本柳 | 牡5 |
| 9 | スプリングブルック | 56 | 大西 | 牡8 |
| 10 | ツジノワンダー | 56 | 江田照 | 牡6 |
| 11 | ハッピーリクエスト | 55 | 河内 | 牝5 |
| 12 | スイートクラフティ | 55 | 横山典 | 牝4 |
| 13 | マインドステップ | 56 | 村田 | 牡6 |
| 14 | テイエムサンデー | 57 | 秋山 | 牡6 |
| 15 | カオリジョバンニ | 57 | 田面木 | 牡4 |
| 16 | パイラリーナ | 56 | 岡部 | 牝5 |
| 17 | マンノチャンピオン | 57 | 蛯名 | 牡6 |
| 18 | フューチャサンデー | 55 | 北村 | 牝5 |

伏兵多し ◎信頼度85%

印はビリーヴ、サイキョウサンデー、ネイティヴハートに付けた。まあ、ビリーヴに勝たれたら仕方ない。前走55キロ（京王杯ＳＣ三着）、今回は53キロだからね。

**●東京９Ｒ湘南Ｓ**

こちらの本命も外枠の追い込み馬フューチャサンデー。東京も内が荒れているから、外が断然有利だ。

サンデーサイレンス産駒は準オープンで凡走するが、**出走メンバーはサンデーが多い**。**これだけ頭数がそろっていれば、逆に来る確率を考える**。

枠で言うと、８―８、７―８、６―８で取れないか。８枠には岡部もいる。岡部のバイラリーナは牝馬で56キロを背負っているので対抗にとどめた。だが岡部ならば、持ってくるかもしれない。

今日はこの二レースだけにしたい。

私は７Ｒ（三歳５００万下）のタイキコジッャクも買うが、愛馬という理由しかないのでおすすめできない。調教はあいかわらず迫力があり、とても一勝馬とは思えない。何かのきっかけがあれば（距離かコースか原因が分かればいいのだが）、ポンポン勝ち出す馬だと思うのだが……。

**調教の動きがいい馬がレースで凡走する時は、思い切って逃げるのがいい。逃げて単騎で行けば、調教どおりに走れるからだ。**

今回は騎手が松永幹で楽しみもあるが、8枠では逃げれまい。

今日は主に枠の話をしたが、もちろん枠連で勝負しろということではない。

外が有利な馬場状態なので、外枠の馬に注目してほしいということだ。


（6月8日★土）

# プラス一万円を目標とせよ！

## ▼「別定GⅢ」攻略法

車の故障（エアコンいまだ直らず）、メガネ紛失、パソコン故障、携帯電話崩壊と、ろくなことがない。

しかし馬券の調子はいいようだ。昨日も厳選二レースのうち、東京9Rフューチャサンデーが一着。単勝2320円もつき、びっくりした。しかしオッズに関係なく、単勝は当たると面白い。

中京メインのスニーカーは十着。狙いすぎたようだ。

**●中京11Rファルコンステークス**

昨日のレースは二、三着に1枠の馬が入ったが、いまの中京はやはり外の差し馬が来る馬場だ。

本命は8枠のタイキリオン。**このコースのこの距離に勝ち鞍がある。前走惨敗の原因は二走ボケと解釈したい。単勝二番人気というのもいい。**

**だが、この兄弟の血統は好調期間が長く続かないので、ここで凡走すればしばらく買わない。**騎手の村田は、ローカルの重賞くらいなら乗りこなせる男だ。関東の同世代の勝浦よりは上手い。

**●東京11Rエプソム C**

狙っていた馬がいる。ビッグゴールドだ。

重馬場は苦手だと思っていたが、前走（新潟大賞典二着）にはびっくり。ブライアンズタイム産駒で、使われつつ強くなってきたようだ。東京コースも得意で、柴田善も東京芝の中距離を乗せたら上手い。

昨日のフューチャサンデーと同じく、外枠に入ったのもいい。こちらは馬連ワイドも少し買う。同じ8枠のラムセスロードも狙っていた馬。広い東京コースなら走るはず。京都と東京向きの馬だと思うが、スピードがないから荒れた馬場も合う。その他、このレースで実績のあるアドマイヤカイザーと、以上の三頭でまとめる。

昨日のタイキコジャックは三着に好走した。単複を買ったが、複勝が430円もつき、収支は大幅プラスとなった。

しかし今日は、ここで取り上げた二レースだけを買う。**プラス一万円を目標にする。それくらいの気持ちで買えば、自ずと結果はついてくる。年間黒字になっていくものだ。**本当はプラス一万円

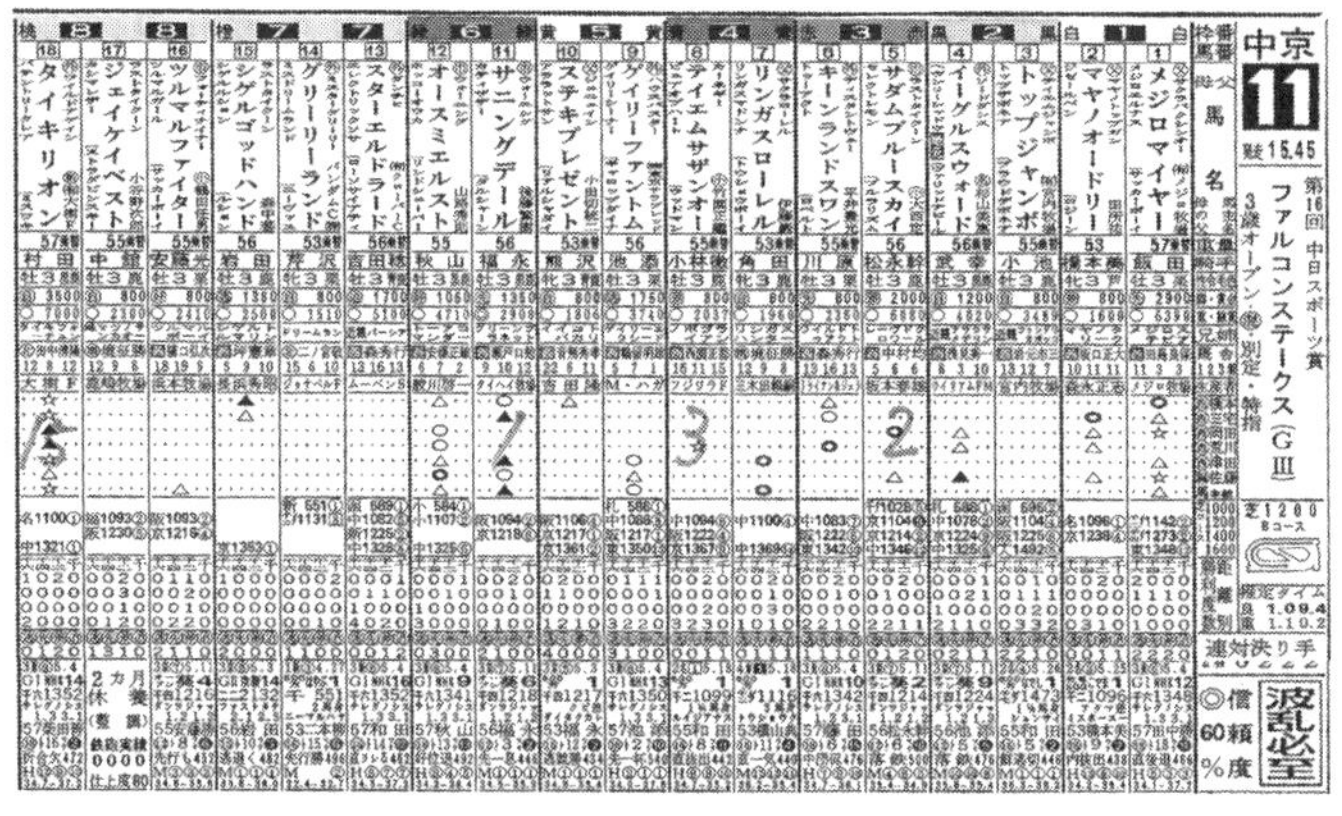

中京 11 発走15.45

第16回 中日スポーツ賞 ファルコンステークス(GⅢ)

3歳オープン・㊟別定・特指

芝1200 Bコース

| 馬番 | 馬名 |
|---|---|
| 1 | メジロマイヤー |
| 2 | マヤノオードリー |
| 3 | トップジャンボ |
| 4 | イーグルスウォード |
| 5 | サダムブルースカイ |
| 6 | キーンランドスワン |
| 7 | リンガスローレル |
| 8 | テイエムサザンオー |
| 9 | グイリーファントム |
| 10 | ステキプレゼント |
| 11 | サニングデール |
| 12 | オースミエルスト |
| 13 | スターエルドラード |
| 14 | グリーリーランド |
| 15 | シグルゴッドハンド |
| 16 | ツルマルファイター |
| 17 | ジェイケイベスト |
| 18 | タイキリオン |

波乱必至

◎信頼度 60%

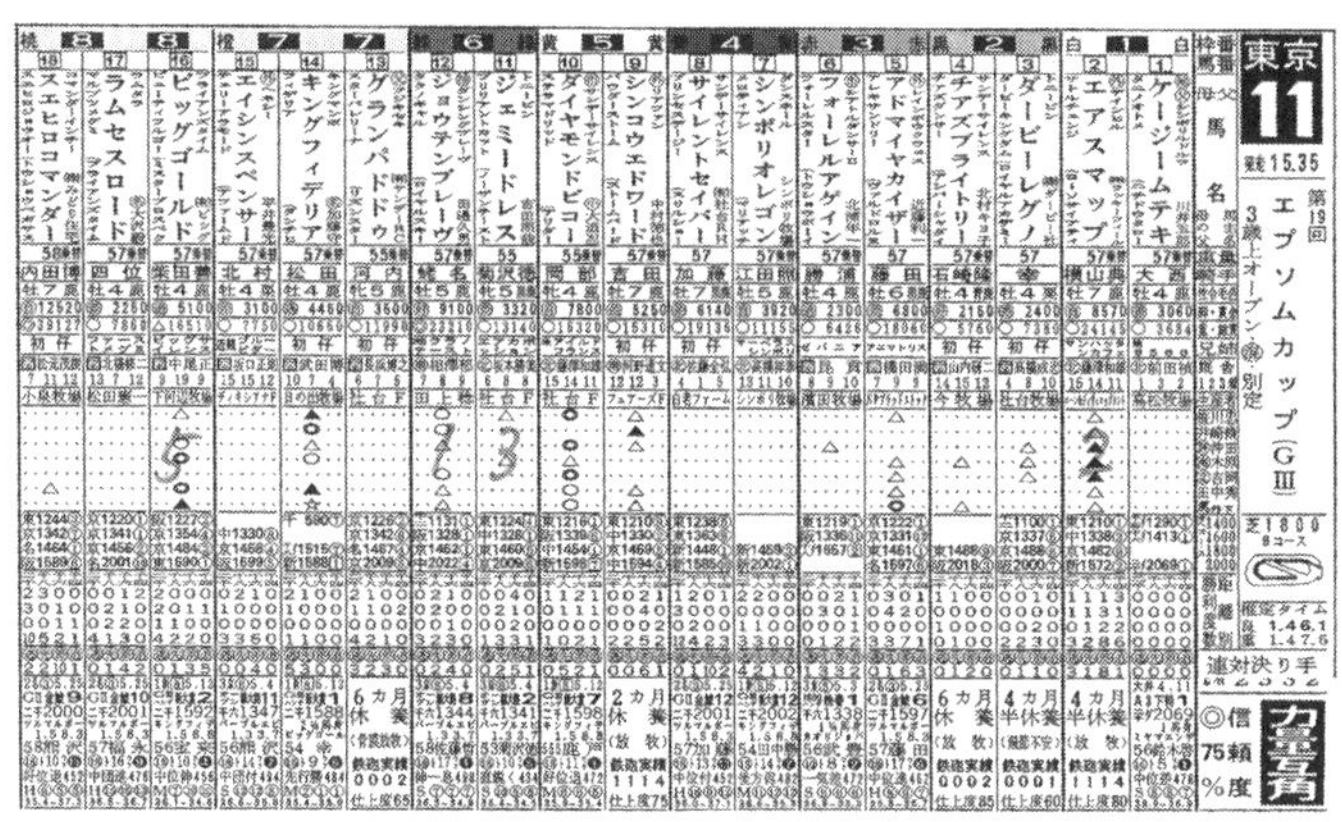

東京 11 発走15.35

第19回 エプソムカップ(GⅢ)

3歳上オープン・㊟・別定

芝1800 Bコース

| 馬番 | 馬名 |
|---|---|
| 1 | ケージームテキ |
| 2 | エアスマップ |
| 3 | ダービーレグノ |
| 4 | チアズブライトリー |
| 5 | アドマイヤカイザー |
| 6 | フォーレルアゲイン |
| 7 | シンボリオレゴン |
| 8 | サイレントセイバー |
| 9 | シンコウエドワード |
| 10 | ダイヤモンドビコー |
| 11 | ジェミードレス |
| 12 | ショウナンアラ |
| 13 | グランパドドゥ |
| 14 | キングフィデリア |
| 15 | エイシンスペンサー |
| 16 | ビッグゴールド |
| 17 | ラムセスロード |
| 18 | スエヒロコマンダー |

力量上位

◎信頼度 75%

を達成することですら、競馬ではとても難しいことなんだけどね。

（6月9日★日）

# 夏競馬で勝つポイント

## ▼「小回りコース」攻略法

ワールドカップで日本が歴史的な勝利を収め、決勝トーナメントに進出した。

競馬どころではない人もいるだろうが、来週の宝塚記念は貧相なメンバーになりそうだ。実力のある面子が集まらないのは毎年のことだが、なぜJRAは何の対策も考えないのか。

まず阪神にこだわっているのがだめ。時期もだめ。どうせ三歳の一流どころは出てこないから、やるなら安田記念の直後がいい。賞金をべらぼうに高くして、格の高いGⅠに変える。陣営に出走意欲をわかせないといけない。東京芝2300メートルでもいい。また、ダートのGⅠに変えても面白いんじゃないかな。今年も白ける宝塚記念になりそうだが、ジャングルポケットが回避して馬券的には面白くなった。

今日から夏競馬のレッスンを行う。

夏競馬のポイントは次の通り。

一、**先行できる上手い騎手**。

一、**夏に強い血統**（**正確には平坦に強い血統**）。

一、**牝馬と上がり馬**。

この三つをしつこく狙っていけば、夏競馬を黒字で終わらせることができる。

今日は試験的に、この三つのポイントで馬券を買う。あまり勝負しないでほしい。

福島競馬場と新白河ウインズでは新馬券の試験発売が始まった。どうしても馬単を買いたい場合は、単複ワイドを買った上で、小額買うのがいい。3連複の方は少し様子を見たい。うちからBMWで飛ばせば、二時間弱で新白河へは行ける。

**●福島10～11R**

11R（白河特別）の本命は、岡部のベルエブロス。前走休み明けでも、スピードを見せた馬。**開幕週で逃げ馬が内に殺到すると、その番手につけている馬が有利だ。岡部は、毎年福島で鬼のように勝つからどんどん狙っていい**。

10R（横手特別）の岡部グリーンビルボードも先行力があり、狙っていい。**福島のダート1700は、四コーナーで先頭に立った馬がそのまま押し切ることが多い**。

ここのところ、岡部を本命にしていなかったが、福島に来るのを待っていた。**岡部、吉田、後藤など、スタートが上手くて、早めに先頭に立てる騎手が福島のリーディングになる**。吉田とは相性が悪いが、彼の攻略法も考えていきたい。

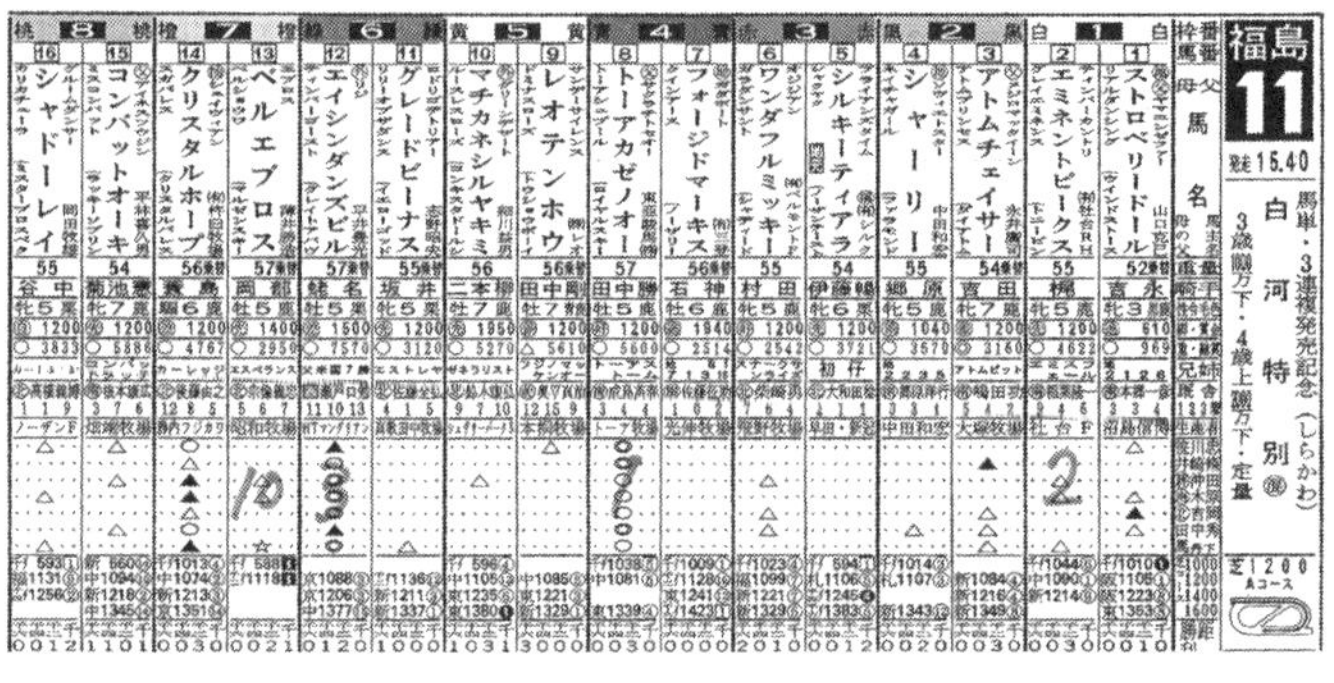

## 福島 11 発走15.40

馬単・3連複発売記念 白河特別（しらかわ） [illegible]

芝1200 Aコース

| 枠番 | 馬番 | 馬名 | 重量 | 騎手 | 性齢 |
|---|---|---|---|---|---|
| 1 | 1 | ストロベリードール | 52 | 吉永 | 牝3 |
| 1 | 2 | エミネントピークス | 55 | 梶 | 牝5 |
| 2 | 3 | アトムチェイサー | 54 | 吉田 | 牝7 |
| 2 | 4 | シャーリー | 55 | 郷原 | 牝5 |
| 3 | 5 | シルキーティアラ | 54 | 伊藤暢 | 牝6 |
| 3 | 6 | ワンダフルミッキー | 55 | 村田 | 牝5 |
| 4 | 7 | フォージドマーキス | 56 | 石神 | 牡6 |
| 4 | 8 | トーアカゼノオー | 57 | 田中勝 | 牡5 |
| 5 | 9 | レオテンホウ | 56 | 田中剛 | 牡7 |
| 5 | 10 | マチカネシルヤキミ | 56 | 二本柳 | 牡7 |
| 6 | 11 | グレードビーナス | 55 | 坂井 | 牝5 |
| 6 | 12 | エイシンダンズビル | 57 | 蛯名 | 牡5 |
| 7 | 13 | ベルエブロス | 57 | 岡部 | 牡5 |
| 7 | 14 | クリスタルホープ | 56 | 南島 | 騸6 |
| 8 | 15 | コンバットオーキ | 54 | 菊池憲 | 牝7 |
| 8 | 16 | シャドーレイ | 55 | 谷中 | 牝5 |

## 福島 10 発走15.05

横手特別（よこて） 3歳500万下・4歳上1000万下・定量

ダ1700

| 枠番 | 馬番 | 馬名 | 重量 | 騎手 | 性齢 |
|---|---|---|---|---|---|
| 1 | 1 | バトルウインロード | 57 | 伊藤暢 | 牡5 |
| 2 | 2 | ブラックジョーカー | 57 | 梶 | 牡4 |
| 3 | 3 | マイネルスクイーズ | 57 | 橋本広 | 牡4 |
| 4 | 4 | セゴビア | 57 | 田中勝 | 牡4 |
| 4 | 5 | アルマーダホウザン | 57 | 柴田大 | 牡4 |
| 5 | 6 | グリーンビルボード | 57 | 岡部 | 牡4 |
| 5 | 7 | ストロングレイダー | 57 | 牧原 | 牡5 |
| 6 | 8 | アクティブシチー | 57 | 大塚 | 牡4 |
| 6 | 9 | アルハンブラパレス | 57 | 吉田 | 牡4 |
| 7 | 10 | サンライズサン | 57 | 小林淳 | 牡4 |
| 7 | 11 | スギノウインカム | 57 | 二本柳 | 牡4 |
| 8 | 12 | パシオンノーブル | 57 | 蛯名 | 牡4 |
| 8 | 13 | アイティブランチ | 57 | 江田照 | 牡4 |

## 函館 11 発走15.30

TVh杯 [illegible]・定量・特指

芝1200 Aコース

| 枠番 | 馬番 | 馬名 | 重量 | 騎手 | 性齢 |
|---|---|---|---|---|---|
| 1 | 1 | イシノグレイス | 55 | 菊沢徳 | 牝5 |
| 2 | 2 | カノヤアカデミー | 55 | 上村 | 牝5 |
| 3 | 3 | スプリングガーベラ | 55 | 伊藤直 | 牝5 |
| 4 | 4 | リザルトシチー | 56 | 鹿戸 | 牡6 |
| 4 | 5 | フィールドバースト | 54 | 小林徹 | 牡3 |
| 5 | 6 | ケイエスホノカ | 55 | 松永幹 | 牝4 |
| 5 | 7 | トップキャロル | 54 | 鈴来 | 牝6 |
| 6 | 8 | ロードウィッシュ | 56 | 横山典 | 騸6 |
| 6 | 9 | タツショウワ | 57 | 中舘 | 牡4 |
| 7 | 10 | シャドウスプリング | 55 | 勝浦 | 牝5 |
| 7 | 11 | ケイアイバリア | 54 | 木幡 | 牝6 |
| 8 | 12 | ネームヴァリュー | 55 | 藤田 | 牝4 |
| 8 | 13 | ヤマオロチ | 54 | 五十嵐冬 | 牡3 |

**●函館11RTVh杯**

牝馬で、函館の重い芝向きの馬が何頭かいる。

イシノグレイス、ケイエスホノカ、シャドウスプリング。この三頭の三角買いを押さえ、単複は各自で決めてほしい。私？　いちばん前に行ける馬を買いたいね。

函館の馬場が今年も重いのかまだ判断がつかない。ここは小額の購入にとどめたい。

（6月15日★土）

## 買える降級馬、買えない降級馬

### ▼「東西三場開催」攻略法

夏競馬のポイントにもう一つ、「**降級馬**」というのをくわえてほしい。

ただし「**降級馬**」とはいえ、**先行力がないとだめ。またサンデーサイレンス産駒の降級馬は、この産駒の上がり馬ほど魅力はない。サンデーの降級馬というだけで人気になるからだ。**

今日は多めにレースを取り上げる。なぜなら騎手が三場に散らばって、各競馬場で一流どころが魅力的な馬に乗っているからだ。ウインズ新白河か後楽園へ行って、軽く勝負する。

**●阪神11RプロキオンS**

前売り発売では、スターリングローズの単勝が100円台だった。武豊のゲイリーエクシードを狙う。

**アフリート産駒は重賞になると取りこぼしが多いことは何度も言ってきた**。スターリングローズも人気ほど信頼はできない。

ゲイリーエクシードに１４００は距離不足かもしれないが、ヤマカツスズランが逃げればペースは落ち着く。レースの流れにとまどうこともない。私は武豊との相性は最悪だが、何とかしてくれ（笑）。

今日はこのレースだけ、馬連とワイドを買う。他にも狙っていた馬がいるからだ。

まずワシントンカラー。この距離のダートが得意で、ここは三着狙いにきている。また、河内と相性がいいシンコウスプレンダ。仕上がりのいいサンフォードシチー。この距離得意のメイショウキオウ。スターリングローズも押さえる。

五頭では多すぎるか。ならば、メイショウキオウとサンフォードシチーはパドックで太めだったら、消せばいい。

## ●福島11Rバーデンバーデン C

ここは岡部のロードキーロフ。**先行力がある実績馬を素直に本命にする**。

また10Ｒ（信夫山特別）は田中勝のグランドミサイル。昨日絶好調だった騎手だが、彼は気分屋で、勝ち出すと止まらない。新潟の方が得意な騎手だが、しばらく目を離せない。

阪神 11 発走15.45

第7回 プロキオンS(GⅢ)

3歳上オープン・(混)・別定・(指)

ダ1400

確定タイム 良 1.22.9 重 1.21.9

◎信頼85% 連軸不動

| 馬番 | 馬名 | 斤量 | 騎手 | 性齢 |
|---|---|---|---|---|
| 1 | シンコウスプレンダ | 57 | 河内 | 牡8 |
| 2 | キタサンチャンネル | 58 | 吉田稔 | 牡4 |
| 3 | サンフォードシチー | 57 | 幸 | 牡7 |
| 4 | ゲイリーエクシード | 56 | 武豊 | 牡5 |
| 5 | メイショウキオウ | 56 | 宝来 | 牡5 |
| 6 | レイズスズラン | 58 | 芦沢 | 牡8 |
| 7 | ブラウンシャトレー | 57 | 安部幸 | 牡5 |
| 8 | ホーマンスピリット | 56 | 秋山 | 牡7 |
| 9 | ブラウンライアン | 56 | 児島 | 牡4 |
| 10 | ワシントンカラー | 57 | 武幸 | 牡8 |
| 11 | スターリングローズ | 56 | 福永 | 牡5 |
| 12 | ゲイリーアリエス | 56 | 平松 | 牡6 |
| 13 | ヤマカツスズラン | 55 | 池添 | 牝5 |

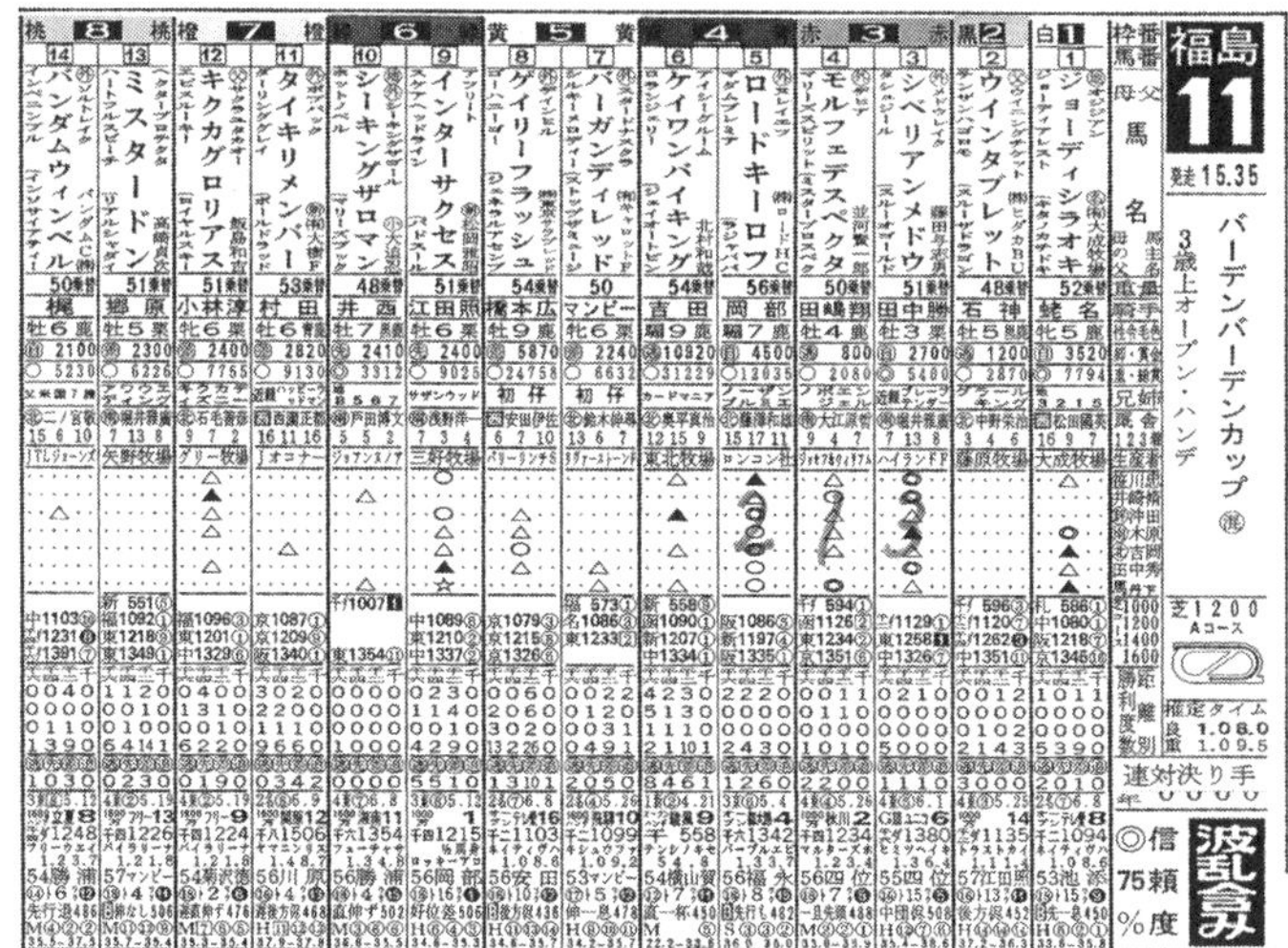

福島 11 発走15.35

バーデンバーデンカップ

3歳上オープン・ハンデ (混)

芝1200 Aコース

確定タイム 良 1.08.0 重 1.09.5

◎信頼75% 波乱含み

| 馬番 | 馬名 | 斤量 | 騎手 | 性齢 |
|---|---|---|---|---|
| 1 | ジョーディシラオキ | 52 | 蛯名 | 牝5 |
| 2 | ウインタブレット | 48 | 石神 | 牡5 |
| 3 | シベリアンメドウ | 51 | 田中勝 | 牡3 |
| 4 | モルフェデスペクタ | 50 | 田嶋翔 | 牡4 |
| 5 | ロードキーロフ | 56 | 岡部 | 騸7 |
| 6 | ケイワンバイキング | 54 | 吉田 | 騸9 |
| 7 | バーガンディレッド | 50 | マンビー | 牝6 |
| 8 | ゲイリーフラッシュ | 54 | 橋本広 | 牡9 |
| 9 | インターサクセス | 51 | 江田照 | 牡6 |
| 10 | シーキングザロマン | 48 | 井西 | 牡7 |
| 11 | タイキリメンバー | 53 | 村田 | 牡6 |
| 12 | キクカグロリアス | 51 | 小林淳 | 牝6 |
| 13 | ミスタードン | 51 | 郷原 | 牡5 |
| 14 | バンダムウィンベル | 50 | 梶 | 牡6 |

**●函館11～12R**

11R（大沼S）の本命は横山典のフリーウエイハート。**前走オープン特別を経験したトニービン産駒に、ダートの差し馬が得意の横山典**。絶好の狙い目。1700メートルという距離もいい。母の父ノーザンテーストで夏向きの馬。この単複が勝負馬券だ。

12R（五稜郭特別）は、血統重視でショコットという馬を狙う。正直言うと、降級馬のタニノエタニティ、ヒマラヤンブルー、ニシキオーカンで決まる可能性大だが、**デインヒル産駒は函館、札幌がめっぽう得意**。**2000メートルでも狂ったように走る**。**完全に先物買いだ**。降級馬三頭をワイドで押さえる手もあるが、これは試験的なレースだ。小額で買う。

昨日も函館のメインで推奨したデインヒル産駒が二着に来た。**この産駒は函館が得意ということを覚えておいてほしい**。

また、**武豊**、**岡部**、**絶好調・田中勝**、**横山典**など、**夏競馬の基本は一流騎手を狙うことだ**。**三場に散らばっているから、とにかく狙いやすい**。

（6月16日★日）

## 福島 10 発走15.00

信夫山特（しのぶやま）
3歳1000万下・4歳上2000万下・

| 枠番 | 馬番 | 馬名 | 父 | 母 | 母の父 | 馬主名 | 重量 | 騎手 | 性令毛色 | 脚・賞金 | 重・総賞 | 兄姉 | 厩舎 | 123着 | 生産者 |
|---|---|---|---|---|---|---|---|---|---|---|---|---|---|---|---|
| 白1 | 1 | ホッカイローツェ | コタシャーン | シンコウグレース | (サクラユタカオー) | (有)北海牧場 | 56乗替 | 蛯名 | 牡7鹿 | 好 1200 | ◎ 6071 | ホッカイゼウス | 北 田中清隆 | 12 8 12 | 北海牧場 |
| 黒2 | 2 | ロードルシミエント | 外 ウッドマン | サラトガシーン | (グレイドーン) | (株)ロードHC | 57乗替 | 岡部 | 牡5芦 | 差 1200 | △ 4775 | サラトガサミット | 北 藤沢和雄 | 15 17 11 | エクリプスBS |
| 赤3 | 3 | コスモファルシオン | 市 ゴールデンフェザント | ホスピエンジェル | (ホスピタリティ) | 岡田美佐子 | 57乗替 | 牧原 | 牡5芦 | 先 400 | ○ 2005 | 地 メリーマウント | 南 戸田博文 | 5 5 2 | 赤石久夫 |
| 青4 | 4 | フサイチピアレス | 外 プレザントコロニー | プロスペクターズフ | (ミスタープロスペク) | (名)関口房朗 | 56乗替 | 二本柳 | 牡6青鹿 | 好 1200 | ○ 3341 | ドージング | 北 杉浦宏昭 | 14 9 11 | JRゲインズ |
| 黄5 | 5 | エスパシオ | 父 メジロマックイーン | マイネピクシー | (タマモクロス) | 金子真人 | 56乗替 | 蓑島 | 騸7芦 | 先 1200 | ○ 6475 | 初仔 | 北 後藤由之 | 12 8 5 | 松田敏 |
| 緑6 | 6 | シンボリメロディー | 父 シンボリルドルフ | メロディアン | (マリアッチ) | サウスニア(株) | 56 | マンビー | 牡8鹿 | 差 1200 | ◎ 7398 | 障 1104 | 北 鈴木伸尋 | 13 6 7 | シンボリ牧場 |
| 橙7 | 7 | メジロオルバース | スリルショー | メジロチェイサー | (メジロサンマン) | (有)メジロ牧場 | 56乗替 | 吉田 | 牡7鹿 | 差 1200 | ○ 5830 | メジロライアン | 北 奥平真治 | 12 15 9 | メジロ牧場 |
| 橙7 | 8 | オイワケダイモン | 父 メジロマックイーン | ハシノフレンド | (ブーナテンション) | 橋本中 | 57乗替 | 村田 | 牡5鹿 | 差 1200 | ○ 2660 | オイワケタイカン | 北 柴崎勇 | 7 6 4 | 前川スタッド |
| 桃8 | 9 | グランドミサイル | ミシル | ブライ | (ラジャババ) | (有)グランド牧場 | 57乗替 | 田中勝 | 牡4栗 | 追 1400 | ○ 3632 | イカルスドリーム | 北 手塚貴久 | 7 7 7 | グランド牧場 |
| 桃8 | 10 | ジョウノパリジャン | ミルジョージ | ジョウノマチエール | (マルゼンスキー) | 小川義勝 | 56 | 小林淳 | 騸7鹿 | 自 1800 | ◎ 7949 | 初仔 | 北 土田稔 | 4 8 4 | 三城牧場 |

## 函館 11 発走15.30

大沼ステークス（おおぬま）
3歳上オープン 混 （ハンデ・特指）

| 枠 | 馬番 | 馬名 | 父 | 母 | 母の父 | 馬主 | 重量 | 騎手 | 性令毛色 | 脚・賞金 | 総賞 | 兄姉 | 厩舎 | 着 | 生産者 | 印 | 持ちタイム |
|---|---|---|---|---|---|---|---|---|---|---|---|---|---|---|---|---|---|
| 白1 | 1 | ミッキーダンス | ダンスホール | マルサンホマレ | (サティンゴ) | 三木久史 | 56 | 千田 | 牡6鹿 | 差 9740 | ○ 23495 | マルサンミッキー | 南 土門一美 | 5 3 7 | 石川新一 | ・△・・・・・ | 函1250⑧ |
| 黒2 | 2 | フジヤマハギタケ | ノーザンテースト | タックスペイヤーズ | (ルーテナントスティ) | 藤本龍也 | 53乗替 | 小野 | 牡7栗 | 先 3600 | ○ 9405 | タックスヘイブン | 南 加藤征弘 | 2 1 2 | 社台F | ▲△△△△・△ | 東1373⑥ 函1445① |
| 赤3 | 3 | ケイエスドラゴン | アフリート | キリーマジ | (シャーブンデップ) | キョウシサービス(株) | 50乗替 | 鈴来 | 牡6鹿 | 差 2100 | ○ 5440 | ケイエスピアノ | 西 高橋成忠 | 4 8 10 | 高柳隆男 | ・・・△・△・ | 函1241① 函1473⑩ |
| 青4 | 4 | ジョウノブラボー | ボーザム | ダイナパーティ | (ノーザンテースト) | 小川義勝 | 54乗替 | 北村 | 牡6栗 | 差 3720 | ○ 12650 | ダンツセンチュリー | 北 蛯名信広 | 1 4 2 | 三城牧場 | ・・△・△・・ | 東1362⑦ 函1454② |
| 黄5 | 5 | レイオブライト | ウイニングチケット | リアルドラマ | (リアルシャダイ) | 吉田修 | 48乗替 | 酒井 | 牝6鹿 | 逃 1200 | ○ 6365 | スーパーウェポン | 西 坪正直 | 3 0 2 | タガミF | ・・・・・・・ | 函1251② 札1469① |
| 黄5 | 6 | プリエミネンス | アフリート | アジテーション | (カーリアン) | (有)グランド牧場 | 56 | 柴田善 | 牝5鹿 | 自 11740 | ○ 32920 | スタートマーチ | 南 伊藤圭三 | 9 16 7 | グランド牧場 | ○○○△○☆○ | 東1351① 函1437② |
| 緑6 | 7 | イナリコンコルド | 地 父 イナリワン | マッチペニイー | (ユーウイプイ) | 保手浜忠弘 | 54乗替 | 菊沢徳 | 牡7鹿 | 先 10420 | ◎ 24329 | 地 13 3 5 8 | 北 高橋祥泰 | 14 13 11 | 松本俊博 | ・▲・・・・△ | 大1408❶ 七1477② |
| 緑6 | 8 | フリーウェイハート | トニービン | ミヤビサクラコ | (ノーザンテースト) | 臼田浩義 | 53乗替 | 横山典 | 牡7鹿 | 差 3420 | ○ 12665 | 初仔 | 北 土田稔 | 4 8 4 | 三城牧場 | ○・△△△▲△ | 東1361⑤ 札1473① |
| 橙7 | 9 | カネトシオペラクン | 市 オペラハウス | ミルセイウン | (ミルジョージ) | 兼松昌男 | 54乗替 | 松永幹 | 牡5栗 | 自 3300 | ◎ 10672 | タヤスストリング | 西 橋本壽正 | 7 5 6 | ホウセイ牧場 | △・・・・△△ | 東1376⑦ 札1461⑦ |
| 橙7 | 10 | グラスエイコウオー | 外 フレンチデピュティ | イクスプロージヴガ | (イクスプローデント) | 半沢(有) | 56乗替 | 中舘 | 牡4栗 | 先 3850 | ○ 10140 | ヘイアンウインザー | 北 尾形充弘 | 14 18 7 | JRウェルズ | △△▲○△○▲ | 東1387① 大1503① |
| 桃8 | 11 | エアピエール | 父 フジキセキ | エアシャロン | (ノーザンテースト) | (株)ラッキーフィールド | 54乗替 | 四位 | 牡6黒鹿 | 自 3300 | ○ 10475 | 初仔 | 南 田村康仁 | 7 7 7 | 社台F | △○○○▲○△ | 東1360⑤ 札1436② |
| 桃8 | 12 | ナムラフロンティア | 市 ジェイドロバリー | サクラスズカゼ | (ノーザンテースト) | 奈村信重 | 53 | 小林徹 | 牡5栗 | 先 2400 | ○ 5040 | サクラクイン | 西 目野哲也 | 4 7 7 | パラダイスF | △・△▲○△○ | 函1249① 函1467① |

印: 笹川 忠 / 井崎 輸 / 小川 川 / 波 栗 / 芝 井 / 三 宅 / 馬 本紙
レコード 1600・1700

## 函館 12 発走16.10

五稜郭特別（ごりょうかく）
3歳[illegible]万下・4歳上[illegible]万下 混・定量
芝2000

| 枠 | 馬番 | 馬名 | 父 | 母 | 母の父 | 馬主 | 重量 | 騎手 | 性令毛色 | 印 | 持ちタイム | 前走 |
|---|---|---|---|---|---|---|---|---|---|---|---|---|
| 白1 | 1 | シルクサンライズ | サッカーボーイ | パシフィーウホー | (ニール) | (株)松岡 | 55 | 木幡 | 牡5鹿 | ○△△△○△△ | 小2070 | 4函②5.19 1着 千八1477 55木幡 後方一気484 M 37.1-34.4 |
| 黒2 | 2 | マチカネキモッタマ | ゴールデンフェザント | ドリームピジョン | (ノーザンテースト) | 細川益男 | 56乗替 | 千田 | 牡6栗 | ・・・・・・・ | 名2019② | 11カ月余休養（骨折放牧） 鉄砲実績 0001 仕上度70 |
| 黒2 | 3 | ピサノガルボ | カーネギー | ベルオブアムハースト | (ラファーアウトイース) | 市川義美 | 57 | 中舘 | 牡5鹿 | △・△△・△△ | 名2010④ | 2名④5.26 4着 二千2010 55中舘 直伸も412 M④⑤④ 35.5-36.9 |
| 赤3 | 4 | ウインヴェルヴ | 市 ダンシングブレーヴ | オフトメロディ | (サウスアトランティック) | (株)ウイン | 57乗替 | 本田 | 牡5鹿 | ・・・・・・・ | 京2028① | 9カ月休養（放牧） 鉄砲実績 0101 仕上度70 |
| 赤3 | 5 | マルブツグローバル | タマモクロス | アップトゥユー | (ヤマニンスキー) | 大沢毅 | 56乗替 | 小林徹 | 牡6芦 | ・・・・・・・ | 小2002⑧ | 4カ月半休養（放牧） 鉄砲実績 0001 仕上度70 |
| 青4 | 6 | ニシキオーカン | ボールドノースマン | ミスキヤサリン | (ホンテストアスト) | (有)藤沢牧場 | 56 | 藤田 | 牡6鹿 | △・△△▲▲△ | 中2001③ | 4東④5.26 5着 千八1482 54藤田 中位差494 S⑥⑤⑥ 37.4-34.9 |
| 青4 | 7 | タニノエタニティ | ラムタラ | タニノビッグネーム | (カツラギエース) | 谷水雄三 | 57乗替 | 柴田善 | 牡4栗 | ○○○○○○○ | 名2023⑨ | 4東⑥6.2 2着 二四2265 55蛯名 直線伸470 S⑤④⑤ 38.4-35.7 |
| 黄5 | 8 | ショコット | デインヒル | シューガール | (テレックス) | 井上一郎 | 55 | 横山典 | 牡5鹿 | ▲・・△○△▲ | 福2028① | 3東⑦5.11 1着 千四1226 55横山典 一気差432 H⑦⑦⑦ 35.8-35.3 |
| 黄5 | 9 | マーケットプライス | フジキセキ | アンバーネックレス | (ノーザンテースト) | 福本浩俊 | 56乗替 | 古川吉 | 牡6栗 | ・・・・・・・ | 阪2008④ | 2名②5.19 11着 千八1518 56 幸 後方很494 S 35.0-34.8 |
| 緑6 | 10 | ヒマラヤンブルー | 市 サーハイルーダー | ダイナランドバレー | (サンシリアン) | 松岡弘 | 57乗替 | 四位 | 牡4鹿 | △▲○◎△☆○ | 大1486④ | 3東⑦5.11 4着 千八1486 56柴田善 先一息446 S①②② 37.6-35.3 |
| 緑6 | 11 | トウカイツクオー | ブライアンズタイム | トウカイミサキ | (マルゼンスキー) | 内村正則 | 57乗替 | 松永幹 | 牡5黒鹿 | ・・・・・・・ | 阪2012③ | 7カ月休養（放牧） 鉄砲実績 1001 仕上度75 |
| 橙7 | 12 | センターダイナ | ダイナガリバー | ビューティフルマリ | (ホスピタリティ) | 中野勝 | 57乗替 | 菊沢徳 | 牡5栗 | ・△・・・・・ | 新2007⑤ | 2名②5.19 10着 千八1516 57佐藤哲 後方付444 S 36.7-34.9 |
| 橙7 | 13 | マイダイナマイト | 外 ダイナアイルダディ | ヌロカ | (ホールドロンパタン) | 佐藤良二 | 55乗替 | 勝浦 | 牝5栗 | △・・・・・・ | 福2269④ | 4京②5.19 11着 千八1484 55田中勝 伸なし468 M④⑤⑤ 35.2-35.5 |
| 桃8 | 14 | プレジオ | 外 カーリアン | アイリッシュカンパ | (ティリッシュデイヴァ) | 横山秀明 | 57 | 北村 | 牡4栗 | ・○▲▲△○△ | 新1584⑧ | 5カ月休養（放牧） 鉄砲実績 0002 仕上度75 |
| 桃8 | 15 | リブロードキャスト | ブライアンズタイム | ロジータ | (ミルジョージ) | (株)ノースヒルズM | 57 | 小林慎 | 牡4黒鹿 | ・・△・△・・ | 阪2044③ | 1新⑦5.11 11着 二四2302 55小林慎 逃バテ534 H①①① 33.6-39.0 |

レコード サッカーボーイ 56河内 63.8.21
推定タイム 良2.01.8 重2.03.8

## 展開不向きか、ミス乗りか

### ▼「小頭数ＯＰ」攻略法

大井・帝王賞も特別エッセイを書けばよかった。

一着カネツフルーヴを本命にした理由は、母が大井で大活躍したロジータ、そして逃げ馬で人気がなかったからだ。松永幹も以前レギュラーメンバーに乗り、大井での乗り方を熟知している。逃げるにしろ、今回のように二番手につけるにしろ、前で競馬をしたら天下一品だ。

今年彼で二回勝負して、二回とも的中。松永幹黒字だな。後藤と同じく、今年私と相性がいい騎手である。

最近「どの馬を本命にしても確率は一緒」ということを考える。**人気馬でも人気薄でも、十八頭立てなら、1／18の確率に違いない。人気のない馬の単勝を狙う時、その確率を思い出すと、強気に買える。**

しかし、宝塚記念はダンツフレーム本命で仕方ないと考えている。もともと狙っていたのはトウカイオーザだが、ダンツフレーム陣営が前々で競馬をすると宣言したので、勝ち目はなくなったと思う。

今晩じっくり考えて、明日、結論を出す。今日は、福島メインと阪神メインを買う。

## 福島 11　発走 15.40
### さくらんぼ特別 混　3歳以上900万下・4歳上1000万下・ハンデ
芝1800 Aコース　推定タイム 良 1.48.1　重 1.49.6

| 枠 | 馬番 | 馬名 | 父 | 母 | 馬主名 | 母の父 | 斤量 | 騎手 | 性齢毛色 | 賞金 | 兄姉 | 調教師 | 生産者 |
|---|---|---|---|---|---|---|---|---|---|---|---|---|---|
| 白1 | 1 | ユキノサンロイヤル | サンデーサイレンス | マイアミガルチ | 井上茂之 | ガルチ | 57乗替 | 田中勝 | 牡5青鹿 | 2000 / 5481 | 初仔 | 増沢末夫 13 9 4 | 川上悦夫 |
| 黒2 | 2 | スーパードラゴン | サンデーサイレンス | タカジョーミドリ | 中川雄次 | テスコボーイ | 52乗替 | 小林淳 | 牝5黒鹿 | 1200 / 4925 | タカジョーリュウ | 矢野進 4 6 1 | 北海道育成 |
| 赤3 | 3 | キョウエイノーヴァ | スキーオブゴジーン | イッキョウヤヨイ | 田中晴夫 | フレイヴェストロード | 54乗替 | 郷原 | 牡4黒鹿 | 1230 / 1524 | | 笹倉武久 5 3 5 | 荻伏・服部 |
| 赤3 | 4 | カナハラドラゴン | デュバールシャダイ | スナガワローマン | 寺内正光 | フレイヴェストロード | 58 | 蛯名 | 牡4鹿 | 1400 / 4995 | ディーエムビガー | 山田要一 4 2 2 | 谷川牧場 |
| 青4 | 5 | チュウシングラ | ヘクタープロテクター | マウンテンタイム | 坂本石蔵 | ドーピン | 55 | 柴田善 | 牡5栗 | 1200 / 3800 | トロバトーレ | 諏訪富三 4 0 4 | 佐々木忠義 |
| 青4 | 6 | シャーディーナイス | シャーディー | ディスムラサキ | 戸部洋 | ディスダンサー | 51乗替 | 吉田 | 牡3鹿 | 640 / 1534 | | 谷原義明 6 2 5 | 元茂牧場 |
| 黄5 | 7 | タケデンオージ | ミルジョージ | グロウジュリアス | 武市弘 | ラッキーソブリン | 53 | 村田 | 牡5黒鹿 | 1200 / 3421 | シゲノジュリアス | 田子冬樹 5 4 5 | 安藤牧場 |
| 黄5 | 8 | アイランドダリア | カーネギー | アイランドゴッデス（外） | 塩村三三男 | ヴァイスリーガル | 52乗替 | 二本柳 | 牝5鹿 | 1200 / 2600 | アイランドブルース | 境征勝 13 11 8 | 関東HEF |
| 緑6 | 9 | ドリームカムカム | マジックマイティ | ドリーミングガール | 飯田正剛 | ロモンド | 54乗替 | 江田照 | 牝4栗 | 1400 / 4551 | パストノスタルジア | 国枝栄 6 13 7 | 千代田牧場 |
| 緑6 | 10 | ソウゴン | テンビー | ゴールデンショット | 国光正憲 | ゴールデンフェクト | 51 | 石神 | 牡3鹿 | 800 / 1560 | サッソウ | 成宮明光 5 8 5 | 明成牧場 |
| 橙7 | 11 | デイスプリング | ヘクタープロテクター | エービースイート | デルマーC | フレイヴェストロード | 50乗替 | 吉永 | 牡6黒鹿 | 1200 / 3960 | 初仔 | 元石孝昭 3 0 2 | 秋田牧場 |
| 橙7 | 12 | マイネルカーネギー | カーネギー | ラストカマー | ラフィアン | クリス | 56 | 梶 | 牡4鹿 | 1200 / 2760 | マーブルメイドン | 稲葉隆一 11 5 6 | 尾形牧場 |
| 桃8 | 13 | タイムオブウイン | スキーキャプテン | トキファイター | 鶴蒔高男 | カツラギエース | 54乗替 | 大西 | 牡5黒鹿 | 1200 / 4794 | トキシュニーバー | 中野栄治 3 4 6 | 新冠・橋本 |
| 桃8 | 14 | スイートクラフティ | クラフティプロスペクター | ダーリングザーニー | シンボリ牧場 | ダンチヒ | 55乗替 | 岡部 | 牝4鹿 | 1400 / 4350 | シンボリインディ | 坂本勝美 7 8 10 | T・ワダ |

| 馬番 | 持ち時計 | 前走 |
|---|---|---|
| 1 | 新1330⑥ 新1451⑧ 中2009⑨ | 4東⑥6.2 1000万下 5着 千六1349 57江田照 後伸も446 M⑬⑭⑩ |
| 2 | 東1215④ 東1344② 東1479④ | 4東⑥6.2 11着 千六1353 53菅原勲 先行退454 M④③③ |
| 3 | 東1429④ 東1489⑥ 東2024⑨ | 3東⑦5.11 6着 千八1489 56勝浦 好位退514 S③④④ |
| 4 | 二1137③ 東1359⑥ 東1478② 中2000① | 4東④5.26 2着 千八1478 55蛯名 逃粘競負474 S⑩⑨⑥ |
| 5 | 1291⑧ 東1344⑨ 東1471② 新1583① | 4東⑥6.1 10着 千八1484 57柴田善 先行退476 H④③③ |
| 6 | 二1109⑥ 1392① 東1538 二2159 | 2福②5.19 9着 1454 55吉田豊 H⑬⑭⑭ |
| 7 | 1273④ 1384⑥ 東1476① 2419 | 4東⑤6.1 11着 千八1485 57村田 中位退510 H⑪⑧⑪ |
| 8 | 1443⑥ 福1495① 新1596② | 1新⑦5.11 15着 二千2034 55木幡 好バテ460 M②③⑧ |
| 9 | 東1253③ 新1321① 中1474② 京2007 | 3カ月休養（放牧） 鉄砲実績0001 仕上度85 |
| 10 | 東1232⑦ 中1349⑥ 東1490① 東2011⑩ | 4東④5.26 10着 二千2011 56石神 M①①① |
| 11 | 新1222 新1333⑨ 新1465 中2010 | 4東⑤6.2 14着 千六1357 50柴田大 M①①① |
| 12 | 二1103① 阪1349⑧ 京1493⑧ 中2036⑥ | 3東⑤5.3 10着 千六1359 55梶 後方伸500 S⑦⑧⑩ |
| 13 | 1301⑨ 東1368 新1465 新1596① | 3東⑥5.4 18着 千六1368 57勝浦 H⑤⑥⑧ |
| 14 | 東1218② 東1352⑦ | 4東⑦6.8 7着 千六1352 55横山典 逃退く450 M①①① |

◎信頼度80%　伏兵多し

## 阪神 10　発走 15.10
### 米子（よなご）ステークス（ハンデ）　3歳上オープン 混

| 枠 | 馬番 | 馬名 | 父 | 母 | 馬主 | 母の父 | 斤量 | 騎手 | 性齢毛色 | 賞金 | 兄姉 | 調教師 | | 生産者 | 橋本 | 矢野 | 岡田 | 荒川 | 津田 | 佐藤 | 本紙 | 芝1600 | 芝1800 |
|---|---|---|---|---|---|---|---|---|---|---|---|---|---|---|---|---|---|---|---|---|---|---|---|
| 白1 | 1 | マンノチャンピオン | カドージェネルー | マリエンマ | 萬野順啓 | ヌレイエフ | 54乗替 | 後藤 | 牡6鹿 | 2700 / 10920 | 初仔 | 西 松元茂樹 | 7 12 12 | 若林牧場 | ☆ | △ | △ | ☆ | △ | ☆ | △ | 阪1342④ | 新1461⑥ |
| 黒2 | 2 | クリスタルレコード | ブライアンズタイム | フェアリークリスタ | 中村勝彦 | ビーマイゲスト | 51乗替 | 芹沢 | 牡7鹿 | 2240 / 6860 | ハッハル | 北 ニノ宮敬 | 15 7 11 | 扶桑牧場 | | | | | | | | 函1221⑥ | 東1468② |
| 赤3 | 3 | ニホンピロニール | サンデーサイレンス | ミルカレント | 小林百太郎 | リトルカレント | 55乗替 | 安藤勝 | 牡5鹿 | 3300 / 7010 | ニホンピロタイラ | 西 伊藤雄二 | 13 11 12 | 稲原牧場 | ◎ | ◎ | ◎ | ○ | ◎ | ○ | ◎ | | 東1478① |
| 青4 | 4 | トッププロテクター | ヘクタープロテクター | アスターレディー | (有)宮内牧場 | ニジン | 55乗替 | 池添 | 牡5栗 | 4500 / 14430 | グランドハヤブサ | 西 岩元市三 | 14 14 7 | 宮内牧場 | ▲ | ○ | ▲ | △ | ☆ | △ | ☆ | 阪1334⑧ | 京1457⑤ |
| 黄5 | 5 | ギャンブルローズ | デインヒル | ユキノローズ | 兼子福三郎 | ミルジョージ | 52乗替 | 河内 | 牝5鹿 | 3300 / 10454 | ブルーコマンダー | 西 鮫島一歩 | 13 10 11 | 村下明博 | △ | ☆ | ○ | ▲ | ▲ | ▲ | ▲ | 阪1343④ | 京1474① |
| 緑6 | 6 | キョウワダイキチ | （外）ミスタープロスペクター | ミスプリオ | 浅川吉男 | セメネンコ | 52 | 佐藤哲 | 牡7栗 | 2400 / 11705 | アサカジャンボ | 西 吉岡八郎 | 5 4 3 | WSファリッシュ | | | | | | | | 阪1337③ | 京1467④ |
| 橙7 | 7 | ヤマニンリスペクト | サンデーサイレンス | ヤマニンシャレード | (名)土井薫 | ヤマニンスキー | 55乗替 | 福永 | 牡5鹿 | 3850 / 10820 | ヤマニンミラクル | 西 浅見秀一 | 9 3 11 | 錦岡牧場 | ○ | ▲ | ☆ | ◎ | ○ | △ | ○ | 函1221⑤ | 京1466① |
| 桃8 | 8 | マイネルタンゴ | (市)ファストトパーズ | アンバーオーカン | (株)ラフィアン | アンバーシャダイ | 51乗替 | 飯田 | 牡6青鹿 | 3200 / 10540 | デマンドラック | 西 佐々木晶三 | 9 15 13 | 酒井利英 | | | △ | | | ◎ | | 東1345⑤ | 東1465① |

**●福島11Rさくらんぼ特別～勉強レース～**

本命馬の名前は書かない。

逃げ先行馬が出そろった。いくら前が有利なコースでも逃げ切りは困難だ。降級馬の中から、逃げ馬たちの直後につけられ、ハンデが軽い馬を本命にする。なお軽ハンデとはいえ、降級馬なのでそこそこの斤量は背負っている。

**●阪神10R米子S**

少頭数だが、オープンレースに変わりない。ニホンピロニールが連勝街道を驀進中だが、**クラスが上がる度に着差が縮まってきている**。**マイルも初経験**。

本命は阪神得意で、池添に乗り替わったトッププロテクター。阪神と似ている形状の中山マイル（東風S）で狙ったが、田中勝がミス乗りをした。ここで勝てなければ、もう終わった馬だと判断していい。調教は動いていたので、騎手が上手く乗れば勝てるはずだ。

**上がりが常に35秒フラットか34秒台なのに勝てないのは、騎手が下手に乗っているか、展開に恵まれないのが原因だ。今回は頭数が少ないので、そういう言い訳はできない**。ヤマニンリスペクトとの追い込み比べになるだろう。

「どの馬の単勝を狙っても確率は一緒」だが、**ここは1／8の確率だ**。

＊

ペルージャのガウチは器量の狭い男だな。あれでよく出世したもんだ。アン・ジョン・ファンのことだけでなく、アジア人差別のような発言もしている。こうなったら韓国を応援するしかないな。

（6月22日★土）

## 絶対買いたい〝夏の牝馬〟

### ▼「裏開催」攻略法

私はもともと野球よりサッカーの方が好きだが、このW杯も、スウェーデン対アルゼンチンの試合を宮城まで見に行った。

ふだん「子供たちはサッカーではなく野球をやってほしい」と暴言を吐いている野球評論家が、スポーツニュースに出てきて、サッカーの話をしないでほしいよ。画面に出てくるだけで不愉快だ。

勉強レース・さくらんぼ特別の答えは四着のスイートクラフティだった。

**●阪神11R宝塚記念**

今年の宝塚記念は大きな勝負はしない。なぜなら、最初に狙っていた馬はサンライズペガサスで回避、次がジャングルポケットでまた回避と、私の中ではもう終わったレースだからだ。

本命候補を絞り込み、ダンツフレーム、ホットシークレット、トウカイオーザの調教を見たが、ホットシークレットは昨年に比べて迫力がなくオミット。

ダンツフレームか、トウカイオーザか。

ダンツフレームは今年マイル以下のレースにしか出走していないこと、一年以上勝っていないこと、四勝しかしていないこと、藤田が阪神のこのコース不得意なこと、以上の理由で対抗に落とした。

本命はトウカイオーザ。騎手が熊沢に乗り替わったが、陣営が「幸(みゆき)じゃ、この馬の力を120パーセント出し切れない」と公言したのが偉い。熊沢はこのレースで実績があり(九八年ステイゴールドで二着)、馬自身にも素質を感じられる。58キロを背負って勝ち星があるのもいい。

エアシャカールは直線でもたれて、最後に止まるのが不安で▲。後藤のアクティブバイオが△。ツルマルボーイは右回りではぎこちない。マチカネキンノホシは調教の動きはよく、良馬場だと好走するかもしれない。ローエングリンは三番人気だが、何で三歳のオープン特別を勝っただけの馬がこんなに人気なの????　典型的なサークル人気だろう。

**●福島11R福島テレビOP**

この馬を本命にするのははじめてかもしれない。ジェミードレスだ。

**これほど好調期間が長く、そのまま夏を迎えた牝馬も珍しい。福島は合っているはずだ。前走重**

阪神 11 発走15.40

第43回 宝塚記念(GⅠ)

3歳上オープン・国際・定量・(指)

芝2200 Aコース

推定タイム 良 2.10.7 重 2.12.2

| 枠番 | 馬番 | 馬名 | 父 | 母 | 母の父 | 馬主名 | 重量 | 騎手 | 性令毛色 | 賞金 | 総賞金 | 兄姉 | 調教師 | 騎乗成績 | 生産者 |
|---|---|---|---|---|---|---|---|---|---|---|---|---|---|---|---|
| 白1 | 1 | ローエングリン | シングスピール | カーリング | ガルドロワイヤル | (有)社台RH | 53 | 横山典 | 牡3栗 | 2700 | 5340 | ダービーカウンティ | (北)伊藤正徳 | 14 13 14 | 社台F |
| 黒2 | 2 | テンザンセイザ | トニービン | ケイシー | カーリアン | 平野三郎 | 58 | 四位 | 牡4栗 | 5250 | 13500 | サイレントクルーズ | (西)藤原英昭 | 10 2 7 | 大北牧場 |
| 赤3 | 3 | ダンツフレーム | ブライアンズタイム | インターピレネー | サンキリコ | 山元哲二 | 58乗替 | 藤田 | 牡4鹿 | 11700 | 27210 | ゼンノベッパー | (西)山内研二 | 17 17 15 | 信岡牧場 |
| 青4 | 4 | エアシャカール | サンデーサイレンス | アイドリームドアドリーム | ウェルデコレイテッド | (株)ラッキーフィールド | 58乗替 | デザーモ | 牡5黒鹿 | 19300 | 41370 | エアデジャヴー | (西)森秀行 | 13 18 14 | 社台F |
| 黄5 | 5 | マチカネキンノホシ | シアトルスルー | アリスベル | デリダ | 細川益男 | 58 | 岡部 | 牡6鹿 | 11800 | 26620 | 近親ライブリマーク | (北)藤沢和雄 | 16 18 11 | Cシャーバウアー |
| 黄5 | 6 | フサイチランハート | サンデーサイレンス | アンシャンテ | リアルシャダイ | 関口房朗 | 58 | 江田照 | 牡5黒鹿 | 6170 | 13262 | バービーラブ | (美)河野通文 | 12 13 3 | ノーザンF |
| 緑6 | 7 | トウカイオーザ | サンデーサイレンス | トウカイナチュラル | ナイスダンサー | 内村正則 | 58乗替 | 熊沢 | 牡5黒鹿 | 7970 | 19690 | トウカイテイオー | (西)松元省一 | 9 3 6 | 長浜牧場 |
| 緑6 | 8 | ホットシークレット | ハンティングホーク | スダナデルコ | [illegible] | 金子真人 | 58乗替 | 柴田善 | 騸6鹿 | 9870 | 29280 | レイア | (北)後藤由之 | 12 8 5 | 高山牧場 |
| 橙7 | 9 | ツルマルボーイ | ダンスインザダーク | ツルマルガール | サッカーボーイ | 鶴田任男 | 58乗替 | 河内 | 牡4鹿 | 7950 | 18490 | 初仔 | (西)橋口弘次 | 19 21 10 | 浜本牧場 |
| 橙7 | 10 | ミツアキサイレンス | エイシンサンディ | ユウコウターナ | ダーナボス | 山本光明 | 58 | 川原 | 牡5鹿 | —— | 26514 | 笠松所属 | 栗津豊彦 | 0 0 0 | 広川牧場 |
| 桃8 | 11 | アクティブバイオ | オペラハウス | ロイヤルバイオ | シンボリルドルフ | バイオ(株) | 58 | 後藤 | 牡5鹿 | 6770 | 17075 | プリスクバイオ | (西)崎山博樹 | 7 9 7 | 荒井牧場 |
| 桃8 | 12 | トウカイポイント | トウカイテイオー | マッチポイント | リアルシャダイ | 内村正則 | 58乗替 | 小林淳 | 騸6栗 | 7250 | 18875 | 1103 | (北)後藤由之 | 12 8 5 | 竹内良一 |

| 馬番 | 持ちタイム | 勝利度数(距離別) |
|---|---|---|
| 1 | 中1476⑥ 東2003① 阪2132① | 0120 0001 0000 0002 / 3011 |
| 2 | 京1456① 新1595③ 京2120③ 東2281⑨ | 0011 0000 0110 1020 / 0112 |
| 3 | 京1480② 阪1597④ 東2272② | 0000 1011 0000 0010 / 0162 |
| 4 | 山1364① 阪1585② 阪2123⑤ 東2262② | 0020 1040 0010 2110 / 0244 |
| 5 | 東1469④ 阪2001⑥ 京2118② 東2266⑥ | 0102 0110 0000 1214 / 0251 |
| 6 | 京1482④ 中2000① 東2137① 二五2331⑨ | 0131 0000 0001 0021 / 0042 |
| 7 | 京1455⑦ 阪1590④ 京2123⑥ 京2256① | 2030 0020 0000 1131 / 0036 |
| 8 | 二1155⑩ 札2035⑧ 阪2119③ 東2250① | 2110 1000 0210 1110 / 3220 |
| 9 | 京1462① 名1583① 阪2134③ 二二2207① | 0022 0000 0110 0012 / 0034 |
| 10 | 名1466③ 阪2028⑥ 三千3041⑥ | 0020 0020 0001 0050 / 0790 |
| 11 | 東1458⑦ 阪2011④ 阪2129② 京2251① | 1011 0110 0010 0054 / 2034 |
| 12 | 新1451② 東1597⑧ 三2191④ 東2274③ | 0012 0003 2000 0040 / 2252 |

12 トウカイポイント：2カ月休養(放牧) 鉄砲実績1113 仕上度65

連対決り手

JRA発表・午後3時30分現在

| | |
|---|---|
| (1) | 5.2 |
| (2) | 22.8 |
| (3) | 2.8 |
| (4) | 3.9 |
| (5) | 12.3 |
| (6) | 24.5 |
| (7) | 19.6 |
| (8) | 26.5 |
| (9) | 8.1 |
| (10) | 50.8 |
| (11) | 22.2 |
| (12) | 57.0 |

出場騎手の勝数と連対率%

| 騎手 | 勝数 | 連対率 |
|---|---|---|
| 柴田善 | 51勝 | 21.6 |
| 後藤 | 50勝 | 26.5 |
| 藤田 | 42勝 | 21.0 |
| 横山典 | 41勝 | 24.0 |
| 四位 | 37勝 | 22.6 |
| 江田照 | 32勝 | 16.9 |
| 岡部 | 30勝 | 25.1 |
| 河内 | 25勝 | 21.1 |
| 熊沢 | 21勝 | 12.4 |
| 小林淳 | 10勝 | 9.8 |
| デザー | 0勝 | 0.0 |
| 川原 | 通算2438勝 | |

(6月16日終了時)

レース展開

三歳①が果敢にハナ。斤量差を生かしての粘り込みは十分ある。(M)

☆展開注目馬❶

同レース過去の決まり手

| | 逃げ | 先行 | 差し | 追込 |
|---|---|---|---|---|
| 1着 | 2 | 5 | 3 | 0 |
| 2着 | 0 | 5 | 3 | 2 |

◎信頼度 85% 順当

## 福島 11 発走15.30
### 福島テレビオープン
3歳上オープン・別定・(指)　芝1800 Aコース
推定タイム 良 1.47.0　重 1.48.5

| 枠 | 馬番 | 馬名 | 重量 | 騎手 | 性齢 |
|---|---|---|---|---|---|
| 白1 | 1 | タマルファイター | 56 | 丸山侑 | 牡7 |
| 白1 | 2 | タヤスメドウ | 57 | 大西 | 牡7 |
| 黒2 | 3 | ロードクロノス | 57 | 北村 | 牡7 |
| 黒2 | 4 | マイネルレグナム | 56 | 菊田大 | 牡6 |
| 赤3 | 5 | ダイワバーミンガム | 56 | 吉田 | 牡5 |
| 赤3 | 6 | デルマキングオー | 56 | 水野宏 | 牡8 |
| 青4 | 7 | ダイワジアン | 56 | 村田 | 牡6 |
| 青4 | 8 | ゼンノモトーレ | 57 | 石崎隆 | 牡8 |
| 黄5 | 9 | メイセイユウシャ | 56 | 阿部英 | 牡6 |
| 黄5 | 10 | ダイトクヒテン | 55 | 田中学 | 牡5 |
| 緑6 | 11 | ジェミードレス | 54 | 鮭名 | 牝5 |
| 緑6 | 12 | ウインブレイズ | 56 | 田中勝 | 牡5 |
| 橙7 | 13 | サクセスストレイン | 54 | 梶 | 牝4 |
| 橙7 | 14 | ツジノワンダー | 56 | 二本柳 | 牡6 |
| 桃8 | 15 | ザカリヤ | 57 | 坂井 | 牡6 |
| 桃8 | 16 | エーピーグリード | 57 | 吉永 | 牡7 |

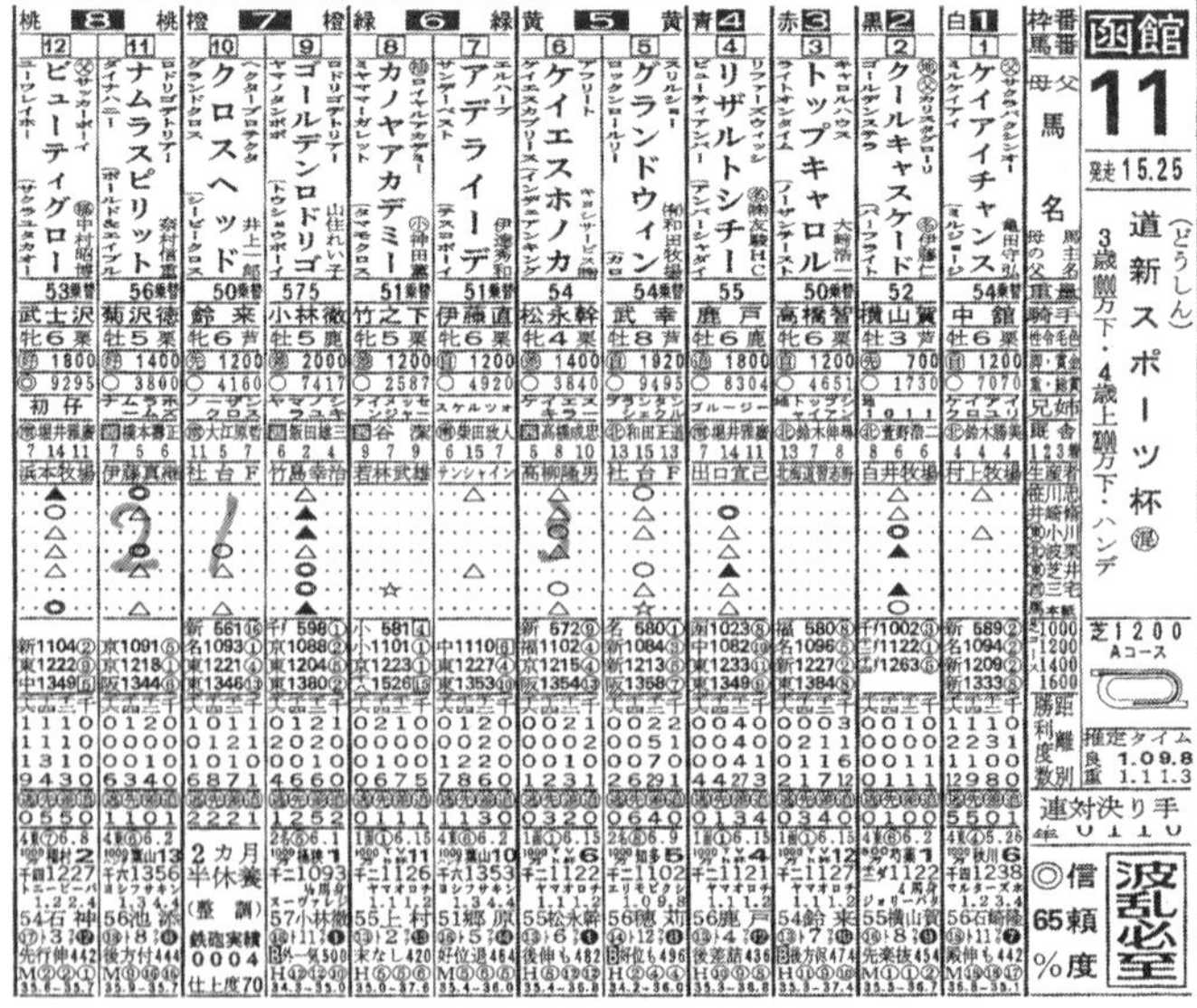

## 函館 11 発走15.25
### 道新スポーツ杯（どうしん）
3歳1000万下・4歳上2000万下・ハンデ　芝1200 Aコース
推定タイム 良 1.09.8　重 1.11.3

| 枠 | 馬番 | 馬名 | 重量 | 騎手 | 性齢 |
|---|---|---|---|---|---|
| 白1 | 1 | ケイアイチャンス | 54 | 中舘 | 牡6 |
| 黒2 | 2 | クールキャスケード | 52 | 横山賀 | 牡3 |
| 赤3 | 3 | トップキャロル | 50 | 高橋智 | 牝6 |
| 青4 | 4 | リザルトシチー | 55 | 鹿戸 | 牡6 |
| 黄5 | 5 | グランドウィン | 54 | 武幸 | 牡8 |
| 黄5 | 6 | ケイエスホノカ | 54 | 松永幹 | 牝4 |
| 緑6 | 7 | アデライーデ | 51 | 伊藤直 | 牝6 |
| 緑6 | 8 | カノヤアカデミー | 51 | 竹之下 | 牝5 |
| 橙7 | 9 | ゴールデンロドリゴ | 575 | 小林徹 | 牡5 |
| 橙7 | 10 | クロスヘッド | 50 | 鈴来 | 牝6 |
| 桃8 | 11 | ナムラスピリット | 56 | 菊沢徳 | 牡5 |
| 桃8 | 12 | ビューティグロー | 53 | 武士沢 | 牝6 |

**賞三着で、今回二番人気なのもいい。斤量も軽い。ＳＲＣの王道的な本命だ。**

**●函館11Ｒ道新スポーツ杯**

とても難解なレースだ。人気馬にまったく信頼がおけない。

本命候補はクールキャスケード、トップキャロル、クロスヘッドの軽ハンデの三頭。**函館の馬場はもともと重いが、雨が降るとさらに重くなる。軽ハンデの追い込みが届くはずだ。ハンデの条件戦でよく穴をあける鈴来のクロスヘッドが本命。**

三頭の馬連ワイドボックスもおさえる。

今日は、どのレースも単勝五千円、複勝一万円と買う。

昨日は大幅プラスだが、今日も真剣に買う。そうしないと競馬に強くならない。

（6月23日★日）

【ＧⅠ後記⑩～宝塚記念～】

## この乗り替わり、買いか消しか

トウカイオーザを本命にしたが、その理由は熊沢への乗り替わりだった。

彼は宝塚記念の乗り方を心得ており、大一番ではいい競馬を見せてくれる。

ところが、前日に落馬して、当日乗り替わりとなった。私の目測が甘かったのだろうが、落馬した前日は「宝塚は大丈夫」とコメントしていた。しかしどうやら当日になって、痛みが増して、乗り替わりになったようだ。

熊沢から乗り替わったのは池添。**こちらは、ダンツフレームを「降ろされた」わけだから、運気が下がっている騎手で、これはまったく良くない乗り替わりだ。**

対抗に推していたのはダンツフレームなので、臨機応変にこちらを本命にしてもよかったのだ。当然私は、エッセイに書いた通り、馬券を買うが、みなさんはその限りではない。**ＳＲＣの本命馬にトラブルがあった時は、違う馬に変えてもいいのだ。**

皮肉なことに、福島のジェミードレスを取って、強気に函館のクロスヘッドも勝負したのに、宝塚記念だけが外れてしまった。

函館のクロスヘッドは、中京で僅差の競馬をしていて、その時のハンデが54キロだった。今回、同じ平坦の１２００メートルに出てきたのに、なぜか50キロの軽量をもらい、絶好の狙い目だった。**軽ハンデ馬を狙う時は、半年くらい前のハンデ戦の成績と斤量を見ればいい。そこから斤量が減って、好調な若手騎手が乗ってくればチャンスだ。**

しかし、ハンデ戦にはあまり手を出さない方がいい。クラスが下がれば下がるほど難解になる。どうやったら勝ち馬を本命にできていたのか分からず、まったく不可解に収まるレースも少なくない。

ダンツフレームは安田記念二着馬。宝塚記念は、安田記念連対馬か、天皇賞（春）好走馬が勝つレース。ダンツフレームはＳＲＣの基本に合っている馬だった。
昨日はかんじんの宝塚記念だけミスをしてしまった。私もまだまだ甘い。

（6月24日★月）

# 最終章▼変わりゆく競馬に勝つために

## 百円馬券を否定する理由

私は競馬で勝負をしている。遊んでいない。

だが、大半の競馬ファンは遊んでいるにすぎない。

百円単位の馬券で、「勝負」なんて言葉を聞くと、本当に勝負している男たちから笑われる。

「不況で、百円単位じゃないと馬券を買えない」？

そんなことはないはず。私は二十代の頃、バイトだったが、勝負レースは万単位で買っていた。

バイト代が十五万円だとして、アパート代が五万円としたら、十万円余る。それを勝負馬券に使っていた。

「負けたら大変だ」と思うだろう。勝負事なのに、負けた時の心配をしているから、負けるのだ。世界中の勝負師は自分が負けた時の心配なんかしていない。

当たり前だが、ギャンブルをやる男の大半が貧乏だ。

競馬ファンは特に貧しく競馬をしている男が多い。きっと、レジャー化、スポーツ化して、本当の勝負師は競艇や競輪に行ってしまったのだろう。私も、実は競馬にうんざりしているところがある。いや、正確に言うと競馬ファンにうんざりしているのだ。

『里中の馬券』というホームページが有料化しただけで、「里中は金の亡者。百人見たら二万円かぼったくりだ」と言われる。

二万円なんか子供のお年玉にもならない。そんなちっぽけな金のことで、いちいち騒ぐ貧しい心根の競馬ファンがいる。

私は道楽をしているのではない。慈善事業をしているのではない。時間を割いて馬券を買いに行って、そのレースの感想を一筆書いたら、プロとしてお金をもらうのは当然だ。無料な方がおかしいのだ。

なのに、競馬ファンは無料が正当で、有料は「金の亡者」と詰る。貧乏だから怒るのだ。金に余裕があったら、他人がどれだけ馬券を買おうが、金儲けをしようが気にならないはずだ。

不況で生活が苦しくても、どうしても競馬がしたいなら、その生活を背負って馬券を買って欲しい（それで負けても私のせいにするな）。

百円単位で遊んでいるから、真実が見えないのだ。他人の金の使い方が気になるのだ。里中李生が高配当を仕留めると、逆上するのだ。

最後の五万円で勝負して負けたら、家賃も電気代も払えず、携帯電話は止められてしまう。そうなったら、もう競馬はできない。

だが、それだけ何かを背負って勝負すると、人間は浄化される。毎週、惰性で続けていた競馬もやらなくなる。金の大切さが分かる。本命が三着だったら、複勝の大切さも分かる。私が、「競馬場の馬券の単位を千円にしろ」と言い続けている意味も分かる。

## 勝負のタイミングをつかめ！

平成十五年。例によって一月が不調な私は、ＰＡＴの残高があと三万円くらいにまで減ってしまった。「これで負けたら、里中李生も銀行に走らないとだめなのか」と思った。

その時に勝負したレースが『すばるＳ』だった。

腰が引けて、人気馬を買うわけでもなく、いつものように勝負した。

マルイチバンバンという九番人気の馬の単複とワイドで。

結果は三着に来てくれて、複勝で５６０円がつき、ＰＡＴの残高が増えた。

勝負レースでは私は負けないのだ。勝負師だからだ。

いつも百円で馬券を買っている人たちは永久に競馬に勝てない。それどころか、競馬場で騒ぎ、人の幸せを妬み、マニアックな知識ばかりを増やして、競馬オタクになっていく。いいことなんかひとつもない。

本当に競馬に勝ちたかったら、どこかで勝負しないといけない。

なのに、延々と百円で遊んでいるからだめなのだ。しかも、百円で遊んでいるくせに「負けた。負けた」と愚痴る。

では、百円で勝つとはどういう状況を指すのだ。10万馬券を取った時か。

それは二年に一回か。それでも、手に入るのはたったの十万円か二十万円。一カ月で消える金額だ。二年ももたない。

お金を貯めて、一気に勝負に出ないとだめだ。勝てるレースまで待つのだ。

岡部騎手は年に一回はGⅠを勝つだろうと、その時を私はじっと待っている。

後藤騎手は、近いうちにGⅠを取るだろうと思い、安田記念で勝負した。

中山が得意な馬が東京で苦戦していたら、中山になるまでその馬を待っていればいい。

競馬は惰性でやってはいけない。

じっくり待って勝負するのだ。

百円馬券なんか論外だ。

## 諸行無常という快楽

人生は快楽を求めて駆け抜けないといけない。

変化する時代に柔軟に対応し、新しい考え方を吸収し、仕事をしたら金をもらって、その金を使わないといけない。

人間は変われるのだ。

時代は常に変化しているが、人間は変化を嫌う。幸せが好きだからだ。損もなければ得もなく、成功も失敗もない生活。それが〝幸せ主義〟だ。

では、〝幸せ主義〟のまま競馬場に行くとどうなるか。

損もなければ得もない。成功も失敗もない。

これでは馬券に勝てない。

しかし、競馬ファンの大半は、幸せ主義のまま競馬をしている。

なのに、「競馬に勝てない。馬券が取れない」と嘆く。

私は快楽を求めて、競馬をしている。「成功」か「失敗」かしかないと思っている。

競馬は常に変化するもの。平成十四年は後藤騎手を有望だと書いたが、その翌年は、「もう見放した」と言っている。ボックス馬券は買わない主義だったが、平成十五年からワイドだけ、四頭のボックスを買っている。武豊が人気で絡（から）んだ時の対策にだ。

「快楽を得たい」

「痺（しび）れるような興奮がしたい」

そう、切望すると、馬券を買う時に頭を使うようになる。考えないと、当たらないのだ。

人間が快楽主義に傾くと、頭を使うようになる。快楽を得るためには、強大な勇気と知恵が必要だからだ。

金銭欲だけではなく、性欲や睡眠欲、食欲、すべての欲望に私は快楽を求めている。

セックスでは好きなところに射精する。熟睡するためには薬も使う。体が気持ちよくなる料理を腹八分目だけ食べる。そして競馬では、単勝を買い、馬と一緒に一着でゴールする。

里中李生の行動力が羨（うらや）ましいか。あなたも変わればいい。人は変われる。

最悪なのは「死」だけで、それ以外は何もかもが成功への第一歩だと思って行動しないとだめだ。努力しないとだめだ。頑張れば変われる。

単勝は、二着になると馬券が紙くずになるから怖いと思う。だが、馬連だって、二着が狂うと紙くずになる。単勝なら、最悪でも確率は1／18だ。

## 新馬券にも強くなる頭脳

変化していくのは、騎手の腕ばかりではない。平成十四年より馬券も変わった。最後に、各馬券について書いておこう。

●単勝

快楽を得るための馬券。しかも、一頭の馬をじっと見つめ、レース中何が起こったかも洞察できる。確率も高く、配当も悪くない。この馬券を買えない人は〝幸せ主義〟だ。

●複勝

単勝を買う時のリスクを軽減してくれる〝人に優しい〟馬券。「お金が大切だ」と思う人間はみんな買っている。私もそう。いくら快楽主義でも、破産したら話にならない。女を抱くことも食事もできなくなる。競馬以外の快楽のために、この馬券を買わないとだめだ。

●枠連

廃止してかまわない。もう、何年も買っていないから、説明もできない。

●馬連

馬券の中では、もっとも〝不透明〟。存在している意味がよく分からない。二着も一着も関係なく、高配当が得られる。ゴール前では、「二着はなんだ」と馬連を買っている人たちが叫ぶ。本命馬を見ながら、「二着までに来てくれよ」と願う。その時点で勝負に負けている。馬単が出て以来、私はこの馬券をただの一度も購入していない。

●馬単

単勝の〝親戚〟だと思っている。単勝党がこの馬券を買うのは悪いことではなく、私も時々買っている。というか、待ち焦がれていた馬券だ。私が買う時は、単複とワイドとのセットだ。二着を見なければいけない？　いや、この馬券を持っていても一着しか見えない。あとで、「二着も当たっていたのか」と思えればいい。

●三連複

点数を増やせば意外と当たりやすい馬券だが、ゴール前でなにがなんだか分からなくなるから、めったに買わない。買うなら、勝負レースで、単複、ワイドとのセット。三連複だけ買うという方法は、あまりにも遊びすぎている。勝負馬券からはほど遠い。

＊

いつかまた新馬券が増え、複勝や枠連は消えていく運命だろう。

そうなると、私の馬券の買い方も変わると思う。今は五点以内と決めているが、増やすことが必要になってくるかもしれない。

だが、単勝を買うことは止めない。「変化しろ」と言っても、自分のもっとも大切な信念まで「変えろ」とは言わない。

自分を欺(あざむ)かずに時代の変化についていくことだ。

そうすれば、女も抱けるようになり、競馬も強くなる。

病弱で落ちこぼれだった私が、三十歳を過ぎてから成功したように。


最後に、本書を発表するにあたって、里中李生レーシングクラブ(SRC)の会員の皆様にご協力をいただいた事に、衷心から御礼を申し上げます。

平成十五年二月十九日

里中李生

## お知らせ

里中李生レーシングクラブは、平成十五年五月一日より、
里中李生オフィシャルファンクラブと名称を変え、新たにスタートします。
新規会員募集は平成十五年五月一日からです。
詳しくは、http://www.satonaka.jp/にアクセスしてください。

【著者】里中李生（さとなか・りしょう）

三重県出身。作家・写真家。

広告代理店勤務などを経て、現在に至る。

平成11年、「三冠十連勝」「年間三百万円の黒字」など自己の体験も綴った初の著書『競馬 勝てる天才、負ける凡人』（イースト・プレス）で衝撃のデビューを飾る。以降、その斬新で辛口な筆致と勝負の真実を説いた内容で、老若男女を問わず、幅広い読者の支持を集める。また現在、文筆活動にとどまらず、写真家としての活動も精力的にこなしている。

著書に、ベストセラーとなった『競馬で勝ち続ける法』『競馬の天才がすべて明かす"最強の競馬術"』『ちょっと硬派な　もてる男　もてない男』（三笠書房《王様文庫》）、『競馬 天才になるヒント』（アールズ出版）など。

# 里中李生の競馬塾

2003年3月24日　第1刷発行
2010年5月1日　第3刷発行

著　　者　里中李生

発 行 者　森　弘毅

発 行 所　株式会社 アールズ出版
東京都文京区本郷1-33-6　ヘミニスIIビル
〒113-0033
TEL 03-5805-1781　　FAX 03-5805-1780
http://www.rs-shuppan.co.jp

印刷・製本　中央精版印刷株式会社


ISBN4-901226-50-9　C0076

## アールズ出版　競馬セレクション【好評発売中！】

| | 書　名 | 内　容 |
|---|---|---|
| 競馬は勝たねばならぬ！ | **無印馬激走計画**<br>鞍田カズオ　1,300円／四六・並製 | 予想印が全くつかない「無印馬」の中から、激走馬をあぶり出せ。必要なデータは前2走の成績のみで、誰がやっても同じ買い目が出る。3連複、馬単、馬連、ワイド、単複、すべての馬券に徹底対応。用意するものはスポーツ新聞のみで、1点100円で高額配当を狙い撃つ、大穴馬券実践術。 |
| | **すべての馬券はパズルである**<br>高本達矢　1,300円／四六・並製 | 博打は手で触って覚えろ！　馬券検討の概念を根本から変えた「タカモト流」理論。その二代目家元の馬券超整理法と8つの極意！　平成14年は菊花賞3連複34万馬券も的中。競馬の仕組みをひもとかなければ、馬単・3連複の勝利もなし！　不況競馬を勝ち抜く、柔らかい感性を養え。巻末附録【タカモト流特別データ】 |
| | **競馬　勝負カンをつける本**<br>岡田和裕　1,300円／四六・並製 | バクチ人生50年の集大成！　ゾーンを固めよ！　自前で当てよ！　本書では、勝負レースの見分け方、リスクを最小限に食い止める方法のほか、本命馬券を磐石に獲る方法、大穴的中の感性を養う方法など、馬券に関するいっさいの鉄則を解説。本邦初公開となるABC&XYZオッズ方式により、レースの“様相”をまんべんなく察知せよ！ |
| | **馬単革命**<br>秋山忠夫　1,300円／四六・並製 | 「〈逆張り〉一本の破壊力」という驚きの新事実が判明。本書では、勝率を6割に高める方法、2点買いで黒字収支を達成する方法、買い方ひとつで勝ち組となれる究極の黄金律……など、新馬券「馬単」で勝利するための「新実践術」を徹底伝授！　また高配当ゲットを可能にした「3連複」必勝法も特別公開！ |
| | 10万円を1億円にする<br>**バスター型馬券投資術**<br>秋山忠夫　1,300円／四六・並製 | 「ローリスク＆ハイリターン」という競馬ファンの究極の願望を叶える新理論。一開催の回収率200％を目標とし、数年のスパンで確実に回収率アップ。スタート金は千円、再投資金は増額1.5倍に止め、必要なデータは「単複オッズ」のみ。好的中率を支える独自のデータで、利殖馬券を選定。 |
| | 3万円を3億円にする<br>**新バスター型馬券投資術**<br>秋山忠夫　1300円／四六・並製 | 好評ロングセラー「バスター型馬券投資術」のステップアップバージョン！　今回は、勝負レースを厳選する方法、短期投資で勝ち逃げする方法も新たに伝授。的中率・回収率も飛躍的に向上し、一開催の平均回収率220％を達成。最小の資金で最大の利益を生み出す馬券投資術の決定版！ |
| | 月収3カ月分を稼ぐ、驚異の馬券術<br>**ダイヤモンド馬を探せ!**<br>秋山忠夫　1,300円／四六・並製 | 誰がやってもいとも簡単に万馬券が取れる！　必要なデータは、前2走の「人気」と「着差」のみ。競馬新聞があれば、誰でも簡単に30秒で予想ができる。驚異の回収率を誇る、アキヤマ式大穴馬券術の最高傑作。 |
| | 1000円が1億円になる<br>**新ダイヤモンド馬券術**<br>秋山忠夫　1,300円／四六・並製 | 大好評『ダイヤモンド馬を探せ！』のパワーアップバージョン。今回は本命サイドから大穴サイドまですべてのレースに対応できるよう改良する一方、勝負レース判別法、買い目絞り込み法など、いちだんと回収率を高める方法も徹底伝授！　最小の資金で大きく儲けたい人のための、驚愕の一攫千金馬券術。 |
| | 軍資金を100倍にする<br>**最新オッズ馬券術**<br>秋山忠夫　1,300円／四六・並製 | 消える人気馬、買える穴馬が一目で分かる、超画期的な最新馬券理論。必要なデータは「単勝オッズ」と「馬連オッズ」のみで、本命サイドから大穴サイドまで、すべてのレースに対応。また簡単な手計算により、3分で軸馬が分かり、誰がやっても同じ買い目が出る。また的中率・回収率アップのため、勝負レースもさらに厳選！ |
| | 365日間で勝負する<br>**ブロック式馬券利殖術**<br>古畑淳士　1,300円／四六・並製 | 本書は、目先の利益にとらわれることなく、1年間もしくは何年間にも渡ってプラス収支を計上するための秘蔵の馬券戦術を紹介。方法論はいたって簡単。「単勝人気」「枠連人気」データさえあれば、ターゲット馬券がすぐに分かる。もちろん高収支＆ローリスクを追究した理論ゆえ、勝負レース厳選方法、投資金配分法も詳しく解説。 |

※定価表示はすべて本体価格（税別）です。

さらに詳細な内容は、小社HP（http://www.rs-shuppan.co.jp）を御覧下さい。